湖北省档案馆 编

汉冶萍公司档案汇编（七）

荆楚文库

荆楚文库编纂出版委员会
华中科技大学出版社

本册目录

华钢时期(1945—1954)

附　　录

华钢时期

（1945—1954）

一、机构人事与规章

刘刚①呈翁文灏文

民国三十五年二月二日(1946.2.2)

谨鉴呈者:

窃职奉令接管大冶厂矿业已遵于一月十八日到厂,先行详细检视各处,并已商得经济部李特派员同意,自本月一日起开始点验器材实行接管。除将检视结果另备报告附呈外,(1)关于经费一项,前已电请准予在保管处预算未确定以前由经济部特派员办公处暂行垫拨在案。(2)经济部接收"日铁"保管处至一月底即行结束,拟自二月一日起更名为"经济部资源委员会接收大冶铁厂矿保管处"。兹附呈三十五年度预算及组织简章各一份。是否可行,敬乞鉴核示遵。

谨呈

主任委员翁文灏

副主任委员钱昌照

职　刘刚谨上

资源委员会训令

民国三十五年三月二十三日(1946.3.23)

令华中钢铁公司筹备处。

查本会后方听调员工为数颇多,亟应设法予以安置。兹查有资蜀钢铁厂副工程师姚建珍、助理工程师陈伯勋、股长向思赓、工务员孙其文等四员

---

① 刘刚(1899—1999):字克中,江西吉安人。时任华钢筹备处副主任。

资历相当,特予调派该厂服务。除另由人事处通知该员等前往报到外,合行随令检发调派职员简历表乙纸,仰即遵照办理,并将遵办情形具报。

此令

附调派职员简历表乙纸

主任委员　翁文灏

副主任委员　钱昌照

［附件］　资源委员会调派职员简历表

原服务机关名称	职称	姓名	薪级	年龄	籍贯	学历	备注
资蜀钢铁厂	副工程师	姚建珍	300	34	西康西昌	重庆大学矿冶系毕业	
同上	助理工程师	陈伯勋	200	28	四川荣县	同上	
同上	股长	向思赓	200	37	湖北沔阳	上海复旦大学文学系毕业	
同上	工务员	孙其文	120	31	安徽桐城	武汉大学矿冶系毕业	

华钢筹备处田地租约规章

民国三十五年四月(1946.4)

一、佃户承租本处田地,其租课以缴纳实物为原则。

二、麦租于每年五月以前,谷租于每年十月以前送缴本处,并须晒干经送扇斗量。如逾期十五日而仍延宕者,除由保证人负责清偿外,并取消租约,招佃户承种。

三、如遇天旱水灾歉收者,应由佃户呈报,本处派员查勘,依照县政府灾荒减成缴纳之规定办理,佃户不得额外要求。

四、佃户如有其他原因不愿承种者,须陈诉理由方准退租,不得私自转让他人耕种。

五、佃户缴纳租课以本处收据为凭。

六、所佃田地本处需用时,佃户接到通知随时退租。

七、本规章如有修改,随时通知佃户遵守。

[附件] 田地租约(铁山沿线)

(租字第 0254 号约)

立租约人张隆本

今租到行政院资源委员会华中钢铁有限公司筹备处坐落申五乡朱家村□保□甲"田"、"地"四厘、九亩,租谷七升、四担,并依照本约第一、第二两条规定办理。如有逾期拖欠田租情事,均由保证人负责清偿,并愿遵守租约规章。

承租人张隆本　□乡□村□保□甲

保证人张隆三　□乡□村□保□甲

中华民国三十五年四月□日

资源委员会训令

民国三十五年六月十四日(1946.6.14)

令华中钢铁有限公司筹备处。

在接管卷内关于工役生活补助费,应比照当地公务员生活补助费基本数五分之三抑照五成支给一案,兹准经济部三十五年五月十五日京会(35)字第 2383 号指令开:呈悉。查工役生活补助费自本年三月份中央文职公教人员生活补助费奉令调整后,其支给标准应依照规定,比照当地公务员生活补助费基本数五成支给,仰即知照。此令等由。除分行外,合行令仰知照。

此令

主任委员　钱昌照

资源委员会电讯事务所令

民国三十五年七月十八日(1946.7.18)

令报务员谢定邦。

　　兹调该员赴大冶设台,机器房屋家具统由华中钢铁公司筹备处拨借,电台经费概由本所统筹。检发电台经费办法及电台收支处理办法各一纸,仰知照并克日赴冶办理具报为要。

　　此令

兼所长　潘毅

资源委员会华中钢铁有限公司筹备处组织机构

民国三十五年七月(1946.7)

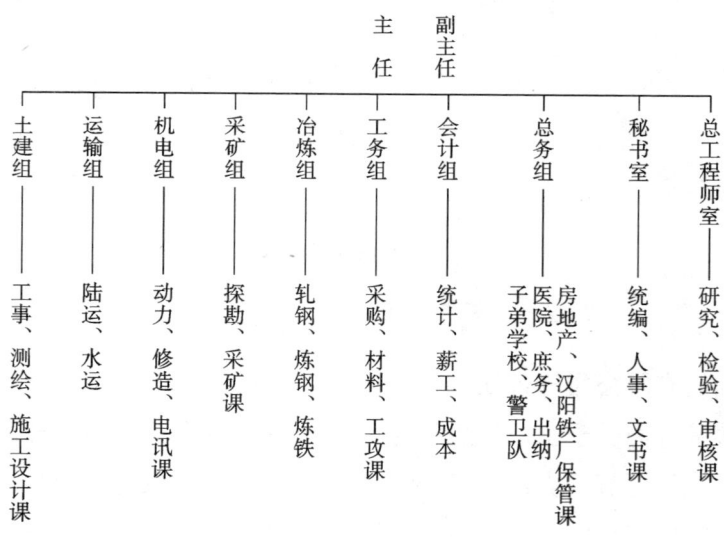

委员长武汉行营致厂矿保管处代电

民国三十五年八月二日(1946.8.2)

　　经济部大冶铁矿厂保管处:奉主席蒋午铣机军处三电开:查各机关工厂等所征用日籍技术人员,均准予征用至本年底为止,应即予遣送返国,并应经速选派本国技术人员接替工作。倘有日籍人员志愿长期留用者,应将留用志愿书及名册一并列报国防部凭办为要等因。奉此,除分行外,合行电仰遵照,将该处征用之日籍技术人员,分别年底遣送及长期留用两种,列具名册,检同志愿书具报,以凭转报核办为要。程潜。末冬汉行营华。

资委会致华钢筹备处快邮代电
民国三十五年八月十三日(1946.8.13)

华中钢铁有限公司筹备处:查本年十一月一日本会成立十四周年纪念日,依照规定凡本会职员服务已满五年或十年以上者,应于是日各发给纪念针以资纪念。兹为从早准备以便举行十四周年纪念典礼时一次发给起见,特订定职员服务纪念针申请表式一种随电颁发,希即转饬所属,凡于本年十一月一日服务已满五年或十年者依式填报,即由各该机关主管负责初步审核后,统限于本年八月底以前汇呈本会核办。至上年已领五年纪念针至本年十一月止已满足十年者,并准加发十年纪念针,惟仍须照填申请表呈会。除分行外,合行检同表式一份,电仰知照并转饬知照。资源委员会。附发资源委员会职员服务纪念针申请表式一份(略)。

华钢筹备处营业审核程序
民国三十五年八月十九日(1946.8.19)

1. 凡本处营业收入,其审核程序,除法令别有规定外,悉依本程序之规定行之。

2. 除出售产成品\副产品\其他成品配件,及代修成品,系属正式营业范围,代运运费收入,系属其他营业范围外,关于其他出售固定资产等,应遵照大会规定专案呈报核准备案。其金额在八十万元以上者,并应依照审计部稽查中央各机关营缮工程及购置变卖财务暂行办法办理。

3. 凡出售产品等,固定资产暨材料之售价并代运货物运价应由业务部分参照成本及市价拟定适当价目单(见附单一式□份),送由会计组核转主任核定后,正张送会计组存核,副张送有关部分,存根由业务部分自行存查。但固定资产及材料之售价,如无报价单者,须分别按每次出售财务专案送由会计组核转主任核定,以昭慎重。

4. 凡客户订品需要报价者(见附单一式三份),其价目应填报价单,送会计组核转主任核准后,送业务部分,以正张给客户,副张会计组存核,存根由业务部分存查。

5. 凡产品等及代运货物之运价,如因成本变动之影响须改订价格时,仍须按第三条规定之程序办理。

6. 凡售出产品等,除零星现货应以现款交易外,系概须签订售货合同,其预收定金,最低不得少于百分之五十,最高得按百分之百预收货款,以免受料价波动之损失。至出售资产材料及代运客货,亦应同样办理。

7. 凡出售产品等及其资产材料暨运费,均须按照规定价格收款,如有转让,除合同已予载明者外,应填售价转让核准单(附单式),呈请主任核准,一份送会计组存核转帐,一份由业务部分存查。

8. 凡售出产品财物,应由业务部分按照规定收款及签发提单(附单式一式三份),送由会计组或派驻会计人员会章后,以正张送交客户,至指定地点提货,副张送发货部分与正张核对,发货部分核对无讹后,即凭以发货,并在提单正张上,注明实发数量(请提货人签字认可),发货日期后,送会计组转帐。副张由发货部分注明实发数量及日期后,退送业务部分凭以填制发票。

9. 业务部分,根据发货部分退回之提单副张,按规定价格填制发票(见附式一式三份),以正张给与客户,副张送会计组核对相符后,据以转帐。存根由业务部分存查。

10. 出纳部分,或派驻业务部分收款员收到货款,应填制收据(见附式一式三份),除第一联正张给与客户外,应将货款填送金存根,存入当地本处开立之往来银行账户内,将送金存根附入第二联收款通知书,并检附前条之发票副张并送会计组收账,如款项尚未收清,发票副张应先期送会计组转帐。

11. 会计组收到发票副张及提单正张,应由审核课分别查核,其售价是否与规定或合约相符,发票副张所列重量,是否与提单正张实发栏所列之重量相符,收款是否与规定及约定相符。至应予呈会核准备案或通知审计机关者,并应注明大会核准备案名号,及审计机关之案号,然后送帐务课分析核制收入或转帐传票。

12. 本程序如有未尽事宜,得由会计组呈准主任核准修正之。

13. 本程序呈奉主任核准之日施行。

华钢筹备处管理工人牌箱暂行办法

民国三十五年八月二十二日(1946.8.22)

一、本处各级工人,均须于每日上下班开闭牌箱时翻挂名牌,以示进退(白色面外系上班,红色面外系下班)。

二、牌箱每日启闭时间如下:

1. 每次上班之先二十分钟开锁,上班后十分钟闭锁。

2. 每次下班之先五分钟开锁,下班后二十分钟闭锁。

三、凡工人未翻名牌者,以旷工论,扣罚工资。迟到或旷工者,扣罚时数,加倍计算(如一小时以两小时论,一日以两日论)。

四、工人之请假旷工或出差者,分别悬挂下列各色名牌。

1. 事假蓝色。

2. 病假灰色。

3. 旷工红色。

4. 出差黄色。

五、工人请假或出差,规定挂牌手续如下:

1. 事假须经主管人核准后,由主管部分填列假单,先一日送工政课登记。

2. 病假须医师检查证明后,由主管部分填列假单附同证件,送工政课登记。

3. 出差厂外,由主管部分填列送工政课登记,核发黄色公差证。

4. 工政课收到各主管部分假单后,凭单悬挂各色假牌,以资识别。

六、工人须各自翻挂名牌,如有请人或替人翻挂者,一经查觉,应罚工一日。

七、工人翻挂名牌,应受管理人员之监督,依到达牌箱时先后次序为之,不得拥挤喧哗。

八、本办法呈奉主任核准之日施行,修改时亦同。

华钢筹备处员工励进会成立会决议录

民国三十五年八月三十一日(1946.8.31)

时间:三十五年八月三十一日午后四时

地点:主任办公室

出席人:刘刚 朱贤裔 王远光 吴荣臣 王杰 张德勋 刘寿人 姚建珍 朱传芬 刘融 孙延龄 李伯宁 冯济民 秦大猷

主席:刘刚

记录:朱贤裔

报告事项:

由朱贤裔报告奉令成立本会经过。

决议事项:

(1)奉令组织案

决议:组织规程第三条第四款改为"关于员工安全及其相互间之纠纷调解事项";第四条加设财务组并将调解组改为人事服务组,图书教育组合并改为文化组。

(2)聘请本会财务组总干事案

决议:聘请本会宋委员宝亲兼任。

(3)聘请本会各组干事及指导员案

决议:由各组遴员报请常务委员校聘。

(4)本会各组工作案

决议:由各组拟定分期推进计划送秘书汇办。

散会。

华中钢铁厂员工福利励进会组织规程细则

民国三十五年八月(1946.8)

第一条 本会组织员工训练与福利之励进会,拟定设常务委员一人,由秘书兼任,委员暂设八人,由医院长、总务组长、工务组长、会计组长、材料组长、运输组长、业务组长、学校教务主任等为当然委员。

第二条 本会员工组训与规划任务如下:

一、员工业余生活设备:1.体育场;2.俱乐部;3.戏剧及娱乐指导人员。拟在厂内员工中于戏剧娱乐擅长堪以担任为指导遴选之,或有缺乏者,向外聘请专门教师教授,俾使从业员工期以熟娴。聘请任用期间与薪给,应由筹备委员会公决。

二、员工福利:创设合作社,但合作社设立之目的,适应员工所需之日用品为范围,尤以经济不外流,并不以经营图利为原则,在使员工获得真正福利而减轻负担也。

三、教育:除子弟学校已创办外,应设立中山堂,有关教育之书籍,首重总理遗教、总裁言行、中外史地,其他杂志各种刊物书籍,由学校教务主任拟定购备。

四、环境卫生:家庭卫生,实施办法,每月大检查二次(临时设定日期)。平时工作处所,由值星员工随时督察。宿舍谓之家庭卫生,每十户内举出一人负责随时监督清洁,每以十五天轮流交替。卫生清洁之检查所得结果,制定清洁检查表,依据比较分数评定奖惩办法,以资竞争也。

第三条 调解组以委员干事组织之,员工相互发生纠纷时,除由直属服务处组主管解决外,如遇有不能解决扩大时,得以报由常务委员召集各委员及干事共同处理。

第四条 本会分组办事指导业务如后:1.体格锻炼组;2.俱乐部组;3.中山堂组;4.调解组;5.福利组(合作社)等五组。除福利组(为合作社)改称为经理外(经理人员应由厂长指派之),其他三组各设干事一人。总干事一人。总干事、干事,由员工内遴选,并由筹备会开会公举。

第五条　本会所设之干事办事人员,规定事务职权,干事秉承总干事命令掌理该组事务,总干事秉承常务委员命令掌理福利各组事宜。

第六条　本会成立以后,每月开会一次,必要时由常务委员临时召集,其决议事项,应呈所在机关转呈资源委员会备案。

第七条　员工福利委员会之任务如下:

一、关于员工福利事业之审议推进及督导事项。

二、关于员工福利事业之筹划保管及动用事项。

三、关于员工福利事业给费之分配稽核及收支报告事项。

四、其他有关员工福利事项。

第八条　俱乐部、中山堂、体育场等所需书籍用具购置费用,本厂现无福利基金动支,如何支给,拟请资源委员会核示之。

第九条　俱乐部、中山堂,应设职员工友各一(调用),以资管理书籍器具并登记事务,以免遗失散乱无序。

工人遗失证章符号服务证补领手续及惩罚办法

民国三十五年九月二十七日(1946.9.27)

一、工人领用之证章符号及服务证必须随时分别配用与携带,不得遗失。

二、工人遗失证章符号或服务证,应于遗失日或发觉时立即报告遗失情形及遗失证件号码,由主管人证明,向工政课申请注销。工政课据报后,应即通知警卫队转饬各门警岗位于检查时注意。

三、遗失证件自申请注销日起,应将遗失之证件号码于一星期内自行登报申明作废,并将报纸呈工政课备查。

四、申请补发证件,应缴纳工本费(补发服务证需另缴相片壹张),向工政课请领。

五、遗失证章符号服务证之一者,第一次记小过一次,罚工三工;第二次加倍;第三次记大过二次,罚工半月;超过第三次开除。

六、工人遗失证件而不遵照规定办理手续者,一经查出或发生其他事故,除加重惩罚外,并应负法律上一切责任。

七、本办法经主任核准后实行,修改时亦同。

华中钢铁有限公司筹备处

华钢筹备处员工建议规划

民国三十五年十月二十五日(1946.10.25)

第一条　本处为集思广益、兴革利弊,特设置建议箱。

第二条　凡本处员工,得为下列各项范围以内之建议:

一、关于提高工作效率之建议;

二、关于改良设备之建议;

三、关于节省财力、人力与物力之建议;

四、关于改进技术增加生产之建议;

五、关于改善人事之建议;

六、关于员工福利之建议。

第三条　前条建议不得涉及下列事项:

一、意气用事,攻击个人者;

二、用团体名义迹近要挟者;

三、牵涉任何政治问题者;

四、好高骛远不切实际者;

五、与本处无关者。

第四条　建议人须用定式建议书,缮写并亲自签名盖章,密封投入建议箱内。

第五条　建议人如须保守秘密,应在建议书封面加注一“密”字。

第六条　建议箱每周由秘书亲自启开收集建议,二次转呈主任亲自拆阅。

第七条　本处对建议如已采取,由秘书分别通知建议人,其不被采取者概不批答。建议书无论采取与否均不发还。

第八条　被采取之建议本处因而获得重大利益时,按其建议之价值得予嘉奖记功加工或进级,以资奖励。前项建议如为技术上之发明,并得转呈大会请奖及按会颁规章协助向经济部申请专利。

第九条 有下列行为者,得按其情节予以惩处:

一、利用建议箱作不法行为者;

二、除秘书外私自启开建议箱者。

第十条 本规则自奉主任核准之日起施行。

华钢筹备处组织规程

民国三十五年十月二十六日(1946.10.26)

第一条 资源委员会为发展华中钢铁事业,设立华中钢铁有限公司筹备处。

第二条 本处设主任一人综理处务,副主任一人辅助主任处理处务。

第三条 本处设总工程师一人、副总工程师二人,总工程师得由副主任兼任。

第四条 本处设总工程师室、秘书室、总务、工务、运输、土建、机电、采矿、冶炼、会计等八组,总工程师室由总工程师主持,秘书室设秘书二至三人,各组设组长一人,均得分课办事。

第五条 本处设正工程师六人、正管理师四人,工程师至多三十二人,管理师至多十六人,副工程师、副管理师、助理工程师、助理管理师、工务员、管理员、助理工务员、助理管理员各若干人,根据实际需要任用。

第六条 本处人员任免程序,依资源委员会附属机关人员任免通则办理。

第七条 本处得因必要呈准聘请技术及法律顾问。

第八条 本处得因实际需要招收实习员及练习生。

第九条 本处办事细则另定之。

第十条 本规程自资源委员会公布之日施行。

资源委员会任状

民国三十五年十月(1946.10)

任工字第847号。

兹派许邦友为本会华中钢铁有限公司筹备处副总工程师。

此状

委员长　钱昌照

中华民国三十五年十月

华中钢铁有限公司筹备处职员姓名表(节录)

民国三十五年十一月五日(1946.11.5)

服务部分	职别	姓名	现支薪额	备注
主任室	主　任	程义法①	600.	
	副主任	刘　刚	520.	
总工程师室	总工程师			
	副总工程师	丘玉池	490.	
	〃　〃	许邦友	490.	
设计部	副工程师	石鹗君	300.	
	助理工程师	易大元	240.	
	工务员	彭昌祐	120.	
		罗名德		试用
审核部	工程师	吴国贤	300.	
	工务员	幸秋潭	100.	
检验部	工务员	李纾丰	140.	
	〃　〃	陈尚智	100.	

① 程义法(1891—?):字中石,江苏吴县(今苏州)人。因故未到职。

续表

服务部分	职别	姓名	现支薪额	备注
		陈家珖		试用
研究部	工务员	孙延龄	160.	
	" "	屠钦涛	120.	
秘书室	秘书	朱贤裔	400.	
文书课	副管理师兼课长	刘融	300.	
	管理员	朱为坊	160.	
	" "	孟美珍		试用
	管理员	汪曾康	100.	
	" "	朱国璋	100.	
	" "	胡济舟	80.	
人事课	副管理师兼课长	麻宝山	260.	
	管理员	李宗训	100.	
统编课		卢明清		试用
总务组	组长	邓彰贤	暂代	在未回处前仍由王组长暂代
庶务课	副管理师兼课长	邓彰贤	260.	
	管理员	胡士贞	200.	
	" "	梁懋霖	190.	
	" "	林礼仪	140.	
	管理生	胡祖仁	50.	

续表

服务部分	职别	姓名	现支薪额	备注
	雇员	刘兰亭	40.	
	" "	张全善	30.	
	" "	戴启佐	30.	
出纳课	副管理师兼课长	秦大猷	300.	
	雇员	邓安华	50.	
房地产业课	管理员代理课长	向思庚	200.	
	管理员	刘息平	160.	
	" "	尹步吉	140.	

资源委员会致华钢筹备处快邮代电

民国三十五年十一月十九日(1946.11.19)

　　华中钢铁公司筹备处鉴:贵处华发字第814号代电奉悉。关于本室前函文义容有误解,兹将本年度待遇办法分列如次:(一)本年六月以前各单位职员月发正薪生活补助费及膳宿补助费(即以前之贷金);(二)七月份除正薪及生活补助费仍照发给外,膳宿费取消,改发国营事业津贴(就财力许可范围内酌给,但最高不得超过薪津总额百分之三十),并酌给午膳费用;(三)八月份起除发给正薪生活补助费与国营事业津贴外,包括午膳费之一切其他给予均应取消。准此而论,贵处之午膳津贴俟可于七月份发给一个月,八月份即应取消。该项午膳津贴一节实与资京人字第3597号令规定不符,故有"其超支数额并应负责追还"等语。相应电复,即希查照为荷。资源委员会人事室。皓。

资源委员会训令

民国三十五年十二月十七日(1946.12.17)

令华中钢铁有限公司筹备处。

查本会所属机关员工抚恤规则,业经本会三十四年九月四日修正公布在案。兹以物价日高,原规则第七条乙款规定丧葬费数额殊不敷用,应予修正。所有会属机关职员死亡不分因公或积劳,其丧葬费数额均照各该机关当月份生活补助费基本数发给,工警六折计发,并应自修正公布日施行。除分行外,合行抄发修正第七条条文一份,令仰遵照,并请饬处知照。

此令

附抄发修正条文一份

委员长　翁文灏

［附件］　修正资源委员会所属机关员工抚恤规则第七条条文

第七条

员工因执行职务而致死亡者,依下列规定抚恤之。

甲、抚恤金部分

一、自己无过失者——按其年资依附表甲之规定发给一次恤金。

二、有特殊功绩者——除给前款一次恤金外,并得按其情节核给六至二十四个月薪津之特别恤金。

三、自己有过失者——核定给恤时最多不得超过第一款一次给恤之半数。

乙、丧葬费部分

一、职员依照各该机关当月份生活补助费基本数额发给。

二、工人、兵伕为前项职员应得丧葬费百分之六十。

资源委员会训令

民国三十六年三月七日(1947.3.7)

令华中钢铁有限公司筹备处。

案奉行政院本年二月二十一日从九字第 6135 号训令内开:"查《行政院各部会署及各省市政府派遣人员出国考察或实习办法》业于三十五年九月十九日以节京九字第 12933 号通令,饬遵在案。兹另制定《行政院各部会署及各省市政府派遣人员出国考察或实习申请表》一种,嗣后凡申请出国人员应一律依照院颁办法填具该表二份呈核。除分行外,合行印发该项表式,令仰遵照"等因。奉此,合行抄发该项申请表式一份,嗣后出国人员应一律依照该项办法填具该表三份,呈会核转。除分令外,合行抄发原颁表式一份,仰即遵照。

此令

委员长　钱昌照

钱昌照①致华钢筹备处电

民国三十六年四月(1947.4)②

华中钢铁公司筹备处诸同仁公鉴:著密。此次政府改组,昌照离开现在职务,特以数语奉告。本会成立于民国二十一年十一月一日,仅限于统计及设计。二十五年三月中央通过工业建设计划,七月间开始建设工作,至二十六年六月第一年计划顺利完成。但不久抗战军兴,原订计划不得不加以变更,遂努力于战区厂矿之拆迁及后方矿场之兴建。三十四年抗战胜利,昌照在美参与接洽借款,获有成议,惜以国内局势关系,迄未实现。三十五年二月赴华北、赴台湾,九月赴东北部署接收敌伪生产事业。依据建国需要统盘筹划,以调整国家重工业建设,稍奠基础。倘无意外故障,预计三十八年措施各种主要工矿产品,大部分足供全国需要。溯自本会成立以来,历经艰苦,难于尽叙,略有成就,皆诸同人坚贞奋斗之结果。是乃昌照为公为私,应向诸同仁致其感激之情。昌照纵然去职,但诸同仁十四年心血所灌溉,国家盛衰攸关之工业基础,万不能因同仁之去留而稍受损失。

---

① 钱昌照(1899—1988):字乙藜,江苏常熟(今张家港)人。时任经济部资源委员会主任(委员长)。

② 原件未署时间,系根据内容判定。

容举数事,至希注意:(一)本会以举办国营事业,则以民生主义,亦即社会主义为依归。此一立场不容丝毫动摇。(二)国营事业,应力求企业化,纵的方面分层负责,杜绝尾大不掉,或头重足轻之弊。横的方面,互相配合,以收分工合作之效,此一方针有耐彻底实施。(三)储备人才为本会中心工作之一,现有工业建设人才,较之实际需要相差太远,企盼积极协同,努力培植,竭诚爱护。(四)本会公诚拼的精神,大快早的作风,博得社会信誉,允宜发扬光大,不可须臾或怠。以上四端,幸希诸同人坚守而厉行之。翁咏霓先生学问道德为国内外所称道,诸同人亦曾多年想从,今得复长本会,至堪庆幸。务望诸同人尽心尽力,襄赞咏霓先生,俾建设大业早观厥成。昌照在职务上虽离开,但在精神上必始终与诸同人站在同一立场,继续奋斗。临电依依,敬祝康健。钱昌照叩。

资源委员会训令

民国三十六年四月二十一日(1947.4.21)

令本会各附属机关。

经济部公费案及本会派遣赴美实习人员,实习期满或核准延长期限届满,除经核准留美工作者外,应即返国服务。除分令并电知本会驻美代表办事处知照外,合行令仰知照。

此令

委员长　钱昌照

资源委员会训令

民国三十六年七月五日(1947.7.5)

令华中钢铁有限公司筹备处。

查本会及附属机关派赴国外人员,除长期工作者外,均在国外支领生活费,国内薪津依照中央规定(包括本俸生活补助费基本数加成数)分别有无配偶及直系亲属发给全数或半数,其他津贴一律停发,早经通饬遵照在案。兹查仍有少数单位支给各项津贴者,应仰切实遵照本会规定办理,各项津贴不得再行支给。除分令外,合行令仰遵照。

此令

委员长　翁文灏

资源委员会训令

民国三十六年七月十八日(1947.7.18)

令华中钢铁有限公司筹备处。

奉行政院令,本会派遣出国考察及实习人员待遇,应遵照院颁各部会署及各省市政府派遣人员出国考察或实习办法规定办理等因。奉此,除考察人员生活费得按其在会原支薪级分为每月 500 元、450 元、400 元、350元、300 元五级。来往乘坐飞机之必要者,得经呈准照实报支外,悉应遵院颁办法办理。所有本会前颁(一)本会选派高级人员出国考察办法;(二)本会派遣赴美考察工业人员待遇规则;(三)本会派赴国外实习人员生活费支给办法,应予废止。关于派遣出国工作人员,复经遵照院颁意旨,制订本会派遣出国工作人员待遇办法。所有本会前颁(一)本会驻美工作人员待遇办法;(二)本会驻美工作人员待遇办法补充规定,应予废止,均自本年七月份起施行。前派工作人员照原薪支给美元者,并仰改照新规定办理。除院颁办法前已令发外,合行检发本会派遣出国工作人员待遇办法一份,仰即切实遵照。

此令

附发本会派遣出国工作人员待遇办法一份

委员长　翁文灏

［附件］　资委会派遣出国工作人员待遇办法

一、本办法所称工作人员,系指经本会正式任命派驻国外之人员而言。

二、曾在国内核定薪额之工作人员,其薪津照原核定薪额八成支给美元,此外不得另行发给办公费及国内薪津。未经核定国内薪额之工作人员,其最高额不得超过美金 400 元,以每 20 元为一级,由驻外总代表核定,以美金发给并呈会备案。

三、置装费之核发,简任或简任待遇人员,每人发给置装费 400 美元;荐任或荐任待遇 300 美元;委任及以下人员 200 美元。本项置装费凡于五年内曾经派遣出国者不再发给。

四、出国及返国旅费各 500 美元,确有乘坐飞机必要者,应呈经委员长核准,其飞机及火车票价照实报支。

五、工作人员为维持其国内家属生活,得将其薪津一部请由本会代表办事处缴存本会存款户内,由会按当时中央银行牌价折发国币交其家属具领。前项缴存款额不得超过所领薪俸总数之半,每三个月由代表办事处调查一次,连同领用家属姓名住址报会以凭折发。

丘玉池[①]致刘刚函

民国三十六年九月十日(1947.9.10)

克中我兄大鉴:

兹有熊说严先生自武昌致函钱主席,询问能否加入华中钢铁公司工作,嘱弟核复。兹为慎重起见,特函询我兄是否需要是项人才。熊先生系北洋采矿系毕业,湖北广济人,现年约五十八岁,历任萍乡煤矿整理局业务科长及汉阳铁厂、宏豫铁矿公司、上海新和兴及六河沟制铁公司等处工程师。抗战期间任平桂矿务局工程师兼半路墟铁厂主任,湘南矿务局业务处长。本年三月间湘南矿务局结束,熊先生即行呈请留资停薪。上述资历系由本会人事处抄录。我兄或已早识熊先生,敬祈卓裁赐复,以便拟复,是为至感。

关于象鼻山矿权转移及大冶参议会请求接收日伪建筑房屋事,已与经济部解说,现正与香亚兄等商复中,当续告。专此,并请
近安

弟玉池上

---

① 丘玉池(1907—1962):广东潮州人。时任华钢副总工程师。

华钢致资源委员会钢铁组电

民国三十六年九月十一日(1947.9.11)

南京大会钢铁组:密。申庆电悉。玉池兄学经历如下:(1)金陵大学理学士,燕京大学理硕士,伦敦大学冶金工程学士,德国亚亨高工钢铁工程博士;(2)经历德国克虏伯厂实习工程师,兵工署材料试验处冶金组主任,重庆大学兵工专门学校教授,资渝炼钢厂工程师,资源委员会专门委员,美国Bethlehem Steel Co.工程师,资源委员会华中钢铁公司副总工程师,抚顺矿务局炼钢厂厂长,本溪煤铁公司炼钢厂厂长。现任华中钢铁公司协理。曾先后至英国、瑞典、德国、美国考察钢铁工业。任职及毕业日期详大会人事室职员调查表,请就近查阅。特电奉复。

资源委员会训令

民国三十六年十月二十三日(1947.10.23)

令华中钢铁有限公司筹备处。

案奉行政院本年十月十七日(36)六经字第42183号训令内开:"秘书处案呈外交部东36第20769号代电节称:查留用日籍技术人员汇款赡家案,经电准财政部核复,以日本对外贸易即将开放,有关输出输入之外汇,业经政府规定由中央信托局以记账方式清算,所有留用日籍技术人员之赡家汇款,似可在贸易清算项下扣抵等由。查本案交涉经年,留用日籍人员在日家属生活无着,需款迫切,美方亦屡次催请办理,亟宜早作决定,从速实施,以示体恤。该部所拟办法似属可行,相应电请查照转陈,迅赐核定,即饬中央信托局照办并见复为荷等情。查该所拟办法尚无不合,应准照办。除分行有关各机关外,合行令仰知照"等因。奉此,除分行外,合行令仰知照。

此令

委员长　翁文灏

刘刚致资源委员会电

民国三十六年十二月三十日(1947.12.30)

　　资源委员会钧鉴:查本处员工励进会工作概况,呈奉钧会本年资(36)人字第 14652 号申文代电应准备案,并饬收该会委员姓名及历次会议纪录补报备查等因。自应遵办,并须具委员名册一份抄同会议纪录四份一并随电呈请鉴赐核备。华中钢铁有限公司筹备处代理主任刘刚叩。亥。

[附件一] 　华钢筹备处员工励进会委员名册

职别	姓名	备注
常务委员	刘　刚	
委员	朱贤裔	
委员	邓彰贤	兼秘书
委员	李家麟	
委员	汪　显	
委员	赵寿康	
委员	李祥亨	
委员	熊友松	
委员	刘寿人	

[附件二] 　华中钢铁公司筹备处工人生活概况

　　本处由大冶铁厂矿保管处蜕变而来,自三十五年七月十日始正式成立,随即陆续添雇各级工人,依其职责及技能分为技工、帮工、艺徒以及普通工等,以配合建厂工作。缘本处位于长江沿岸石灰窑,为前汉冶萍公司旧址,沦陷后日人占据,设立大冶矿业所,专事采运铁矿,一切设备当臻完善。本处奉令接收整理,从事建厂工作,对于工人生活以及福利事宜极为重视。工人住宿及水电由厂方供给,并设有员工医院供给患病工人及其眷属治疗。复成立员工励进会,一面举办员工消费合作社供应日常必需品,并采购大批粮食平价分配,以安定工人生活,一面尽量提倡工人正当娱乐及工余教育与运动,予以精神上之粮食。关于组训方面,本处工人视工作需要,于技工帮工中遴选领班,于普通工中遴选班长,负指导之责,并随时由各主管召集训话,以增进其工作情绪。至于其他情况,兹附表说明。(图表略)

刘绍韩呈刘刚文

民国三十七年一月十六日(1948.1.16)

案奉钧处华(36)总字第 2149 号通知开:查本处本年十一月三日第 44 次处务会议议决,各生产部门改谋自给自足,该课应将每月预计收入及支出数目(支出包括薪金工饷差费杂费文具纸张等费)列表呈核,俾明了实际收支状况,希即遵办为要等因。奉此,兹就本课每月收入及支出逐项分别列表,理合检同预算表签请鉴核。

谨呈

秘书钟转呈主任刘

附呈预算表一份

职　刘绍韩

[附件一]　华中钢铁公司汉阳保管课每月房地租金收入表

摘要	金额	备注
汉阳武昌汉口房地租金	25 000 000.00	
合计	25 000 000.00	

［附件二］ 华中钢铁公司汉阳保管课预算表

（以一月计）

项目	金额	备注
职员薪津	7 254 820.00	职员三人,支 3 026 894 元者一人,支 2 160 666 元者一人,支 2 067 160 元者一人,合计上数
看守工资	750 000.00	看守六人,每月支十五万元者三人,支十万元者三人,计款合计上数
工役工资	1 105 174.80	工役二名,每名 552 587.40 元,计款合计上数
文具纸张	1 000 000.00	包括笔墨——橡皮墨水及油印房地租清单纸张封面铜钉等
短程旅费	800 000.00	包括职员出动经征人员车饭资
邮费	100 000.00	
电池电珠	360 000.00	警卫晚间巡查用,每月电池三打
火油	1 400 000.00	职员卫兵宿舍用每月二听,每听七十万元
煤球	1 050 000.00	每月七石,每石十五万元
板炭	900 000.00	每月约二石,每石四十五万元
炊膳用具	300 000.00	
修缮	560 000.00	每月八工,每工七万元
杂项	500 000.00	
合计	16 079 994.80	
说明	上列各项用费均接本月实际情形计算,理合声明	

华钢筹备处工人雇佣标准

民国三十七年二月十五日(1948.2.15)

一、本处工人分工匠及普通工二种,必要时得酌工作情形,设艺徒若干人。工匠依其工作责任及技能分领工、领班、技工、帮工四种,普通工分长工及临时小工两种。

二、具备全部下列条件时,此即属领工,领工承各该部分主管人员之命,负监督指导工人与估算及分配工作之责。

(甲)当担任所习技艺领班五年以上,对于所习技艺确有超越与优异之能力,经本处一年以上之雇佣考验合格者。

(乙)对于本人专长技艺以外至少有二种其他技艺,并连续有二十年以上之经验。

(丙)当在初中毕业或具有同等学力,能了解普通数学,认识简单外国字,阅读蓝图,估计工料,并能使用仪器绘制图样。

(丁)身体健康,有统率指挥工人及支配工作之能力。

三、具备全部下列各条件者即为领班,领班受领工之指挥,督率各该班工人共同从事工作。

(甲)当从事所习技艺技工八年以上,对于所习技艺确能全部了解,具有超越与优异之能力,经本处半年以上之雇佣考验合格者。

(乙)对于本人专长技艺以外至少有一种以上之其他技艺,并连续有十五年以上之经验。

(丙)当在小学毕业或具有同等学力,能了解普通算术,认识外国字母,阅读蓝图,估计工料及绘制简单图样。

(丁)身体强健,有统率指挥工人及支配工作之能力。

四、具备下列各条件者即为技工。

(甲)当连续从事所习技艺八年以上,确有专长,对于所习技艺能单独自行工作,经本处雇佣一个月后考验合格者。

(乙)当在小学毕业或具有同等学力,能粗知算术,阅读蓝图。

（丙）身体健康,有管制机械工具之能力。

五、具有下列各条件者即为帮工。

（甲）当连续从事所习技艺四年以上,略具专长,对所习技艺颇有经验,经本处雇佣一个月后考验合格者。

（乙）当在小学毕业或具有同等学力,能粗知算术,略识蓝图。

（丙）身体强健,有使用机械工具之能力。

六、具备下列各条件者即为长工。

（甲）在本处充任临时小工满二年以上,从未犯过及请假。

（乙）体检健壮,能作简单算写,品性忠实,负责、勤劳,经本处考验及格者。

七、具备下列各条件者即为临时小工。

（甲）体检健壮,略识字义,品性忠实、负责、勤劳,经试用一个月后主管人认为合格者。

汉冶萍煤铁厂矿公司资产清理委员会证明书

民国三十七年三月八日(1948.3.8)

京人证字第 2001 号

兹由本会接管卷内查得,严恩械先生于民国元年十月至十六年八月历任汉冶萍煤铁厂矿公司大冶厂矿工程师、冶炼股股长及汉阳钢铁厂工程师、化铁股股长、副厂长等职(至十五年八月离职),最后月薪 500 元。特此证明。

主任委员　孙越崎

资源委员会致华钢代电

民国三十七年六月二十五日(1948.6.25)

华中钢铁有限公司览:查该公司筹备处应予结束,即行改组为正式公司。关于公司组织规程,业经订定公布抄发遵照,原有该公司筹备处组织规程亦经明令废止。兹派张松龄为该公司副总经理,刘刚、丘玉池为协理,在总经理未委派前由副总经理代行总经理职务。仰即知照,并将改组情形具报资源委员会。已有。附组织规程一份。

[附件] 华中钢铁有限公司组织规程

民国三十七年六月二十五日(1948.6.25)

第一条 本公司之组织除本公司章程规定者外依本规程之规定。

第二条 本公司总经理秉承董事会决定之方针,执行本公司一切业务,并监督指挥所属各单位。副总经理襄助总经理统理公司行政,协理辅助总经理办理各所主管之职务。

第三条 本公司设下列各单位,其职掌如下:

一、技术室掌理计划设计检验及研究事宜

一、秘书室掌理文书人事及编纂事宜

一、总务处掌理庶务出纳福利警卫及资产保管事宜

一、业务处掌理营业采购及成品仓库事宜

一、工务处掌理材料及考工事宜

一、运输处掌理陆运及水运事宜

一、会计处掌理审核簿记成本及综计事宜

一、炼焦厂掌理有关炼焦事宜

一、炼铁厂掌理有关炼铁事宜

一、炼钢厂掌理有关炼钢事宜

一、轧钢厂掌理有关轧钢事宜

一、动力厂掌理有关各项动力及给水事宜

一、修造厂掌理有关机器设备修造事宜

一、采矿厂掌理有关各矿开采事宜

一、建造工程处掌理有关土木建筑事宜

第四条 本公司设总经理、副总经理各一人,协理二至四人。各室设主任一人,各处设处长一人,均得分课或组办事,各课或组设课长或组长一

人。各厂设厂长一人,各得分组办事,各组设组长一人。各处各厂视事实需要,得各设副处长、副厂长一人。各室处厂主管人员均承总经理及副总经理之指挥暨主管协理之督导执行职务。

第五条　本公司设正工程师三至六人,正管理师二至四人,工程师十二至二十四人,管理师八至十六人,秘书二至三人。副工程师、副管理师、助理工程师、助理管理师、工务员、管理员、助理工务员、助理管理员各若干人。

第六条　本公司人员任免程序依资源委员会附属机关人员任免通则办理。

第七条　本公司得招收实习员及练习生。

第八条　本公司得因实际需要呈准在各重要地点设立办事处,其组织另订之。

第九条　本规程自资源委员会公布之日施行。

刘刚呈张松龄[①]文

民国三十七年七月十日(1948.7.10)

案奉资源委员会资(37)秘字第09084号有代电,以华中钢铁公司组织规程业经公布,并将华中钢铁公司筹备处组织规程废止。兹派张松龄为副总经理代理总经理职务,刘刚、丘玉池为协理,检发公司组织规程,饬即遵照改组具报等因,自应遵办。兹与贵代总经理洽定于本月十日移交,除全部资产造具清册另文移送外,相应将本处现有职员一百二十员,工人五百五十六名,本处警卫暨派驻各厂矿自卫队警士官兵共二百八十七名,造具名册各一本,备函移请查照为荷。

此致
华中钢铁有限公司代总经理张

---

①　张松龄(1902—1985):天津人。时任华钢副总经理,代理总经理。

附送:职员名册一本、奉派赴美人员名册一纸。

华中钢铁有限公司筹备处代理主任　刘刚

［附件一］　资源委员会华中钢铁有限公司筹备处职员名册(节录)

职称	姓名	工作部分	薪额	备考
管理师	麻安邦	主任室	400	
	和春方	总工程师室	490	原系鞍钢职员,由大会钢管会调派来处,暂任总工程师室,职称未定。
	何荫椿	〃	460	〃
	阮智成	〃	460	〃
	李　培	〃	400	〃
	李邦华	〃	460	原系天津炼钢厂职员,由本处调用,暂在总工程师室工作,职称未定。
工程师	夏以焜	〃	430	
〃	熊先钫		400	系向钢铁厂迁建委员会调用,在渝参加拆迁资渝机件工作,本月三日始到处,尚未派定工作。
副工程师	吴国贤	总工程师室	360	
工务员	崔之荣	〃	140	
〃	何润华	〃	130	

续表

职称	姓名	工作部分	薪额	备考
秘　书	朱贤裔	秘书室	430	
副管理师兼文书课长	刘融	ˇˊ	320	
管理员	朱为坊	ˇˊ	160	
ˇˊ	汪曾康	ˇˊ	130	
助理管理员	胡济舟	ˇˊ	100	
ˇˊ	周子璘	ˇˊ	100	
ˇˊ	萧祯祥	ˇˊ	80	
助管师兼代统编课长	卢明清	秘书室	220	人事课工作亦由该员兼办。
副管师兼庶务课长暂代总务组长	邓彰贤	总务组	300	
副管师	黄振亚	ˇˊ	300	
管理员	彭济民	ˇˊ	160	
ˇˊ	林礼仪	ˇˊ	150	
ˇˊ	左耀文	ˇˊ	110	
助理管理员	胡祖仁	ˇˊ	60	
助管师兼代房地产业课长	向思赓	ˇˊ	200	

[附件二] 奉派赴美人员名册

姓名	在本处支薪年限	原服务机关职务	补助费数	备注
孙季光	三五、三	云南钢铁厂副工程师	200 000	
夏以焜	三五、三	同上	200 000	
顾传沂	三五、三	同上	200 000	
姚元恺	三五、三	同上	200 000	
吕桂彤	三五、三	同上	200 000	
陈仰望	三五、三	云南钢铁厂助理工程师	200 000	
章光安	三五、三	同上	200 000	
冯汉杰	三五、三	同上	200 000	
萧泽宇	三五、三	同上	200 000	
总计		九员	1 800 000	

华钢呈资源委员会文

民国三十七年七月二十九日（1948.7.29）

查本公司业经遵令改组，竣事前依据组织规程第三、四条规定，拟具组织系统表，随文附呈，承祈鉴赐核备指遵。

谨呈

资源委员会

附呈本公司组织系统表一份

华中钢铁公司

[附件] 华中钢铁公司组织系统表

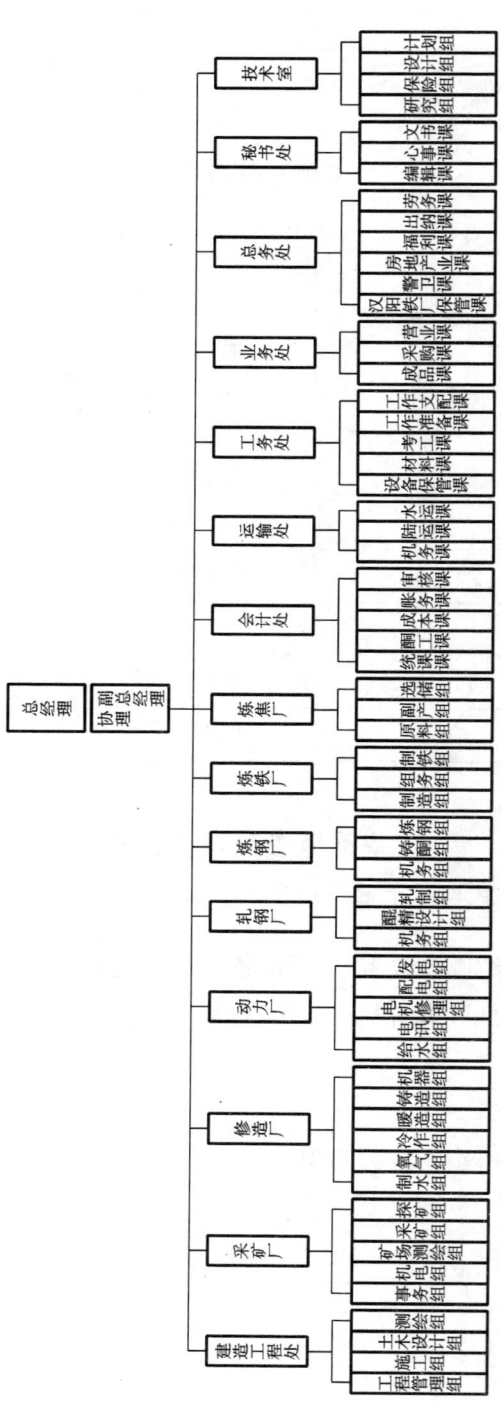

张松龄致汉冶萍资产清理委员会函

民国三十七年七月(1948.7)

资源委员会(37)秘字第09084号已有代电,以华中钢铁有限公司筹备处应即结束,改组为正式公司,派张松龄为公司副总经理,代行总经理职务等因。遵于本年七月十日在石灰窑正式改组成立公司,除呈报暨分函外,相应函请察照为荷。

此致

汉冶萍煤铁厂矿资产清理委员会

代总经理　张松龄

资源委员会华中钢铁有限公司职员录(节录)

民国三十七年十二月二十日(1948.12.20)

职称	姓名	别号	性别	年龄	籍贯	永久通讯处
代总经理	张松龄		男	46	河北天津	
协理	刘　刚	克中	男	45	江西吉安	江西吉安上沿河路47号
协理	丘玉池		男	40	广东潮安	广东潮安县东龙村
技术室						
工程师	阮智成		男	34	浙江余姚	天津第十区林森路260号
工程师	夏以焜		男	38	浙江嘉善	嘉善北门大街34号

职称	姓名	别号	性别	年龄	籍贯	永久通讯处
工程师	王吉枢		男	31	河南安阳	河南安阳山西门外顺成石灰厂转交西高平村
工程师	巴堃龄	济乾	男	43	辽宁辽阳	辽阳县八里村腰乐屯
工程师	张长生	济平	男	37	安徽桐城	桐城鼓儿街八号
工程师	张佩璜	鸣河	男	37	山西文水	北平东西北大街晋义源
副工程师	吴国贤	毅民	男	51	江苏宿迁	宿迁行宫前街十七号
副工程师	易大元	军成	男	29	浙江绍兴	
副工程师	李贤民		男	31	湖北随县	随县唐县镇
助理工程师	夏宗锜	仲虎	男	33	湖北黄安	黄安县北正街
助理工程师	董瑞庆		男	29	江苏宜兴	宜兴张渚
助理工程师	李积裕		男	30	浙江杭州	南京城北居安里 28 号
助理工程师	罗名德		男	31	湖北黄冈	武昌萧家巷十号
工务员	崔之荣		女	30	安徽太平	安徽芜湖后家巷五号

续表

职称	姓名	别号	性别	年龄	籍贯	永久通讯处
工务员	苗德权		男	31	辽宁海城	本溪湖早春医院
工务员	高造元		男	47	湖北汉阳	蔡甸河街何恒源号转高家垱
工务员	朱占魁	和轩	男	52	湖北应山	应山县南乡陈家巷邮局
工务员	苏文铃		男	27	河南信阳	信阳□□亩苏家楼塘南
工务员	穆怀信		男	27	河南开封	开封前保定巷五号
秘书室						
主任	朱贤裔	筱哲	男	43	江西丰城	江西樟树镇唐家墟
机要秘书	王恒弼	志良	男	50	辽宁辽阳	辽宁辽阳西广善屯
文书课长	刘融	雨邨	男	40	湖南衡山	衡山黄桑桥
人事课长兼编纂课长	卢明清	楚白	男	36	湖北应山	应山县东门内郑益秦转交
管理师	郑伯楚		男	41	河南商丘	商丘城内
副管理师	郝鸣庚		男	41	辽宁海城	辽宁海城县南涌发油坊

续表

职称	姓名	别号	性别	年龄	籍贯	永久通讯处
副工程师	张振宇		男	34	河北天津	天津大直沽后街同源涌酒店
助理管理师	朱为坊	伯言	男	38	江西吉水	吉水平湖乡塘尾村
助理管理师	裘 凯		男	45	浙江嵊县	嵊县兴仁镇师姑巷
管理员	汪曾康	仲吉	男	27	安徽旌德	湖北大冶黄石港上正街15号
管理员	胡济舟	会楫	男	38	江西泰和	泰和三都墟义和田村
管理员	周子璘	仰之	男	41	湖北天门	天门皂市邱家巷周永和转
助理管理员	那宝良	绥珊	男	39	河北北平	北平地安门内太平街九号
助理管理员	萧祯祥	定国	男	29	江西吉安	吉安高塘圩金溪村
助理管理员	黄 昆		女	26	湖北汉阳	汉阳洗马长街八十三号
总务处						
处长	田润生		男	39	河北天津	北平东四牌楼钱粮胡同〇家坑一号
庶务课长	邓彰贤		男	44	江西吉安	吉安县横江渡邓家
出纳课长	秦大猷	钦若	男	49	江西吉安	吉安水东坊廊乡梅林村
福利课长	郭绍光		男	35	河北天津	天津第十区兰州道华新西里十一号

华中钢铁有限公司工人管理规则

民国三十七年(1948)①

第一章 总则

第一条 本公司各级工人一般管理除另有规定外,悉依本规则办理之。

第二条 本公司工人依其职责及技能,分领工、领班、技工、帮工、艺徒以及普通工等,而普通工分为长工及临时小工两种。

第三条 领工承主管人之命,负指导工人之责,领班受领工之指挥,协助督导该班工人,并直接参加工作。

第四条 技工、帮工从事技术上之工作,必要时应同普通工人担任一般工作。

第五条 艺徒在学艺期间得由本公司调任辅助工作。

第六条 工人应(1)恪守厂规;(2)服从命令;(3)尽忠职守;(4)不得妨害公共秩序;(5)不得有罢工、怠工及其他轨外行为。

第二章 雇用

第七条 本公司雇用工人,应视工作之需要由各主管部分每月编定各级工人名额专业,送由考工课转呈总经理核定增减之。

第八条 补用工人事先由各主管部分填具雇用单一式二份,由考工课派员引见协理。

第九条 凡经引见,协理准予试用之工人,须在本公司医院检验身体,合格后始得到工试用。

第十条 到工试用之工人,必须履行下列手续:

(1)填报亲属调查表。

(2)填具保证书一式二份。

(3)缴最近二寸半身脱帽相片四张(背面书明姓名)。

① 原件未署时间,系根据内容判定。

（4）向考工课领取证章符号及服务证等。

前项手续办妥,由考工课分别通知总务处指定膳团及宿舍,并会计处起算工资。

第十一条　工人试用定期一个月,在试用期间工资之发给按其工阶之最低八折支给,先予备支,一俟工资正式厘定后,即按照工阶应得工资补发。

第十二条　工人试用期满,由各主管部分将试工成绩填入雇用单内,并须拟定工阶日资,送考工课转呈协理核定后,始为正式雇用。

第十三条　试用期间工人福利,除本人平价米照售外,其余须俟期满方能享受。如试用不合格时,其解雇手续与正式工人同,但以其本阶最低工资结算。

第三章　解雇及迁调

第十四条　工人有特殊事故,呈准长假或被解雇淘汰及开除者,应由主管部分填报解雇单一式三份,送考工课分别凭存转凭办手续。

第十五条　考工课根据各主管部分之解雇单,另填解雇传知单,交由被解雇人携往各有关部分办理离厂手续,并另以解雇单一份通知薪工课结算工饷,须俟手续办理完竣,始得向出纳课具领。

第十六条　凡经解雇及呈准长假之工人,非经六个月以上之时间,不得回厂工作。但因犯过被开除者,不再录用。

第十七条　工人之迁调由各主管部分自行办理迁调手续,并须填工人动态表一式三份,送考工课移转工籍。

第四章　假期

第十八条　星期日及规定例假,一律放假工资照给,但例假之前一日下午及后一日上午不到工而应扣工资者,其例假日之工资免给。

第十九条　工人因故请假,除特殊情形外,必须事先填具请假单经主管部分核准,始可离职,否则以旷工论。其有特殊情形者,亦应事后申明理由,补报核准。

（1）事假:一律按日扣发工资,如假期连续在七日以上,或年度内累计超过三十日者,由考工课查明,呈总经理核准之。

(2)病假:工人确因病不能工作,经本公司医院证明者,得请病假。在病假期间,工资照给,但全年累计以一个月为限,其超过部分照扣工资。如因特殊情形,经主管部分签请核准者例外。

(3)婚丧假:工人因婚丧事故,而有确实证明者,得请婚丧假,但超过下列日数,不给工资:

A. 祖父母丧四日。

B. 父母或配偶丧七日。

C. 结婚七日。

D. 工人请婚丧假,确因路途遥远往返需时,得酌给路程假,不扣工资。

(4)娩假:女工生育,得请娩假六星期,工资照给。

(5)临时假:工人请假在四小时内者,作为临时假。第一次免扣工资,第二次起以事假论。

(6)公伤假:工人因公受伤,经本公司医院暨主管部分证明确实,在医治期间得请公伤假,工资照给。但至多以两个月为限。而系重伤,经呈请总经理特准者例外。

第二十条　未经请假或请假未经奉准,擅离工作地点者,以旷工论。

第五章　工时及加工

第二十一条　工人每日正工时间为八小时,非有继续及急要性之工作不得加工。如经核准加工,例假日间以八小时为一工;规定工作时间外,以六小时为一工。

第二十二条　工人加工,经各主管部分派定后,不得藉故避免,如有违误,得予惩罚。

第二十三条　加工单应于加工之次日填送考工课,以便登记考核。

第六章　工资

第二十四条　每月工资于二十日发给半月借支,下月五日结算发给全月工资。

第七章　奖惩

第二十五条　工人全年未请假、犯过,而工作勤奋成绩优异者,年终奖工一个月;全年请假总数不及五日,奖工十五日。

第二十六条　工人旷工一日,除扣一日工资外,另罚一工。

第二十七条　旷工有下列情形之一者开除:

A. 继续旷工超过三日者。

B. 全月旷工累计达七日者。

C. 全年旷工累计达三十日者。

第二十八条　工人对于工作上有节省工料之改善或其他功绩,而有具体事实证明者,得由各部分主管察酌情形,签由考工课转呈总经理,依下列办法奖励:

一、嘉奖;二、记功;三、奖工;四、晋级;五、呈会奖励。

第二十九条　工人如有违犯第六条之规定时,得视情节轻重,依下列办法处罚之:

一、申诫;二、记过;三、罚工;四、降级;五、开除;六、送司法机关惩办。

第三十条　工人损坏工具或其他公物,得视情形,责令照市价赔偿。

第三十一条　工人提报事由,希图蒙混请假者,得酌予处分。

第三十二条　艺徒中途无故辍学,或犯规开革,或毕业后未达规定服务期间擅自离厂者,得向本人或保人追缴学艺期间所领工资。

第三十三条　凡经开革之工人,不得再行录用。

第八章　政绩

第三十四条　工人考绩每年十二月举行一次,由各主管部分严格考核,填具考绩表一式二份,送由考工课转呈协理、总经理核定。

第三十五条　新进工人不及六个月者不得考绩。

第三十六条　工人在六个月内请假(公伤假及婚丧假除外)超过一个月以上者,本年度不予考绩。

第三十七条　工人记过在一年内未经记功抵消者,本年度不得考绩。

一、领工、领班

管理能力 35 分　技术经验 35 分　品行 20 分　体格 10 分

二、技工、帮工

服务精神 30 分　技能 30 分　品行 20 分　体格 20 分

三、普通工

服务精神 30 分　能力 30 分　品行 20 分　体格 20 分

四、艺徒

学习精神 30 分　成绩 30 分　品行 20 分　体格 20 分

第三十八条　工人工资由工务处依照工作定值分类制定最高最低额，凡业经核定工阶者，如平日工作勤劳著有成绩者，得按据事实，随时由主管部分考绩，交由考工课转呈协理、总经理核准晋级加薪，但每年每人考绩不得超过两次，每次晋级不得超过两级。

第九章　福利

第三十九条　本公司设有员工医院，凡患病工人及其眷属，得免费治疗。

第四十条　工人子弟达入学年龄，得送本公司员工子弟小学免费教育。

第四十一条　工人宿舍或住宅以及水电，得在可能范围内分别设法供给，但临时小工有眷者，不供给住宅。

第四十二条　日常必需品由本公司员工消费合作社经常供应。

第四十三条　本公司在可能范围内，尽量提倡工人正当娱乐及业余训练与体育。

第十章　保险

第四十四条　本公司工人一律参加保险，依照大会保险事务所订定之员工寿险办法办理。

第四十五条　工人保险费分为下列二级：

1. 技工：概以最高级技工应得之薪金总数为标准。

2. 普通工：概以一般工人之平均薪津总数为标准。

第四十六条　保险费每月缴付一次,按标准薪津总数计算,每百元应缴如下表:

类别	保险费总数	被保险机关	工人应付
工人(非危险厂矿)	六角	三角	三角
工人(危险厂矿)	八角	四角	四角

保险金数目按标准薪津总数计算规定如下:

事由	保险金数目
死亡	
(1) 病故	四个月薪金一次支付
(2) 意外伤亡	八个月薪金一次支付
意外伤残	
(1) 暂残废	每月半个月薪金自停薪时起至恢复工作能力时止,但至多以六个月为限
(2) 半残废	四个月薪金一次支付
(3) 全残废	八个月薪金一次支付

第十一章　抚恤

第四十七条　本公司工人因执行职务而致伤病死亡,或在职积劳病故者,得按照会颁附属机关员工抚恤暂行规定办理之。

第十二章　附则

第四十八条　本规则如有未尽事宜,得随时呈请修改之。

第四十九条　本规则自呈奉总经理核准之日施行。

华钢业务处致公司电

民国三十八年五月二十三日(1949.5.23)

石灰窑。本公司移交归军管会物资接管部统一接收,已行接头,目前任何单位均无接收权。该部嘱转告,如有前往接头者,供给资料,可协助谈接收。请派员会同来汉面洽。辰梗。

武汉市军事管制委员会命令

民国三十八年五月二十七日(1949.5.27)

兹任命王厂、陆希同志为接管华中钢铁公司之军事代表,代表本会执行接管任务。

此令

主任　谭政

副主任　陶铸

中华民国三十八年五月二十七日

武汉军管会工业处致华钢汉口营业处函

民国三十八年六月四日(1949.6.4)

查华中钢铁公司正军事代表王厂、副军事代表陈希,已去大冶该公司本部进行接管。该公司驻汉口之营业处(住交通银行内)暂由本处派吴正德同志负责接管并将接管情形随时报大冶之正副军代表。

此致

华中钢铁公司营业处

武汉军管会物资接管部工业处处长　高元贵

副处长　金实蘧　王焕宇

中华民国三十八年六月四日

华钢致高元贵①函

民国三十八年六月十八日(1949.6.18)

一、接石灰窑本公司六月十五日电告:本公司名称经军事代表指示,暂改为武汉军事管制委员会华中钢铁公司,并自十三日起执行。

二、本处应自何日起改称。

---

①　高元贵(1908—1993):山东邹平人。时任武汉军管会物资接管部工业处处长。

三、用特呈报备案，敬祈核示祗遵。

　　谨呈

工业处处长高

中华民国三十八年六月十八日

武汉军管会工业处通知

1949 年 7 月 12 日

　　关于华中钢铁公司暂改为武汉市军事管制委员会华中钢铁公司事，准予启用暂改名称，正式名称不久即可决定。特此通知。

　　此致

吴正德同志

杨维厚处长

高元贵　王焕宇

中原临时人民政府公营企业部通知

民国三十八年九月一日(1949.9.1)

　　兹呈经中原临时人民政府批准各厂(处)新定名称及图章规格，即希各厂(处)遵照刻制启用，并将启用日期及印模报部备查为要。

　　附厂(处)新定名称及图章规格图样

部长　朱毅
副部长　曾志　高元贵

公布令

1949 年 10 月 28 日

　　兹奉中原人民政府工业部委任令(秘人字第十五——二十七号)内开：

兹委任张松龄为华中钢铁公司代经理

兹委任刘刚为华中钢铁公司代协理

兹委任王厂为华中钢铁公司第一副经理

兹委任曾扬清为华中钢铁公司第二副经理

兹委任郭士民为华中钢铁公司行政处处长

兹委任李化为华中钢铁公司行政处副处长

兹委任胡德安为华中钢铁公司经理处处长

兹委任邱才伦为华中钢铁公司工务处处长

兹委任章光安为华中钢铁公司炼铁厂代理厂务

兹委任李邦华为华中钢铁公司炼钢厂副厂长

兹委任李培为华中钢铁公司轧钢厂代理厂长

兹委任何荫椿为华中钢铁公司机械厂厂长

兹委任宗后章为华中钢铁公司机械厂副厂长

此令。等因。职等尊令正式改任新职,特此公布。

此令。

代经理　张松龄

副经理　王厂　曾扬清

1949 年 10 月 28 日

华中钢铁公司概况

1949 年 11 月

Ⅰ.位置及交通

华中钢铁公司位于湖北省大冶石灰窑,公司本部在石灰窑市街东三里,紧靠长江。公司所属之采矿部分,位于公司西南五十里,名曰铁山,公司自筑有铁路可直达。

公司对外交通尚称便利,陆路有公路可通武昌,约 260 里;水路由汉口下游至此小汽轮约需 6 小时,上游去汉口需 18 小时。自设有码头,能泊数千吨之船。

Ⅱ. 历史沿革

民国十四年,汉冶萍公司在大冶县石灰窑建立钢铁冶炼工厂,即华中钢铁公司现址。抗战期间,日本人在此设立"日本株式会社大冶矿业所"(简称"日铁"),开采铁山之铁砂运回本国,同时拆卸本公司之大冶、汉阳两冶炼设备运往他方。抗战胜利,经伪经济部接管为接收日铁保管处。民国三十五年二月改设为伪资源委员会大冶铁矿保管处。同年七月改为华中钢铁公司筹备处。民国三十七年七月正式成立华中钢铁公司,直属伪资源委员会。

Ⅲ. 主要设备及生产现况

今按现行之厂别分述如下:

(1) 炼铁厂

该厂有 30 吨炼铁炉一座,高白氏热风炉三座,管式热风炉两座,及其附属设备等均全部完工。现因焦炭来源问题,以及生产之翻砂生铁无销路未开工,开炉后每月可生产翻砂生铁 700～900 吨。

(2) 炼钢厂

现有 1.5 吨贝氏炉一座,每月可生产钢锭及钢铸件 60 吨左右。此外,尚有一座 1.5 吨贝氏炉已完成 80% 以上,预计明年一月可以参加生产。三吨电炉一座,炉基已砌好,全部机件已从上海运出,明年三月可能参加生产。

(3) 轧钢厂

10″轧钢机一部,已在十月底完工,开始生产,每月可生产 60 吨钢条。17″轧钢机一部,已完成 65%,预计本年底可装好使用,每月可生产 110 吨钢条。

(4) 机械厂

①机械场　有车床 31 部,最大者 18″—0″;铇床 10 部,最大者为 10″×4″×4″;钻床 6 部;100 吨水压机一部。

②铸造场(包括木模木场冷铸)　有刨木机二台,大者 24″;锯木机二

座;化铁炉三座,最大者32″。冷铸方面,有4吨化铁炉一座。

③冷作锻造场 有剪冲机一座,捲钢板机一座,电焊机二部,250 kg之汽锤二台,红炉13座。

④氧气组 有制氧机一部,每小时可产氧3 450立升。

⑤水电组 原有3 000 kW之汽轮发电机两部,现已拨交鄂南电力公司。自有小型柴油发电机三部,共628 kW,惟都在装修中。

⑥船舶组 有小汽轮(拖轮)六艘,木驳七只,囤船三个,铁拨捍船一个,跳船六只,惟汽轮六艘中只有三艘堪用。

⑦车辆组 汽车31辆,完好的只有17辆;机车(火车头)16个,可用者只有6个;矿车、货车、客车共253辆,可用者72辆;瓦斯车2辆,车箱一节。

本厂除氧气组及铸造场之冷铸车轮外,均是配合全公司生产作修理工作,故无生产可言。

氧气组每24小时可制3 450立升,惟因氧气瓶缺少,每月仅够制二三次,每次二三天,每月约生产氧气20 000~30 000立升,销售华中各地。冷铸车轮为粤汉路迫需,惟因技术关系,尚在试制中,产量尚难计算。

(5)铁山保管处 有500HP拖动之空气压缩机二部,650HP拖动之空气压缩机一部(500HP及650HP之马达现暂移至轧钢厂使用)。空气钻200余件,修钻机三部,全好的碎矿机二台。全部设备每日可生产1 000吨铁砂,如加以修理补充,每日可生产3 000吨,惟目下未开工。

Ⅳ.铁矿矿区

本公司之采矿部分即是铁山铁矿矿区,现在组织机构中是铁山保管处,直属总经理。矿区有三山,即象鼻山、狮子山、尖山,共埋藏量为三千万吨,铁砂含铁60%左右。惟含铜0.324%,不宜炼钢,应运来他处铁砂掺用方能冶炼。其交通及设备已分述于前,故从略。

Ⅴ.组织机构及职工人数

(1)华中钢铁公司现行组织系统表

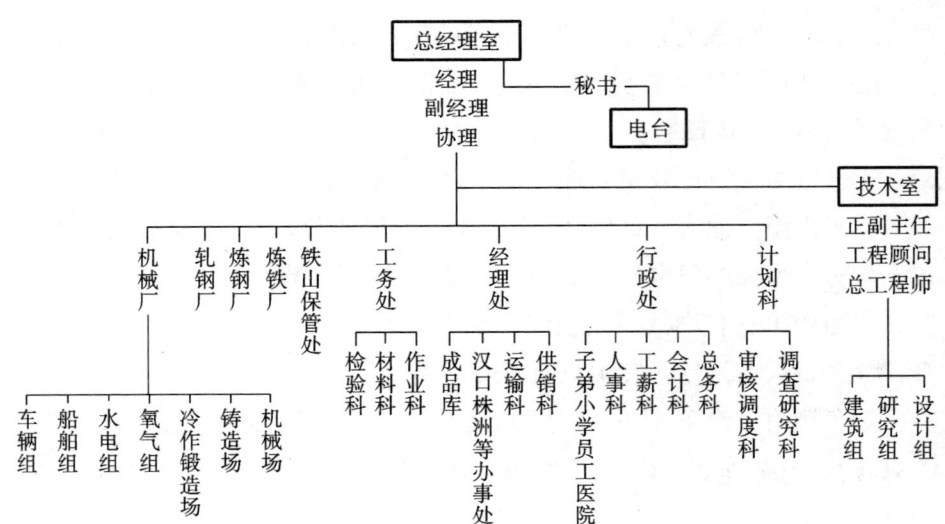

（2）职工人数，10月底的情形如下：

工人共 1 094 人，内技工 639 人，普通工人 445 人。

职员 190 人，技术人员 97 人，管理人员 93 人。

Ⅵ. 财务状况

华中钢铁公司五月十五日解放时尚存银元 56 412 元，其全部不动产及机器、材料等尚未估价，故不能具体写出其资产来。从解放到现在，我们政府共投资 1 490 100 000 元，可是从解放至 10 月底的收入仅 97 284 664.50 元，从财政上我们很清楚看出来是在建厂期间。

Ⅶ. 生产计划

华中钢铁公司对生产计划提过很多，主要者有年产 100 万吨、50 万吨、30 万吨、15 万吨等四种，这些计划都是建国大计的大计划。其中 50 万吨计划，他们认为切合目下建厂，计划书洋洋数十页，惟目下仅就公司现有设备生产其情况已见生产现况一节矣。

中原临时人民政府工业部工矿处编制

公布令

1949 年 11 月 5 日

本公司机构改组，除厂处科级人员业经公布外，其余人员兹经分别确定,特检附名册公布,希各遵照为要。

此令

附名册一份(原有人员经改任新职外,职名仍旧,一俟部令再改)。

代经理　张松龄

副经理　王厂　曾扬清

一九四九年十一月五日

部别	职别	姓名	备考
经理室	代经理	张松龄	
	第一副经理	王　厂	
	第二副经理	曾扬清	
	协理	刘　刚	
	秘书	张汉常	
电台	台长	谢定邦	
	报务员	唐　秩	
	练习报务员	金世琨	
行政处	处长	郭士民	
	副处长	李　化	
总务科	副管理师	刘慕新	
	副管理师	刘　融	
	管理员	刘哲贤	
	管理员	汪曾康	暂调人来科工作
	管理员	胡济舟	
	助理管理师	朱为坊	
	助理管理员	黄　昆	
	助理管理员	萧祯祥	
	助理管理员	胡祖仁	

中原工业部命令

1949 年 11 月 19 日

兹决定高芸生同志任本部驻石灰窑工矿特区特派员兼华中钢铁公司监委,刘士杰同志任华中钢铁公司副监委。

此令

中原临时人民政府工业部

中原临时人民政府命令

1949 年 11 月 23 日

兹任命高芸生为工业部驻石灰窑特派员兼华中钢铁公司监委,刘士杰为华中钢铁公司监委,仰即到职为要。

此令

主席　邓子恢

副主席　吴芝圃　李一清

青年团大冶工矿特区工委通知

1949 年 11 月 25 日

为开展与加强大冶工矿特区的青运及建团工作,武汉市委暨青年团工委特决定成立青年团工作委员会,负责领导该地区的青运与建团工作,今已正式开始。本团工委之会章及组织部、宣传部的戳记业已刻好,以后凡与各部有关来往公文函件等一律分别使用。

此致

华中钢铁公司

（样式附后）

中国新民主主义青年团大冶工矿特区工作委员会

华钢汉口办事处工作制度

1949 年 12 月 5 日

一、本处秉承总公司之意旨,在汉办理下列事项:

甲、对内事项

1. 调查各种原材料产品器材之价格及市场情况;

2. 办理器材之采购及产品的推销;

3. 办理报价询价订货等事宜。

乙、对外事项

1. 代表公司在汉办理业务;

2. 代表公司向工业部及有关部分接洽公务;

3. 招待及协助公司因公来汉人员。

为了工作有计划有步骤地执行和能够顺利迅速地完成任务,订定下列各细则依照施行。

二、组织编制(汉口办事处暂以供销科代替)

本科原则上应设科长二人、科员八人,现按具体实际情形设科长二人,下设采购营业、会计、出纳、运输、文书、总务各一人,为了工作配合需要,下设工友六名(计司机、助手、公务员三人、氧气技工一人)。

三、分工

甲、科长

1. 对外代表公司在汉办理接洽一切业务工作;

2. 对内领导全体人员组织工作学习,布置督促监察各人工作。

乙、采购营业

1. 原则上对一切原材料的购买一概根据请购单采购比价制,对个别零星或特殊的原材料,须到市场上搜购,由采购小组派人采购之;

2. 对一般重要之器材之采购,须订立合约对保,按具体情形决定付给定金;

3. 卖客负责制,货送到公司验收,合用再行结案,如不合用或短少,等本处决定其退货、换货、退钱；

4. 对请购单上规定名称数量不明之处，或本埠无法采购，须向外埠购买者，须请示经理处或用电联络之；

5. 组成供销小组办理调查市场行情，比价比样，作采购决定权；

6. 采购一般材料先贴出通告单，由各商人前来报价，由采购小组根据该货品质优良价格便宜原则购买之；

7. 初步验收，小件在办公室验收，大件到本公司码头（四码头），特殊材料恐怕日后发生变化问题，须签订订购单，以资保证；

8. 交运器材运石，为便于运输统计及押运查点，特填交运单四份，三份送石，一份留本处并签还汉口一份；

9. 收库填具收库凭单，便于材料清点列账，以及本科报销精确，暂填写六份，一份留本处存查，五份送石材料科转送有关部分，另退换本科一份作报销收据；

10. 售货应开具发票提单以作售货凭证，如系订货，先索取图样送石估价，然后再签订合约；

11. 报告：

A. 一般物料行情每周报告一次，特殊情形随时报告；

B. 采购旬报月报；

C. 成品旬报月报；

D. 容器旬报月报（目前即氧气瓶）。

丙、会计

1. 单据审核

（一）凡代总公司采购材料财物以及其他临时支出，凭总公司通知之核准文件为原则；

（二）凡本处事务费支出，以事前报请主管核准为原则；

（三）采办材料财物除量小值微、现货现款及质量有固定而不会发生变化者外，一律订立购货订单，以昭任重而防意外；

（四）支付款项概以受款人之合法收据发货票及有关参考之书据为

凭,如因特殊情形不能取得受款人收据时,应声叙原因,开列证明单,由主管签章证明核销;

(五)经办人提出发货票,应盖有该商店之印章,并明下列事项:

A. 商店名称地址及门牌号数及责任者姓名;

B. 物品名称及数量;

C. 单价及总价;

D. 发货日期;

E. 本公司名称;

(六)经办人提出收据,应盖有受款商店及受款人之印章,并记明下列事项:

A. 收受款项之原因;

B. 实收金额;

C. 收款年月日;

D. 本公司名称;

(七)受款商店如以发货票代替收据者,应加盖"收讫"或"银货两讫"章表明之;

(八)各种支出凭证单据应由经办人核对签章,经收用部分验收证明无误(代总公司采购材料及财物,当时不能办理验收手续而急须付款者,按经办人负责签章付款),由会计审核呈经主管核准后凭以付款;

(九)职工薪资按照总公司核定标准编造工资表核发;

(十)邮电费之收据应注明简要事由;

(十一)职工出差旅费依照总公司规定标准填具旅费单核发;

(十二)广告印刷费收据均应附送样本或样张;

(十三)分批付款之支出凭证单据应抄送合约并应将全部金额、已付金额及未付金额等项分别注明;

(十四)由数机构分摊之费用,应由主办机构将其他分摊机构名称及分摊金额分别详细注明;

(十五)支出凭证单据上之数字应用大写书明,不得涂改挖补,其有改正者应由作成人在改正处签章；

（十六）支出凭证单据上列有其他货币者，应注明折合本位币总额及折合率；

（十七）支出凭证单据应按照印花税法之规定贴足印花税票；

（十八）非本国文（英文等）之凭证单据，应由经办人将其择要内容译成本国文；

（十九）品名特殊者，应详细注明用途。

2. 出纳处理

（一）出纳员应谨慎收付并保管公款，不得有误；

（二）公私款项须切实分清，以便随时抽查；

（三）库存现金不得超过总额十分之二，银行存款以存入国营者为限；

（四）收库款项以呈经主管核准之凭证单据为依据，除零星小额者外，概以开给支票为原则；

（五）收付款项应迅速处理并随时记载，每日于下班前将单据移送会计登账；

（六）每月结存应与会计帐面核符，月终银行存款应与银行通知结单相符。

3. 账务处理

（一）会计事务之处理，除依会计及审计法令之规定办理外，并按照总公司营业审核成本以及其他各有关程序行之；

（二）本处设置现金出纳登记簿，各科目明细分类账记录备查；

（三）会计科目规定如下：

（1）库存现金；（2）银行存款；（3）总公司往来；（4）代购材料及其他；（5）周转金；（6）暂付款；（7）事务费——细目：1. 工薪；2. 文具；3. 邮电；4. 消耗；5. 印刷；6. 修缮；7. 租金；8. 税捐；9. 旅费；10. 运费；11. 汇兑；12. 福利费；13. 交际费；14. 其他。

（四）凡领到经费营业收入以及代总公司收到其他款项，以"总公司往来科目"入账，记入贷方，凭收款通知单编列报销清单报解总公司收账，是项款额记入借方；

（五）凡代总公司购办材料财物及其他支付款项，以"代购材料及其他"入账，记入借方，凭单据编列报销清单报解总公司核销，是项报解款项记入贷方，并记入"总公司往来"账户；

（六）凡事务费支出，应按规定细目列入借方，凭单据编列报销清单，按科目分析顺序填列，并注明名称或事由、数量、金额，编列单据足数报解总公司核销，是项报解款项分别记入各细目贷方，并记入"总公司往来"账户；

（七）记账凭证，在事务简单期间，以经主管及会计签章后之单据为凭证。

4. 会计报告

（一）每日编造库存现金日报呈报工业部备查。

丁、运输

（一）凡来汉车船抵达后，立即由押运人或司机、轮船大副将车船行驶凭证通知单及托运单来办事处办理报到；

（二）到汉车船驳司机、轮船大副、木驳老大，在汉时车船行动一切应受在汉运输经管人之指挥，不得藉故违抗；

（三）车船在汉停泊地址及在汉任务停留原因逐一公布于车船驳动态牌上，如决定开车船的第一天再将开出时间加以详细填明；

（四）来搭车船去石职工，须凭服务证或公差证，眷属须凭眷属证或介绍信，向经管人领取乘车船证；

（五）车船在未开出半小时前，由经管人会同押运人或汽车司机、轮船大副加以检查，如未领取乘车船证者概予拒绝；

（六）如车船离汉时，即将车船行驶凭证及通知单、乘搭人数报告表依次填写盖章，交司机或船老大送运输科考核；

（七）各种材料装运由托运部分将所运材料品名数量逐一填写交运单一式四份，一并交押运人或船老大会同点验勿讹，由押运人盖章，一份交托运人，另三份随同材料交材料科验收无讹盖章，一份寄托运部分，另二份留材料科及运输科各存查一份；

（八）每月份为上中下旬列表报告运输有关事宜，包括车船来往次数及运输物品吨位，下旬为月终总结报告，每次报告时除已运石材料吨位外，并注明待运材料吨位，以资配备运输工具；

（九）每次来往船驳抵达后，应由押运人及船老大以书面或口头报告，在中途停留原因及经过情形，来汉船驳应由在汉管理人将情形转报运输科，去石船驳抵达后，由运输科将情形转告汉处，以便互相交流联系；

（十）经常注意运杂费之调整及搜集有关码头力资等资料，转报运输科备作参考。

戊、文书

（一）外来文件除机要文件送交主管人拆阅外，其余一律拆封登记挂号再行呈阅；

（二）经主管批示的文件转交各负责人办理办竣后，应即交还并时常注意办理情形有无遗漏；

（三）凡发出的文件，一定要经过主管人及关系人核阅后，办理校对用印登记挂号等手续；

（四）除重要公文一律留存底稿备查外，其余无关紧要的文件可酌予免除底稿的麻烦手续；

（五）发往公司的文件均先寄经理处转交，以资联系；

（六）封发文件，应按邮局封发时间前一小时送达，电报随译随送电台发出；

（七）所有文件应随时整理归档，妥为保管，调卷时应填调卷单，以免遗失；

（八）所有工作会议纪录及旬报、月报等汇总整理，分别呈送有关部分；

（九）每届月终将签到表送公司查核；

（十）每届月终将本月份邮递文件执据填单送会计报销。

己、总务

（一）房屋管理:本处所居房屋,如有损坏及装修情事,即应拟具办法,呈请主管核准,方能包修,月终并缴纳房租等;

（二）家具保管:所有本处家具及物品,概由总务人员负责保管登记,眷属职工借用家具,应由主管批准支配数量,方得照发。各项家具物品,应注载标识及编号贴条等手续,以免紊乱,遇有损耗,由总务人员填表,按公司报损办法随时填报,遇有修理及必要之添置,由主管决定后方得照办;

（三）工友工作:本处办公室、招待室及单人宿舍胜利街 153 号招待室及眷属住宅、厨房等四处,共需工友四人:(甲)办公室工友应负办公室整理、对外递送公文及清洁打扫、茶水接待、会议室整理等工作;(乙)招待室及单人寝室工友,应负接待来宾、茶水、床铺整理、洗刷,单人宿舍清洁打扫、茶水、房屋保管、餐厅整理、厕所洗刷等工作;(丙)胜利街 153 号招待室工友应负接待来宾、茶水、床铺整理、灯水管制、房屋保管、厕所及楼板洗刷、眷属住宅清洁等工作;(丁)厨房工友应负厨房清洁、用具保管等责任,由总务人员随时检查督促执行如何并记载工作进度表;(戊)对于工友学习:在干部一起学习,其他有关情形由总务人员协助与指导;

（四）招待室管理:本处现有招待室两所,备招待公司公出来汉人员住宿,公出人员但需持有行政处函件,方得招待,公出人员伙食可参加本处膳团,每天按工薪分数一分收费;

（五）水电经管由总务人员随时注意节约,并将每月用电用水纪录,按月终总结呈报公司,如用量过多时,应查明实际情形,呈报清楚;

（六）办公用品:办公室日常办公用品由总务人员按精简节约原则每月实际需要数量,经由主管核定后照买,发出时领用人须在领物簿上盖章,每届月终汇报总公司;

（七）汽车行驶管理:本处现有卡车一辆,由总务人员管理。其行驶时,按需要情形,经主管核准后,方得开出。所用汽油,由司机领用,每行驶起止地点由司机告由总务人员记载,月终呈报公司核销。汽车如要修理,须经主管批准;

（八）图书管理:本处所购存图书及各种参考资料,备各同仁公余学习

及参考之用,由总务人员经管,借阅人须填借书单向经管人借用,交还后注销,但遇有损坏或遗失由借书人按市价赔偿;

(九)户口报告:由总务人员负责办理与联络;

(十)库房:备本处存放公物之用,对于存库物件,由总务人员负责保管;

(十一)其他有关总务事项由总务人员视情形请示主管办理。

四、会议汇报制度

1. 科务会议:每月一次,由主管为主席,讨论一月中的工作优缺点、完成数量和下月工作计划;

2. 小组会议:每周星期六一次,由主管主持,讨论一周工作优缺点,并布置下周工作;

3. 汇报:每天工作完毕后,有半小时集体汇报,内容不讲形式,根据实际的工作汇报之;

4. 会议签到制,不藉故请假;

5. 如遇特殊问题,临时召开会议解决之;

6. 召开任何会议,一定预先通知时间、地点并讨论内容,每人可预先准备。

五、办公制度

1. 按时上班下班,不早退晚到,不藉故请假,实行签到制;

2. 没有必要的事不能离开自己的工作岗位;

3. 自己业务工作进行完了之后,便自动的进行业务学习,提高自己政治文化水准,不得随便漫谈,妨碍他人工作;

4. 对于有关文件,不得置放在桌上,并机密保存之;

5. 主动地根据自己的工作任务,要精检计划总结,各人工作防止、消灭、订正漏洞现象;

6. 明日工作今日记载于日记簿上和执行完成情形;

7. 办公时间不得私自会客;

8. 保持办公桌上的整洁和周围室内卫生。

六、报告请假制度

1. 一般重要工作须做到事前请示事后报告制,有问必答,有事必批,有批必办,上下通气的工作作风;

2. 每人每周做一次书面一般性的总结报告交主管,其报告内容为工作的优缺点、完成数、存在着的缺点、技术上的改进、对内外的业务工作关系;

3. 办事处向经理处三月(季报)一次、六月(半年报)一次、一年(年报)报一次书面综合性的报告,其内容对内外业务生产上有关问题、对原材料的供销、经费的开支、技术上的改进、管理上的制度、干部学习、职工的工作情绪及发生事故及下月工作计划;

4. 工作任务上执行不通或不明之处,不得盲目地执行,须要电报或写报告请示,经批准后才执行之;

5. 如正式报告外,在工作上发生新的急待解决之问题,可用电报发报告,经上级批核后及时处理;

6. 在工作时间内不论公私事撤离工作岗位者,须向主管请假,允许后才有效(一般正常外勤工作不在内);

7. 不论公私事外出二天之内由本处主管批核,二天以上者须请经理处批核,五天以上须经公司经理批核后才有效;

8. 凡因公外出回来须向主管报告工作情形;

9. 凡因公外出受领任务后,应领因公出差费。

七、工作关系

甲、对工务处材料科及有关直接生产部门,对器材购买其质量优劣情形;

乙、对当地政府、公安局、银行、贸易公司经常取得联系。

八、细则

甲、本细则由全体会议讨论通过,经公司批准后执行;

乙、本细则如有未尽事宜须加修改时,得召开全体会议通过,经批准后有效;

丙、本细则自公布之日起施行。

经理处汉口办事处

华中钢铁公司职工工作班制及加班暂行办法

1950 年 2 月 28 日

一、本办法在中南区未有统一规定以前暂时施行。

二、每月工作日数——每月工作日,依全年平均计算,除去星期例假,规定为廿五天半。每天从晨六时零分起,至次日晨五时六十分止定为一工作日。

三、长日班制——白天工作与交替班属之。每日工作八小时定为一工,超过八小时者作加工计算。

四、三班交替制——指日夜连续生产需分班交替工作者而言。日夜二十四小时分作三班,每班八小时。规定从:

六时零分至十四时止为甲班。

十四时零分至廿二时止为乙班。

廿二时零分至次日凌晨六时止为丙班。

甲乙班每班八小时以一工计算,丙班工作辛苦以 8/7 工计算。

五、交替换班办法——每班工作满一周后即须换班,规定每星期一为换班日,第一周之甲班于第二周换班为丙班,乙班换为甲班,丙班换为乙班,至第四周轮回恢复为第一周之情况。接班时有时间之先后,亦不另计加班费。

六、轮值"丙"班时每夜发给 1/2 工薪分,作为夜膳津贴于月终结算时发给。

七、上下班——无论长日班或交替班,工作同志均应于规定到工时间前五分钟到班,交替班者并需俟接班人达到工作交代清楚,方能下班。

八、员工请假依照公司给假规则办理,惟因离开工作而直接影响生产时则需另觅职务代理人或找替工代理工作。其轮值丙班时请假并扣发夜膳津贴。

九、加班计算规定：

1. 各单位加班时，依实际加班时数呈报并注明起讫时间。

2. 过时加班——因工作需要，在每日工作八小时以外而仍继续工作者统称之为过时加班。每次加班，非特殊情形不得超过三小时，全月不得超过该工人总工时20％。其加班费工资每小时以一小时半计算。

3. 星期或例假加班——每日不得超过八小时，其加工计算与第九条第二款同。

4. 紧急加班——凡以机件故障影响生产进行而必须做紧急之修复者属之。此项加班不受时间之限制，以完成任务为止。每加班一小时以一小时半计算，不足一小时者，亦以一小时计算。

［附件］ 中南重工业部令

1950 年 3 月 17 日

令华中钢铁公司。

本部现正草拟中南区统一使用之《出勤规则》，俟部首长批准后即可颁发。在本部统一办法未公布前，该公司所拟办法，可暂行使用。

对于原拟暂行办法，我们提出如下之修改意见，供该公司参考。请根据厂方具体情况加以修正后实行，无需送审。唯修改后之办法，应再送部备查。

（1）第二条"每月工作日依平均计算，除去星期例假，规定为廿六天，或廿七天"应改为"每月工作日依全年平均计算，除去星期例假，规定为 $25\frac{1}{2}$ 天，每天从晨六时……"

（2）第九条（2）项之"过时加班……每次加班不得超过四小时，全月除例假外，不得超过四十八小时。加班时间在七时零分至二十三时以内者，每加班一小时计 1/6 工"应改为"过时加班……每次加班非特殊情形不得超过三小时，全月不得超过该工人总工时20％，其加班费工资每小时以一小时半计算。"

（3）第九条（4）项之"……此项加班不受时间之限制，以完成任务为止。每加班一小时，以 1/6 工计算，其不足一小时者，亦以一小时计算"应改为

"……此项加班不受时间之限制,以完成任务为止。每加班一小时以一小时半计算。"

中南军政委员会重工业部长　朱　毅

华钢关于调整工眷住宅的决定

1950 年 3 月 3 日

查公司为增加生产,工人随之增加,关于房屋问题,经提出第六次行政会议第四项决定"在建筑工人住宅未奉核定前,以原有房屋尽可能调整"记录分送在案。现工眷住宅区,只有忠孝区房屋比较其他住宅区宽大,已将人口切实调查,实行将人口少的可两户合住一栋,作合理的调整。

调整的方法:(一)将第一宿舍及四门外技工宿舍寄住的工眷,又六门内临时寄居的工眷(可迁出五户)均迁出,分配加入忠孝 1 号与和平区居住。(二)将四门外工眷住宅,改为单身工友宿舍,其中所住的工眷二十户,分别迁入忠孝区及和平区九户。剩余十一户,因无其它房屋可分配,势须迁至王家湾。(三)小工艺徒,公司规定不给予眷属住房,须限期迁出。

因为过去工友的住宅的移动,有不了解房屋紧缩为必然趋势,在整个团体中彼此迁就解决问题,就发生了不少纠纷。现将调整各户分别列册函送,是否与前次名单(内前次动员之忠孝区两户迁移单作废)合并动员或分两次动员,完成此项措施,请查照具体考虑决定,即予实行为荷。

此致
工筹会

华中钢铁公司

中南军政委员会决定

1950 年 4 月 17 日

大冶石灰窑工矿区的华中钢铁公司、华新水泥厂与鄂南电厂,自我们接管后,由于正确的执行了接管政策与经过发动工人、教育工人、团结与改造旧有职员,至目前止,一般的说,工人有了初步的觉悟,积极性提高了,技术人员、管理人员也想把工厂搞好,因而取得初步成绩,但距离把旧企业变为新企业还很远。厂里一切旧制度旧规格,仍未改变,企业化、民主化的一切新的制度和办法尚未建立。对工人发动教育的还很不充分,工人尚未体验到自己主人翁的权力,也就不能自觉尽主人翁的责任。对旧有职员与技术人员教育改造也不够彻底,旧的思想作风还很严重的存在着。即是我们派往各工厂的老干部(工会干部在内),也表现出官僚主义与脱离职工群众的现象,因而生产与建设的效率不能迅速提高,产品成本不能降低。根据以上情况,为了完成今年的生产任务,并给将来大发展打下基础,把旧企业迅速变为新企业,必须先抓紧民主改革一环,就是在以生产为中心的原则下,发动工人进行一系列的民主改革工作。

在改造旧企业迅速变为新企业,进行民主工作过程中,为了加强领导与即时有力的解决问题,兹作以下决定:

一、在石灰窑工矿区设立重工业部办事处,统一领导该区三工厂。

1. 办事处代表重工业部就近负责检查督促该三厂的生产工作,即时的解决该三厂生产中发生的问题。

2. 重工业部对该三厂决定指示,由办事处传达,该三厂对工业部呈交的生产计划、财务预决算、工作总结报告等,要先送办事处审核,经注明意见后,转送重工业部。

3. 该三厂相互间的关系与在生产工作中发生的纠纷,由办事处在重工业部指示的方针下,切实处理与解决。

4. 该三厂的原料、成品之供销运输,在节省与提高效率的原则下,由办事处统一调配运输工具与组织供销。职工福利事业的建设,为一厂所不能单独举办者(如医院、子弟学校、合作社等),由办事处统一组织进行。

二、石灰窑工矿区,系以工矿工作为重点,为加强其地方行政与工农群众工作,决定归湖北省政府直接领导。

1. 重工业部办事处主任,兼任矿区政府区长,设副区长处理日常政务。

2. 石灰窑矿区现驻警备部队不动,建制仍属湖北军区,但在工作上直接受矿区领导指挥。

3. 各工矿的矿警归矿区公安局统编与指挥。

三、上述决定由湖北省人民政府与重工业部具体计划执行,干部应迅速配备,并于四月底将执行情况由财经委员会汇总转报本会。

中南军政委员会主席　林彪

中南重工业部命令

1950 年 6 月 7 日

令华中钢铁公司。

一、查华中钢铁公司前第二副经理曾扬清已做正式调职东北工作。

二、从即日起撤销该员在华中钢铁公司第二副经理职务。

此令

中南军政委员会重工业部部长　朱毅

副部长　曾志　王盛荣

中南重工业部批示

1950 年 6 月 17 日

查前接华中钢铁公司 6 月 5 日华石 50 政人字第 898 号关于采用技术工人技术员之呈报,特作如下批示。

一、采用炼铁采矿人员四名,机械人员一名,湖南大学毕业学生四名,准予任用。

二、以后采用各类人员务须事先报部批准后方得任用,不得先斩后奏。特此。仰希遵照办理无误。

部长　朱毅

副部长　曾志　王盛荣

华钢呈中南重工业部文

1950 年 6 月 21 日

查本公司职工代表大会及工厂管理委员会,经过两周酝酿学习,职工代表大会于本月十五日正式宣告成立。工管会委员经选举结果,除当然委员代经理张松龄、监委高芸生、副经理王厂、监委刘士杰、协理刘刚、工会主任江鸣等予以决定外,其余委员及职工代表均照奉经过民主选举及审查。兹检附管委会委员名单一纸,职工代表名单一纸,职工代表会章程一份,管委会章程一份送呈核备。

　　谨呈
中南军政委员会重工业部

华中钢铁公司

华钢通知

1950 年 7 月 3 日

　　奉中南重工业部大冶办事处转奉部长谕:派韩文为华钢公司第二副经理,李林秀为炼钢厂副厂长,郭文贤为机械厂副厂长。特此通知,仰希知照。

华中钢铁公司

湖北省人民政府通令

1950 年 7 月 28 日

华中钢铁公司:

　　查本省石黄工矿特区前经本府呈请中南军政委员会改组为省辖市。兹奉中南军政委员会七月十二日会民字 0103 号令批准设市,并定名为黄石市。本府拟将该市名称改为大冶市,现正向中南军政委员会请示中。惟在未奉批准前仍称黄石市,直辖省府。仰即知照。

　　此令
华中钢铁公司

主席　李先念
副主席　聂洪钧　熊晋槐　王任重
一九五零年七月二十八日

华钢组织系统表

1950 年 8 月 13 日

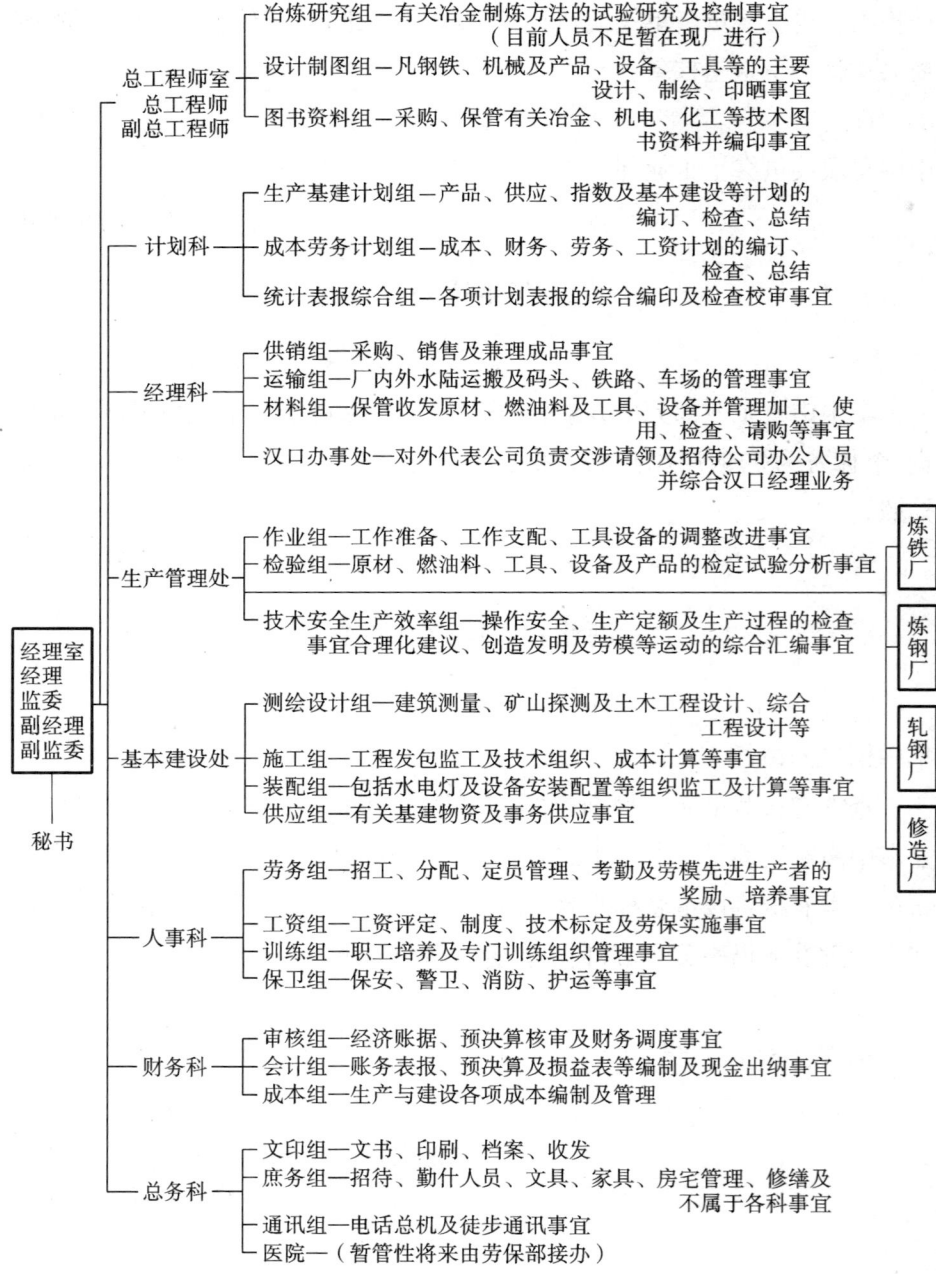

中南重工业部华中钢铁公司工管会1950年8月13日通过草案

中南重工业部通知

1950 年 8 月 26 日

部属各厂矿及各专业局：

目前各厂矿对于干部的提升任免、调遣手续颇不一致，既易在政策上发生偏差，而本部又难于掌握。为了克服这种混乱现象，并能正确地使用干部起见，特作如下规定：

一、今后各厂矿提拔科股长以上干部应先将该干部出身成分、文化水平、工作历史、技术优劣、工作表现、思想意识，经管委会讨论，由厂矿主管人员签名盖章，详细报告本部，经批准后，才能提拔。

二、凡科股长以上干部不是提升，而因工作需要由甲科（或股）调到乙科（或股）这种变动，事先可不请示，事后则须报告。

三、不论任何干部因过降级或撤职，如无特殊原因应将犯错事实详报本部批准后才能执行。

以上规定，希各厂矿切实按照执行并希将过去干部使用情况做一检讨！

部长　朱毅

副部长　曾志　王盛荣

中南重工业部通知

1950 年 9 月 1 日

前奉中南军政委员会秘字第二号关于石灰窑工矿区划归湖北省政府直接领导，并设重工业部办事处，统一领导该区公营工矿的决定，即经本部于四月廿二日以办秘字第一〇三二号令行知照，并先后委派高芸生为本部黄石市办事处主任，魏景昌为副主任各在案。兹据该处呈报，业于八月十五日正式成立，惟因工作人员配备问题，一时尚未能组织健全，先成立办公室，进行研究指导工作。此后华钢、华新及鄂南电力公司除一律须遵照中南军政委员会上项决定，由该办事处统一领导外，在该办事处组织尚未健全以前,各公司对上级请示办理之一切生产计划、工作报告及机构制度之改变与建立等,华钢、华新两公司可迳送本部办理,鄂南电力公司则直接与燃料工业管理局洽办,但须同时报送黄石市办事处一份,特此通知。即希遵照办理为要。

右通知

华中钢铁公司、华新水泥公司、鄂南电力公司

中南军政委员会重工业部

中南重工业部人事管理制度补充草案

1950 年 9 月 7 日

一、关于人事管理制度的问题

(一)事假:职工因事请假在三日以内者,须经主任和科长,三日以上者须经厂长、处长批准,半月以上者得由厂长、处长签注意见呈由经协理批准,厂长、经理、总工程师请假须经中南重工业部批准。每年积计不得超过一个半月,请假期内工资扣发,如超过规定一个半月月假日则予以停职。

(二)病假:

1. 职工因病请假须经本企业指定医院之医生证明方能批准,假日每年积计不得超过十四天。规定期内工资照发,超过规定之日而在三个月以内者,按该单位之工作年限发给一部分或全部分工薪,其标准如下:

(1)工作一年以内者发给工薪50%。

(2)工作一年以上至三年者发给工薪60%。

(3)工作三年以上至五年者发给工薪70%。

(4)工作五年以上每增加一年发给10%—100%为止。

(5)前四项所列关于病假超过规定之发给工薪标准谨适用于正当病患者,如系因不正当行为(醉酒、斗殴及其他过犯或性病)而引起之疾病或负伤者则按事假论。如系非因工负伤而又非正当行为负伤者,持本企业指定医师证明,可享受与病假同等待遇。

(6)凡参加工作之老革命干部应按照参加革命工作之年限,计算

厂龄。

2. 职工因病请假超过三个月以上者,其工薪改由下列标准发给之(此项标准之支付应由劳保基金内开支,在劳保基金未建立以前由各企业单位暂时负担)。

(1)在原企业单位工作不满一年请病假在三个月以上则发给工薪15%。

(2)在原企业单位工作一年以上至三年者发给工薪20%。

(3)在原企业单位工作三年以上至五年者发给工薪25%。

(4)在原企业单位工作五年以上发给工薪80%至其本人能工作时为止。

3. 因工伤而请假,在发给年终奖金时该假期不计算在请假时间内。

4. 厂龄及工龄计算方法:

(1)职工工龄系指职工本人在公营企业中工作年限及解放前以劳动为生活主要来源而被雇佣的年限总和而言。

(2)厂龄系指职工在本企业工厂有正式厂籍或固定工作岗位,连续工作年限而言,及职工在解放后公营领导机关调动工作者,在享受劳保福利时其调动前所在企业工厂之厂龄得合并到调动后所在企业工厂厂龄之内。

5. 三班制:实行"三班制"不发夜餐费,夜班之工资支付办法按七小时,发八小时工资之比例发放之。

6. 加班餐:直接生产工作有加班费,职员加班三个月总结一次,采取公平奖励办法而无加班费。

二、关于工厂管理委员会的问题。

(一)工管会主任委员人选:厂长或经理为主任委员,如厂长、经理在政策之掌握方针之执行能力确不能胜任者,可以监委或军代充任之。

(二)管委会的领导关系与职权问题:管委会是上级企业管理机关领导下的工厂(或矿山)企业中统一领导的行政组织,是该厂(或矿)生产管理的最高权力机关。其职权是根据上级企业领导规定之生产计划及各种指示,结合本厂实际情况,讨论与决定一切有关生产及管理的重大事项,如生产计划、业务经营、管理制度、生产组织、人事任免、工资福利等问题,并定期检查与总结,将管委会的一切决议交行政(厂长或经理)以命令颁布实施之。

（三）管委会委员之名额：其名额视厂矿大小来确定,一般是七至十七人,厂长、副厂长(经理或副经理、监督委或军代)、工会主任及该厂主要工程师为当然委员。职工委员必须通过职工代表会民主选举,但职工委员总数应占当然委员半数以上。职工代表中应照顾工人代表之席次。又,在各厂矿如无监委军代时党支书应为当然委员。

（四）管委会常委委员名额及人选：为便于执行管委会的决议并及时督促检查工作起见,可由厂、矿监督委、工会主任及管委会委员中选一至二人组织常委会,厂长为当然主席。

中南军政委员会重工业部

冯汉杰、李林秀呈张松龄文

1950 年 12 月 24 日

十五吨平炉建设行将竣工,年底即须开炉,关于平炉技工迄今尚无一人。天津炼钢厂历史较久,熟练技工甚多。天津炼钢厂与华钢炼钢厂均为人民的贵重财产,两厂生产实为一个目标,全是为着积累国家财富。华北与中南应无地域之分,天津厂人多而我们这里没有,拟请公司转请中南重工业部,商请北京钢铁局在照顾天津厂的正常生产情况下,允予抽调该厂平炉及煤气炉熟练技工八人,来参加平炉开炉工作。如斯则开炉初期,人民之财产少受损失,同时亦为中南将来培养大批技工也。以上所呈未知可否。谨呈

经理张

监委高　副经理王　副经理韩

职　冯汉杰　李林秀

华钢修造厂、炼钢厂主义建立民主改革小组的组织生活制度

1951 年 10 月 4 日

华钢修造厂、炼钢厂在整顿工会组织中除展开小组的群众性批评与自我批评,改选工会小组长和工会委员会外,并注意建立民改小组的组织生活制度,由于民改小组在反封建民主斗争中树立起威信,加强了工人群众的团结互信,帮助了工人进步,所以整理组织时工人一致要求继续保持团结,加强团结,要求建立组织生活制度。

修造厂支委统计了十六个民主改革小组,其中九个组都建立起组织生活制度,在各个组所订的制度中最普遍的包括了以下几项:

一、每周或每十天开一次批评检讨会,坚持批评与自我批评制度,不报复,不耍态度,不吵嘴,不讲情面,永远团结。

二、坚持讨论工作和生产的制度,有事大家商量,不无故不到会。

三、生产上的交接班,分工负责,检查,互助制度。

四、工会委员会委员(或主席团委员)分工领导各个小组。

这些制度有的从斗争中已经建立,有的是这次整组中建立的,经过小组的民主讨论固定下来,一般说都是根据本组情况切合实际的。

中共黄石市委会办公室

华中钢铁公司工作简况①

1951 年

（一）

职工总数 二九七九人(大连五六三人)

职员 五九一人(大连一四七人)

工人 二三八八人(大连四一五人,警卫五四人,勤什九十人)

工程师 十一人,专家三人,副工程师十一人,助理工程师八人(都包

---

① 原件未署作者,封面注有"中南工委送来"字样。

括在职员内)

解放以来清洗多少职员　二十三人(二十人学习后分配工作,三人是特务不知下落)

工人　六人(是特务)

工程师　一人(是特务郭树蓝)

现在厂中增加多少职员　二〇九人

现在厂中增加多少工人　三四二人

现在厂中有多少领导(现改为班长或组长)　组长九十五人,班长六十四人

党员　二九七人(内有候补六十九人,三月份的材料)

团员　三〇六人(内有候补十人,二月份的材料)

工会会员　二五八五人

已发现特务多少　十人(郭树蓝副工程师等)

地主多少　抓回去清算的五人(职员中大约百分之六十,工人中有百分之十)

外来干部多少　一七一人(详细情形不知道)

(二)

一、清点(一九四九年六月):

自一九四九年五月解放后,军管会与工会工作组接管华钢的人民财产。当一九四九年六月即开始清点,发动工人群众,并贯彻时事政治教育,提高工人觉悟。此次领导上动员大家,明确清点的意义,当时同志们的情绪很高,把以前由青岛、重庆迁来的及汉冶萍时与在日本所运来的物资,在行政与工会配合下,大家热心的工作,把各方面的物资都很好的清点了。在清点工作完毕后,举行了一个庆功大会,所遗憾的是清点后没有很好的去清理。

二、民主检查(一九四九年八月):

当第一次的清点工作完毕后,紧接着的是民主检查。当时发动群众,认真的、彻底的检查上一阶段工作中干部所存在的偏向与缺点,以及批评

干部中所存在不正确的作风,并同时检查厂内的一些腐化而顽固的分子。更将过去一些不必要的职员与工作作风不好的,为群众所不满,都在此次民主检查中清洗出去了。一部分送往汉口学习改造,一部分当时提出批评纠正工作作风(内中例如郑伯楚、总务处长、张德勋、工务处长兼考工科长、朱谦益、秘书、邓照显、总务科长等二十余人被清洗送往汉口学习)。

三、民主改革:

1. 废除国民党统治时的人事制度:当时的所谓人事制度,即是因人而设职,职员工人进厂均以私人关系介绍,不以每人的技术为条件。如刘刚经理(江西人)则介绍大批江西工友入厂,张经理(天津人)亦介绍天津工友入厂,一般都存在着地域观点。

2. 解放后建立了考勤制度(人事制度):职员与工人在此制度中一切均相同,即职员工人入厂均须经过考验,量材录用。

3. 废除职员与工人中各项不合理制度:如职员租住好的房子,工人住坏的,职员眷属每月可用二十度电,工人眷属只可用十度电。煤:职员津贴三五〇斤至五〇〇斤,工人津贴二〇〇至二五〇斤。汽车只准职员坐,不准工人坐,理发、洗澡、医病,事事都是职员占先。职员买米、煤、柴都是由厂内小工送往,工人则自己背。

4. 关于福利方面不合理的制度:在以前职员有时每年可发得制服两套,并可抵价向公司内购买福利米(以人口计),每月发薪金职员比工人早发五天等不合理制度,解放后则根据按劳取酬,取消了这些类似的变相津贴。

5. 废除警卫队:在过去警卫队与工人是对立的,并集体持枪偷盗公司内的材料,警卫队内混有土匪、流氓、地痞。解放后即废除警卫队,一部分参加学习、改造后遣送还乡,一部分即时被清洗,还有的改名换姓混入工厂内做工。

6. 过去工人上班要挂牌子,现职员上班也要挂牌子,使职员与工友同样的,以便进行考察工作的勤劳与否。

7. 工资:四九年八月曾调整过一次,一是变三种食物分质为五种食物分质,一是安排了廿六级评调,工人一般上升,职员一般下降,调前总评均一二四.八五,调后总评均一二一.三三分。

四、二次清点(一九五〇年四月):

开始第二次清点,系由全国财经委员会布置的。当时厂方经理与工会主任均往汉口开会,代理经理为行政处长。当时召集各厂厂长在一起研究讨论,组织了清理委员会,选出委员,再由委员中产出常务委员。因为时间的仓促(限期只壹个半月),准备工作做的不够,因此在工作中产生了一些问题。有的清理的不太准确,当时有一部分返工,直到五月份尚未完成,估价、造表直到九月份才完成,但对折旧房屋的估价仍未正确。总括的来说,此次清点、清理成绩是有的,将公司里的资财、价值大概都知道了,并处理了一些有关事项(如:日本赔偿的机器,放在露天中上锈了,及时的擦油。引信放在山洞内潮湿的,赶快设法迁移,锉刀锈了也很快的设法处理了)。因而此次保住了一部分财物,而免遭损失。

五、安全卫生大检查(一九五〇年八月):

此次中央工矿考察团,率领了廿几位同志于八月份到达华钢,首先即召集了一次全厂性的会议,说明了此次下来的目的与任务,并即时组织了安全卫生委员会,各车间设安全卫生委员会委员,并及时下厂了解情况,与工友们谈,深入到小组、家庭访问。当时由群众中收集到五百多条意见,当时即解决了大小问题五十余件,其余的问题行政上保证逐步的解决。此次检查工友们很满意,并也提出了一些意见,对于整厂、建厂、恢复生产起到了应有的作用。不过对工作上要求过高,对过去公司的成绩估计不够,指责多。领导上对此次的检查是有意见的,主要是情况了解的不够。经过了一个半月的工作,成绩与经验是获得了很多,如实行奖励制度,提高了生产。

六、生产竞赛(一九五〇年八月):

七月十五日爱国主义生产竞赛突发开始,八月十五日正式开始。经过此次竞赛,增加了产量,提高了质量,减少了事故的发生,工人觉悟逐步的提高,通过竞赛改变了行政领导关系,实行了民主管理,初步建立了生产责任制和检查制。

七、整风(一九五〇年十二月):

此次整风一般群众对工会的意见如后:

1. 关门主义:工会开始吸收会员强调条件。

2. 拉夫主义:在汉开会回来后,明确了过去的缺点,即大量发展会员约一千人,有的没有经过小组讨论。

3. 竞赛时公司工会与车间的联系不够,领导落后于群众。

4. 工会工作中当时太偏向青工,忽略了老年技工,与培养中间分子和改造落后分子。

5. 工会与行政工作范围划分不清楚影响到团结。

6. 工会依靠群众的组织力量不够。

7. 工人对工会不大信任,执委大部为职员,工会里的部长多,干事少,对学习没有一整套的计划,而又没有主要负责同志,因此大家的情绪低落。

华钢通知

1952 年 4 月 30 日

查中央重工业部三一五厂筹备处测探工程处已正式成立,在本公司基本建设处楼上办公,处长为赵前同志。本公司原设之铁山坑探工程处筹备组自即日起撤销,其业务及人员并入测探工程处。特此通知,希即知照为要。

右通知各厂、处、室、科、车间

中南军政委员会工业部华中钢铁公司

华钢党委关于重点整党建党的初步情况报告

1952 年 7 月 9 日

一、重点整党建党工作开始,首先在公司各厂分别集中进行了党员八项条件的教育,组织群众展开讨论,并在党内总结了一年来党的工作,同样展开讨论(与党员个人自我检查相结合)。在群众讨论八条后的基础上,接着支部向群众做了支部工作的报告,进一步发动群众展开对党的工作的全面的检查。党员主动在群众小组会上作自我检查,群众面对面的给每个党员提出优缺点,然后在党的小组会上作全面的检查,结合进行鉴定工作。这一工作开始就有计划的吸收了第一批党员对象列席参加,在党员交代后,他们同样做了四项关系的交代。

二、开始几种思想情况:党内外一般说情绪比较紧张,大部分党员没有经过这样搞过,群众同样也未经过专门对党展开这样的检查。因之,除部分的党员和群众正视这次整党以外,也产生许多不同的思想情绪和错误认识。首先在党内,有的怕暴露自己的缺点,顾虑群众提出"不够党员八项条件",怕因此会丢掉共产党员光荣称号,或降低自己在群众中的威信,因此愿在党内搞,不愿叫群众来搞;有的抱消极抵抗或无所谓态度,认为"反正是这一堆那一块,检查就检查,整就整,大错没有,缺点就这些,随你便搞吧!"有的对整党是一种畏惧情绪,自己有些毛病,怕清洗出去。如轧钢刘洪顺,在小组会上就不敢发言。炼钢厂周一洪个别动员几个钟头,还是不敢去锻造进行检查,也不敢大胆检查批评别人。

群众方面,虽然开始党的领导表示了态度,但具体到下边是到每个党员身上还有点犹豫,不能畅所欲言;有的观望,你不提我也不提;有的提也是浮皮潦草,不是一针见血;有的干脆不提,提了也无用,信心不大;有的藉机报复,拿着八项条件来把党员整一顿;也有的对党员要求过高,离开实际来提意见,叫党员多干活,少拿钱……

针对这些情况,主要问题不是在于如何动员群众来正视整党的问题,关键必须先从党内解决这一问题。因之又在党内把整党的目的,重新进行动员,着重说明目的是在提高党迎接今后更光荣伟大的历史任务。抓住党员进步的积极要求这一环,贯彻整党精神,然后在党的小组会上展开讨论,检查态度,批判思想,端正认识,要看实际行动。后党员又在群众小组会上作了具体动员,表示态度,主动进行深刻的自我检查,虚心听取和征求群众的意见,以实际行动使群众对整党有了正确的认识。

三、党在群众中的两点主要收获

1. 党在群众中的领导威信更加渗透和具体化了。过去虽然知道自己是共产党领导的,毛主席领导的,甚至说华钢党委领导的,但对于党支部领导认识不大明显,多认为是哪个干部或工作队领导的。这次检查整党的工作中,普遍的明确了这一问题,如炼铁厂只有四个党员,群众检查时说:"虽然党员不多,但办的事情很伟大,他能把我们的意见反映到上边,又能把上边的意见带给我们,一切都是他们带领我们干的。反封建斗争开始时,我们不敢斗,他们就带头干,我们撕不破脸皮,他们就能撕破脸皮。"积极分子们也说:"没有他们领导,我们也站不起来,不会有今天的翻身和进步。""生产上的提高也是由于党领导的结果。""这次党内整党,还拿到党外先让群众整一下,这真正是我们自己的党了。"

2. 找到了入党的门路,给自己指出了努力的方向,同时也推荐了入党的对象。群众听了八项条件,普遍反映"过去不知怎样才算够条件才能入党,现在知道了。"同时都对照自己,做了自我检查,有的说我够几条,你够几条,他够几条。老年的厂长邓本初也说:"前三条我都承认,二七惨案我都参加了,斗争几十年了,我还不承认共产党是工人阶级的党吗?后五条我就是批评和自我批评还不够。"修造厂的朱国章说:"党员是人民的勤务员,大家说我是老爷,我还不能入党。"炼钢厂的老技术工人陈品章听到八项条件后,就非叫别人把八条给他抄在自己的日记本子上不可,并说:"以后好照着样走。"在检查评论中比较突出的积极分子便为群众推荐出来,和原来支部所确定的这一批党员对象名单原拟定 15,经群众推荐是 17 个。

四、暴露出党的工作存在着的几个问题:

1. 党和群众的联系面还不够深广,看进步的不看落后的,看积极的不看一般的,有进步者靠前,不进步者靠后的偏向对待。

2. 群众提出来过去一年多党是关门的,想入党找不到门路,同时对党员的教育也不够。党员东北来的占多,本地很少。轧钢厂工友反映:"几十个党员,本地就一个李文斌,有问题还开除了党籍。"

3. 关心群众日常生活福利不够,可能解决的问题,领导上并未注意及时求得解决。夏天热了,如何通风减低温度也没人管。还有的工友说:"我们有病有伤,支书就很少看过我们。"

4. 党员对党的领导意见,主要是对党员的困难问题解决不够,党内生活不严,对党员的使用多教育少,赏罚不明等。

以上这些党内的漏洞,在我们整党结束后,必须紧接着设法堵塞的。

五、需要解决的两个问题

一是党员八项条件的教育,结合群众实际水平不够,一般说把党员八条的水平提的有点过高,因之在党员来说普遍的认为不够,群众也同样感到门槛高不好过。炼钢厂的阎五二原感觉已够条件入党,等着填表,他听到八项条件后,感觉还差的远。因此,进步快、信心强的还感到有希望,进步不快、信心不强的则感望尘莫及。从这次讨论中有些人就说华钢的党员一个也不够条件,甚至说高经理第七条也有点不够。

一是党内还有很大的保守和宗派,没正确估计到广大群众入党的迫切要求。看不到这批积极分子已具备了入党的初步条件,多停留在目前的靠近的一小伙人身上即圈子。特别是对职员、技术人员和新学生干部,还是有点看不上,强调他们落后的一面,忽视他们进步的一面。

中共华钢党委会

华钢检查测级工作的几个问题

1952 年 8 月 6 日

一、我们在复查初评、测算工作上发现如下几个问题,必须解决才能提出切合实际的具体方案来:

1. 属于工资等级问题:如按照一类的起码工资(钢铁一三五,机器业一三〇)则总的工资额达不到(总平均只有一九一.五分,与部给二一五分控制数字相差太远),这样技术标准不能无原则的减低,因此不发动起码工资及系数就无法达到中南所给我们的控制数字。

2. 属于测级中的思想问题:如汽车房参加预测的人都是司机,因此对司机的条件弄的宽,而对修理工人要求的高,要修理汽车工人会修理打风的马达,行车室在公司的工人评的高,在外面工作的评的低,另外在这次预测中参加的人员都是五级以上的技工,领导也是注意四级五级以上的技工在预测中是比较过细，认真（这当然是对的），但对三级以下的工人则不够注意（占全体工人百分之六十九），预测的马虎，队站的不好，应该提的未提，因参加预算人员都是技工，他们没有足够的代表，不了解他们的情况也是原因。

3. 属于技术标准的掌握问题：

①执行过于机械，不能根据我们的具体情况，把标准具体化，如钳工要学会修理各种机器，要学会看各种图纸（没有明确界限），不能看则评不上去。炼钢厂的炼铁工人要会点火，事实上一年二年才能点一次火，当然会点上火的工人是不会多的，因此也评不上一个六级工人，炼钢的贝氏炉工人要进行"双炼与三炼"，否则也评不上，事实上我们暂不需要"三炼"，而工人也没有炼，不过炼也没有什么困难，各厂的机务工人要修蒸汽机，但老技术工人多未修过，因为公司没有给工人修理过，像这样的例子很多，总之我们没有根据标准线的原则，与我们公司实际情况把标准具体化做得不够。

②掌握严实方面不够准确，过分的强调"差一点就搞下来"，如汽车司机要会开各种汽车，才能到五、六级，但有两个司机，大小汽车、吉普以及客车均会开，就是"三轮车"没开过，不会开，就评不上五级。炼钢厂的砌炉工人，因为他们从来不用图纸，但标准上要会看图纸，就因为这一条使他们在技术操作上实际能完全达到六级的有八个工人，均评为五级，就因为这一条而影响四、五级以上工人的等级下降。

二、根据这些情况，我们拟从下述三个方面做，以达到正确预评等级制订方案的目的：

1. 从这段复查看，不论老工、青工、普通工人思想顾虑都很多，必须贯彻思想发动才能保证政策的执行，一般老工人文化低，看图差，怕减资，觉得前途希望不大，青工一般情绪比较高，但对老工友技术保守不满，普通工不愿按技术评定等级，要求平均增资，说："什么好不好，增加工资就好，不增加工资就不好了。"

经过这段学习，我们觉得主要应注意三个方面：

①首先充分暴露思想再诱导批判，如有的在开始评级时，就是严格技

术标准,评级就不照顾劳动态度,政治条件……实际上有许多具体情况不经过反复讨论群众是不通的。如炼钢厂有个别工友出钢时怕危险,老跑到一边去,群众不满,如果不硬性的开始就讲不照顾劳动态度,就阻住了门,群众思想实际上还是不通。

②实行八级工资制度,最基本的意义是提高生产,但这在过去动员以及学习讨论时,主动的向这个方面诱导的不够,特别是联系工人思想实际不够,因此,讲起来空洞的道理多,一遇到实际评级就不通。

③这一段学习是一般的学习政策,没有学习技术标准,联系实际也只能有一定的程度,我们拟将标准再加具体修正,一面送中南批示,一面即开始学习,在学习和预评等级时,进一步具体解决这些思想问题。

2. 有关技术标准进一步具体化与统一掌握问题:

①通过骨干分子,学习摸底,检查技术标准的正确性,进一步的加以修改,例如修造厂在看图方面,我们根据平常能遇到的图纸,举出适当的例子,主要是看了图纸能根据图纸能进行操作,并能符合规格要求即可,同时在标准上的名词也做了修正,如"一切"、"所有"、"完全"、"特殊"、"各种"这些比较概括的名词,也根据具体情况举出适当的例子。

②应知与应会问题:原则上强调应会部分,适当放宽应知部分,但应知放宽的部分,基本上不妨碍应会规定的条件的实际操作就可以,不要有过高要求。

③等级线与工种发展前途问题:有些工友感觉等级线低,没有前途,对评技术不满,要求到技术部门,这除了说明工人阶级的前途,工厂及个人前途的一致性,并指出同样近似性质工作的发展前途与努力方向。

④关于年老工友由于身体弱不能执行与其技术相适应的工作任务者,基本上应按原来技术评定等级,予以适当的照顾。

⑤技术上由此要求,但现厂尚无此项设备者,应视其必要与否,如现在无此设备,但将来仍然需要,则此条评时现在可以适当放宽,如现在和将来都不需要,则取消此条,另加相应的条件以适应原来规定的标准。

⑥八级工人中有些技术水平已经超过八级(即超过等级线)应该提为

技术员,这是工人发展的方面,否则会压低别人的等级。

⑦有的是技术标准上要求会的面宽,而工人实际技术能力,在某几点上确超过标准所要求的技术水平,但面则有些不够,这样的条文不一定修改,在评级应适当的考虑,但其中仅属于劳动力组织不合理者,应按其最好技术工种评定,将调整劳动力。

⑧脱产的工作队,在学习时应使群众认识技术进步与政治进步的统一性,但脱产较久,一年来确因参加政治运动而技术荒废了的,可在评级时适当的放宽尺度,一般的应与原来相等的技术的工人评级。

3. 反复进行测算:贯彻政策的关键,是严格掌握技术标准,只要技术标准本身的平衡,并切合该厂具体情况,预算等级的工作就做到适当的准确,剩下的问题就是反复的进行测算,我们按照公司的实际情况,提高起码工资及适当的变动下系数,已测算出三种方案。

三一五厂筹备处时期领导干部名单

(1952 年 5 月—1952 年 11 月)

正、副主任:刘 杰 袁 振 高芸生 杨殿奎 王 厂 赵 前

中南局通知

1953 年 1 月 27 日

黄石市委并湖北省委:

同意以张一峰任特殊钢厂厂长,杨森培、赵均之、李仲连、李凌云等为副厂长;以谢健为该厂分党委书记,李砚农为副书记(兼工会主席),张一峰、杨森培、张自强、张斌、赵均之、李凌云、李仲连、岳毅等八人为分党委委员。

中南局

华钢通知

1953 年 2 月 25 日

一、本公司奉令改称华中钢铁公司大冶钢厂,自本年三月一日起改称。

二、所有原发职工佩戴之"中南军政委员会工业部华中钢铁公司"圆形白底黑字证章,自三月一日起由人事教育科一律收回作废。

三、本厂职工持用之服务证,自三月一日起由人事教育科加盖"华中钢铁公司大冶钢厂服务证专用章",以资识别。具体加盖印章日期及办法,由人事教育科另行通知。

右通知各室、处、科、车间党、工、团

中南军政委员会工业部华中钢铁公司

中南局通知

1953 年 6 月 9 日

湖北省委:

关于华钢特殊钢厂干部调整问题,经研究现确定如下:

(一)柳特为党委书记,谢健为第一副书记,尹笠夫为第二副书记兼工会主席;

(二)高芸生兼任厂长,徐林汉、张一峰、张松龄、赵均之、任荣、胡绳武、李仲连等为副厂长;

(三)李砚农调中南局另行分配工作。

中南局

大冶钢厂通告

1953 年 4 月 21 日

一、本厂奉令于三月一日改称"中央人民政府重工业部钢铁工业管理局华中钢铁公司大冶钢厂"。兹奉华中钢铁公司四月十五日(53)钢办字第七四五号通知,颁发本厂方印及圆戳各一颗,遵于四月二十日启用。特盖附印模,即请查照。

二、华中钢铁公司现在汉口江汉路 104 号办公,今后寄该公司函件请寄该处。寄本厂函件请仍寄湖北黄石市第二号信箱。

附印模

华中钢铁公司大冶钢厂启(厂章)

华钢通知

1953 年 8 月 14 日

本公司各厂矿及各处室：

本公司各处室职责范围草案现已整理汇编完竣,但尚缺地矿处、生产处职责范围条例等,希请两处继续这个条例不完整不全面的补报。希各处在今后工作实践过程中及时提出意见,以便逐步修正与充实条例内容,使其更切合实际与工作发展的需要为荷。

此通知

中央人民政府重工业部钢铁工业管理局华中钢铁公司

[附件] 经理处职责范围

（一）职责范围

1. 负责编制基建生产年、季、月度的供应计划,并根据库存与计划编制采购计划,及负责材料的采购平衡等工作。

2. 根据材料计划向各单位批发材料,并根据材料消耗情况确定储备量,保证材料及时供应。

3. 根据各类材料的物理性能、化学成分,研究材料保管方法,掌握库存对照计划,确定呆滞材料并及时处理。

4. 根据生产产品计划编制产品销售计划,并组织与办理签订合同事宜及联系等工作。

5. 根据基建材料计划提出国（内）外订货表与订货卡片及负责材料加工与验收等工作。

6. 根据供应计划与产品销售计划,编制对外运输计划和负责产品的送货事宜。

7. 负责各类材料之保管,记载各种材料明细账与分户账,并负责管理各单位的仓库（保管、收发）和外部运输中的航运船队。

8. 根据供应计划编制财务用款计划,正确计算材料之购入成本,并监督资金之合理使用。

9. 对基建生产等单位供应部分与销售业务上的指导，并对其工作检查与监督。

（二）经理处与各业务处的工作关系

1. 与计划处的关系

（1）计划处按基建计划交经理处供应指标。

（2）计划处应将各有关单位使用材料情况报表提交经理处，以便材料上特殊问题的处理与参考。

（3）经理处按期将供应计划统计报表提供计划处。

（4）计划处应将决定之工程计划和分发单位的工程任务书送经理处一份。

（5）计划处应将追加或削减变动的工程计划确定后五日内通知经理处。

2. 与工程技术处的关系

（1）工程技术处提出年、季主要工程、附属工程和附属企业所需用材料计划，以便经理处编制供应计划。

（2）经理处派人参加工技处有关工程会议。

（3）工技处应将工程上停建或变动工程结构内容情况确定后五日内通知经理处，以避免材料积压、浪费现象。

（4）国家有关订货会议、计划会议或者材料技术上问题大者，工技处应派人参加办理。

（5）工技处应将施工布置图给经理处。

3. 与财务处之关系

（1）经理处将编制的供应计划送交财务处，财务处根据计划拨款给经理处。

（2）经理处按月向财务处报销和发往各单位之材料转账和报销工作，并将材料明细账与仓库账务经常定期向财务处对账，以免发生错误。

4. 与生产厂的关系

各生产厂单位之材料需用计划按期提供经理处。

5. 与各工程公司的关系

经理处对各工程公司技术供应科系业务指导关系。

6. 与设备处的关系

(1) 设备处对外订货签约后，如属有本公司工作组地区者(汉口、上海、东北、天津、北京五地)，应提出代运计划送经理处，以便转往各工作组执行。无工作组地区自提自运。

(2) 设备费用，运杂、包装费用，设备处应提出付款计划按期交本处，以便转往工作组执行。

(三) 各科组职责范围

会计科职责范围

1. 根据材料采购计划编制财务用款计划，按期将用款计划送交拨款单位，并随时或定期向拨款单位结算。

2. 及时向各单位催索料款及预收行政管理费用。

3. 正确计算材料之购入成本，并监督材料资金之合理使用。

4. 定期核对材料总账、材料明细账及仓库账。

5. 各项单款之审核，备用金之报销及审核本处行政费用之预算和其他会计事项。

计划科职责范围

1. 编制年、季、月度的供应计划，并审核汇总(分送)各单位之供应计划及配合计划处提出年度计划的材料价格资料。

2. 组织订货会议、积压物品调剂会议及材料平衡会议。

3. 积极配合处理回收材料与废料之工作。

4. 掌握工程进度，了解材料需用变动之情况，定期进行材料平衡工作及解决材料供应中所存在的问题。

运输科职责范围

1. 编制国外(内)统配物资水路运输计划。

2. 根据运输量,提出要车计划。

3. 负责厂区航运码头装卸工作。

生产供销科职责范围

1. 编制年季月度物资申请计划及采购供应生产上需要的原材料。

2. 根据供应计划编制进货目种及付款计划,并提出流动资金加速回转的方案。

3. 根据供应计划按照上级的规定签订供应合同。

4. 根据产品供销计划签订销售合同。

资料组职责范围

1. 汇报年、季、月度工作计划与工作总结报表,推广先进工作经验。

2. 掌管图书刊物和有关资料。

仓库科职责范围

1. 负责各类材料之验收、保管、发放与回退。

2. 根据材料消耗情况确定储备量,保证材料及时供应,减少材料积压。

建筑材料科职责范围

1. 根据供应计划编制年季月度运输计划及月度财务用款计划,并掌握运输计划及财务用款计划的执行。

2. 根据供应计划进行建筑材料之采购与检验。

3. 参加有关材料平衡会议,做好对剩余建筑材料之退料,并配合仓库科进行回收。

金属材料科职责范围

1. 根据供应计划,负责金属材料之采购与供应。

2. 掌握合同,掌握付款,确保材料之及时供应。

3. 掌握平衡配合有关部门进行呆滞材料的处理。

4. 审核汇总各类材料消耗情况、收货情况等统计报表。

电器化工科职责范围

该科主要负责电气、化工材料之采购与供应,其职责范围与金属材料科基本相同。

呆滞回收材料科职责范围

检查各类材料之使用情况,掌握库存对照与计划确定呆滞材料,并及时进行分配与推销。

行政科职责范围

1. 负责机要档案管理,拟核打印文件收发及整理资料。

2. 负责人事管理和职工教育。

3. 发放工薪及行政费及资金之掌握。

4. 采购本处用品,管理文具及一切事务与交涉等事宜。

汉口转运站职责范围

1. 负责大冶钢厂所有生产的产品代运销售,并接收其他地区废钢铁之转运。

2. 负责与中南、中央及有关部门代办签订合同事宜。

3. 负责基建、生产材料之采购与保管。

湖南转运站职责范围

负责提运资兴、斗笠山之焦炭,湘潭锰矿之锰及一部分废钢。

淮南转运站职责范围

提运淮南的煤。

上海工作组职责范围

负责基建、生产有关设备材料之采购与提运。

天津工作组职责范围

负责天津市区内之材料采买与提运。

东北工作组职责范围

负责全东北区材料、设备之采购和提运。

北京工作组职责范围

1. 每年各季参加北京运货会议,将中央之提运计划发到各转运站。

2. 代表公司向中央联系。

3. 采购和提运材料(耐火材料、化学药品等)。

华钢领导名单

(1951 年 12 月—1954 年 11 月)

正、副总经理　李一清　袁　振　高芸生　韩宁夫

正、副书记　杨　锐(兼)　王志浩　蒋占义

正、副经理　卜盛光　李一平　李　立　魏　伯　王　厂　赵　前

　　　　　徐林汉　徐　扬　赵仲云　芦盛亮

二、资产清理与接收

严恩槭、郑翰西视察汉冶萍公司大冶厂矿报告

民国三十四年十二月二十日(1945.12.20)

一、汉冶萍公司大冶厂矿之战时变迁

大冶厂矿为汉冶萍公司三处重要产业之一。虽于抗战初期由兵工署及资源委员会合办之钢铁厂迁建委员会将大部分设备拆迁于重庆,又由军事机关于撤退前将一部分房屋焚毁,惟矿山依旧,四百五十吨炼铁炉二座及其固定附属设备仍旧留厂内。日人占据大冶后,于民国二十八年十一月将汉冶萍公司置于军管理之下,任大冶一带矿业之经营,而实际则令日本制铁株式会社设立大冶矿业所以经营之。二十九年四月即已恢复铁路通车,十月间开始开矿。预定计划每日采运五千吨,以全年实在工作三百天计,每年采运一百五十万吨。又,日人于战争后期,鉴于战局不能早日结束,华中又无大规模之炼焦厂以与大冶铁厂配合,乃生拆迁炼铁炉移设于石景山之计,奈以战局急转直下,未克告成。

二、大冶铁矿之储量

大冶主要铁矿为老铁山及狮子山二处,而狮子山两端与尖山及象鼻山相连,藏量尤富(象鼻山原为湖北官矿局所有)。日人自民国三十年起施行钻探工作,共钻探十五孔,推定蕴藏量有三千五百五十万吨。实在采出率如以七折计算,除已采量约二百万吨外,则尚余可能采出量应为二千二百八十五万吨(内有一部分为贫矿)。老铁山方面之钻探工作尚未完成,据日人报告,现在所知储量为六百三十六万吨,以采出率七折计算,其可能采出量为四百四十二万吨。此外,尚有青备山之五万吨及下陆之二万吨,故大冶全部铁矿之可采量共为二千七百三十四万吨(参看狮子山矿床平面及断

面图)。(图从略)

三、矿上设备

日本人新置之设备及开采工作,均集中于狮子山一带,所有探矿、开掘矿井、采矿、选矿、动力及修理等设备颇为齐全。

(1)探矿设备:有试钻机三具,抽水机三具,七、五匹马力石油发动机各一具。

(2)开掘矿井设备:有卷扬机四具,吊式电力抽水机五具,钻孔机若干具(并在采矿机设备内)。

(3)采矿设备:有电力空气压缩机五十匹、二百匹、五百匹马力者各一具;一百匹马力者二具;柴油机转动之一百匹马力者一具;各式钻孔机三一九具;修钻机十具;矿石大爆裂用钻孔机二具;铲土机二具。

(4)矿上搬运设备:有斜坡卸矿道九处,铁制箱车一吨装者一三八具;二吨装者二百具。

(5)选矿设备:已设二处,尚有一处在建筑中。采出之矿均由箱形矿车送至选矿场之储矿仓,经过自动筛分后,其一百公厘以上者卸入摆动碎石机破碎至一百公厘以下为止。凡原有及轧至一百以下之矿砂,均用皮带输送机运至矿石储存仓。输送机之一段速率较迟,可由女工列坐皮带之旁拾剔石块或含铜较多之矿。

(6)动力设备:有初期装置之柴油发电机,计有二二〇伏三十匹马力者一具,四百伏五十匹马力者一具,三千三百伏至三千五百伏四百匹及七百五十匹马力者各一具,另有一百六十匹马力者一具。自石灰窑厂内火力发电所完成后,已以六万六千伏之电压输电至矿上,全力改用电力矣。

(7)修理设备:有大小车床六具,大小钻床五具,牛头刨床、磨轮机、空气锤、电焊机、锯木机、送风机各一具,电钻机及压缩空气铆钉机各三具。

(8)房屋设备:日人在矿上兴建大批房屋,计职工宿舍两栋,共房一百零二间;职工住宅二十二栋,共房一七二间;小工宿舍,能容六千五百人;医院一所,规模甚大(参看铁山平面图)。(图从略)

四、运矿铁路及卸矿码头

自铁矿至扬子江岸距离二十七公里，原有汉冶萍公司及湖北官矿局之标准单轨铁路各一线，分筑至石灰窑及沈家营，已于武汉撤退前拆去。日人占据大冶后，恢复汉冶萍一线，所有路基及得道湾、下陆、石灰窑三处车站均有相当改善。现有机车三十吨者三辆，四十吨者四辆，七十吨者二辆，一百吨者七辆。又，货车七吨者七十一辆，十五吨者四十五辆；矿车四十吨者一百五十四辆，五十吨者十六辆。客车七辆。在石灰窑江岸筑有储矿仓及皮带卸矿机二座，全部以皮带运送机连络，每日可卸矿砂五千吨于运矿轮船之内。惟以矿车虽源源而来，而海外驶到之矿轮不克按时配合，以致上述之卸矿设备不能充分利用。每于矿仓储满后，不得不另外卸存于沿江一带之矿槽内，以待转运，此为原计划未曾另设桥型搬矿机之缺点，亦即战时海运困难之明证。按此项卸矿机对于新钢铁厂殊少利用之处，将来大冶各矿如有大量之矿运出外埠者，可以因此以省装卸之工（参看新厂沈家营间平面图）。（图从略）

五、铁厂设备

汉冶萍公司在石灰窑下游约一百公尺之袁家湖地方建设铁厂，内中设备除炼铁炉二座及其固定附属设备外，已于抗战初期为钢铁迁建委员会拆去。日人为谋矿业所工作上便利及安全起见，除采矿有关部分外，全部集中于石灰窑一带。而于铁厂内恢复火力发电所，并添设修理设备。凡员工福利设施亦附属于此。其火力发电所之设备，有四筒式锅炉二座，每座之加热面积为六百八十平方公尺，气压力为每平方公分达六公斤，蒸汽温度为摄氏四百度，蒸发量为每小时二十至二十六吨，蒸汽透平之最大能力为四千二百 kW，经济负荷为三千 kW，转数为每分钟三千转，发电机为三相五十周波，三千三百伏，另备有六万六千伏变压设备送电至铁矿。惟实在发电量恐不能达二千五百 kW 以上。其修理机械部门之设备，有木模工场、铸造工场、机械加工工场、铁路车辆修理工场、汽车修理工场、冷作兼焊接工场、铜件兼管子工场、装置工场、氧气工场、制冰工场等。原有小型自来水厂，亦经恢复。所有福利设施颇为完备，如住宅、宿舍、医院、演艺馆、

游泳池、蓄植场、酿造厂均附设于厂区之内,详情不及具陈(参看新厂沈家营间平面图)。(图从略)

刘刚:关于接收大冶厂矿的报告
民国三十五年一月三十日(1946.1.30)

窃职在京奉命赴汉准备招待麦基公司专家,于元月十五日乘机飞汉,即与经济部李特派员博侯商谈招待事宜。元月十六日由李特派员转知略谓"接奉钱副主任委员电,饬职即日赴大冶接管大冶厂矿"等云,并承李特派员告知大冶厂矿物资众多,部方以接收工作繁忙,人手缺乏,未能派多数人员前往办理保管事宜。促职速来接管,俾便筹划加强保管组织,以是职于十八日即乘轮来冶。到冶后除积极进行准备招待工作外,并已分别将厂矿各部视察完毕,定于二月一日正式接管。兹谨将数日来观察所得,胪列于下:

(1)大冶铁厂地区辽阔,物料器材众多。除一部分仓库建筑较为完善,易于封锁保管外,其余均甚窳败,即加封锁亦不易保存。过去人手太少,加之驻军良莠不齐,与当地莠民勾结,深夜潜入厂内盗取物资,以是防不胜防。其他较重之钢铁材料,因库房缺少,大部遍地散露天地面,虽不致被窃,但亦极易锈蚀损毁也。由厂至矿全线铁路计二十三公里,日人占据时,铁道两旁均设有电网保护路线。投降后全部电网被平民自由拆除一空,路轨枕木亦常被莠民偷窃。铁山物资颇多,设备亦相当完善,除一部分器材业经运回厂内保管外,其余仍置铁山。地区范围较厂更大,且四周又无关栏,现由驻军三十四师101团代为负责看护,但附近宵小众多,零星器材及电线等每被窃去。因此厂矿两处物资保管,势有集中整理、加强管理之必要。

(2)大冶铁厂所有房地产业,大部地亩为前汉冶萍公司所购置,但大部地上之建筑物则为日人占据时所建造,现拟重新着手清理。但前汉冶萍公司房地契约,一部在汉被炸毁,日人所有图样又残缺不全,而日人在此征购之民地其契约等又被日人毁去,兼之当地人民又欲趁此混乱时期企图侵占公产，因以此彻底清理，事实上困难甚多。现仅凭原在汉冶萍公司服务旧人之记忆所及进行清理，预料将来之房地产纠纷必多也。

以上两项为目前急切问题。为保存物资及清理产权计，爰拟就解决办法如下：

（A）加强保管组织：特派员办公处调治办理保管人员原仅六人，余为就地雇用之雇员及日籍技术人员约三十余人。地区既广，物资复多，致管理上难期周善。现除已电请大会调用钨业管理处钱士皋等三人及资渝钢铁厂张德勋等数人来冶协助办理外，原特派员办公处调冶人员拟全部借用，以资熟手。在本处技术人员未充实前，原用日籍技术人员仍拟留用一部，以应目前之急需。

（B）组织自卫队：本处警卫事宜原由三十四师调派部队负责维持，但以士兵知识太低，兼受莠民引诱，致监守自盗情事常常发生。现拟自身成立警卫队，选用优秀警士，自行管理，指挥灵便。预计厂矿两处需警士约一百名，现正邀请富有经验之人员前来充任队长，负责筹备组织中。

（C）物资集中管理：查铁山物资虽曾搬运数次回厂，但较重机件及器材仍置铁山。而新钢厂成立尚需时日，现存厂矿铁砂颇足供应新钢厂一年之用。如建厂工程三年完成，则铁山开始采矿当在四年以后，故铁山各种机件，在四年以内不致应用而又易于拆迁者，现拟全部拆开运厂集中。其他如碎矿机、卸矿机、发电机等大项笨重设备不易拆运者，则拟就地封闭，派警负责看守。

（D）整理器材：厂内各库所存器材，日人移交时并未分门别类妥为安置，继后铁山运回器材为时间与人手所限，亦未加以整理，以致头绪纷乱，拟于接管后彻底整理。铁山拆回机器及厂内重要设备，原被日人拆下者散置各处，风雨侵蚀，易致损坏，亦拟着手清理。此外铁山与厂露天重要机器设备，或被水浸或被雨淋，锈蚀堪虞，拟即从事抽水及防腐工作。

（E）清理房地产业：汉冶萍公司房地契约及日人征购民地契约虽被焚毁，然残缺不全图籍、权证，冶厂仍存有一部分，而经管之日本人及汉冶萍公司老职员数人，现仍在厂工作。拟趁此人证俱在时期，聘请谙习法律之职员会同负责清理之。

经济部特派员办公处训令

民国三十五年三月十日(1946.3.10)

令本部资源委员会大冶铁厂矿保管处。

据中福联合办事处汉口经理处呈,以前查获石灰窑"日铁"码头停有本处趸船两艘,当时因水位低落无法运汉,兹以江水渐涨,亟欲拖回应用,恳准发还,俾便派员前往具领等情,并附图样一纸到处。接批示迳洽外,合行检发原图样一纸,令仰查实取保发还并具报为要。

此令

附检发原图样一纸(办毕仍缴)

经济部湘鄂赣区特派员　李景潞

中福联合办事处致华钢保管处函

民国三十五年五月九日(1946.5.9)

敬启者:

查敝处所有大趸船两艘,前于民国三十一年二月间被日寇强行拖往石灰窑"日铁"码头。当该趸船由敝处丹水池码头被其拖走时,所有坡上以及河下之铁链,计每艘 5 条每条约长 18 丈,共计约 180 丈,亦均被其带走。今上述趸船业经经济部湘鄂赣区特派员办公处批示准予发还在案。兹据敝处所派接收员张应祥由窑来函声称,现在趸船上之铁链与原有之数相差甚巨,而在"日铁"码头岸上存有铁链一堆,或系敝处之物等语。为此具函恳请钧处可否将该项铁链拨交敝处,俾配齐原有之数使敝处减少损失。肃此奉恳尚祈体恤下情俯允所请,是所至感至祷。

此上

资源委员会大冶铁厂矿保管处

中福联合办事处汉口经理处谨启

批示:须由原日人证明后方能决定。刚。

许邦友:汉冶萍公司案备忘录

民国三十五年六月(1946.6)

Ⅰ绪言

本备忘录之目的在提供一简明之轮廓,说明汉冶萍公司案之始末及其范围。参考之资料,仅就手边现成之文件,详尽之数字,须查考经济部及以前主管部之档案及该公司之卷宗方可得之。

Ⅱ沿革

1. 创办:光绪十七年(1891),张文襄移督湖北,奏准在汉阳设厂建炉,定名为湖北铁厂。

2. 移交商办:光绪二十二年(1896)六月,由张文襄奏准改为官督商办。

甲、移交之前政府已投资之数额银 5 586 415 两(详目见附表一)。

乙、移交商办条件之要点(自光绪二十二年六月十二日《清户部覆奏折》节录):

(1)接办前用去之官本,由商局分年抽还,每产生铁一吨,抽还官本银一两(按当时市价生铁每吨二十两,合约5%)。

(2)官本还清后,每产生铁一吨,报效银一两。

(3)所产钢铁材料无论运往何处,概免厘税。

(4)限招华商集股,不得暗搀洋股。

丙、大冶铁矿之开采权:矿区共分(1)官家变商之山;(2)厂商自购之山;(3)官家另购之山三种。光绪二十七年(1901)二月张文襄咨盛宣怀官家另购之山如商厂必需应用,可依原价售给,光绪三十三年(1907)七月张又咨盛宣怀……之不当,官山不能再听侵占以供转卖,若汉阳确需铁矿,可价售矿砂。

3. 汉冶萍公司之股本(录自民十六《湖北公矿局报告》):

光绪二十二年(1896),盛宣怀接收汉阳铁厂,招足商股银 2 000 000 两。光绪二十四年(1898),合并汉冶厂矿及萍乡煤矿,改名汉冶萍煤铁厂矿有限公司,招加商股至 20 000 000 元,至辛亥年底收足 13 177 000 元。民国十六年(1927),汉冶萍公司借贷对照表载,共收股本 17 526 547 元,内有盛宣怀拨京汉铁路官本,后改为农商部之官股 2 497 643 元。此后股本情形待考。

4. 汉冶萍公司之外债(录自民十六年《湖北公矿局报告》):

光绪二十八年(1902),扩充萍矿工程,由德商礼和洋行借 4 000 000 马克。光绪二十八年至民国十三年(1902—1924),向日本借款共二十二笔,总额 58 696 121 元。还清 13 596 121 元。尚欠(至民十六年止)45 100 000 元。

5. 汉冶萍偿还官本之情形(民十六年《湖北公矿局报告》):

光绪二十二年至民五年(1896—1916)交还官本 1 300 000 两。民五以后由湖北省长何佩瑢、王占元等收款 278 000 两,鄂产清理处经手砂捐 186 188 两。民十四年强制执行纳捐,变卖没收之铁焦费 38 915 两。共计 1 803 103 两。

6. 汉冶萍公司与湖北省之纠纷:

民三年(1914),湖北省旅北京同乡选举代表魏景熊,并由都督及省长委派,向公司交涉官本作为官股及官山不得抵押二事,未得结果。民五年(1916),公司呈鄂财厅,拟价购大冶官有之矿山未成,省政府成立湖北官矿公署,开始开采象鼻山铁矿,鄂旅京同乡在北京成立汉冶萍鄂产清理处。民六年(1917),上述清理处成立武昌事务所,由省议会咨准省长向公司要求解决股权、地权。股权内包括官本改官股、补算股息及获得事权三点,地权包括征收铁捐及砂捐两点,后为鄂王省长占元批驳,仍依清张文襄奏呈办理。民十二年(1923),鄂省士绅集议,改武昌事务所为鄂产清理处,呈准省府在大冶设砂捐局,每吨外售铁砂拟征捐六钱。公司未允捐纳,仅先后缴焦末十余吨及碎铁数百吨,作价银 186 188 两。民十六年(1927),砂捐局撤销,砂捐事务归并湖北公矿署,强制执行纳捐,没收及变卖废铁焦末,得银 38 915 两。据该局计算,自民十六年止,公司欠缴银 3 877 361 两。由公矿署扣留轮驳,使公司就范纳捐,议订纳砂捐之办法。民十八年

(1929),政府在南京有设立整理汉冶萍委员会之议,并拟呈农矿部限公司于十八年三月十五日以前将全部资产交归国有,后未果。民十九年(1930),鄂省成立清理汉冶萍湖北债捐处,是年六月共军窜扰大冶,厂矿停顿。

7. 汉冶萍公司之生产:

甲、汉阳:

1. 化铁炉开炉日期及停炉日期

1♯－100t/日——自光绪二十二年至民八年九月(1896—1919)

2♯－100t/日——自光绪二十二年四月至民八年九月(1896—1919)

3♯－250t/日——宣统二年四月至民十一年(1910—1922)

4♯－250t/日——宣统四年七月至民十一年(1912—1922)

2. 炼钢炉

1♯－30t/炉——光绪三十三年九月至民十一年(1907—1922)

2♯－30t/炉——光绪三十三年十一月至民十一年(1907—1922)

3♯－30t/炉——宣统元年正月至民十一年(1909—1922)

4♯－30t/炉——宣统元年十月至民十一年(1909—1922)

5♯－30t/炉——宣统二年八月至民十一年(1910—1922)

6♯－30t/炉——宣统三年三月至民十一年(1911—1922)

7♯－30t/炉——民国六年四月至民十一年(1917—1922)

共产生铁——2 171 447 吨

钢品——1 674 021 吨

乙、大冶

化铁炉

1♯－400t/日——民十四年五月至民十四年十月(1925)

2♯－400t/日——民十二年四月至民十三年二月(1923—1924)

共产生铁——252 034 吨

丙、大冶铁矿——自光绪二十二年至民二十一年八月(1896—1932)

共产矿砂——11 295 355 吨

Ⅲ抗战中汉冶萍之经过

1. 抗战开始时之拆迁设备:抗战开始,委员长手令军政部兵工署会同资源委员会组织钢铁厂迁建委员会,拆迁汉冶萍之设备,其主要者为:

甲、汉阳铁厂

250t炼铁炉　一座

钢条轧钢机　一座

钢板机　一座

钢轨机　一座

30t炼钢炉　三座

乙、大冶铁厂

炼铁厂鼓风炉　两座

500HP柴油机　三部

2 500 kW发电设备　一套

铁路5—6公里

铁路上运输设备

丙、萍乡煤矿之少数设备

2. 抗战时汉冶萍公司股东之附逆行为待考

3. 抗战中日人对汉冶萍资产变动之情形

甲、汉阳钢铁厂:全部房屋均予拆除,现除瓦砾及少数废铁外,所剩者只为地产及砖瓦厂一所。

乙、大冶铁厂:1♯炼铁炉全部拆散,百分之七十已出厂在运往石景山途中。2♯炼铁炉百分之九十已拆散,尚未运出。日人在该处添设职工住宅、运输及采矿设备、发电设备3 000 kW者两座,专事开采大冶铁矿,运往日本及东北冶炼。抗战中共运出约5 000 000吨矿砂。

Ⅳ抗战胜利后接收汉冶萍资产之情形

1. 湘鄂赣区经济部特派员办公处委派李义杰为汉阳铁厂接收专员,办理保管该公司在武汉一带地产事务。

2. 特派员办公处并在大冶设大冶厂矿保管处,接收汉冶萍在大冶之资产、象鼻山官矿及日人在大冶之增益设备,由刘刚任保管处主任。

Ⅴ汉冶萍公司案清理之建议

经济部特派员办公处即将结束,拟建议作下列措置:

1. 拟呈行政院组织清理汉冶萍资产之机构,用以清理公司之债务,判别股权之奸伪,接收散处其他各地(如上海)之资产,并拟具今后处理之办法。

2. 拟呈行政院将日人在抗战中在汉冶萍公司资产上之增益部分拨交资源委员会接管,俾得利用,以奠华中钢铁业发展之基。

3. 拟呈行政院将公司资产未能清理划分以前,暂交资源委员会保管,以免散失或混杂不清。

大冶县接收敌伪财产物资处理委员会致华钢保管处代电

民国三十五年七月八日(1946.7.8)

经济部资源委员会大冶铁厂矿保管处:(1)准大冶县政府本年元月二十四日冶财字第 0920 号代电,据本县石黄镇民人程朗生等十三人联名呈称,以该民等在窑镇所有铺屋及住宅于民国二十九年秋悉被日寇撤毁,改造西式房屋两所。一为驻日铁地方办事处,一为驻宪兵队部,而驻宪兵队部之房屋及围墙即撤民等之铺屋所改建,恳请将敌占基地如数发还以维民生一案。电请查明处理见复等由,附检送原呈及基地平面图各一件。(2)兹经派员前往彻查前敌伪在窑镇新街所建之房屋基地,确系该民等所有,均执有契据,现为贵处所接管,依法应予发还。(3)准电前由除函复外,相应电请查照办理见复为荷。兼主任委员刘琼。(印)附抄送原呈及基地平面图各一件(平面图略)。

[附件]　程朗生等呈大冶县政府文

窃民等住居石灰窑历有年所,各操职业相安无事。祸因日寇侵华,恃其强暴武力,先之以掠夺,继之以占驻,几我国公私产业所至皆被霸尽。而况大冶铁矿久为日寇所垂涎,以致暴军到冶后不遗余力,纠集矿夫从事采运也,码头之加筑也,铁道之添铺也,纵横交错,任其所为。更欲逞其淫威,于我石灰窑一排建造西式房屋两所,一驻日铁地方办事处,一驻敌宪兵队。而敌宪兵队傍向名新街一带之房地及围墙,为撤民等之铺屋与眷属住居之所(各家详细地段附图呈阅)而改建(时民国二十九年秋)。尔时,民等畏之如虎,或避居异地,或远徙他乡,挈携老小,以度残生。从偶尔返归邻近有所闻知,亦只得听之而已。今幸重见天日,倭寇投降,前被掠夺之物产不啻移之外府,国土俱已收回,民舍发还原主。惟民等房屋既被撤毁改造宫墙,外望地冻天寒,欲复迁而无栖身之所,捆缕织席,冀复业亦乏陈列之场。我政府施德怀仁,应有相当之救济,愚小民鸠形鹄立盼矜恤之来临。是以不揣冒昧情迫,吁请县长大人台前恳予赏准照例发还原有基地以维民命,不胜翘企待命之至。

谨呈

大冶县政府县长刘

附呈被撤基屋平面图一纸(略)。

具呈人:程朗生　傅崇有　李瑞卿　周秀恺

黄寿山　柏绍锒　柏国柱　董成启

柏锦亭　全镜平　谢俊国　陈筱亭　傅世旺

陈大爱呈钱昌照文

民国三十五年八月十九日(1946.7.19)

乙公钧鉴:

谨肃者,盟军总部对钢铁部门尚未公布设备清册,而附属之炼焦厂、轧钢厂、动力厂等尚未列入赔偿范围,闻须候 F.E.C 决议执行。兹就供赔偿之各钢铁厂有记录可考者,将其重要设备列表奉上,以供参考。

谨查日本制铁会社之八幡钢铁厂炼铁及炼钢设备之半数,轮西钢铁厂炼铁设备之大部分及广畑钢铁厂之全部炼铁及炼钢设备均经列入赔偿范围。广畑设备最新且最佳,并有六万五千瓩之发电厂一所。其炼铁炉有千吨者二座,炼钢炉有一百五十吨者六座,均为日本最新式者。该厂既全部炼铁及炼钢炉均属赔偿物品，则将来其他一切设备当然均可取供赔偿。如能取得该厂，可以免除零星凑合，最为合算。其最大缺点则为轧钢设备仅有钢板及小钢坯二种产品，缺少其他轧钢设备，另须补充。八幡钢铁厂设备较旧，惟各项轧钢设备甚多，可制各项钢制品。炼钢炉大多陈旧，仅六十吨者尚可使用。至于发电设备，有一半以上为25周波者，且均用煤为燃料。至炼焦副产品厂，亦以广畑较新。

昨遇日本制铁会社之岛村君，谈及赔偿设备，该公司甚愿保留八幡之制钢设备，而以轮西之150吨钢炉交换。闻将向盟军总部提出声请，果能办到，则轮西之轧钢设备及钢炉均甚佳（闻仍不如广畑之新式）。其发电厂虽较小，但均属50周波者（广畑60周波），计有22 000瓩二座、400瓩者一座、4 200瓩者二座，共计52 800瓩，设备尚佳。

除日本制铁会社外，各厂供赔偿者有日本制钢所之钢厂较大，其设备以轧甲板者为最重要且最新式（可轧165吨钢锭成八寸厚之铁甲），其他设备均较旧，且炼钢炉大多为酸性炉。此外有扶桑制钢所，该所除制无缝钢管外，其他重要设备有水压机十具，自千吨至一万二千吨止，供重工业及兵工用途，恐亦暂非吾国所需。

现就已知者而论，将来选择适当之赔偿，工作殊为困难。此次美国务院代表 Mahle John 来华，朱团长嘱徐伯隽兄偕行，将来 Mahle John 或将主持东京盟军总部内赔偿部门工作。渠曾在重庆 F. E. A 工作数月，颇有意于推进赔偿工作，使物资可以早日分配来华，或将接洽比例问题亦未可知。此人与 Gmlassador Panley 一系对于盟军总部方面恐或可为吾国暗中帮忙亦未可知。专肃。敬请

钧安

职　陈大爱敬呈

八月十九日

资源委员会训令

民国三十五年七月二十二日(1946.7.22)

令华中钢铁有限公司筹备处。

　　查清理汉冶萍煤铁厂矿有限公司并筹设新厂一案,业经本会陈述接管。理由及办法要点签呈行政院鉴核示遵去后,兹奉行政院三十五年七月八日节京叁字第4622号指令开:"签呈悉,准予照办。除分令经济部及湖北省政府外,仰即知照。此令。"

　　附抄发原签呈一件

主任委员　钱昌照

[附件]　资委会呈宋子文文

上行政院宋院长签呈。

　　谨签呈者,查汉冶萍煤铁厂矿有限公司夙称我国钢铁界之巨擘,原系前清张之洞创设,自改商办后,初期尚能整顿,迨后积习日深,百弊丛生。擅自借日债,利权丧失,并设日籍顾问监察,一切行政悉听指挥。公司业务随趋向衰落,几成代日人掠夺我资源之机构。所负债务,在抗战前已濒破产,抗战中为日人占据,从事于大冶铁矿采运事宜。其他冶炼设备悉被拆卸,汉阳旧广徒见瓦砾一片。胜利后,经济部湘鄂赣区特派员办公处即在当地设立大冶厂矿保管处及汉阳铁厂保管处,分别接收保管,候令处理。

　　本会为奠立长江中区钢铁工业之基础,战时已拟有方案在此设厂,胜利后又约请美专业设计钢铁之麦基公司专家多人来华协助检讨。数月来,自煤铁资源分布、物料水陆运输、钢铁制造成本、成品市场分配等逐项核算,在华中区域而论,以建厂大冶为最佳。本会现已成立华中钢铁公司筹备处,拟利用旧有厂基,积极筹划建厂。兹为清理产权便利,工程早日得以推动起见,拟请明令:(一)由资源委员会会同经济部,指派人员组织清理汉冶萍公司资产之机构,俾便整理清算,并可拟具处理办法,予以合理之解决。(二)日人在汉冶萍产业上之增益部分及以前湖北省有之象鼻山铁矿一并划归本会接管。(三)湘鄂赣经济部特派员办公处行将结束,所设汉冶萍资产之保管机构移隶本会,继续保管,以待清理并继续接收其他散处各地之资产,以免散失。所陈是否可行,敬乞鉴核示遵。

　　谨呈

行政院院长宋

丘玉池致刘刚函

民国三十五年七月二十八日（1946.7.28）

克中我兄：

七月二十七日手书敬悉。所示对日迁移设备之原则自当坚守。会中近来对此题目颇多讨论，原则与兄台所提相同。现拟将冶厂列入，但仍以是否有适用机械与设备为决断，且因运输能力及国内经济情形，行政院是否预备大量拆迁尚难预料。会中正在编制拆迁费用，数目极大，现尚未决定，一俟有具体方案，当即告知。弟近日除帮助蓝田兄编制拆迁表外，正在搜集日本钢铁业之设备。冶之及可甫二先生亦有来信。因国际情形之关系及日本大部分设备之陈旧，据云拆迁凑合一厂较易，二厂恐有困难。弟将来依兄等意见，先行详细参观，综合各方意见再做决定。又，日本有向United English Found 购买之半连式钢板轧机及连续式钢皮机，如规格合于冶厂所需，想亦可拆迁。邦友兄已有来信，谓一时不能往日。麦基公司初步报告第十页倒数第三行并无大冶一字，惟倒数第三段末有大冶一字，则非太原之误。请兄再为查出，将原句抄下，以便对照。葆成兄已奉派往青岛接收铁厂，现在候机前往。中恽先生近有电询大会，可否征询中石先生同意，派胡博渊先生为驻美与麦基公司之联络员，现正在征询中石先生同意中。会中仍未改组，前数月曾晤孙越崎先生，彼询弟在未往日前是否拟先往东北一行，藉明了该区情况。弟因去日之期极难确定，恐未能前往。

下列数点，请便中告知：

（一）前李彭麟兄介绍之沈次江先生，兄台曾否征得中石先生同意。

（二）通讯处住屋是否拟进行寻觅，京地租贷房屋非易事，前拟与造船厂合租之房屋，因房客不肯让未成功。如需要当另进行，恐以先进行为佳。

（三）矿产测勘处之合同曾否签订。

（四）麦基公司需要之资料蓝图，请催促早日寄京。

处中近况,便中告知一二为感。专此。顺请

暑安

弟玉池上

刘刚致丘玉池函

民国三十五年八月二日(1946.8.2)

玉池吾兄大鉴:

顷接七月二十八日手书,敬悉壹是。承询各点,兹特缕复如后:

一、前李彭麟兄介绍沈君次江,日前弟已函中石先生请示,尚未得复。

二、京通讯处住屋如寻觅困难,弟意可暂时作罢。

三、矿产勘测处简约已经签订,昨接该处电告,派有四人定于本月六日飞汉转冶,开始工作。

四、麦基公司需要资料蓝图已由本处工务组寄去矣。

再,麦基公司初步报告承询之误点,兹将原句抄录如下:

That the railway administration has its own plans for manufacture of these at Tayeh and Chuchow.

大冶弟想希太原之误。

专此奉复。顺颂

暑祺

弟刘刚启

李景潞①致大冶保管处代电

民国三十五年八月十日(1946.8.10)

资源委员会大冶铁厂矿保管处:顷准湖北省政府本年八月三日省田一字第4213号公函开,案准贵处本年七月十三日汉业字第2372号函,略以奉军事委员会委员长武汉行营行政一字第0853号代电,案据大冶县政府

---

① 李景潞(1904—?):字博经,湖南长沙人。时任经济部湘鄂赣区特派员。

临时参议会代电,以石灰窑一带尚存敌粮数千石,前经济部派员接收。现仓库之谷业已无存,惟尚有虫蛀小麦、蚕豆等杂粮五六百吨正在变卖中。恳饬电经济部特派员办公处准将上述残余杂粮拨作救济等情,希即核办并复等。因该项粮食拨作救济自属可行,除电复外,相应函请转行大冶县政府临时参议会遵照办理等由。查接收敌伪存粮应尽先拨作军食,品质霉变及不能拨作军俘食用之杂项粮食准整理标售,价款解缴国库,迭奉院令饬遵在卷。该大冶县敌遗存粮,前据报到府,经派省田粮处督导萧杰会同第二补给区司令部一再迳往洽接。殊该接管机关以上项敌粮经贵处呈准行政院处理接收武汉区敌伪产业特派员办公处,由大冶铁厂矿保管处接收标售,拒不移交。现因存储过久,品质霉变,已不能拨作军食,自仍应由该厂矿依据原案从速标卖,即使拨济民食亦应酌收价款解缴国库。所嘱饬县散发救济一节,核与规定不合,歉难照办。准函前由,除转电军事委员会委员长武汉行营暨粮食部外,相应复请查照为荷等因,准此,合行电仰转函大冶县政府临时参议会遵照办理,具报为要。特派员李景潞。未灰。(印)

资源委员会工业处致华钢筹备处函

民国三十五年八月(1946.8)

兹抄录冶之、可甫两先生自东京寄呈主座之函件各二份,评陈日本供赔偿拆迁之钢铁厂设备情形,函请贵处查收参考为存。

此致

华中钢铁公司筹备处

附抄送原函件各二份

资源委员会工业处启

[附件一] 严恩棫呈钱昌照文

民国三十五年八月二十三(1946.8.23)

乙公委座钧鉴:

近日盟军总部工业处已允将临时赔偿之总目单非正式交予本团参考,

其大略情形已由本团呈报外交部转知有关各机关,并由陈可甫兄呈报钧鉴。兹就钢铁部门加以分析,补拟略说呈核。按美国提议,于本月十五日以前讨论赔偿问题,迄今尚无消息,恐即能早日开会,亦难以迅速解决。远东会美国代表曾提议各盟国先取百分之二点五,此在钢铁部门无法办理。我国最少要求须先取百分之十以上,始能下手。现在本团正商总部准由我国专家参观若干工厂,如能于一二星期内办到,械拟俟参观完毕搭乘下次专机返国面陈一切。专此肃陈。敬颂

崇安

职　严恩棫

八月二十三日自东京

[附件二]　钢铁部门之赔偿设备

　　钢铁部门之赔偿设备,其一部分之总目已由盟军总部之工业处非正式通知本团,惟我国自日本之总赔偿内能分得若干,均待远东会讨论。又其他盟国对钢铁设备之要求亦未详悉,故我国可能会得之钢铁设备只可根据若干事实作一揣度耳。

　　(一)洗煤及炼焦设备　远东会对此既未明确规定,盟军总部亦无若何发表。依理言之,每一钢铁公司所有洗煤及炼焦设备,当比照其所撤供赔偿之炼铁设备同样办理。其可供赔偿之炼焦设备每日总产量当在7 800吨至9 500吨之间,洗煤设备准此推算,如我国能分得35%,当敷分配于石景山、大冶及重庆三厂之用。惟鞍山及石景山二厂另需补充副产物提取设备,只得就分得之整套设备内酌量移用。

　　(二)炼铁设备　扩充赔偿之炼铁设备内有1 000吨炉二座,700吨炉一座,500吨炉一座,其余自225吨至430吨之炉共十六座,全部之每日总产量为8 710吨。如假定我国能分得35%,其他盟国对此竞争不甚热烈,则我国最多可得每日产量3 048吨。其选取办法可分如下:

　　(1)1 000吨炉二座(大冶),700吨炉一座(石景山),350吨炉一座(重庆),以上共计3 050吨。

（2）1 000 吨炉二座（大冶及石景山），500 吨炉一座（或 400 吨至 430 吨，大冶），350 吨炉一座（重庆），共计 2 850 吨。

（3）1 000 吨炉一座（或 400 吨至 430 吨，大冶），700 吨炉一座（石景山），350 吨炉一座（重庆），500 吨炉一座（大冶），共计 2 550 吨。

鞍山厂之 700 吨炼炉二座，其上料桥架、上料机及鼓风机为苏俄拆去，欲为补充，惟上料桥架连上料机须与炼铁炉配合。日本扩充赔偿之 700 吨炉及 1 000 吨炉，其上料桥架等是否可以设法移用于鞍山，须待日后详细调查。如将来东北局势澄清，急需恢复生产，则此移用办法大抵可能办到，以应付机宜。鼓风机移用问题较易解决，但此项设备移用后，当另谋适当补充，不得再求之赔偿设备。

（三）炼钢设备扩充赔偿之炼钢设备内，中型及大型平炉有 50 吨炉二十座，55 吨一座，60 吨十一座，65 吨炉一座，70 吨炉三座，80 吨炉一座，转动式 100 吨炉一座，转动式 150 吨炉六座。其余自 10 吨至 40 吨之炉共三十七座。全部之一次出钢量为 4 220 吨。兹为便于计算起见，假定我国分得百分之三十五，亦以一次出钢总产量为标准，推算求出则得 1 442 吨。各厂选取办法可分如下：

（1）转动式 150 吨炉六座（大冶），转动式 100 吨炉一座，70 吨炉三座，80 吨炉一座（石景山），50 吨炉三座（重庆），共计 1 440 吨。

（2）转动式 150 吨炉三座，80 吨炉一座，70 吨炉三座（大冶），转动式 150 吨炉三座（石景山），50 吨炉三座（重庆），共计 1 340 吨。

（3）转动式 150 吨炉三座，80 吨炉一座，70 吨炉一座（大冶），转动式 100 吨炉一座，600 吨炉五座（石景山），50 吨炉三座（重庆），共计 3 850 吨。

日本颇多电炉炼钢设备，其已经发表扩充赔偿者有 20 吨炉三座、18 吨炉一座、10 吨炉七座、6 吨炉四座、5 吨炉二座、4 吨炉一座、3 吨炉三座，尚有现在开工后拟充作赔偿者若干。查现在我国电价不廉，特殊钢之需要亦少，虽可多取若干电炉以备将来，然在初期数年内，恐亦不必尽予开工。再者，拟取电炉之最大容量可以 10 吨为度，另备较小之炉若干座，以便随意变更产量。

（四）轧钢设备拟充赔偿之轧钢设备尚未发表。查日本所有大型轧钢机为数不多，尤以大型之钢轨及型钢轧机最为希贵。普通此类轧机之辊径约只 750 公厘而已，鞍山、石景山及大冶三厂所需之大型钢轨及型钢轧机辊径最好能达 850 公厘左右，以便轧制 100 磅之钢轨，否则只得暂用 750 公厘对径之轧机以轧制 85 磅之钢轨。然此种轧机亦断难分得三套之多。大型之钢锭轧机及钢板轧机谅各有二套扩充赔偿，我国能分得若干尚难预料。日本虽有新式之连续式钢钣轧机，谅须留供自用，只有普通式轧机可以提供赔偿耳。一切详细情形须待发表后始能明白。

（五）辅助设备大型钢铁厂之生产设备全部扩充赔偿时，其辅助自可连带撤去，如其生产设备只有一部分扩充赔偿，则其辅助设备大抵仍留自用。小厂之辅助设备为数不少，亦属寻常品类，不值特别考虑。至于厂内铁道之各种车辆连同特种车辆，为渣桶车、熔铁桶车及钢锭车等。日本悉用窄轨距，如欲移用于吾国，或可设法改造，或于短距离开专设窄轨距之铁道，如炼钢厂与轧钢厂间之钢锭车专用铁道是也。又电力一项，日本现用 50 及 60 之二种周波，将来拟全部改用 60 周波。钢铁厂赔偿设备内之电气机械谅亦有二种周波，而 60 周波为较多，各厂所用电压亦不一律。欲将此类设备配合于国内现有设备，尚多技术问题须待解决也。

大冶厂矿保管处接收"日铁"存粮节略
民国三十五年八月(1946 年 8 月)

查前汉冶萍大冶铁厂矿被日军侵占及改为日铁株式会社大冶矿业所，"日铁"即其简称也。原在"日铁"之日籍员工及其眷属一千余人于去岁投降时，自组日本人会，盗卖"日铁"材料，购储粮食以投降后维持生活之准备。自经济部湘鄂赣区特派员接收冶厂，对于存粮以管理日侨机构尚未设立，为供应日侨等生活需要起见，准其照旧自行保管，未予接收，但以每日该日侨等需要放粮为限，不得移动变卖。

本年二月一日本处接管后，该项存粮仍由该日侨等继续保管食用。嗣因日侨将被一律遣送返国，其剩余粮食仍有相当数量，且储存过久，大部霉坏，自应从速予以处置。经呈由经济部湘鄂赣区特派员办公处转奉行政院处理接收武汉区敌伪产业特派员办公处汉政特字第 2634 号辰 14 冬代电，准由本处接收，并奉经济部湘鄂赣区特派员办公处五月九日汉业字第 1712 代电，及同月十六日汉业字第 1806 号指令，对服务努力之日籍技术人员垫发奖金，由存粮变价内开支，并分列详细清查估价，公开标卖或拍卖。是时湖北省田赋粮食管理处亦先后派督导萧杰前来接收，本处以未奉上峰命令未允照办，一面呈奉经济部特派员五月十五日汉业字第 1776 号训令，饬将存粮较好部分留待粮管处派员来处议价让购，并经遵照一再函电催促，迄今仍未派员前来洽办。

关于接收该项存粮手续，至本年五月二十五日始行办竣。计小麦 180.933 吨，高粱 147 吨，经签有接收证书可查。此外尚遗留霉坏较甚之小麦 63 吨，大麦 1 吨，蚕豆 1 吨又 400 公斤，谷子 8 吨，包谷 2 吨未能移交而行返国。本处亦已一并分别封存，呈准并案接收处理。本处乃遵照规定手续，会同当地黄石镇商会、镇公所、直接税局大冶分局及经济部特派员代表，于六月一日评定拍卖价格，三日下午二时在本处励进社公开拍卖。到参加应买人 37 人，以无分类价或竟无人出价致无结果。当经将办理情形呈报并请示处理办法，旋奉经济部特派员办公处六月十八日汉业字第 2115 号代电，以特奉行政院处理接收武汉区特派员办公处汉政特字第 3235 号已七删代电，准将存有霉坏食粮减低价格，将从速标售。经济部特派员电催湖北省田粮处在六月二十五日前派员前来洽询，逾期即遵令减价标售，迄今仍无答复。

正办理再行标售手续中浚□奉经济部特派员七月十一日汉业字第 2344 号代电称，发霉时期易于腐烂之粮食若不予紧急处置，势必全部损毁。该项粮食系"日铁"日籍员工盗卖材料后购储，自应认为本处接收物资之一，非一般敌伪所有粮食可以同日而语。至于接收拍卖以及交当地县政机关接收散发贫民，纯保遵令办理。爰将经过情形节略如后①。

---

① 原件未署作者，以下内容略。

华钢筹备处训令

民国三十五年九月二日(1946.9.2)

　　案奉资源委员会本年八月二十三日密京(35)工字第96号未梗代电内开:查关于汉冶萍煤铁厂矿有限公司接管一案,前奉行政院节京叁字第四六二二号指令,对于本会呈拟接管办法三点准予照办,当经令知在案。兹准经济部湘鄂赣区特派员办公处汉业(35)第二四九七号午感代电开:案奉经济部(35)京接字第六九七四号训令节开,奉行政院节京叁字第四六二二号训令,以据资源委员会呈请:(一)由资源委员会会同经济部指派人员,组织清理汉冶萍公司资产之机构,俾便整理清算,并可拟具处理办法予以合理之解决。(二)日人在汉冶萍产业上之增益部分及以前湖北省有之象鼻山铁矿,一并划归资源委员会接管。(三)湘鄂赣区经济部特派员办公处所设汉冶萍资产之保管机构,移隶资源委员会继续保管以待清理,并继续接收其他散处各地资产以免散失等情,应准照办。除指令并分行湖北省政府外,合行令仰照遵照等因。查前据该办事处呈请核示,关于大冶象鼻山铁矿矿业权一案,即行遵照此次院令第二项办理暨将该办公处所设汉冶萍资产之保管机构,移隶资源委员会保管,并将办理情形具报等因。奉此,除关于大冶象鼻山铁矿应由贵会径向湖北省政府洽接,大冶铁厂矿部分,业经贵会设立大冶铁厂矿保管处,并派刘刚接管外,关于本处附设之汉阳铁厂保管处应即移交贵会接管,特电请派员定期会同办理交接手续。又大冶铁厂矿正式移接手续,亦请转饬刘刚同时办理,以资结案,并希见复为荷等由。查大冶象鼻山铁矿暨大冶铁厂铁矿日人增益部分资产,应由该处接管。大冶、汉阳及武汉附近汉冶萍厂矿有限公司资产,应暂由该处接收代为保管,听候清理。除电湖北省政府查照,并复请湘鄂赣区特派员办公处将上开厂矿资产移交该处外,合行电仰遵照迳洽接管具报等因。奉此,自应遵办。兹备具致经济部湘鄂赣区特派员办公处公函一件,随令附发,仰即遵照会同该处专员钟舒余妥速持函前往洽接具报为要。此令。

　　附发公函一件。

代理主任　刘刚

李景潞致华中钢铁公司筹备处电

民国三十五年九月三日(1946.9.3)

华中钢铁公司筹备处公鉴：查本处前奉经济部令，饬将本处所设汉冶萍资产之保管机构移资源委员会继续保管等因。即电请资委会派员会同办理交接手续去后，兹准资委会未梗代电复开：查大冶象鼻山铁矿及大冶铁厂、铁矿日人增益部分资产，应由华中钢铁有限公司筹备处接管，大冶、汉阳及武汉附近汉冶萍厂矿有限公司资产亦暂由该处接收代为保管，听候清理。除分电该处迳洽接收并电湖北省政府查照外，相应电复查照，并见复等由。准此，自应照办。相应电请贵处克日派员过处洽办移交手续，并见复为荷。经济部湘鄂赣区特派员李景潞。(三十五)申。(江印)

刘刚呈资委会文

民国三十五年九月二十六日(1946.9.26)

案奉钧会申支秘乙电饬将接收之器材设备中如有残缺不完或敷衍遗失部分具有凭证确定为被人迁移者，克日详细填报核办等因。经查明前汉冶萍钢铁厂建筑设备已有一部分被"日铁"拆毁，理合列表呈请鉴核。

谨呈

资源委员会

附表呈前汉冶萍钢铁厂原有建筑设备被"日铁"拆毁表一份

代理主任　刘刚

［附件］　汉冶萍公司拆迁机器设备的情况

前汉冶萍公司于二十七年因事变停顿，关于拆迁机器炸毁炼炉铁桥等记忆开后：

一、迁建委员会派委员李景潞、唐淑平拆迁厂矿大部分重要电机机械及炼铁炉机件装运后方。

二、武汉卫戍司令部爆炸队严夏阳队长驻厂工作开后：

炸坏炼铁炉两座及热风炉等，"日铁"于三十四年间拆运

新厂至铁山一带铁轨拆毁抛入长江，"日铁"于二十八年间捞起

新厂至铁山一带铁道桥梁炸坏，"日铁"于二十八年间修复

江岸运务码头大小趸船全炸沉江内，"日铁"设法打捞大小趸船四支

大矿车数十辆全部炸坏，"日铁"已修复

得道湾、电气房、大油柜炸倒，"日铁"已修复

烧毁厂内 A 字号职员住宅十幢

C 字号职员住宅四十幢

单人宿舍二大幢

俱乐部全幢

总公事房一幢

电机房一幢

李景潞致华钢筹备处代电

民国三十五年九月三十日(1946.9.30)

资源委员会华中钢铁公司筹备处公鉴：查本处所接日本制铁株式会社大冶矿业所汉口出张所之资产，亟应移交贵处接收。除派本处专员周兹柏洽交外，相应电请查照，并希先将交接日期洽商见复，以便转请行政院特派员办公处派员监交为荷。特派员李景潞。申。(印)

批示：函复本处派朱专员若萍、钟专员舒余定于十月四日前来接收。

刚　十月一日

刘启贤呈筹备处总务组文

民国三十五年十月二十三日(1946.10.23)

拟清查湖北省政府象鼻山官矿以前所施工程及设备地产并现存调查，分点于后：

（一）原有工程及设备

1. 沈家营、凉亭、瓦窑、黄土塸一带房屋土地清查。

2. 凉亭、张儒、萧家铺、象鼻山等处车站房屋土地清查。

3. 沈家营起至象鼻山铁道路基（在二十七年间中央政府拆改为汽车公路），沿长约二十公里左堤右堤余基清查。

4. 象鼻山原建设房屋及工作场房地产清查（下矿码头）。

5. 官矿租用港乡闸堤亩数清查。

（二）"日铁"时期改造（被炸毁）

1. 铜鼓地至象鼻山铁道及高架大桥均被"日铁"拆毁改筑铁路。

2. 沈家营一带公事房及工作场住宅二十七年十月间"日寇"机炸毁。

（三）现存"日铁"新添建设工程

1. 新建设下矿码头工程，有"日铁"移交目录查对号码。

2. 电力轧碎矿石机工程，同上。

3. 房屋工程，同上。

4. 沟渠桥梁工程，桥梁有"日铁"号码查对，沟渠待查。

盛恩颐呈驻日代表团侨务处文

民国三十五年十一月七日（1946.11.7）

窃本公司于民国二年十二月与日本制铁所订立售铁砂、生铁契约内订明所有售得价款均由横滨正金银行代收。嗣后历年运售铁砂价款，除提用外，积有余款即作定期存款存放东京横滨正金银行，计有八项，共日金 2 411 826.35元，均已陆续过期。兹以本公司经济拮据万分，亟盼动用存款，藉资维持经费，理合缮具存款清单备文呈请俯赐向盟军总部麦帅交涉，准予提存汇沪，以济燃眉，不胜祈命之至。其提汇手续应如何办理，并乞钧处查明详示，俾便遵循。

谨呈

中华民国驻日代表团侨务处

处长林

　　附呈清单一纸

汉冶萍公司总经理　盛恩颐

［附件］　汉冶萍公司定期存款清单

汉冶萍公司定期存款八项计开：

民国三十三年八月七日到期	日金 64 680 元
民国三十三年八月二十六日到期	日金 1 117 079.35 元
民国三十三年九月二日到期	日金 58 212 元
民国三十三年九月三十日到期	日金 38 808 元
民国三十三年十月十六日到期	日金 12 936 元
民国三十三年十月十六日到期	日金 225 525 元
民国三十三年十月二十二日到期	日金 323 125 元
民国三十四年一月七日到期	日金 571 461 元

总计日金 2 411 826.35 元

朱若萍呈刘刚文

民国三十五年十一月十一日(1946.11.11)

谨签呈者：

　　职奉令与湖北省建设厅谭厅长接洽前湖北官矿局所办象鼻山矿产权转移手续，据谭厅长告，该矿创办于民国初年，截止抗战开始止，陆续投资建设达国币约一千万元。以战前国币一元约等于美金一元计，则该矿投资额即等于美金一千万元。查该矿开发之宗旨，系以售砂盈余用充湖北省之教育基金款。抗战胜利，根据政府明令，钢铁事业应由国营，是则象鼻山铁矿自应移归中央经营。但以湖北省教育基金现极困绌，该矿权利既经转移，则义务自然随之转移。换言之，该矿既划归华中钢铁公司经营，华中公司则有负担湖北省教育基金之义务。简言之，该矿转让不能无条件云云。继谈及条件问题，谭厅长谓为以湖北官矿局全部产业及建设转移，现有三

项原则,提请参酌商讨。该原则如下:

(一)该矿一次转移,了清手续,应由华中公司一次拨付美金一千万元作湖北教育基金。如不全部需要,可按照比例照减。但此项数字为估计数,尚须查清官矿局投资之确实数目后方可决定。

(二)如华中公司不能一次付款,则以该项资产作为投资,与华中公司合作经营。

(三)如不能一次付款,又不能合作经营,则按照象鼻山矿所产铁砂数量,作合理之分配。如产砂一百吨,其中以若干吨照时价作价拨付现款,以作补助湖北省之教育基金。

以上三项原则系谭厅长当面提出,并嘱速为转报,呈请大会商讨决定,以便早日解决。现谭厅长业已赴京,而与此事有关。用将接洽经过及原则列陈如上,伏乞鉴核为祷。

谨呈

主任刘

职　朱若萍谨呈

资源委员会令

民国三十五年十一月十六日(1946.11.16)

令华中钢铁有限公司筹备处。

三十五年十月五日华发字第 617 号呈乙件,呈复查明敌在大冶改营日铁公司所占民产情形祈鉴核赐办由呈件均悉。查日铁时代修筑铁路车站等所占用民产,应照左列办法分别办理。

一、关于日海军占据石灰窑时拆毁之民房,纯系受军事上之损失,按照政府规定应层报中央转问日政府索偿,该处无须补偿。

二、日铁时代建筑胜洋港等高堤、公路、铁道、下矿工程、厂房等占用之民地,除现已发还原主者外,应按照修正收复区敌伪产业处理办法、修正收复区土地权利清理办法暨土地法,分别发还或征收价购,惟当时日铁公司已发给青苗补助费者应加扣除。

三、日铁占住民房除已由原主收回者外,现仍占住民房应按照修正收复区敌伪产业处理办法分别发还或价偿。至已拆迁之民房或迁移之民墓,可斟酌情形,略予补偿,惟当时日铁公司已发给迁移费者应加扣除。

除将处理原则及占用情形函复经济部查照外,合行抄发上述各法规有关条文,仰即遵照查明事实,分别斟酌办理具报。

此令

附发修正收复区敌伪产业处理办法、收复区土地权利清理办法及土地法有关条文三件

委员长　钱昌照

［附件］　有关条文三件

修正收复区敌伪产业处理办法、收复区土地权利清理办法及土地法有关条文三件:

《修正收复区敌伪产业处理办法》(三十四年十一月二十一日行政院公布)

四、处理敌伪产业之原则如下:一、产业原属本国、盟国或友邦人民,经查明确实证据,系由日方强迫接收者,应发还原主,但原主应备殷实保证,始得领回。二、产业原属华人与日伪合办者,其主权均收归中央政府。前项产业如由管理人查明确实证据,并经审议时通过认为与日伪合办系属强迫性质者,呈请行政院核办。三、产业原为日侨所有,或已归日伪出资收购者,其产权收归中央政府所有,分别性质照下列办法办理。甲、与资源委员会所办国营事业性质相同者交该会接办。乙、纱厂及其必需之附属工厂交纺织业管理委员会接办。丙、麦粉厂交粮食部接办。丁、规模较小或不在甲乙丙三项范围以内者,以公平价格标售。四、敌伪产业之负债应就各该资产总值范围以内分别清偿,其欠日伪之债应偿还中央政府。

《修正收复区土地权利清理办法》(三十五年七月二十九日行政院公布)

第五条,敌伪组织没收或强占之私有土地,应由所有权人提出产权凭

证发还之。如有土地法第二百零八条或二百零九条之情事时,得依法征收之。所有权人不能提出产权凭证者,应取具乡镇保甲长或四邻之证明书。第六条,敌伪组织发价征收之私有土地,由政府保管清理,得准所有权人提出确切证件,以征收时所领偿金,按目前物价指数计价领回。惟所计价款不得超过现时土地价值,但合于土地法第二百零八条或二百零九条之情事时,应依法补办征收手续。

《土地法》(三十五年四月二十九日国府公布)

第二百零八条,国家因左列公共事业之需要,得依本法之规定征收私有土地。但征收之范围应以其事业所必需要者为限。一、国防设备。二、交通事业。三、公用事业。四、水利事业。五、公共卫生。六、政府机关地方自治机关及其他公共建筑。七、教育学术及慈善事业。八、国营事业。九、其他由政府兴办以公共利益为目的之事业。第二百零九条,政府机关因实施国家经济政策,得征收私有土地,但应以法律规定者为限。

钟舒余呈刘刚文

民国三十五年十一月十八日(1946.11.18)

敬签呈者:

前奉令接收经济部特派员办公处移交"日铁"汉口出张所各件,除特派员办公处借用之件已出有借据外,查册列丸卓子二脚(即小矮桌)、下驮箱一脚(即纱碗柜)、行李箱一个(即藤箱)完全破坏,无法修理,拟请准予报损。兹交冶铁十号将卓上金库一个、电话器二个、タイヌ(即旧车胎)三个、台秤一个(三轮车一辆早由汽车运上)带上,由石处保存,以重公物。谨呈主任刘

职　钟舒余敬签

破坏各件准予报损。运处各件由材料课运回,分别保存。刚。十一月十九日

华钢筹备处接办事业工作报告

民国三十五年十二月二十三日(1946.12.23)

接收经过及目前概况

1. 本处原名大冶铁厂矿保管处,奉令自本年二月一日接管大冶铁厂矿,经派员会同经济部湘鄂赣区特派员接收"日铁",保管处代表朱若萍暨"日铁"原日籍经管人员就房室、器材及设备等初步交接,造具清册,于七月底办理完毕。嗣后奉令向经济部特派员办公处接管汉阳铁厂及"日铁"汉口出张所,资产亦经先后于九月十五日及十月十五日交接竣事,并均检册呈报备案。

2. 大冶厂矿地区辽阔,物资不少,有经拆除未竣者,亦有经安装而未完成者,散置各地,情形颇为混乱。当接收之初,员工有限,警卫力量尚未组织,或虽组织而未充实,当地宵小不时勾结不肖军人盗取物资,防不胜防,此为集中保管工作所感受之困难。至于复工方面,以电机设备奉令借与大冶电厂筹备处,不但未能自行利用,且时感用电及管理上之困难。原有450吨炼铁炉两座,悉被拆毁。现存有矿砂80万吨,即按照新钢铁厂建设计划原则重建一座复工冶炼,约计在二三年内原料可告无虞。

3. 保管及维持工作:A. 清查房地产,视需要情形由本处自用或出租。B. 集中物资,按其规格与价值分类入库。C. 整理废料,修理无需之机电及运输等设备。D. 拆除不需要建筑(如防空洞等)。

4. 本处原经中外专家详加研究,确定建立年产百万吨之新式钢铁厂,计划初期先完成50万吨产量设备设计,惟以尚未确定,仅能局部稳妥进行。为测量厂基铁路及需用土地开山平土,修理机器以及运输设备,勘测矿藏,试验炼焦等等,不啻为一种准备工作而已。际兹长江区域复员建设在在需铁,以业经清理之原有450吨炼铁炉全部炉身及各项机件,除火砖及鼓风设备须补充外,尚可供建一座炼炉之用,而现存附近铁砂亦足供450吨炼炉二三年之冶炼用。故拟重建450吨炼炉一座,于新厂千吨炼炉之第四位置,不但可提早生产以供目前之需要,且可增加新钢厂未来生产之弹性,而对社会观感更有莫大裨益。预定全部工程分为三期进行,一年半完成,计需经费七百三十七亿五千九百四十万元(附计划一份),现正在整理图案分项设计中。至于铁山矿区,日人经营时专以抢运矿石为目的,积碴磺甚厚,驯至高达百公尺之悬岩陡壁,非徒影响将来露天开采,且现有房屋设备亦有被摧毁之虞。据美国专家伊唐氏建议,须排土二千万吨以上,否则将有四百万吨矿石因地下采掘而致损失。现拟每日运碴三千吨以填新厂之基,而收事半功倍一举两得之效。全部计需经费三十八亿七千八百九十万元(附计划一份)。

5. 本处自二月一日至七月九日称大冶铁厂矿保管处,嗣奉令于七月十日正式成立筹备处改称今名,同时遵照新颁组织规程,分设总工程师及秘书两室,总务工务运输会计机电冶炼采矿土建等八组。

6. 目前工作大体可分为(1)集中物资,整理废料。(2)修理机电及运输设备。(3)测量厂基铁路及需用土地。(4)勘测矿藏及试验炼焦。(5)开山填土修筑厂区铁路干线路基。

7. 本处分别在汉阳、铁山设立汉阳铁厂保管课及铁山保管课,其工作着重于接收物资之保管。

8. 工程进展情形见(三)接办工作概况,重要工程进展表。

9. 本处希望将来以科学方法管理而使工作标准化。在工程方面,最好能与美国订购新式冶炼设备,次向日本拆迁,再次以不妨碍新钢铁厂计划之原则下先行重建450吨炼铁炉一座,提早生产。

华钢筹备处接受"日铁"财产数量表

民国三十五年(1946)

类别 武器　　　　　　　　　　　　　　　　　　　　　　民国三十五年

接收清册页数	编号 接收清册	科目	名称 原来	名称 更正	来源 汉冶萍	来源 日铁	现况	单价	接受数量	单价	统价	所在地	备注 月 日
武器册	接收清册	杂项设备——公安设备	七九耗小铳	七九步枪		日	上	支	357	28 000.00	9 996 000.00		内废坏数 5 支
	"	"	三年式中机关铳	重机枪		"	"	"	4	140 000.00	560 000.00		
	"	"	各种轻机关铳	轻机枪		"	"	"	9	105 000.00	945 000.00		内废坏数 1 支

续表

接收清册页数	编号 接收清册	科目	名称 原表	名称 更正	来源 汉冶萍	来源 日铁	现况	单价	接受数量	单价	统价	所在地	备注
	"	"	十年式轻掷弹筒	轻掷弹筒		"	"	"	3	3 500.00	10 500.00		内废坏数50支
	"	"	各种铳剑	刺刀		"	"	把	462	1 400.00	646 680.00		内废坏数82个
	"	"	药盒（三八型）	皮带盒		"	"	个	357	420.00	149 940.00		
	"	"	带革	皮带		"	"	根	332	350.00	116 200.00		内废坏数35根

续表

接收清册页数	编号 接收清册	科目	名称 原来	名称 更正	来源 汉冶萍	来源 日铁	现况	单价	接受数量	单价	统价	所在地	备注
	〃	〃	七九耗小铳实包	七九子弹		〃	〃	粒	6 025	70.00	421 750.00		内废 坏数 870粒
	〃	〃	三年式重机实包	机枪弹		〃	〃	〃	15 640	105.00	1 642 200.00		内废 坏数 540粒
	〃	〃	九一式曳大手榴弹	手榴弹		〃	〃	个	104	1 400.00	145 600.00		内废 坏数 15个

续表

接收清册页数	编号		来源					现况	单价	接受数量	单价	统价	所在地	备注
	接收清册	科目	名称		汉冶萍	日铁								
			原来	更正										
	"	"	木柄手榴弹	木柄手榴弹		"		"	"	739	1 400.00	1 034 600.00		内废坏数160个
			合计									15 668 590.00		

大冶县参议会提请发还敌伪日铁公司遗留房屋办法(节录)

民国三十五年(1946)①

(一)前汉冶萍原有房屋经伪日铁公司撤毁改造者,概为经济部资源委员会大冶钢铁厂接收;(二)前汉冶萍地基经伪日铁公司所重建房屋应由地方接收,并向经济部资源委员会大冶钢铁厂按月洽议地基租金;(三)伪日铁公司撤毁民房所翻造房屋一律发还原主,至强占人民地基所重建房屋应由地方接收,并向业主按月洽议地基租金;(四)地方接收敌伪房屋所得租金或变卖所得价款,悉数拨充地方建教育及文化事业经费,不得挪作别用。

华钢筹备处批:

(二)项绝对不能答应,否则全部厂房将为地方所有,吾人即无法进行建厂;(三)项多半无法查考。

盛恩颐呈驻日代表团文

民国三十六年二月十二日(1947.2.12)

敬陈者:

奉钧团经接子镜及经子号两代电并附寄影印结单三纸,饬寄中英文委托书各一份以凭办理等因敬悉。此案蒙钧团向正金调查并摄得结单寄下,体恤商艰,实深感纫。兹呈奉中英文委托书各一份,敬乞全权代表敝公司向盟军总部及正金银行交涉,俾所存款项得以早日提回,藉苏积困,曷胜企盼之至。谨呈

中华民国驻日代表团

附呈中英文委托书各一份

汉冶萍煤铁公司总经理　盛恩颐

---

① 原件未署时间,系根据内容判定。

[附件] 委托书

民国三十六年二月十二日(1947.2.12)

立委托书汉冶萍煤铁公司。

兹因敝公司以前历年运售铁砂价款均由横滨正金银行代收,除提用外,现尚结存共日金1 696 600元。目前敝公司亟盼动用此款,特委托贵团为敝公司全权代表,商同盟军总部,即向东京横滨正金银行提取上项之全数存款,并请贵团代表敝公司出具收据。查该款系战前积存,至少应依照目前日金对美金比率结算,约合美金十万余元。提取后暂存贵团,并祈电知。敝公司拟将该款拨美购办机械材料,以备整理敝公司厂矿之需,届时再行奉告。合立此委托书为证。此致

中华民国驻日代表团

立委托书 汉冶萍煤铁公司

负责人 总经理盛恩颐

中华民国三十六年二月十二日

汉冶萍公司资产清理委员会第一次会议记录

民国三十六年四月二十二日(1947.4.22)

日期:三十六年四月二十二日上午十时。

地点:南京资源委员会会议室。

出席委员:李鸣龢、吴兆洪、王玮、程义法(吴学蔺代)、严恩棫、宋作楠(孙治公代)、左其鹏、孙越崎。

主席:孙越崎 记录:孙治公

(甲)报告事项:主席报告本会奉令组织经过(附录本会组织规程如后)。

(乙)推选主任委员及常务委员:推定孙越崎为本会主任委员,李鸣龢、程义法为常务委员。

（丙）讨论事项：

1. 确定本会办公地点案。议决：暂设南京资源委员会内。

2. 本会经费应如何确定并筹拨案。议决：本会经常开支，即拟具概算，提下次委员会通过后分报经济部及资源委员会核定，并请资源委员会先行借垫。

3. 关于经济部及资源委员会双方有关汉冶萍公司之档案资料等，拟请移送本会，以便参考而利清理案。议决：通过。

4. 本会秘书应如何聘定案。议决：聘孙治公为本会秘书。

5. 本会成立日期及委员姓名应如何呈报案。议决：由本会呈报经济部及资源委员会会同转呈行政院备案。

6. 汉冶萍公司资产应如何着手清理案。议决：由本会呈请经济部及资源委员会会呈行政院，请令知汉冶萍煤铁厂矿公司遵办下列事项：

（1）该公司一切资产自即日起不得为任何之处分，并应指定负责人员将所有资产及其契据、帐册、档卷等一律点交本会接管，以凭清理。

（2）自抗战起迄本会接管之日止，该公司在此期内对其资产如有任何处分及移动等情事，应逐项叙明详情及理由，并检同证件移交本会并案清理。

散会。

[附件] 汉冶萍公司资产清理委员会组织规程

第一条　资源委员会与经济部遵照行政院令，会同组织汉冶萍煤铁厂矿公司清理委员会，调查清算汉冶萍公司煤铁厂矿公司全部资产，并拟定处理办法。

第二条　本委员会设委员九人，资源委员会五人，经济部四人，由部、会分别指派，并由委员会推定主任委员一人，常务委员二人。

第三条　本委员会设秘书一人，由委员会聘任，办理交办事件及保管文卷等事宜。

第四条　本委员会于必要时得聘请顾问若干人，协助清理帐目及处理有关法律问题。

第五条　本规程自部、会公布之日施行，并呈报行政院备案。

孙越崎致华钢筹备处函

民国三十六年四月二十六日（1947.4.26）

查本会系由资源委员会与经济部遵照行政院令，会同组织办理调查清算汉冶萍煤铁厂矿公司全部资产并拟定处理办法，经奉资源委员会指派，孙越崎、吴兆洪、严恩棫、程义法、宋作楠等五人及经济部指派李鸣龢、王玮、邓翰良、左其鹏等四人为本会会员，业于三十六年四月二十二日举行第一次会议，组织成立并推定孙越崎为主任委员，李鸣龢、程义法为常务委员，暂在南京虹桥资源委员会内开始办公。除呈报并分函外，相应函达，即希查照为荷。此致

华中钢铁公司筹备处

主任委员　孙越崎

接收敌伪产业特派员办公处致华钢筹备处函

民国三十六年五月八日（1947.5.8）

行政院资源委员会华中钢铁公司筹备处公鉴：

查接管行政院处理接收武汉区敌伪产业特派员办公处移交卷内，据利华煤矿公司协理程行渐三十五年十二月二十六日呈称，查抗战胜利，商公司奉令复原。惟以在沦陷时期受日敌摧毁过甚，即以房屋而论，矿山方面原建有办公房及住宅数十栋，均悉被拆毁。所存江边房屋为数极少，实不敷应用。旋因石灰窑江边商公司码头范围以内有日敌兵站旅馆一所，与商公司锅炉房紧相毗连，确系日敌就地拆取商公司电机房、喷水池、木厂、锯木房及矿巡所等建筑物之材料改建而成，且该处驳岸亦系商公司早年所修，换羽移宫，不过仅假日人之手。现日敌受降，该项房屋产权自应依照敌伪房屋发还原主之规定还与商公司管业。不过在发还程序未完备前，商公司因房屋不敷办公，经呈准经济部湘鄂赣区特派员办公处函知，华中钢铁

公司已将该兵站旅馆先行租与商公司应用,再行办理依法发还手续。旋奉该处未字第216号批,以该屋业由大冶铁厂矿保管处移交华中钢铁公司接管,除分电该公司会同商洽外,嘱即前往商洽办理,并以该处业已奉令结束,应将商洽结果迳请钧处核示办理等因。除遵批与华中钢铁公司接洽外,理合据情呈请钧处体念商公司遭受日敌摧残损失重大各缘由,准予函知华中钢铁公司,将前述石灰窑江边兵站旅馆房屋租与商公司之使用办法取消,即将该屋发还商公司管业,以明产权等情移办到处。查该项敌建房屋交接经过及建筑情形,本处亟待明瞭,除先行函复外,相应电请查明惠复为荷。

处长　钟样生

李义杰呈刘刚文

民国三十六年五月九日(1947.5.9)

案奉钧处汉发字第631号通知以汉用各户房地租约应每户一份存处该课,前经部特派处文卷亦应造册移交等因,当经分别督同赶办,拟即一并呈报。惟关于租收部分滞碍甚多,前已面陈,除嘱经征员克日办齐外,谨将文卷部分先行造册补交,理合,备文连同清册呈请鉴核。

附赍文卷清册一份

汉阳保管课长　李义杰

［附件］　经济部湘鄂赣区特派员办公处接管汉阳铁厂文卷清册

谨将经济部湘鄂赣区特派员办公处接管本厂时期文卷分别造册呈请鉴核。

一、接收卷

1. 呈报到职日期文一件

2. 奉令督同朱庆田等清理汉阳铁厂房田地产等项造册具报文一件(本人奉令接收原令送审检附此项分令)

3. 准汉冶萍公司朱前保管员庆田为档案被炸成烬声明一件

4. 厂矿房屋地产器材清册一份

5. 汉阳房地租租户花名清册一份

6. 汉口地租租户花名清册一份

二、清产卷

1. 呈报汉口黄鹤洲地皮早为机械七分厂接管请核示文一件

2. 会同平汉路局勘定汉口分金炉一带地界案二件

3. 查报汉口王家墩地皮被飞机场占用案二件

4. 查复汉阳杨家河地皮被炼油厂占用案二件

5. 查复中华制冰厂附近地产起租雨二件

6. 办理水警局占用汉阳洋油街白麟庙地皮造船案九件，清查汉口兴元街敌伪产业"日汉铁工厂"厂房四幢之屋基案一件

三、窃案卷

1. 拿获摇车被窃案二件警局讯得口供附

2. 请当地军宪警协办窃案函一件

3. 请汉阳汉口有关警局严禁各翻砂厂炉坊铁铺私买赃铁通函一件

4. 处理贼划窃运铁块案二件

5. 拿获窃犯李兴安等案二件

6. 悬赏缉获盗铁贼赃案三件

四、伯牙台卷

1. 经收租谷案二件

2. 解释租户杨发文等被汉阳县府冤押案三件

3. 租约五份

五、砖瓦厂卷

1. 招商承租砖瓦厂办法一份

2. 点交宇成应用厂址建筑物暨一切机械器具清册一份（宇成代管器具册附）

3. 缴解砖瓦价款案四件

4. 各项派款案五件

5. 通知宇成办理砖瓦厂转租手续案一件

6. 厂内隙地租约六份(送存钧处)

六、炭院堆栈卷

1. 查报武昌鲇鱼套炭院堆栈已由萍乡煤矿局接管案四件

七、马鞍山矿区卷

1. 查报刘少伯黄瑞佑等窃采煤矿案十一件

八、莲花湖卷

1. 招租藕湖案五件

九、修理卷

1. 为兴仁里高公街等处房屋朽坏饬住户搬迁以便修理案七件

十、煤渣卷

1. 据请承包厂内煤焦炭渣未准案四件

十一、搬铁卷

1. 集中铁件支给伏价案一件(附清单一纸)

十二、催租卷

1. 追缴租户施高强欠租案三件

2. 查报龚永发欠租案一件

3. 函请法院惩办龚永清欠租并殴打员工案六件

十三、关于联勤总部修船厂往来公文卷

1. 清理趸船案五件(附办法及清单式各一份)

2. 接收修船厂有关器材案八件(附单图清册各一份)

3. 请转知修船厂占用地应照例起租案三件

十四、预计算卷

1. 三十五年一月至六月收支概算一份(附经特处指示概算范围一份)

2. 三十五年七月至十二月收支概算一份

3. 三十五年一月至八月收支对照表八份

十五、房地租卷

1. 房地租收数清册八份(自三十五年一月到职后起至八月份止)

十六、移交卷

1. 呈报移交及收支截止日期文一件（送存钧处）（另有奉令移交文一件送审）

2. 厂矿房屋地产器材清册一份

3. 汉阳房地租租户花名清册一份

4. 汉口地租租户花名清册一份

5. 租票租额清册一份

6. 截至三十五年八月底止收支四柱清册一份（送存钧处）

7. 各项器具清册一份

8. 员工一览表一份（送存钧处）

汉阳保管课长　李义杰

中华民国三十六年五月八日

汉冶萍公司资产清理委员会公告

民国三十六年五月十二日（1947.5.12）

查本会奉行政院令组织成立，办理汉冶萍煤铁厂矿有限公司资产清理事宜，并层奉行政院从三字第一六五九九号指令：业已饬知汉冶萍煤铁厂矿公司遵办下列事项：（一）自即日起所有该公司一切资产该公司不得为任何之处分，并应由该公司指定负责人员将该公司资产及其契据、帐册、档卷等一律点交本会接管，以凭清理。（二）自抗战起迄本会接管之日止，该公司在此期间内对其资产如有任何处分或转移情事，应即由该公司逐项叙明经过实情，检同证件，移交本会并案清理等因。奉此，除遵办外，特此公告。

汉冶萍煤铁厂矿公司资产清理委员会

万耀煌致资产清理委员会函

民国三十六年五月十六日（1947.5.16）

案准贵会汉清字第 2 号公函，以遵照院令由资源委员会与经济部会同组织办理调查清算汉冶萍煤铁厂矿公司全部资产，业于本年四月二十二日举行第一次会议,组织成立并已开始办公,嘱查照等由。查汉冶萍公司系合原汉阳铁厂、大冶铁矿及萍乡煤矿而成,除萍煤系属赣省外,其汉厂原为前清鄂督张之洞于光绪十七年创办,计动用省有官银约一千一百余万两,复经奏准于光绪二十二年委交盛宣怀招商承办,原议折作股本 5 687 614两,但股票并未给予。当时为收回股利以为补偿本省经费之用,经订定每两年息六厘,自光绪二十二年至民国二十六年计四十二年,应欠息银14 332 787.28两。又省办大冶铁矿亦经订定铁砂每吨抽捐银六钱,自光绪二十二年至民国十一年共计产砂 8 023 475 吨 846 启罗,应缴捐银4 814 085.508两。再自民国十二年至二十六年共计产砂 4 110 544 吨 663启罗,经该公司邀准减为每吨四钱二分五厘,应缴捐银 1 746 981.482 两。除先后共收捐银 2 062 782.976 两外,下欠捐银 4 498 284.014 两。统计该公司共欠本省股本利息砂捐银 2 451 868.294 两(连前未经作股之5 312 386两,约合银 1 432 043.46 元),迭经本省先后组织汉冶萍鄂产清理处、清理汉冶萍债捐处、汉冶萍清理委员会等机构负责清理。上年本省还治,又准参议会函请组织机构继续清理,以维省有权益。适以部会正会同派员清理该公司资产,经分函请由本府派员参加,旋准函复应俟清理资产时加以报明,予以处理等由各在卷,相应函请查照,迅予合法解决以重省产为荷。

　　此致
汉冶萍煤铁厂矿公司资产清理委员会

主席　万耀煌

刘启贤呈刘刚文

民国三十六年五月十九日(1947.5.19)

　　查前陈报汉冶萍房屋损失价值,系根据大冶地区于二十八年沦陷后改用"日本军票"强迫与银元等值,三十年以后改用储备券强迫与法币等值,又兼"日铁"招致大批工人积极采运矿砂,故物价与工资特殊高涨。房屋报损价值以彼时物价指数而定(以抗战前米每石四元为标准),在二十八年米每石合法币二十元"以增数五倍",二十八年一月报损为三倍,二十八年六月报损为五倍。二十九年米每石合法币三十元"以增为七倍余",二十九年一月报损为七倍。三十一年米每石涨至储备券八千元,乡间在敌伪势力不充足地区仍可兼用法币,而米每石亦在四千元以上"以增为百余倍",三十一年十一月报损为一百二十倍。以前所陈报房屋损失估计价值与倍数情形均根据总工程师室吴司贤工程师拟定列表呈报。谨将房屋损失报告表及价值倍数表附呈钧核。谨呈

课长向　组长邓　主任刘

职　刘启贤谨呈

经济部指令

民国三十六年五月二十三日(1947.5.23)

令汉冶萍煤铁厂矿公司资产清理委员会。

三十六年四月二十二日汉清字第一号呈一件:为本会经于本年四月二十二日举行第一次会议,组织成立,并推定孙越崎为主任委员,李鸣龢、程义发为常务委员,即日开始办公,启用关防,除呈报资源委员会并分函外,检附第一次会议记录暨组织规程及关防印模各一份,请鉴核备案由。

呈件均悉,准予备案。此令。

部长　王云五

刘刚致孙越崎函

民国三十六年五月三十一日(1947.5.31)

越公副座钧鉴:

本月五日邮呈芜函暨清理汉冶萍债捐文件纪要四册谅邀垂察。兹经刚将该纪要摘录要点,检呈四份,敬祈察阅。此间工程仍在经费困难中,勉为择要进行。不敷之款,拟以接收日铁器材增益部分之暂不需要及易致损坏者照价出售,会属机关及公营厂矿以资挹注。我公如能命驾莅石视察并

予指示,俾有遵循,极所企祷。专肃。恭请

崇安

职　刘刚谨上

［附件］　清理汉冶萍公司有关债捐资料(节录)

民国三十六年五月二十五日(1947.5.25)

一、汉冶萍公司与政府之关系

张之洞创办湖北炼铁厂,自清光绪十七年至二十二年奏请招商承办时止,历年所用官款分列于下:

户部拨银	2 000 000 两
奏拨鄂省盐厘银(此数恐有错误)	300 000 两
借拨盐粮道库银	400 000 两
咨准截作勘矿费本省新海防捐尾数库平银	28 551 两
奏明拨用枪炮局经费	1 564 622 两
奏明拨用织布局股本银	340 000 两
除铁厂历年代布局垫付运保及代付外洋机价款外实用银	
	278 762 两
铁厂自炼出钢铁价银	24 852 两
借拨江南筹防局银	500 000 两
两淮盐票商捐银	500 000 两
共实收库平银	5 576 760 两

附注:清理汉冶萍湖北债捐文件记录第四页所载共实收库平银5 586 415两,而鄂省盐厘银有时又记载为二十余万两。

实用库平银	5 685 614 两
除收实不敷	90 854 两

不敷之数皆系欠华厂洋厂各商号之款(原奏不敷之数为101 190两),招商承办后由官局清理。

光绪二十二年张之洞奏请招商承办后所用官款5 687 614两,奏准由兵户工三部核销，但奏案申明商办之后，每出铁一吨，须抽银一两，以还官本。官本还清之后，每出铁一吨仍继续提捐银一两以伸报效，嗣以招商承办之后公司未能遵约按期缴纳吨铁两银，并违反奏案出售铁砂，经"清理汉冶萍湖北债捐处"调查历年大冶铁矿产出矿砂数量（见文件记录 206 页），自光绪二十二年起至民国二十一年八月止，共为 11 295 355.703 吨。若以每吨纳捐银六钱计算（按铁砂含铁 60%），共应缴捐银 6 777 213.422 两。

自光绪二十二年至民国二十一年间，汉冶萍公司所缴捐银数目分列于下：

（A）国家收入者

1. 自光绪二十二年至民国四年底止，历年拨解纺纱、织布、枪炮、善后各局款项代还官局物价欠款及枪炮、钢药两厂（即汉阳兵工厂）取用钢铁物料价值（共计长平银 790 672 两），岁收襄河堤工经费等共计长平银 1 300 000 两。

2. 民国二十一年鄂豫皖省三省剿匪总司令部售汉冶萍公司钢轨估计约值百余万元。

3. 海军部提用拖轮二艘，木驳约二十只（此项数目确否待证）。

4. 抗战期间钢铁厂迁建委员会奉令拆迁汉冶萍公司一部分机器，其种类及数量，兵工署有案可稽。

（B）湖北省政府收入者

民国七年王占元省长时期收	150 000 两
民国九年何佩瑢省长时期收	40 000 两
民国十年夏寿康省长时期收	60 000 两
民国十年刘承恩省长时期收	28 114.165 两
民国十年鄂产清理处收砂捐	186 188.567 两

民国十四年萧耀南省长时期鄂产清理处截留冶厂焦末 1905 吨（每吨价九元），又由汉阳铁厂搬走废铁一百数十吨。以上两项变卖共得价

38 915.009 两

民国十四年六月至十五年五月鄂产清理处前后五次收取冶厂焦末

1 162.366吨(每吨作价十元外加力资一角六分四厘)共值11 814.20元,合
银　　　　　　　　　　　　　　　　　　　　　　8 270两

　　同时又两次收取冶厂碎铁322.031吨

　　(每吨价银28两外加力资三角五分)共值银　　9 095.77两

　　合计银　　　　　　　　　　　　　　　　520 583.511两

　　民国十六年至民国十八年湖北债捐委员会共收现款

　　　　　　　　　　　　　　　　　　　　　　300 000两

　　又汉冶两厂料价约(见文件记录176页)　　　200 000两

　　民国二十年二月湖北债捐处收　　　　　　　50 000两

　　民国二十一年三月湖北财政厅收平汉路局钢轨价款

　　　　　　　　　　　　　　　　　　　　　　73 780.05两

　　民国二十一年四月湖北省政府收平汉路局购钢轨等件两批价款,第一
批35 119.75元,第二批8 083.45元,共　　　　643 203.20两

　　合计　　　　　　　　　　　　　　　　　666 983.25两

　　计银　　　　　　　　　　　　　　　　　480 227.946两

　　(B) 项总计银　　　　　　　　　　　　1 000 811.456两

　　此外,民国十六年省政府没收汉冶萍公司汉阳铁厂焦煤7 070吨(此
项焦煤是否作价不得而知),又接收公司运输所,计有拖轮十二艘(原接收
四艘后由省政府寻获及索还八艘),钢驳二十五只,木驳七十五只。

　　二、汉冶萍与湖北省之关系

　　查张之洞创办湖北炼铁厂所用官款5 687 614两,非系部拨,即系江南
两淮借拨。即鄂省盐厘及盐粮库七十万两,亦是内销部款,与鄂省地方收
入款无涉,故实际上汉冶萍公司仅对国家欠款应负还本纳捐之责。民国以
来,因中央权力未集,湖北省政府遂代中央责成汉冶萍公司遵照张之洞奏
案还本纳捐,前后组织"汉冶萍清理事务处"、"鄂产清理处"、"清理汉冶萍
湖北债捐委员会"及"清理汉冶萍湖北债捐处"等机构,向汉冶萍要求股权
地权、收取捐款、没收财产,纷纷攘攘,不一而足。而汉冶萍之抗拒亦极其
纵横捭阖。迨至民国二十一年止,湖北省政府除没收拖轮十二艘,钢驳二

十五只,木驳七十五只及煤焦 7 070 吨外,共收到捐银 1 000 811.456 两。

三、汉冶萍公司股本

除官款 5 687 614 两外,自张之洞奏准招商承办后,光绪二十二年招足商股 2 000 000 两,自光绪二十四年改组公司至辛亥年底止,又加招商股 20 000 000 元,但仅收足 13 177 000 元(内盛宣怀私人股份 4 000 000 元)。惟该公司借贷对照表所载共收股本 17 526 547 元,想系包括光绪二十二年 2 000 000 两及其他零星股本在辛亥年以后缴入者而言。

四、汉冶萍公司之外债及售日本铁砂

汉冶萍公司自光绪二十九年即开始借外债,迨至民国十三年结算,除已还清者外,尚欠日债 44 950 000 日元(见文件记录 144 页)。十三年以后情况待查。

自光绪二十二年至民国二十一年底,汉冶萍公司售与日本铁砂约略估计为九百万吨左右,沦陷期间日本采运共约 5 000 000 吨,作价与否不得而知。民国二十二年至沦陷前夕情况待查。

刘刚录于大冶铁矿

资源委员会令

民国三十六年六月三日(1947.6.3)

令华中钢铁有限公司筹备处。

三十六年五月十六日华三十六秘字第 1067 号呈一件,为拟请将接管日铁增益部分器材照市价出售,以弥补经费,俾利工程,呈祈鉴核示遵由,呈悉。查该项物资系日铁增益部分,所请尚无不可,惟将来出售时,仍仰比照本会变卖剩余物资办法处理,并将原有出售及结存数量暨各项物资原始帐面及出售时之单价总价、受买机关等项列表四份随时报会,以便稽考。再,该处本年内因添建厂房机器暨填筑铁路、建设码头等工程所需经费,除会拨创业费外,究尚需若干,应编制支出概算,连同拟出售器材价款收入估计表,一并呈会以凭查核。

此令

委员长　翁文灏

严恩槭致刘刚函

民国三十六年六月十七日(1947.6.17)

克中吾兄勋鉴:

接奉六月十日惠书,备悉种切。承寄汉冶萍整理债捐资料节录,业经汉冶萍清理委员会参考。又沈次江君自调用后,虽曾到组一次,并未实行办公,闻现仍住东方旅馆。前日贵处汇来该员薪津已通知领取,但来洽后并未取去。嵩此奉复。顺颂

勋绥

弟严恩槭拜启

资源委员会钢铁组致资清委函

民国三十六年六月十八日(1947.6.18)

奉委座谕:关于汉冶萍煤铁厂矿资产清理工作,盼由该清理委员会从早推进。等因。相应录谕函达,即希查照办理为荷。此致

汉冶萍煤铁厂矿公司资产清理委员会

资源委员会钢铁组启

拟定清理汉冶萍公司具体方针及处理办法提请公决

民国三十六年七月七日(1947.7.7)

本会奉令组织成立,为积极推动清理工作起见,亟待确定具体方针及处理办法,以期配合进行。

(甲)具体方针

一、汉冶萍公司在战前迭次擅借日债,将全部厂矿资产抵押于日本,并签订预售生铁及铁砂之丧权合同,均未经呈请政府核准。此种丧失国家基本资源之状况,不能任此组织继续存在。

二、大冶铁矿无论在前清及民国,从未依法取得正式之矿权。依照现行矿业法之规定,自应收归国营,并为奠立长江中区钢铁工业之基础计,全

部拨交资源委员会华中钢铁公司妥为经营。

三、所有厂矿资产汉冶萍公司既已全数抵押与日本，此项债权由政府接收，应作为国有。

四、汉冶萍公司股东名册亟须取得查考。除查明有附逆行为者外，其他股东原有合法之地位仍为保存。

（乙）处理办法

一、接收方式：关于接收该公司资产契据、帐目、档卷等之方式，拟定下列数则，请依其利弊而商定之。

1. 呈请行政院令上海市政府派员会同强制接收点交。

2. 以债权人之立场，按照正式之会计及法律手续进行清理。

3. 呈请行政院准予令饬该公司限文到五日内，将（一）资产契据；（二）借款合同；（三）帐目清册；（四）股东名册；（五）档卷清册等，送呈南京本会点收，听候清理。倘再逾期不交，即由政府依据破产法，将该公司宣布解散。

二、日债之清理：关于该公司向日本正金银行等所借之债务，自日本投降后，依照行政院颁布之敌伪产业处理条例，应一律收归国有。此项债权及抵押品，拟呈请行政院准予全部拨交资源委员会华中钢铁公司接管。

1. 中国银行上海分行接收敌上海正金银行帐目，内有民国元年汉冶萍公司借款规元二百五十万两，以汉阳土地地契八十七通，及上海浦东二十四保土地三十九亩为担保品。现此项担保品先由中国银行移交中央信托局苏浙皖区敌伪产业清理处，再由该处转送中央信托局地产处保管。中国银行中央信托局均曾函请本会清理此项债务。

2. 该公司向日本横滨正金银行等所借之日债共计三八，九二六，四三一．三〇日元，若不在对日和约及商约签订前，将汉冶萍公司归并国营，否则日方仍可向该公司追还债款，或要求履行矿砂偿债之契约。

三、清算标准：该公司资产与负债，均按照二十六年上半年价格为标准。

四、股本之处理

1. 官股部分,应全部拨交资源委员会华中钢铁公司。

2. 商股部分处理办法:(一)于清算后若资产超过负债而有剩余时,根据产值作价计算每股应得实值,发还未附逆之各股东;(二)于清算后若负债超出资产而有亏损时,应将股票作废。

□①

汉冶萍公司董事会呈行政院文

民国三十六年七月十日(1947.7.10)

呈为商公司资产奉令点交,对于萍矿部分拟恳特准划归民营,敬祈核示事。

窃商公司前于五月十七日奉钧院五月冬日从三字第一六五九九号代电内开:据经济部、资源委员会呈称:案据汉冶萍煤铁厂矿公司资产清理委员会呈略称:窃查本会业于三十六年四月二十二日在京成立,举行第一次会议,推定主任委员及常务委员,另文呈报在案。兹为积极推动汉冶萍公司资产清理工作起见,拟请钧部、会转呈行政院令知汉冶萍煤铁厂矿公司遵照,即日办理下列事项:一、该公司一切资产自即日起不得为任何之处分,并即指定负责人员将该公司所有资产及其契据、帐册、档卷等,一律点交本委员会接管,以凭清理。二、自抗战起迄本会接管之日止,该公司在此期内对于其资产如有任何处分及移动情事,应即逐项叙明经过情形,检同证件,移交委员会并案清理等情。查所称各节为加紧清理工作起见,确属核要,理合会同转呈,仰祈鉴核赐准,令饬该公司遵照办理,以利进行,并乞示遵等情,应准照办。除指复外,特电遵照办理等因。旋奉汉冶萍煤铁厂矿公司资产清理委员会汉清字第七号训令转知前因,派委员宋作楠、法律顾问孙治公等前来执行,令仰克日遵照洽办,并将交接情形具报备查等因。

奉此,查商公司成立于前清光绪三十四年,系属股份有限公司组织,奉前农商部注册给照,资本总额共为国币二千万元,历史悠久,经数十年之惨

---

① 原件署名辨识不清。

淡经营,煤铁厂矿各部分始克逐渐发展,成为国内唯一之钢铁公司,惜以国家多故,迭遭打击,损失綦重。汉厂自二十六年八月奉军政部电令征用,电文中有征用以后完全由军政部负责之语。迨敌日进犯渐深,政府为避免资产落入敌人之手,遂将汉厂所有机器及材料悉数西迁。大冶厂矿设备较新,规模较大,但自二十七年秋季开始,所有能搬动之机器及材料亦均由政府量移内地。沦陷以后,续遭敌日之占领,设备一切已非旧观。至萍乡煤矿,久被江西省政府强占开采,商公司无法过问,近闻窿内原有工程悉被破坏,此后整理恢复更非易事。胜利之初,政府关垂钢铁事业,曾令经济部湘鄂赣区特派员办公处派员接收,并令知商公司静候核示。正拟呈请发还,俾资整理而策复兴,兹奉钧院及清理委员会先后训令,饬将公司所有资产及其契据、帐册、档卷等一律点交接管,而对于公司原有员工生计及股东权益之如何处理,均尚未蒙明示。自清理委员会登报公告成立以后,各股东纷来质询,群情惶急。伏念钢铁事业收归国有原为已定之国策,人民自应拥护。至煤矿民营,法令在所不禁,与国策亦无抵触,拟恳俯念商公司创业艰难,在接管汉冶厂矿资产之前准将萍矿部分划归民营,俾商公司名义仍得继续存在,同时准将前所征用汉冶厂矿之机器、材料及此次准备接管之资产,按市估值酌予贴补,以便萍矿复兴之用。如蒙俯允所请,则商公司自当即日召开股东临时大会,请求通过,一面再遵照训令将汉冶厂矿现所留存之资产及其契据、档卷一律移交清理委员会接管,以符国策而完手续。是否有当,理合具呈钧院,俯赐核示,不胜迫切待命之至。谨呈
行政院

具呈人　汉冶萍煤铁厂矿股份有限公司董事会

汉冶萍公司资产清理委员会呈资源委员会、经济部文

民国三十六年七月十七日(1947.7.17)

窃查本会奉令组织成立后,为推进清理工作起见,经拟具应饬汉冶萍公司即行遵办事项两点:(一)该公司一切资产自即日起不得为任何之处分,并应指定负责人员将所有资产及其契据、帐册、档卷等,一律点交本会

接管,以凭清理。(二)自抗战起迄本会接管之日止,该公司在此期内对其资产如有任何处分及移动等情事,应逐项叙明详情及理由,并检同证件,移交本会并案清理。呈请钧部、会鉴核,赐予会同呈请行政院核准施行。嗣层奉行政院本年五月二日从叁字第一六五九九号指令开:准予照办,除电饬该公司遵照办理外,仰即知照。等因。奉此,遵即自五月十二日起将院令暨电饬该公司遵办事项,以本会第一号公告登载于南京《中央日报》、《和平日报》、上海《中央日报》、《申报》、《新闻报》及汉口《武汉日报》各三天,并于同日令知该公司克日遵照办理。复派本会委员宋作楠及法律顾问孙治公前往该公司执行,并将交接情形具报去后,嗣据宋委员等报告节称:奉派赴沪往访该公司盛恩颐,当予面交本会训令,嘱令移交,据称当召开董事会,惟在董事会未议决移交以前,渠未便擅自办理等语。本会复于六月十四日重申前令,再派本会委员卜昂华赴沪,责成该公司遵令确定移交日期。据卜委员报告节称:在沪迭次与盛恩颐切实交涉接收事宜,渠又谓各董事之意须交付股东大会讨论方可决定,始终不作肯定答复,似系故意托词拖延等情前来。查盛恩颐及其他负责人狡诈性成,蔑视命令,兹并将盛氏父子先后勾结日人擅借日债,违法畏权种种罪行沥陈于次,敬乞垂鉴。

一、擅借日债。溯自汉冶萍煤铁厂矿组织公司以来,先后由盛宣怀、盛恩颐父子把持,迭次擅与日人私相订约,从未呈请政府核准,滥借巨债,以致不能自拔,日人遂得以最贱之价攫取我国铁砂之宝藏。查该公司自前清光绪二十九年起,向日本兴业银行借日金三百万元,其后陆续向正金银行借款,迄至民国十六年先后共有十六批,除已经偿还者外,尚积欠日金三千八百余万元及上海规元银二百五十万两(见附表),其借款利息尚未计及。在前清及民元所借之日债只是预支铁砂、生铁之货价,而将一部分厂矿资产作抵。至于民国二年之大借款,计日金一千五百万元,其中九百万元美其名为扩充建设汉阳、大冶厂矿之用,然事实上不特将所有厂矿资产设备全部抵送于日本,并须自民国九年起四十年内交足铁砂一千五百万吨及生铁八百万吨之多,抑且订明任用日人为工程与会计顾问以及工程师暨襄理人员,从此该公司之资产设备及行政主权丧失殆尽,一切须听凭日人之驱策。孰料与日本技术合作后，既不能改进生产拨还巨债，于是该公司竟沦为日本制铁所之附庸。

二、依赖日人势力阻挠政府整理。民国十六年国民政府成立后，设立该公司整理委员会暨萍矿管理委员会，并颁布整理会章程，接管该公司事业，而该公司负责人竟嗾使日人于次年由驻沪日本总领事递交节略，不承认上项管理制度，并有日舰开往大冶示威，调查人员被阻登陆等情事。该整理委员会于十八年再度呈请行政院令饬该公司将一切资产移交整委会接管，旋由该公司电请收回成命，巧施狡辩，一再展延，当时由于依靠日人淫威，迄未遵令交出。关于该公司各负责人之种种不法行为，不但政府方面须依法查办，以维护主权而正纲纪，即该公司股东如裘芝坤、马仲容、裘通骏等于二十年九月呈控该公司总经理盛恩颐丧权卖国，违法叛纪，请求法办，并声称该公司自民国十三年以后向未召集股东大会，权归私门，勾结丑类，把持全局，密约可以私订，帐目全未公表，毁弃国产，蔑视股东等语。前实业部除派员彻查（抄附原报告）外，并批令该股东等自动召集股东会解决一切，该股东等虽曾在沪成立股东报名处，嗣以股权未及法定人数，致未成立。其原因实由盛氏操纵，左右全局，致此呼吁未能发生效力。自民国十三年十一月召开股东会以后至二十六年抗战时，已有十三年之久从未依法呈请补行登记并改选董监事，希图把持原有董事会以遂其私图。是以现在之董监事人数寥寥无几，且大多死亡，公司组织实已名存实亡。

三、勾结敌人充任伪职。二十六年抗战开始，首都西迁，次年武汉紧张，据武汉行营秘书处第三科科长郭寿华五月十四日签呈行营称：查汉冶萍煤铁厂矿公司过去在日人卵翼之下，其职工多有汉奸嫌疑，兹查该厂总公司仍在上海由盛宣怀第四子盛恩颐驻沪代理总经理职务，与日方关系犹未断绝，每月由日人以盛恩颐名义汇大冶矿厂经费六万元（该款由上海汇香港转汉口浙江兴业银行），并限定每月出矿砂二万吨，现已计达一百余万吨，均堆存江边。本年四月复经省府以该矿仍在开采矿砂并无需要，当令大冶县政府转饬该厂停工，并责成该厂负责人妥筹善后办法。四月二十五日该厂矿长汪志翔用航空信寄上海总公司报告，于四月二十六日实行停工,直至五月六日始得上海回电云:汪署厂矿长:有函悉,将停工后维持办法逐条详拟,派干员飞港转沪面商。恩。鱼。等语。查该厂素受日人豢养,如果任其派员飞沪,难免不宣泄我方内地之军事秘密及其他消息,此事极关重要。兹拟具处理意见于后,拟恳钧座令饬大冶县政府及警察局会同负责办理,并对该厂职工之一切行动严密监视,以杜奸宄等情在卷。民国三十一年抗战期中,盛恩颐曾以汉冶萍公司总经理名义正式充任日伪组织之华中矿业公司之监察人,并曾参与发起,经查伪实业部文卷及华中矿业公司董监名册有据。按诸钧部前次呈请行政院,凡曾任敌伪公司之总裁、理监事等人附从敌伪,胜利以后应撤消此项资格,曾奉行政院自应一律撤消有案。是盛恩颐总经理之资格依照上项办法业已取消。

综上所述:(一)该公司原有之董监事系远在战前多年股东会所选出,为期已久,已无合法地位。(二)盛恩颐曾参加伪华中矿业公司,为监察人,依照呈院成案,已不能担任任何重要事业之董监、经理各职,故总经理地位已不存在。(三)该公司所有厂矿资产已全数抵押于日本,胜利后此项债权依照敌伪产业处理办法应归政府所有。(四)该公司各厂矿在前清及民国从未依法取得正式矿照,大冶、萍乡两矿矿权亦不存在,按照现行矿业法应收归国有,改设国营矿业权。

本会从事清理该公司之资产,查大冶与汉阳厂矿经日人移交之设备、资产等,已由资源委员会华中钢铁公司筹备处接管,编造清册,呈报有案。萍乡煤矿早于十五、六年间汉冶萍公司因无法维持,自动放弃,江西省政府为维持治安起见,派员监理。嗣由钧会及江西省政府合组整理处,自抗战胜利后由钧会组织赣西煤业局从事经营,并经钧部将该煤矿设定国营矿业权,汉冶萍公司从未负责过问。至于该公司上海总公司方面之财产、契据及帐目、档卷等,本会曾一再派员令饬移交,听候清理在案,而该公司现仍为盛氏少数人把持,尚欲再事拖延,据不移交。兹经本会七月七日第二次会议议决,当兹厉行全国总动员,加强经济建设,增进工矿生产之际,为奠立长江中区钢铁工业之基础起见,议定该公司接收方式及清理办法如下:

甲、接收方式

（一）呈请行政院准予再行令饬该公司盛恩颐限于文到十五日内将(1)资产契据,(2)借款合同,(3)帐目清册,(4)股东名册,(5)档卷清册等送交南京本会点收清理。

（二）倘该公司逾期仍不遵令移交,当由本会将该公司上海办公处及其各地有关产业迳行接管,同时另由本会分别在京、沪、汉三地登报公告：凡该公司各股东限一个月内前来南京本会携带该公司股票及有关证件声请登记,以凭审核。

乙、清理办法

（一）关于该公司在抗战以前向日本正金银行等迭次所借之债务,自日本无条件投降后则此项债权应按照行政院颁布之《收复区敌伪产业处理办法》第四条第四项,敌伪产业之负债应就各该资产总值范围以内分别清偿,其欠日伪之负债应偿还中央政府之规定,一律收归国有。所有之抵押品,拟呈请行政院准予全部拨交资源委员会华中钢铁公司筹备处接管。兹将调查日债数额及抵押品情形分列于下：

1. 中国银行上海分行接收敌上海正金银行帐目内,有民国元年汉冶萍公司借款规元二百五十万两,以汉阳土地地契八十七通及上海浦东二十四保土地三十九亩为担保品,现此项担保品先由中国银行移交中央信托局苏浙皖区敌伪产业清理处,再由该处转送中央信托局地产处保管。

2. 该公司向日本横滨正金银行等所借之债共计三八,九二六,四三一.三〇日元,除以该公司全部厂矿资产抵押外,尚有汉口地契两纸为担保品,寄存汉口正金银行,亦由中国银行接收。查此项日债若不在对日和约及商约签订前将汉冶萍公司归并国营,否则日方仍可向该公司追还债款,或要求履行矿砂偿债之契约。

（二）关于资产与负债原有价值之清算,当按民国二十六年上半年之物价标准折合计算,其应折旧者亦应按年数扣除。

（三）该公司解散后,所有未有附逆证据股东,其合法权益照例仍承认之。在清算后,如资产超过负债而有剩余时,将任剩余部分摊还未附逆之各股东,并记录在案。

　　旋于本月十一日据该公司董事会本年七月十日呈,并抄同该公司呈复行政院呈文副本略称:以该公司原有员工生计及股东权益如何处理,钢铁事业收归国有,煤矿民营法令在所不禁,在接管该公司之前准将萍矿部分划归民营,俾该公司名义有得继续存在,同时准将前所征用汉冶厂矿之机器、材料及此次准备接管之资产,按市估价酌予贴补,以便萍矿复兴之用,如蒙俯允,则该公司即日召开股东临时大会,请求通过后再遵令将汉冶厂矿资产契据、档卷移交本会接管等情。查该公司现仅有职员五人,工役一人,将来接收后遣散应无困难,该公司之名义殊无继续存在之必要;关于萍乡煤矿之矿权及股东权益之贴补等问题,均已详陈如上,仍拟请令饬该公司将一切契据、帐册等先行移交本会清理,不得托辞拖延移交日期,俟本会清算后,按照本会所议定之清理办法一并办理。除抄附该公司原呈外,是否有当,理合录案详陈经过情形及该公司呈复各节,一并备文呈请鉴核,俯赐会同转呈行政院准予备案,并令饬该公司盛恩颐限于文到十五日内将所有(1)资产契据,(2)借款合同,(3)帐目清册,(4)股东名册,(5)档卷清册等先行送南京本会点收,以凭清理,暨分令财政部转知各有关行局遵照办理。谨呈

资源委员会、经济部

主任委员　孙越崎

敌伪产业清理处致华钢筹备处代电

民国三十六年七月二十三日(1947.7.23)

　　华中钢铁公司筹备处公鉴:查本处前奉总局转奉行政院三月六日从拾字第七八七七号代电,以武汉区外围敌伪产业之处理,应由本处接办等因,经转准湖北省政府电复,已分令收复区各县市政府知照在卷。现各地敌伪产业亟待清查处理,除长岳区已派第一清理组前往清理外,关于鄂东大冶黄石港一带敌伪产业,兹派第二清理组前往清查处理,由组长连次青率领。又鄂西、沙洋、当阳、沙市、宜昌一带等处敌伪产业,兹派第三清理组前往清

查处理,由组长王逾仙率领。除分饬即日驰往,依照规定清查处理具报外,特电请惠予协助为荷。中央信托局武汉区敌伪产业清理处。字。

经济部、资源委员会指令
民国三十六年七月(1947.7)

令汉冶萍煤铁厂矿公司资产清理委员会。

三十六年七月十七日汉清字第二五号呈一件,为呈报汉冶萍公司延不移交经过,详陈该公司过去情形及本会拟定接收方式、清理办法,检抄有关文件,呈请鉴核,赐予转呈备案,并限令移交清理由。呈暨附件均悉,已据情转呈行政院核示,俟奉指令再行饬遵。

此令

部长　陈启天

委员长　翁文灏

汉冶萍公司资产清算办法纲要[①]
民国三十六年七月(1947.7)

一、关于汉冶萍资产清算工作初步,就经济部暨大会与汉冶萍有关系之文件中收集材料清算之。

二、与汉冶萍有借款关系之银行,调查外债借款数与已还款数及现欠款数,互相对照以求正确。

三、审查汉冶萍公司历年帐目契据、档卷,以凭清算资产。

四、查湖北矿务局清理汉冶萍矿税纪要及该公司历年董事会报告等,经济部档案中关于该公司之官款数额。

五、调查与汉冶萍公司往来钱庄公债票押款数额。

六、函日本制铁所汉冶萍公司预收该所铁矿石价款之清算。

七、查海关出口册汉口历年输往日本铁矿石数量与价值,以便互相对

---

① 　原件未署作者和时间,似为资清委向资委会的报告,时间系根据内容判定。

照清算。

八、汉冶萍公司历年所产铁矿石及钢铁制品数量与价值之清查。

九、汉口各钱庄欠款数额之调查与清算。

十、汉冶萍内外债应还各款数额之总清算。

十一、按公司借款契约清算历年内外债应付利息。

十二、关于汉冶萍公司历年帐略契据及资产文件之收集,以作清算之根据。

十三、公司历年盘存总数之清查,按湖北矿务局汉冶萍清理纪要中盘存总数与汉冶萍公司帐目对照。

十四、汉阳、大冶矿厂基地房屋机械炉座产业之调查与价值之估计。

十五、汉冶萍所属码头栈房拖轮驳船之调查与价值之估计。

十六、汉冶萍各地产矿山之调查与价值之估计。

十七、萍乡煤矿基地井窿机炉房屋产业调查与价值之估计。

十八、军政部借用汉冶萍公司之机件材料调查与价值之估计。

十九、萍乡煤矿今由江西省政府开采,可函该省政府具报该矿资产以便清查。

二十、抗战时汉冶萍机件西迁,可在迁厂委员会之档案中调查该公司资产迁移状况,以便清算。

二十一、自日人接收汉冶萍公司开工后至胜利时止,关于该公司资产变动情形,函湖北敌产管理委员会,关于汉冶萍之帐目契约档案移交本会清查。

二十二、派员往汉冶萍公司董事处,调查经理盛泽承侵吞公款违法舞弊事,并查询该公司资产状况。

二十三、其他与汉冶萍公司有关系之调查以作清算之根据。查汉冶萍公司与宋子文有关系,为便于接收该公司资产起见,主任委员可请与宋有交情者出为调解,予宋以利益,当可顺利进行。否则仅靠行政院命令恐未必有效也。如能得蒋主席手谕,或易接收此事。似应用政治手腕办理,第一步予宋条件,及既接收后再逐渐断绝宋与汉冶萍煤铁厂矿公司之关系。

接收汉冶萍煤铁厂矿办法①

民国三十六年七月(1947.7)

一、汉冶萍公司经理为盛泽承,而后台撑腰者为宋子文,似非予宋以利益,恐不易接收。此事窃以为可呈请大会委员长挽与宋投契者说项,予以利益或易接收。待该公司接收以后,将来再设法断绝宋与汉冶萍之关系。

二、由本会呈请大会翁委员长面陈蒋主席,说明钢铁事业与军事国防之关系,并将汉冶萍公司之内容及本会接收经过情形,请主席下手谕以压宋子文,或能减轻接收条件,进行便利。

三、根据行政院之命令,通知汉冶萍公司本会限期接收,并函上海市警察局派警会同本会接收人员到该公司强迫接收。如违抗命令,即拘捕该公司之主持人员,并派警察看守,将所有帐册文件器物房屋资产查封,以待本会清查。

四、如汉冶萍公司违抗命令,拒绝接收,当函上海市政府查封该公司之资产。并函湖北省政府查封汉阳铁厂、大冶钢厂,函江西省政府查封萍乡煤矿,听候本会清查。

五、调查汉冶萍公司之不动产,如房屋机件材料地产矿山运输工具及其他一切资产,先派员接收保管,不必得该公司之同意,能接收者接收之,后再办理,以缩短接收时间。

六、汉冶萍公司一部分董事曾控经理盛泽承舞弊案于经济部,当根据该案会同经济部扣留盛氏,并将其财产假扣押,威迫盛氏将汉冶萍公司一切资产帐册文件移交清查。

七、为便利接收起见,上海可设立办事处,以便于各方面接洽。办事处地点可附设于大会驻沪办事处内,或大会其他附属机关中,以省费用。

---

① 原件未署作者和时间,似为资清委向资委会的报告,时间系根据内容判定。

刘绍韩、钟舒余呈刘刚文

民国三十六年八月一日(1947.8.1)

　　窃查保管课专司保管,原有接收器材以及房地产等物产,自经经济部接收后移转本处先后将届两载,所有房地产未得详明,叠经奉颁规定办法暨租约式样,俾资划一而便参考,迄今未能遵办。今职奉派会同该课整理房地产,职责所在,自应积极推进。以现观察该课情形,即就租约一项而言,其不能一律之原因在平时对于事务方面未能按照程序办理,往往租约尚未成立而得承租承佃。此种情形刻尚未能免除,于是致多分歧,一旦求得准确自属为艰。兹就管见所及列陈于后:

　　一、关于房地产租户,一面清查一面更换租约,以求敏捷而免积压。已换用本处租约者拟不改换。

　　二、如有租户有转租转让情事,在更换租约时须预为声明,经查核后按照规定办理。倘有隐匿不报,一经查明,照章处罚,绝不宽容。拟照办。

　　三、经查核后发给租约,须按次序编列号数,并详细记载以便查考。拟照办。

　　四、造具花名清册,仍以街巷名称为序,惟租约号数则于册内详注明确,俾便清查。拟照办。

　　以上各点仅就目前状况暂拟办法,是否有当,理合签请鉴赐核夺。

谨呈

秘书钟转呈主任核示

　　　　　　　　　　　　　　　　　　　职　刘绍韩　钟舒余

　　除一项已换用本处租约者,经逐一详查无讹,可不更换外,仍照钟秘书所签办。

　　　　　　　　　　　　　　　　　　　　　　　刘刚

　　　　　　　　　　　　　　　　　　　　　　　八月四日

华钢筹备处致资产清理委员会代电

民国三十六年八月二十二日(1947.8.22)

汉冶萍煤铁厂矿公司资产清理委员会公鉴:查前汉冶萍原有石堡区矿警事务所房屋一栋,坐落石灰窑正街,面积为426平方公尺,基地亦为汉冶萍所有,其建筑情况为土瓦顶砖墙平房,计大小房屋十五间。二十九年由伪大冶县政府顾问吴美贵拆卸,利用原有材料仍在原基改建楼房一栋,开设新亚旅馆。三十四年十一月由前经济部湘鄂赣特派员办公处接管,另换门牌,与其他汉冶萍市房一并编号(该改造之房屋编为保石字第12号),至三十五年一月被大冶县政府占去,并出租与商人胡国瑞开设国际旅社,迄至现在仍由胡国瑞向大冶县政府承租缴纳租金。其间虽迭经催其返还,均无结果。查该房屋经本处连同接管之前汉冶萍在石灰窑市房三十五栋,一并估价列册,于本年三月十一日以第532号文呈报资源委员会在案,且该屋基地在建设新厂计划内,开拓通往铁山运输铁道极为需要。案关汉冶萍产业,相应检同接收前汉冶萍石灰窑市房平面图,暨前汉冶萍矿警事务所被拆改造为新亚旅社草图各一份,电请查核办理见复为荷。华中钢铁有限公司筹备处。未梗。(印)

华钢筹备处致资产清理委员会电

民国三十六年十月六日(1947.10.6)

汉冶萍煤铁厂矿公司资产清理委员会公鉴:案准大冶县政府本年五月十八日冶财字第10562号公函开:案准本县参议会本年三月三十一日冶议二字第165号代电开:查本会第一届第二次大会关于讨论事项第14案,参议员罗星甫等提为汉冶萍公司对本县原有租金及公益捐等费,于沦陷后放弃九年,现应收回权利,以资补助政教经费等由。经提交大会决议,各厂矿均应援照成例,捐助本县政教各费,由会电请县府先行分别通知,随时派员前往交涉等语纪录在卷。兹特录案及附件,电请查照办理为荷等由。附抄提案暨公函条文各一份,准此,除分函外,相应抄送原提案及公函条文各一份,函请查照办理为荷等由。附抄送原提案及公函条文各一份。准此,查所称汉冶萍公司对该县原有租金及公益捐各情,本处无案可稽,相应抄同原件,电请查照核办并见复为荷。资源委员会华中钢铁有限公司筹备处。西鱼。印。附抄原提案及公函条文各一份

［附件一］　大冶县参议会第一届第二次大会提案

提案人:罗星甫

连署人:吕希谦　罗心如　詹毅　杜征

案由:为汉冶萍公司对本县之原有租金及公益捐等费,于沦陷后放弃九年,现应收回权利以资补助政教经费由。

说明:汉冶萍公司在我县境之石灰、关王、黄思、袁湖等保地方先年建设新厂,所需基地路线占用公路公港,妨碍交通水利。曾于民国七年由冶绅联名向政府呈诉,旋经县知事方荃调解,汉冶萍认纳租金及公益捐等费,订定每年四立日分缴,其支付年限与该厂相终始。所订条约抄录于后。

办法:此项租金及公益捐系沦陷后放弃,现已光复,该厂又在兴工,拟请收回旧有权利,以补助政教之不及。如何之处,敬请公决。

［附件二］　大冶县知事公函

径启者:

案奉省长公署指令,敕知事会同程委员呈覆汉冶萍公司在袁湖等处建厂使用公路公港交涉现经办结,拟具条款请备案由内开:呈折均悉。汉冶萍公司在大冶袁湖等保地方建设新厂使用公路公港,县属绅民出与交涉一案,既经该印委等就双方提出之条件折衷至当,另拟条款,复经两造认可,缮折请予备案等情前来。应准备案,仰即转行知照,此令。折附等因。并先后奉各上级厅署指令,均同前因,是本案已完全结束。除函汉冶萍钢铁厂知照并分函外,理合依原条款第八项规定抄录条款全文并加盖印信,备文函请贵代表查照,以便信守而垂永久。

[附件三] 抄送条款

汉冶萍公司在湖北大冶县境石灰、关王、黄思、袁湖等保地方建设新厂扩充铁路,所需基地路线有用及公路公港水利之处,经汉冶萍公司与冶绅代表凭省署委员程、大冶县知事方认定各款办法于下:

一、汉冶萍公司在大冶县境石灰、关王、黄思、袁湖等保地方建设新厂扩充铁路,其使用公路之处,应由公司筑还宽度一丈以上公路一条,并由公司每年认付公益捐三千元。其有使用公港之处,由公司每年认付租金三千元。其支港有为公司必须慎用者,由公司建设暗沟以泄山水。

二、汉冶萍公司在袁湖上下圈购之地点内(桐子包以下,曹家埠以上)于干路直达江岸之处,应设石码头一座,为公司及地方人民取卸物产之用,其宽度以码头路宽度为准。码头左右及水落现出之江坡,如与公司工程无相妨碍,人民得停泊船只,堆积物产。

三、汉冶萍新建铁道干路及支路经过之路线有跨人行道路之处,公司应修造涵洞或天桥,以便行人而免危险。

四、厂基及路线所需用之土地,除人民私业已经圈购及路港已依本条件规定外,如有妨害交通及水利之处,仍须由公司设法补救。

五、上开租金及公益捐应自民国七年一月一日起算,其缴纳时间以每年四季四立日分缴知事公署,掣取印收。其支付年限与新厂相始终。

六、汉冶萍公司所认之租金捐款,大冶代表认为公司已尽最完全最后之义务。日后公司营业发达,工程扩充,冶邑绅商不得有其他要求。

七、汉冶萍公司已经圈购地点之沿江岸一带如有设施,大冶人民不得干涉。惟不得妨碍第二条所规定之码头。

八、以上各条由知事会同省委妥商办法,经冶绅及汉冶萍公司认可,缮具条款,会呈省长暨各上级厅署核准备案,并县署抄同条款,行知冶绅及汉冶萍公司永远遵守,不得变更。

审查意见:各厂矿公司均应捐助本县政教各费,由本会函请县政府据上项决议案合并办理。

决议:各厂矿公司均应捐助本县政教各费,由会电请县府先行分别通知,随时派员前往交涉。

知事　方荃(印)

民国九年一月二十六日

资源委员会钢铁组致华钢筹备处快邮代电

民国三十六年十月七日(1947.10.7)

华中钢铁公司筹备处公鉴:准驻日代表团致大会经字第 2174 号申请代电,以关于汉冶萍公司被拆炼铁炉事,业经本团传该公司前日人厂长松村时次前来询问。据云该炉曾拆运至石景山,在石灰窑被炸,于民国三十四年十一月间已将经过情形及机件规范书等交与许邦友先生,并于去年丘玉池先生由美回国途经日本时,松村时次亦曾将以上情形告知丘君等语。查该项机件在国内被炸是否属实,尚希转饬该公司实地调查为荷等由到组。查抗战初期汉冶萍之冶厂一部分机件曾经拆迁,至于炼铁炉等设备虽经我国军事机关试炸,究竟有无损坏,请向当时在冶旧职员询明,详细见复为荷。钢铁组。酉虞。

汉冶萍公司资产清理委员会两月来之工作报告

民国三十六年十月十三日(1947.10.13)

(一)对外接洽

本会前拟汉冶萍公司接收方式及清理办法,经呈请大会、部转呈行政院核备在卷。自钧座北上后,昂华以久无消息,往访梁参事探询此案办理情形。承见告俟院中调集有关案卷后即可照本会所拟办法办理云。嗣得悉该呈院文业已由秘书处发交中央信托局苏浙皖区敌伪产业清理处查复,旋即与严、吴两委员等磋商,由昂华赴沪与该处洽谈。据该处金融组郑组长称,已就接收中国银行移交汉冶萍公司欠上海正金银行借款规元 250 万两所提担保品,依照敌伪产业处理办法,该汉冶萍公司应先将欠款本息升值缴还该处解库后,始可将担保品取还等由,以代电复行政院秘书处转陈。

直至九月底始奉行政院指令，饬由本会会同苏浙皖区处理敌伪产业审议委员会洽接清理，惟由苏浙皖区敌伪产业清理处接收者，仅上海正金银行债款250万两一笔。此外该公司之日债尚有欠横滨正金银行等借款十数批，共计3800余万日元，以及本会所拟接收清理办法应如何处理，指令中均未予明白指示也。此事均随时向李常务委员报告经过。

（二）内部工作

一、本会除日常例行工作外，华中钢铁公司筹备处因与大冶县政府及当地人民时有关于汉冶萍公司土地房产等纠纷案件发生，并函本会商洽处理办法。

二、为调查汉阳、大冶、萍乡资产设备及战时损失起见，除向华中钢铁公司筹备处搜集有关材料外，并曾函赣西煤矿局及大渡口钢铁厂迁建委员会，调查与征集各项有关资料。

三、因清理工作一时无从着手进行，即着由各员参照经济部档卷并搜集有关资料，分别专题研究，并编撰文表以备参考。计已编有下列数种：

1. 汉冶萍公司之债务（附日债表）　施漾泽
2. 湖北省政府与汉冶萍之纠纷　胡庆南
3. 萍乡煤矿之过去与现状　余被云
4. 汉冶萍之矿权问题　施漾泽
5. 清理汉冶萍公司之法律根据　黄纬洲
6. 汉冶萍公司各项产品产销实况　吴华
7. 盛恩颐附逆经过　田一民

（三）经费情形

本会支付一切款项，除员工之薪津外，无不尽量撙节。自成立起至九月底止，计领到开办费二亿二千万元、经常费139 990 300元。除支付数另列清单外，结存99 906 172.60元。此外尚有未领经常费129 980 600元。以上各节理合呈报，仰乞鉴核。

　　谨呈

主任委员　孙

　　　　　　　　职　卜昂华 王葛云谨具

资产清理委员会致华钢筹备处代电

民国三十六年十月二十二日(1947.10.22)

华中钢铁有限公司筹备处公鉴:核准本月六日华(36)总字第 1941 号代电,为准大冶县政府函以该县参议会提议,前汉冶萍公司对该县原有租金及公益捐应收回权利一案,电请核办见复等由。准此。查前汉冶萍公司档卷尚未移交前来,以致本会对于所称租金及公益捐一节亦无案可稽。惟前汉冶萍公司系属商办,胜利后该公司在汉阳、大冶全部资产设备,经行政院核准,由贵处接管。贵公司为国营事业机构,此项租金及公益捐似未便援例办理。准电前由用特复请查照为荷。汉冶萍煤铁厂矿公司资产清理委员会。有。(印)

资源委员会呈张群①文

民国三十六年(1947)

案据汉冶萍煤铁厂矿公司资产清理委员会呈称等情,附呈日债表一纸,前实业部派员调查汉冶萍公司报告及汉冶萍公司董事会复文暨呈院文抄件各一份。据此,查该公司原有之董监事,系远在战前多年股东会所选出,为期已久,已无合法地位,而盛恩颐又曾多次参加伪华中矿业公司监察人,其总经理资格依照钧院命令应予撤销有案,亦已不复存在。今该公司盛恩颐蔑视法令,故意拖延,殊属不合。本部会为积极整理汉冶萍公司资产起见,自不能任其一再拖宕。拟请钧院准予令饬该公司盛恩颐于文到十五日内,将所有(1)资产契据;(2)借款合同;(3)账目清册;(4)股东名册;(5)档卷清册等,先行送交南京该清理委员会点收,以凭清理。又,清理委员会呈请将汉冶萍公司解散,所有未有附逆证据之股东,仍承认其合法权益,拟请钧院准予照办,并请令行财政部转知中国银行中央信托局苏浙皖区敌伪产业清理处,将该公司所欠日债债权一律收归国有,所有抵押品准

①　张群(1889—1990):字岳军,四川华阳(今成都)人。时任行政院院长。

予全部交本会华中钢铁有限公司筹备处接管。如该公司盛恩颐逾期仍不遵令移交,拟请准由该清理委员会将该公司上海办公处及其各地有关产业迳行接管,同时另由该清理委员会分别在京汉沪三地登报公告各股东,限期携带该公司股票及有关证件声请登记,以凭审核。以上所拟处理办法是否有当,理合会同呈请鉴核示遵。谨呈

行政院长张

[附件] 李鸣龢①、梁津②:调查汉冶萍公司实在情形
民国二十年十二月(1931.12)③

　　录二十年十二月实业部专门委员李鸣龢、科长梁津呈复,奉令调查汉冶萍公司实在情形,检同附件逐条呈复,请鉴核由。

　　为呈复事。窃鸣龢、津前奉矿字第 1911 号训令内开:为令委事。案奉监察院公函内开:案据监察委员郑螺生签呈称,据汉冶萍煤铁厂矿有限公司股东石芝坤等呈控该公司总理盛泽承丧权卖国、违法叛纪,请予传案法办,保存国家产权,保全股东资本,以惩内奸而御外侮等情,当经核阅。应请依据本院调查规则第五条第五项之规定,转引实业部查核等语。据此,合行抄件函请彻查见复等因,并附抄呈一件到部。除函复经过情形外,合行检同原附抄呈,令仰该员按照所控各节逐一彻查具复,以凭核转,此令。附抄呈一件。查毕仍缴等因。奉此,鸣龢、津当即先就本部档案内关于汉冶萍煤铁厂矿有限公司历年文卷逐一查阅,并遵于十一月五日出发赴沪,逐日往该公司切实调查。复向该公司总理盛泽承、襄理赵兴昌面询一切详细情形,所有关于该公司先后借用日款数目、合同文件,历年售与日本生铁铁砂协定价目、实售数量,公司内所用日方工程会计人员,最后开股东会之年日与帐略报告,均经彻底查明,切实搜集。鸣龢、津复往访原呈控之股东

---

① 李鸣龢(1892—?):字竹书,江苏江宁(今南京)人。曾任汉阳铁厂工程师,时任实业部专门委员。
② 梁津(1887—?):字其钰,四川仁寿人。时任实业部科长。
③ 原件未署时间,系根据内容判定。

石芝坤、冯仲容、遹裘骏等询明一切,并由该股东等面交前次所发之宣言书及告盛氏书两件,以资参考。

窃查原控盛氏各罪共有五条,兹谨按照向各调查所得事实,逐条呈复于下:

一、订借日款问题

查汉冶萍公司自前清光绪二十九年起,迄于今日光复,所借日款共有十七批,除已经陆续偿还者外,尚积欠日金 3 800 余万元、上海银 250 万两(见附表)。其借款利息尚未计算在内。从前所借日款只是预支铁砂生铁之价,虽有抵押,对于公司主权尚无大碍。惟民国二年十二月之大借款两批共日金 1 500 万元,其中 900 万元系为建设大冶新化铁炉两座及扩充改良汉阳铁厂,大冶铁路、电厂,萍乡煤矿电厂、洗煤所之用。又 600 万元系为还到期重利急债之用,内须扣还日本借垫各款数已过半。订明自民国九年起算四十年内须交足铁砂 1 500 万吨、生铁 800 万吨,复订明以公司一切所有及因本借款可添之动产不动产一切财产,并将来附属此等财产构成其一部分之所有财产,为共通担保抵押与银行。其已由公司所抵押与银行暨其他债权者之所有担保财产,均为本借款之第二担保抵押与银行。又公司应将其自有一切地契,与银行会同纳于公司会计所银柜,其钥匙二份,一交会计所长一交银行共同保管,非经双方同意不得取出。并须聘用日本工程顾问、会计顾问各一名。于是汉冶萍公司受种种缚束,纯然失其自主之能力。

迨民国十三年九月公司复向正金银行续借日金 850 万元,为继续民国二年 900 万元借款之补充资金,用于未竣之推广改良工程,其条件仍系继续民国二年合同所订者。惟于附带换文中载明,对于公司之事业决算有能派官红利之希望时,银行如有意见,须俟双方协商,方可实行。又公司关于设备及工作等事,于必要时当遵两顾问之推荐,愿用具有相当技能之工程师若干名,并增加事务襄办若干名各节。于是日人对于公司财政工程事务已钳制不遗余力,而追厥原始,仍在民国二年大借款合同订立之不善。民国初年尚非盛泽承主政之时,而十三年之借款,系夏偕复为总经理,盛泽承为副经理,应由夏盛两人负责,不能尽责盛泽承一人。但汉冶萍公司由盛宣怀经营而成立,历来均侧重于盛氏,而历任总经理及董事复不能以国家命脉、公司事业为前提执行其应尽之职务,又不能推政府为后盾将草拟合同先呈请政府审核,致应付日人交涉毫无牵制。种不良之因收相当之果,其为股东之不满者固有由来也。

二、生铁铁砂定价问题

查汉冶萍公司当前清时代预借日本生铁铁砂借款时,均订明生铁每吨以日金 26 元作价,铁砂每吨以日金 3 元作价。迨民国二年十二月日金1 500万元之大借款成立后,其别合同载明四十年内公司允除已订合同外,售与制铁所头等铁矿石 1 500 万吨、生铁 800 万吨,其售价以制铁所通告时制铁所购入价值为标准,制铁所与公司商酌议定。又附件声明必须双方协定,制铁所无勉强公司允照制铁所购入价值之意,以昭公允各等语,则是在订定合同时其矿砂生铁价格原有伸缩余地。民国五年公司董事会请高等顾问李一琴君赴日本商议铁砂售价及交额,制铁所谓照合同订明以购入价值为标准,购入之价即公司生铁矿石之价,可仍照旧价计算。李君要求生铁照英铁计值,涨落随市,矿石每吨照原价日金 3 元加半。函电往返,磋商再四,始议定生铁售价照交货前一年英国克利夫伦三号瓦伦兹十二个月之扯中价目,及日金 26 元两数合并,折半计算为一年之定价,每年订定一次。无论英铁跌至若干,总以日金 26 元为最低限度不再减少。矿砂为每吨日金 3 元 8 角交额。矿砂自民国九年起,生铁自十年起,新旧合计均于四十年内交足。如约惟须酌量支配,分年照交。大纲议定,李君回国。复经盛泽承赴日将李君议定各款于民国六年六月与制铁所订定矿石生铁价值及分年交额合同,共十一条,并于第五条内载明矿石价值,自本合同内交货日起订定十年,又第六条内载明此条生铁算价之法订定五年,自交货之日起算各等语,是生铁铁砂之价似非如原控所指一任日人给予。

鸣龢、津复同该公司查明,自民国元年起迄民国二十年止,公司每年售与日本铁砂生铁每吨价目暨其数量(见附表),其在民国七八九年欧战时期生铁售价每吨有至日金 120 元、92 元、70 元者,铁砂售价每吨有至日金3.8

元、6元、4.5元者,只以限于合同之缚束致不能纯然按照市价计值,然亦可见当时公司实与日人交涉,并已争回一部分之加价。公司在民国十四年生铁售价为日金41元,彼时五年算价期限已满,嗣后公司即停止出铁,未能交货。将来如出铁交货时仍应兼顾制铁成本及当时市价,与制铁所另行商订标准价目,挽回权利。惟铁砂在十九年度每吨售价为日金5元,至二十年度售价则为3.5元,当询问该公司总理何以今年遽然减价,当据声称该公司自萍乡煤矿、汉阳铁厂因军事、工潮停顿数年,公司全赖售出之铁砂价款以维持总公司及矿场员工。近来日本所用生铁有南满铁道公司鞍山站铁厂可以尽量供给,故并不急需铁砂,且原存铁砂甚多,今年本拟停购。当与日方交涉,谓如停购铁砂,公司势须完全歇业,而日方则谓为维持公司计,如须续购,其价目应予核减,当磋商将砂价每吨减为日金3.5元,大冶矿场仍照常工作。且谓年来金价暴涨,以日金三元五角折合国币实较从前砂价折合国币约增加一倍之数云云。惟查日金3.5元之砂价较诸民国六年六月合同所订日金3.8元之砂价尚为低廉,此应严令该公司嗣后对于铁砂订价,须切实交涉,呈部核准,方为有效。

盖以铁矿本含国有性质,国内长江一带各铁矿因从前合同关系仍有以铁砂售与外人者,若所订砂价彼此不一致,发生竞卖之风,影响所及,宝藏之矿藏将尽以廉价流于外土。似应通令各矿商,嗣后凡以铁砂售卖出口者,须一律将拟订砂价于事前呈部核准,方能有效,俾免售价分歧损失国家权利。

三、任用日人为职员问题

汉冶萍公司聘用日人为工程会计顾问及襄办,实造端于民国二年大借款时所订之合同条件,嗣后又有添置襄办、推荐技师之换文。此次鸣龢、津在该公司调查,计公司内顾问处有日人五人,工务所有日人一人(见附单)。顾问处之五人为工程顾问、工程襄办、会计顾问、会计襄办、会计员,工务所之一人为技师。其中会计顾问、会计襄办则驻上海总公司,又工程顾问、工程襄办、会计员、技师则驻大冶矿厂。大冶之会计员即为襄办性质。所聘用之六日人均系根据前订合同条件,且系按照顾问职务规程办理。至大冶铁矿矿长、会计股长、采矿股长以及其他事务技术管理人员，均为华人，故矿内全部管理并非由日人主持。现在总公司范围缩小，部所归并，除会计顾问、襄办外，其各部首领及职员亦均系华人充任，各有专责。总之，公司对于所聘日人，应责其按照职务规程办理，不能任其越出范围以外，且不能再行添聘，否则大权旁落，喧宾夺主，公司前途更难设想矣。

四、召集股东会问题

查汉冶萍公司末次所开股东会，系在民国十三年十一月二十九日，并经报告第十六届（即民国十二年）帐略，迄今已逾六年尚未续行召集股东会。虽未为原控所称有十余年之久，然核与现行公司法殊为不合。且民国十三、四两年公司尚产售生铁，而大冶铁矿历年来均采售铁砂，自非无营业之可言，即应以报告帐略，向股东宣布。至现在公司董事会各董事监察人衔，兹并录呈以供参考（见附单）。

五、公司帐目问题

关于汉冶萍公司近来帐目，此次调查时曾向该公司询问。该公司因历年未开股东会，所有应造具之各项表册均未备齐，且尚未送交监察人核查。至原控所称公司帐目、借款资金侵吞于前隐蔽于后各节言辞概括，未经指定何项事实，将来可由股东与政府依照公司法会同逐一检查。

总之，汉冶萍公司当历年积习之余，受创固已深重。在经济方面既为借款合同所缚束，在业务方面又因萍乡煤矿不易复工，致汉阳、大冶两厂无从制炼钢铁。前年中央政府本有整理汉冶萍公司之决心，并于前农矿部内设立整理委员会，嗣因政府欲仿照整理招商局办法，拟特任专员整理该公司，而该专员未经派出，此事遂改停顿。今年夏间，本部对于汉冶萍公司认为有复业之必要，曾派专员赴沪与该公司协商办法，因萍矿尚无确实整理计划，该公司迄今尚未将具体答复呈送到部。

查从前日人藉口公司债权，曾有在不能履行契约时，可取变通方法得令正金银行及制铁所所指定者，为矿石之采掘，骸炭及铣炭铁之制造等语，是日人对于汉冶萍公司最后之隐谋已昭然若揭。此次股东原呈控文中，有应行处分、纠正、惩戒三项意见，括而言之，即公司一日不整顿，则将来日人愈有所藉口。汉冶萍借款在日人眼中视为中日悬案之一,将来中日清办交涉时,日人对于汉冶萍公司恐有严重之要求。现在整顿之法,最善莫如由部中以股东地位为适当之处置。在北京政府时代,农商部原有汉冶萍官股二百万元,当时农商部且有代表在该公司董事会中为官股董事。迄民国政府成立后,因整理问题,该公司竟改与政府不相往还,而数年来该公司亦迄未召集股东会。但汉冶萍官股今仍为部中继续享有,部中如以股东地位与公司之全体商股股东同为整顿之协商复业之筹议,并代向湘鄂省政府解决纠纷,恢复营业,出售制品,即所以谋股东之利益亦即所以求履行日人之契约,而日人又何致谓部中有意整顿汉冶萍,即转向政府索债耶?

查汉冶萍公司由商办以来,先后所招得之股本实数为1 750余万元,每股额面50元,近则每股售价降落至5元以下,闻有外人从中收买,故将来股本亦应清理。又,此次在沪所晤之呈控股东等,对于大冶铁矿之主权颇不愿放弃。并据该呈控股东等面述,前奉部批,令自动召集股东会解决等因,当曾在沪成立股东报名处,嗣以股权多寡关系未及法定人数致未成立。此呈控股东方面接奉部批后之经过情形也。

要之盛氏为汉冶萍公司最大股东,既为监事又兼总经理,数年来未开股东会,其董事长又缺而未补,集大权于一身,致为众矢之的,故该公司股东会亟应召集董事会,亟应改选所有。

此次奉令彻查汉冶萍公司总理盛泽承被控丧权卖国、违法叛纪各节,理合将调查所得事实暨该公司实在情形检同附件切实逐条呈复。是否有当,仰祈鉴核施行。

　　谨呈

部长

次长

　　附

　　一、汉冶萍商办借款历史　　　　　　　　　　　　　　　　一册

　　内有:

　　甲、汉冶萍公司民国二年大借款各种合同别合同及附件(见第四页至第十五页)

　　乙、聘请最高顾问工程师合同及职务规程（见第十六页至第十九页）

　　丙、聘请会计顾问合同及职务规程（见第二十页至第二十三页）

　　丁、民国六年订定矿石生铁价值及分年交额合同及附表附件（见本册后增印第一页至第六页）

　　二、民国十三年正金银行新借款及追加草合同及附属文书又兴业银行追加草合同及附属文书　　　　　　　　　　　　　　共一册

　　三、汉冶萍公司历年输出日本矿石及生铁表　　　　　　　　一份

　　四、汉冶萍公司历年矿石及生铁售与日本每吨价目表　　　　一份

　　五、汉冶萍公司与日本各银行分批借款数目还过数目及现欠数目表

　　　　　　　　　　　　　　　　　　　　　　　　　　　　一份

　　六、汉冶萍公司民国七年股东会总副经理报告书　　　　　　一册

　　七、汉冶萍公司第十六届（即民国十二年）帐略　　　　　　一册

　　八、汉冶萍公司现用日本顾问会计员及技师名单　　　　　　一份

　　九、汉冶萍公司现任董事监察名单　　　　　　　　　　　　一份

　　十、原呈控股东等宣言书　　　　　　　　　　　　　　　　一份

　　十一、原呈控股东等致盛氏书　　　　　　　　　　　　　　一份

　　十二、奉令缴还原抄呈　　　　　　　　　　　　　　　　　一件

　　以上共十二件

专门委员　李鸣龢

科长　梁津

翁文灏[①]致俞鸿钧[②]函

民国三十六年十二月二十五日（1947.12.25）

鸿钧部长吾兄勋鉴：

　　顷闻明日行政院敌伪产业审议委员会开会，议程中列有接收清理汉冶

---

① 翁文灏（1889—1971）：字咏霓，浙江鄞县（今宁波）人。时任国民政府行政院副院长。

② 俞鸿钧（1898—1960）：以字行，广东新会（今江门）人。时任财政部部长。

萍煤铁厂矿公司一案。查该公司在战前未经政府核准迭次擅借日债,共欠三千八百余万日元及规元二百五十万两,将全部厂矿抵押于日本,并将大冶铁矿全部储量亦供抵押,此种丧失国家基本资源之状况不能任其继续存在。抗战期间,原经理人复参加日伪组织之华中矿业公司,充任要职。胜利后,本会为建立长江中区钢铁工业之基础,奉命接管该公司各地厂矿资产,并会同经济部成立清理委员会,从事清理。至于该公司所欠日债之债权,应即由政府收归国有,抵作战事损失之赔偿,连同抵押品一律交由清理会并案清理,另组公司,以国营为原则。凡未附逆之股东,仍承认其合法权益。此案亟应迅予清理完竣,以期新公司得早日成立。用特函达,并检附清理会节略一份,即希台察,以备参考。专此。顺颂

公祺

弟翁文灏敬启

[附件] 清理汉冶萍公司资产节略

(一)汉冶萍公司之股本与日债

汉冶萍煤铁厂矿公司,夙称我国钢铁界之巨擘,原系前清张之洞创设,嗣经盛宣怀接办,于光绪末年由汉阳铁厂、大冶铁矿及萍乡煤矿改组为股份有限公司。股本二千万元,至民国十三年仅收足一千七百余万元,并有前农商部等官股三百余万元在内(该项官股大部分业已移归经济部)。该公司每以增加设备、扩充厂矿之理由,自光绪二十九年至民国十六年迭次向日本兴业银行、正金银行先后借款十五批,至民国二十年止,结欠日多三千八百余万元,规元二百五十万两,超出股本一倍以上。除以全部公司厂矿资产抵押外,每年供给日本制铁所大量铁砂及生铁,将所得价款抽还本息,但因作价太低,迄未能抵偿。尤以民国二年签订之一千五百万日元大借款合同,其中规定:除已订之合同外,四十年内须售与日本铁砂一千五百万吨,及生铁八百万吨,并须聘日籍工程师及会计顾问,如向国外借款,必须先尽日本商借等条款。自此以后,公司之利权丧失殆尽,一切行政悉听日人监督指挥,业务随趋衰落,几成为代日人掠夺我资源之机构。政府虽

数次有整顿之计划,公司方面则嗾使日人出面阻挠,无法实现。该公司素为盛氏少数人所垄断,自民国十三年后,向未正式召开股东会改选理监事,公司厂矿亦从未依法补行申请登记。

（二）抗战期间公司之情况

抗战初期,政府曾征用该公司汉阳铁厂及大冶铁矿之一部分机炉,拆迁于重庆及綦江。迨武汉撤退后,敌人即占据该公司厂矿,并就大冶铁矿为大规模之采运,八年之内,共采运矿砂五百万吨,其他冶炼设备悉被拆卸,汉阳旧厂徒见瓦砾一片。该公司原经理人盛恩颐在沪参加敌伪组织之华中矿业公司,为发起人及监察人。

（三）胜利后政府之处理与计划

胜利后,经济部湘鄂赣区特派员办公处,在当地设立大冶厂矿及汉阳铁厂保管处,分别接收保管。资源委员会为奠立长江中区钢铁工业之基础,战时已拟有方案,战后曾约请美国专业设计钢铁厂之麦基公司专家多人来华协助检讨设计,咸以在大冶建厂为最佳,资源委员会爰成立华中钢铁公司筹备处,利用大冶旧有厂基积极筹建新厂。因汉冶萍公司有日债关系,为清理产权、便利建厂工程起见,资源委员会于三十五年六月二十六日备文呈请行政院准予明令:(1)由资源委员会会同经济部指派人员组织清理汉冶萍公司之机构,俾便整理清算,并拟具处理办法,予以合理之解决。(2)日人在汉冶萍产业上之增益部分,以及前湖北省有之象鼻山铁矿,一并划归资源委员会接管。(3)经济部湘鄂赣区特派员办公处行将结束,所设汉冶萍公司资产之保管机构,移隶资源委员会继续保管,以待清理,并继续接收其他散处各地之资产,以免散失。旋奉行政院三十五年七月八日节京叁字第四六二二号指令:准予照办,并分令经济部及湖北省政府知照,遵将该公司汉阳、大冶厂矿资产及日本制铁所在大冶铁矿增益之设备等,均由华中钢铁公司筹备处分别接管整理。又萍乡煤矿,早经该公司于民国十五年因无法维持,自动放弃,现已设立国营矿业权,由资源委员会赣西煤矿局合并经营。

（四）特设机构从事清理

三十六年四月,资源委员会与经济部会同拟具汉冶萍煤铁厂矿公司资产清理委员会组织规程,并由资源委员会指派孙越崎等五人,及经济部指派李鸣龢等四人为委员,均经呈院核准,并令派在案。于四月二十二日在南京资源委员会举行第一次会议,推选孙越崎为主任委员,李鸣龢、程义法为常务委员,组织成立。为推动清理工作起见,拟定饬汉冶萍公司遵办事项两点:一、该公司一切资产,自即日起不得为任何之处分,并应指定负责人员将所有资产及其契据、帐册、档卷等,一律点交本会接管,以凭清理。二、自抗战起迄本会接管之日止,该公司在此期内对其资产如有任何处分及其移动等情事,应逐项叙明详情及理由,并检同证件移交本会,并案清理。上列两项经呈请经济部及资源委员会转呈行政院备案,并分令遵行。奉行政院三十六年五月二日从叁字第一六五九九号指令:准予照办,除电饬该公司遵照办理外,仰即知照。遵由清理委员会登报公告,并指派人员前往上海接收该公司资产契据、帐目、档卷。无如该公司原经理人盛恩颐,一再托词延宕,据未移交,犹冀使用其过去把持之惯技。嗣据该公司董事会呈复行政院文,要求将萍乡煤矿部分发还,俾公司名义、股东权益、员工生计得继续维持,前所征用汉冶厂矿之机器材料及准备接管之资产,按市估价,酌予贴补,以为萍矿复兴之用。清理委员会于七月初举行第二次会议,拟具汉冶萍公司接收方式及清理办法,至该公司所请各点未便照准,一并备文呈请经济部及资源委员会转呈行政院核示。十月初奉行政院七外字第三九〇九〇号指令:关于清理该公司日债一案,饬由清理委员会会同苏浙皖区处理敌伪产业审议委员会洽接办理。查该公司之日债,业经清理委员会分向中国银行接收上海汉口正金银行专员办事处,及中央信托局苏浙皖区暨武汉区敌伪产业清理处调查,并在经济部档卷内查得该项借款合同抄印本。苏浙皖区敌伪产业清理处,除接收该公司欠上海正金银行二百五十万两借款之担保品外,其欠横滨正金银行借款三千八百余万日元,该处无案可稽。清理委员会既为清理汉冶萍公司之特设机构,所有该公司资产债务,自应专一处理,以免分歧。至于清理日债情形,并拟具处理办法,十一月初呈请经济部及资源委员会转呈行政院核示。值此加强经济建设，增进工矿生产之际，为奠立长江中区钢铁工业之基础起见，积极清理汉冶萍公司资产债务，实为当务之急。兹将清理办法之要点，分陈如下：

（1）该公司所欠日债之债权，自日本无条件投降后一律收归国有，由我国中央政府承受，抵作对日战争损失之赔偿；其抵押品（即全部厂矿资产之契据等）交由会部清理委员会接收整理。

（2）该公司资产与负债，原有价值之清算，当按照民国二十六年上半年之物价标准折合计算之。

（3）凡未附逆之股东，仍承认其合法权益，惟该公司之名义，俟清理完竣即行撤销。

前呈各节，一俟奉令核准，当即加紧办理，俾清理工作可早告完成也。

汉冶萍公司之资产与债务[①]

民国三十七年一月（1948.1）

甲、资产方面

1. 大冶资产接收部分：按照华中钢铁公司筹备处接收清册，估价共计551 691 470.66元（估价标准系依照三十四年十一月份市价八折计算）。

2. 汉阳资产接收部分：按照华中钢铁公司等各处接收清册，估价共计196 651 397.00元（包括汉口、武昌之地产，估价标准系依照三十四年十一月份市价八折计算）。

3. 浦东码头基地部分：由本会接收该公司上海浦东二十四保码头空地一方，共计三十九亩。

4. 抗战期间征用及拆迁部分：抗战初期曾由兵工署征用汉阳铁厂全部设备材料，有借用清册可查，嗣由钢铁厂迁建委员会拆迁汉阳、大冶一部分机器至重庆及綦江。详细数字已函大渡口钢铁厂调查估计，尚未得复。

5. 萍乡煤矿部分：已函赣西煤矿局调查，亦未得复。

---

① 原件未署作者和时间，似为资清委所拟，时间系根据内容判定。

乙、负债方面

1. 日债部分:根据经济部及中国银行接收上海正金银行之案卷,欠日本兴业银行及横滨正金银行 38 926 431.300 元(日元),欠上海正金银行 2 500 000 两(上海规元)。

(以上之数字系结算至民国二十年止,利息未计)

2. 国内债务部分:据该公司赵襄理称,在战前尚欠通商及四明银行债务约五十余万元未曾归还。

3. 砂捐问题:关于该公司与湖北省政府间之砂捐纠纷,因迄无定案,以致无法确定。

核定接收汉冶萍公司事项①

民国三十七年一月(1948.1)

一、接收日期

拟定于二月十七日前往接收。

二、监交人员

拟请由江苏监察使署、经济部上海工商辅导处及资委会上海办事处派员会同监交。

三、协助机关

拟请上海市政府及警察局于必要时派员协助接收。

四、登报公告

本会接收该公司后,即日登报公告并继续在沪办理股东登记,一俟清理完竣再行公告本会清算结果及处理办法。

五、拟定股东权益处理原则

甲、如能拨少数款项收回股权最为妥善,以免日后纠纷。此项办法似可采用。

乙、如收回股权所需款项过巨,其合法股东之权益则移作新公司股权

---

① 原件未署作者和时间,似为资清委所拟,时间系根据内容判定。

之一部分。

卜昴华、王蔼云呈孙越崎文

民国三十七年二月五日（1948.2.5）

前奉院令核示，关于接收清理汉冶萍公司饬由本会迳向该公司洽接，如该公司延不点交册据，即由本会迳行接管。业经电呈钧座，并与李常务委员等商拟进行办法，由职等赴沪与该公司原经理人洽接办理，即将在沪与盛恩颐君谈话要点，先由吴委员兆洪及吴学蔺先生就近转呈委座，奉谕此事已届决定阶段，须俟钧座返京商定办法后再行前往接收。兹将职等洽接经过摘要呈报，仰祈鉴核示遵。

一、与该公司原经理人两度洽谈情形

职等赴沪于一月二十八日及三十日与盛恩颐君晤谈两次，面交本会训令，着该公司将各项册据等克日造具清册，遵照点交本会接收清理。盛君初则尚图施其过去惯技，藉辞延宕，不愿自动交出，且对于本会接管浦东码头空地等事犹有怨言。嗣经逐项驳复，嘱其一切俟交出后均可协商解决，不能再事延缓，至第二次谈话时，盛君态度似有转变，竟要求本会限期运行接管，或系希望能保全其个人利益而有就范之可能，但仍须妥为筹划，迅取有效行动以防另生枝节。兹将盛君谈话之要点摘录如下：

（一）原拟召开董事会，旋改与各董事个别交换意见。关于由本会接管一节，董事中有反对者有赞成者。盛君原则上极端赞同，因未便自动交出，请由本会以强制方式迳行接收，惟有两点要求：

1. 请以更严厉之训令着该公司限期移交，俾可避免召开股东会即行交出，以免使盛君为难。

2. 接收日期因阴历年内为日无几，请于阴历年初五以后派员往接。

（二）董事会登报公告办理股东登记两星期，自一月二十六日起至二月七日（阴历十二月二十八日）截止。五日中前往登记者不及二万股，至于附逆股东仅傅筱庵一人，已停止其登记。

（三）自敌伪后半期起，盛君为公司所垫之维持费用及原有员工（不及十人)之遣散费,希望另案拨还与核发,以资结束。

二、在沪与有关方面之接洽

1. 为准备迳行接管该公司起见,到沪后即先行分访上海市政府沈秘书长及警察局章副局长,必要时请予协助。

2. 接收时报请上海工商辅导处及大会上海办事处派员监交,以资慎重。

3. 本会上海方面交涉与接洽事项逐渐增多,已请钢管会上海营运处刘副处长美荫为本会顾问,以便就近协助。

签呈者　卜昂华　王蔼云

王野白[①]致煤业总局函

民国三十七年二月十三日(1948.2.13)

案准大局许副局长子艳(1116)电询,前向赣省接收所有萍矿设备属于汉冶萍资产者究有若干,当时估价如何,即开列详单寄会等由。准此,查萍乡煤矿整理局于二十七年初接收前江西省政府萍矿管理处时,未准移交全部资产清册及契据。因前汉冶萍公司于十六年共匪变乱时仓率离矿,并无对象移交,该管理处交与萍局,虽将当时所存机料房屋地产列有简单移交清册,并不详尽,亦未作价。二十八年四月萍局奉令撤迁,撤往湘桂线上,机料内中一部分于三十三年转运粤汉线,均因湘桂、粤汉战争发生,损毁殆尽,现仅存桂林全县废铁约千余吨。至前项移交清册,因案卷辗转撤迁湘桂粤赣等省,颇有遗失,现遍寻无着。惟该项清册曾于二十七年七月十九日以理字第1299号呈报大会在案,敬希就近调阅。兹将本局清理萍矿现有土地房屋清册一份,随函送请查照为荷。

此上

煤业总局

　　附萍矿现存产业清册一份

局长　王野白

---

① 王野白(1892—1965):字季良,湖北黄梅人。时任赣西煤矿局局长。

［附件］ 萍矿现存产业清册

地点	种类	名称	数量	单位	附注
安源	土地	水田	198	坵	每年佃租租谷181 石，以每亩 3.5 石计算约 51.714 亩
		山场	7	墇	
		土方	360	块	
		房屋基地	93	块	
	房屋	办公房屋	10	栋	年久失修，多已毁坏
		住屋	600	间	″ ″
		店房	19	栋	″ ″
紫家冲	土地	山场	1	墇	
		房屋基地	6	块	
	房屋	住屋	66	间	年久失修，多已毁坏
小坑	房屋	住屋	6	间	″ ″
上珠领	土地	梯田	210	坵	每年佃租租谷280 石，以每亩 3.5 石计算约 17.142 亩
楼霞乡	土地	水田	29	坵	每年佃租租谷 2.2 石，以每亩 3.5 石计算约 3.2 亩

续表

地点	种类	名称	数量	单位	附注
高坑	土地	水田	23	坵	每年佃租租谷2石，以每亩3.5石计算约3.143亩
湘东					
姚家洲	土地	水田	16	坵	每年佃租租谷13.2石，以每亩43.5石计算约3.771亩
株洲	土地	煤栈基地	105	亩	
	房屋	站房	1	栋	
湘潭					
杨梅洲	土地	旱地	46.375	亩	
	房屋	住屋	1	栋	

说明：上项土地除株洲煤栈基地及杨梅洲旱地均经本局测量外，其余尚待测量。

汉冶萍煤铁厂矿公司移交清册

民国三十七年二月十六日(1948.2.16)

一、汉冶萍煤铁厂矿公司（下文简称为公司）奉令遵于民国三十七年二月十六日将公司全部档卷账册契据钤章合同债券图表器具等分别造具移交清册，逐项点交与汉冶萍煤铁厂矿公司资产清理委员会（下文简称清委会）派员接收进行清理。

二、移交清册计分下列十一种：

1. 董事会档卷
2. 经理处档卷
3. 钤章
4. 合同执照
5. 会计账册表报单据
6. 地产契据
7. 债券及投资股票
8. 股票处簿册
9. 代股东保存未领回股票
10. 器具
11. 图标书籍

三、每种清册之编制与内容于各该清册前加以说明。

四、凡誊清之清册每页盖骑缝章，如有抄写错误，校正处盖校对章，此项章戳于点交竣事后会同监交人加封一并移交清委会保管。

五、关于公司各厂矿残余资产于胜利后连同日铁增益部分，均经由日本制铁所移交经济部湘鄂赣特派员办公处分别点收，并已交由资源委员会华中钢铁公司筹备处接管，又公司在上海浦东之码头基地已经资源委员会钢铁事业管理委员会于三十六年十二月一日派员接管。

六、民国八年公司改用新式簿记以前之各种账册及各部分之文件等因年份已久，移至浦东栈房内保存，当民国三十年日军拆除该码头及栈房时全部被毁散失。

七、汉阳铁厂及大冶厂矿之文卷账册等于抗战开始后全部运至汉口组设保管处保管，于民国三十四年一月该保管处被炸，此项文卷账册均已损毁。

八、移交总册及清册十一种均编具一式八份经移交人、接收人，会同监交人，每种逐项清点后，每份总册上签名盖章，除移交人留存一份外其余七份交由清委会分别存转。

移交人　汉冶萍煤铁厂矿公司　盛恩颐　赵兴昌

　　接收人　汉冶萍煤铁厂矿公司资产清理委员会　卜昴华　刘美荫
王蔼云

　　监交人　经济部代表　欧阳仑　　　　资源委员会代表　夏宪讲

　　　　　　　　　　　　　　　中华民国三十七年二月十六日

　　　　　　　　　　　　　　　本清册共3张

汉冶萍煤铁厂矿公司董事会档卷移交清册

民国三十七年二月十六日(1948.2.16)

说　　明

　　一、公司董事会之档案文卷,自民国元年起至三十四年止,计分(甲)总务、(乙)银钱、(丙)厂务、(丁)煤务、(戊)矿务、(己)杂件六大类,□明卷目分存于卷箱中。

　　二、因卷帙数量较多,如按件清点,费时甚久。经交接双方商洽,并征得监交人同意,照卷目造册,按宗数点交。

　　三、每一卷宗,用铜钉装订,将卷背加封,并在封口处盖骑缝章。

　　四、凡未归档各卷,列于杂件第三号"暂存各件"之卷内。

甲、总务

字	号	卷目	宗数	备注
董甲	1	分任经理、秘书长、所长、坐办各执事卷	三	
董甲	2	通告汉冶萍新公司成立另刊图记卷	一	
董甲	3	推举董事、会长到会议事卷	二	
董甲	4	鄂省派厂矿监督电请撤销卷	一	

字	号	卷目	宗数	备注
董甲	5	盛前总理移交文卷卷	一	
董甲	6	鄂议会没收汉冶厂矿实行监督卷	一	
董甲	7	呈请将钢铁煤焦中外机件概免税厘卷	一	
董甲	8	本公司股东大会卷	二	
董甲	9	呈请将汉冶萍公司收归国有蒙发公债票暂先抵款开炉卷	一	
董甲	10	厂矿购炸药卷	二	
董甲	11	呈送轮驳船表请注册给照卷	一	
董甲	12	王伯敏等函催汉口万家庙地亩成交卷	一	
董甲	13	鄂省要求三权经与代表会议（公司将厂用官本改填股票抵完一两铁捐鄂省将大冶官购矿山拨给商厂添炉采煤）卷	一	
董甲	14	华宝公司在福建开矿炼铁愿与汉冶萍公司合办订立合同卷	一	
董甲	15	函请陈理卿君复查厂矿损失及运销帐册批发亏款卷	一	
董甲	16	会计所办事规则卷	一	

续表

字	号	卷目	宗数	备注
董甲	17	各股东请换股、付息等项来往函件卷	一	
董甲	18	请交通部修筑萍路铁桥、添购车头车辆卷	一	
董甲	19	浦东码头购地建栈卷	一	
董甲	20	股东联合会卷	一	
董甲	21	会计所函牍卷	一	
董甲	22	通告厂矿、各局填报钢铁、煤焦产运销各种报单卷	一	
董甲	23	湖北兵工厂需用钢铁请饬议订合同签字照办卷	一	
董甲	24	湘鄂各省因军事租借厂矿轮驳、截留煤焦请饬放行并发租价卷	一	
董甲	25	厂矿轮驳请免纳船钞卷	一	
董甲	26	经理请照预算订造轮驳卷	一	
董甲	27	经理来往函牍卷	一	
董甲	28	议定株萍铁路承运萍矿煤焦运费价目卷	一	
董甲	29	请定轨制及验收章程卷	一	
董甲	30	辛亥乱时保守厂矿各员友请稽勋酌奖卷	一	

续表

字	号	卷目	宗数	备注
董甲	31	商务所来往函牍卷	一	
董甲	32	东方商运公司承揽售铁购煤卷	一	
董甲	33	萍矿因辛亥革命辞退洋员索赔损失卷	一	
董甲	34	请将汉冶萍厂矿官商合办卷	一	
董甲	35	汉厂添设提料、炼焦炉卷	一	
董甲	36	湖北水泥厂租用冶矿码头地基卷	一	
董甲	37	浦信车站圈用汉厂、信阳地亩请以浦口余地给换卷	一	
董甲	38	委任吴任之赴美考查订购大冶新厂机炉料件卷	一	
董甲	39	湖北兵工等官厂购用煤焦订立合同按月付价卷	一	
董甲	40	美商大来洋行代销生铁卷	一	
董甲	41	政府维持公司拟间接借款派委监察稽查各员督率办理卷	一	
董甲	42	大冶新厂购买地基卷	二	

续表

字	号	卷目	宗数	备注
董甲	43	煤铁运单请免贴印花税票卷	一	
董甲	44	汉厂辛亥资遣洋员索赔损失卷	一	
董甲	45	修改公司章程卷	一	
董甲	46	公司与日商安川议订合同合办九州钢厂供给生铁卷	二	
董甲	47	孙会长来往函电卷	二	
董甲	48	总稽核处卷	一	
董甲	49	四鄂铁路订购钢轨卷	一	
董甲	50	扬子公司购钢胚卷	一	
董甲	51	英德订购电机请转商准运卷	一	
董甲	52	日矿改在芜湖过载放洋卷	一	
董甲	53	派代表赴日本与制铁所磋议生铁、矿石交额加价卷	三	
董甲	54	钱保报索价保泰小轮损失卷	一	
董甲	55	本公司总事务所移汉卷	一	
董甲	56	重订驻东代表高木六(陆)郎薪费卷	一	
董甲	57	运输所卷	一	
董甲	58	鄂人重争厂矿权利卷	一	

字	号	卷目	宗数	备注
董甲	59	李顾问条陈添设预备炉、干风机、炼焦炉卷	一	
董甲	60	董事会秘书处函件卷	一	
董甲	61	中德断交厂矿留用德人卷	一	
董甲	62	兵工厂借用汉厂旧马丁炉两年内照造新炉价还卷	一	
董甲	63	厂矿暂行章程卷	一	
董甲	64	总、副经理赴京请领鄂城矿区、磋商湖北官款填股等事密件卷	二	原卷由夏经理携东被焚抄集补立
董甲	65	车运煤焦免纳税厘卷	一	
董甲	66	众昌冶坊就矿炼铁专铸锅料议由公司与之合办卷	一	
董甲	67	上海转运处卷	一	
董甲	68	补酬盛前会长薪费用以建祠铸像卷	一	
董甲	69	经理处分设四课卷	一	
董甲	70	订货退盘卷	一	
董甲	71	中日实业公司拟售矿石与制铁所卷	一	
董甲	72	组设东京事务所卷	一	

续表

字	号	卷目	宗数	备注
董甲	73	归还从前预支川路轨价银两并川粤汉两路用轨汉厂照约有优先权卷	一	
董甲	74	驻汉分销处卷	一	
董甲	75	认购张文襄公刊刻遗书公司醵资酬报卷	一	
董甲	76	请假章程卷	一	
董甲	77	规定职员出差旅费章程卷	一	
董甲	78	裁员减薪卷	一	
董甲	79	吴使、萧督十年份租借轮驳取用煤焦请发还付价卷	三	
董甲	80	公司财政窘迫筹策救济卷	一	
董甲	81	股东暨联合会催促发息开会及质问各节并推代表监察卷	一	
董甲	82	联席会议卷	一	
董甲	83	调查商务所售铁亏损卷	一	
董甲	84	归并大冶厂矿卷	一	
董甲	85	裁撤英京事务所核准彭脱休养金卷	一	

字	号	卷目	宗数	备注
董甲	86	新股东联合会等控告公司开股东会违反例章各节卷	一	
董甲	87	检送经理各合同等件卷	一	
董甲	88	高木条陈改革公司卷	一	
董甲	89	请保护厂矿卷	一	
董甲	90	联军扣用轮驳请放还卷	一	
董甲	91	政府调查傅董事股份卷	一	
董甲	92	农矿部接管公司请收回成命卷	一	
董甲	93	公司登记卷	一	
董甲	94	请实业部补救售砂矿区税等事已饬查另复卷	一	
董甲	95	职员考绩章程卷	一	
董甲	96	职员出差恤金休养各章程卷	一	

乙、银钱

字	号	卷目	宗数	备注
董乙	1	日本与兴业银行开送制铁所矿价抵还本息帐单卷	一	

字	号	卷目	宗数	备注
董乙	2	华安保险公司请将前因储蓄款五万两暂填股票仍作存款付还或换公债票卷	一	
董乙	3	厂存川汉铁路预支轨价银两照约不能提现卷	一	
董乙	4	临时政府迳向三井共借日金贰百伍拾万元请照约直接归还卷	一	
董乙	5	六合公司借票转于东方公司卷	一	
董乙	6	萍矿借湖南票银十万两卷	一	
董乙	7	扬子机器制造公司报告帐目卷	一	
董乙	8	函请查账员审查账略卷	一	
董乙	9	补送第一次议董夫马银两卷	一	
董乙	10	函请李经理将大冶添设炉座、萍乡扩充出煤所需经费预算确数汇册报告以定债额卷	一	
董乙	11	查帐董事孙慎钦赴日本考查厂矿簿记办法请发旅费卷	一	

续表

字	号	卷目	宗数	备注
董乙	12	湘省索还厂矿前欠湖南官钱号银两卷	一	
董乙	13	催令编造壬子年帐略卷	一	
董乙	14	会计所呈送预算表卷	一	
董乙	15	会计所呈送统计股、款项股收付报册卷	一	
董乙	16	湖北兵工、钢药两厂欠缴钢铁等项料价银两划抵铁捐卷	一	
董乙	17	冶矿捐助地方自治经费改为公益捐卷	一	
董乙	18	补发公司同人减成薪水卷	一	
董乙	19	清理汉口钱庄欠款卷	一	
董乙	20	预借日本正金银行日金九、六百万生铁、矿石价银卷	一	
董乙	21	商务所造报汉平轮船年结盈亏册并请自保船险卷	一	
董乙	22	函请交通部将粤汉、陇海等路欠缴轨价拨还暂免扣抵部款卷	一	

字	号	卷目	宗数	备注
董乙	23	核定大冶新厂工程成本簿记格式卷	一	
董乙	24	海军军舰、雷艇欠缴煤价银两卷	一	
董乙	25	大冶新厂工程预算卷	一	
董乙	26	认购内国公债票卷	一	
董乙	27	汉粤川路轨加价卷	一	
董乙	28	预支邮传部轨价二百万两扣还本息卷	一	
董乙	29	唐晋斋欠款卷	一	
董乙	30	交通银行催还旧欠各款卷	一	
董乙	31	改良簿记卷	一	
董乙	32	捐助顺直水灾洋一万元卷	一	
董乙	33	铁捐以四成之三解鄂、一成留抵兵工厂料价卷	四	
董乙	34	取消钢铁学堂股票抵给汉庄欠款卷	一	
董乙	35	附入湖北聚庆源机器制造公司股份一万元卷	一	
董乙	36	湖南船政局该欠煤价卷	一	

字	号	卷目	宗数	备注
董乙	37	赣省征收矿产税卷	一	
董乙	38	盛董事代农商部向华孚、通商两行借款卷	一	
董乙	39	津贴地方官厅夫马等费卷	一	
董乙	40	捐助各项经费卷	一	
董乙	41	经理呈送预算表册核准颁行卷	一	
董乙	42	结束萍矿官钱号卷	一	
董乙	43	汉厂认三师供应费二千两受公债抵押卷	一	
董乙	44	湖南谭组翁预支股息卷	一	
董乙	45	补充工程借款日金八百五十万圆卷	二	
董乙	46	请兴业、正金银行展缓借款还本卷	一	
董乙	47	附入商报馆股份三万元卷	一	
董乙	48	与正金银行订借日金贰百万元卷	一	
董乙	49	沪栈因欠长沙裕庆和庄债款被卫戍司令部查封卷	一	
董乙	50	财政部征收铁砂矿产税卷	一	
董乙	51	收支万庆兰亏款卷	一	

续表

字	号	卷目	宗数	备注
董乙	52	饬令会计所抄送银行钱庄往来结单卷	一	
董乙	53	庞仲雅等索还存款卷	一	
董乙	54	公司职工储蓄章程卷	一	

丙、厂务

字	号	卷目	宗数	备注
董丙	1	查账董事代表庄有严、黄桂泉查点汉厂存料卷	一	
董丙	2	汉厂月需煤焦报关数目卷	一	
董丙	3	兵工厂与铁厂拨换基地房屋卷	一	
董丙	4	汉厂添购码头基地卷	一	
董丙	5	汉厂扩充工程购办机料卷	一	
董丙	6	汉厂各项往来函牍卷	一	
董丙	7	汉厂请开大别山洞通轨到［倒］渣展拓厂基卷	一	
董丙	8	汉厂雇用华洋员司核定薪费卷	一	
董丙	9	各学堂派生赴汉厂参观工作、实地练习卷	一	

续表

字	号	卷　目	宗数	备注
董丙	10	高公桥地价卷	一	
董丙	11	大冶新厂工程卷	一	
董丙	12	大冶新厂遴派员司核定薪费及办事权限章程卷	二	
董丙	13	汉阳伯牙台吕合堂地基购归厂用卷	一	
董丙	14	汉厂遴派工司学生出洋练习卷	一	
董丙	15	汉厂造炉修理炉厂并炼铁成绩卷	一	
董丙	16	厂需白泥沙石租山买矿卷	一	
董丙	17	日领请购本公司汉口日租界地皮卷	一	
董丙	18	请招商局就黄石港洋棚改建趸船卷	一	
董丙	19	汉厂承办汉阳电灯卷	一	
董丙	20	冶厂请购枪械卷	一	
董丙	21	汉厂员司练团购械卷	一	
董丙	22	派员盘查汉厂钢货历年损耗未报数目并改良办法卷	一	
董丙	23	萍矿机器移汉合组制造厂卷	一	

丁、煤务

字	号	卷目	宗数	备注
董丁	1	电告萍矿并未停工饥民盗贼与矿无干卷	一	
董丁	2	佛宁门煤矿被支宝公司王梧生占据开采请饬交还卷	一	
董丁	3	分送运煤样单请饬关卡免厘验放卷	一	
董丁	4	集成公司段鑫等在萍乡开井采煤有碍官矿请饬禁卷	一	
董丁	5	赣都督派周泽南调查萍矿筹备公股共谋整顿卷	一	
董丁	6	赣省派员携款代办萍乡煤矿争令取消卷	一	
董丁	7	萍矿原有巡警、警备改编为萍乡矿团请立案卷	一	
董丁	8	控追林虎侯侵吞萍矿巨款卷	二	
董丁	9	萍乡煤矿各项往来函牍卷	三	
董丁	10	函请运销局禁止运煤轮驳各船夹带米石卷	一	
董丁	11	武汉运销局往来函牍卷	一	

字	号	卷目	宗数	备注
董丁	12	查追钦钰如经办镇宁芜批发处匿不交出帐目及亏欠款项卷	一	
董丁	13	请禁萍矿界内私井并议归并赣购土井规复矿界卷	三	
董丁	14	宝丰公司包销萍矿煤焦卷	一	
董丁	15	萍乡煤矿扩充工程购办机料卷	一	
董丁	16	武昌分销毕先筹亏短公款卷	一	
董丁	17	派员清理萍矿运销局宕欠各款卷	一	
董丁	18	萍矿雇驻株采办木料处卷	一	
董丁	19	萍矿雇用华洋员司核定薪费卷	二	
董丁	20	开采高坑煤矿卷	一	
董丁	21	六河沟煤矿卷	一	
董丁	22	萍煤出口、井税改征银行卷	一	
董丁	23	湘省军事用煤卷	一	
董丁	24	请查禁萍乡大通公司私井卷	一	
董丁	25	余干煤矿卷	一	

字	号	卷目	宗数	备注
董丁	26	泾县煤矿卷	一	
董丁	27	鄱乐公司卷	一	
董丁	28	煤焦损失卷	一	
董丁	29	萍矿学堂改托教育管理卷	一	
董丁	30	张师长、湘督、方镇守使该欠萍矿借款煤价等项卷	一	
董丁	31	萍乡永和煤矿卷	一	
董丁	32	收买萍矿私井煤焦卷	一	
董丁	33	庆丰公司索价延交煤斤卷	一	

戊、矿务

字	号	卷目	宗数	备注
董戊	1	武昌铁矿卷	一	
董戊	2	九江铁矿售矿砂卷	一	
董戊	3	矿业联合会卷	一	
董戊	4	函请陈理卿君将冶矿所请迁总局、办巡警、员司加薪水、工匠加工食各条考核查复卷	一	
董戊	5	常耒锰矿免税卷	一	
董戊	6	大冶铁矿往来函牍卷	二	

字	号	卷目	宗数	备注
董戊	7	兴国州白云山锰矿卷	一	
董戊	8	常未锰矿卷	二	
董戊	9	大冶铁矿扩充工程购机造屋卷	一	
董戊	10	大冶铁矿雇用员司招考生徒卷	一	
董戊	11	开采盆头岭之文锡岭锑矿卷	一	
董戊	12	冶矿请派警备队驻防卷	一	
董戊	13	象鼻山官矿卷	一	
董戊	14	鄂城铁矿卷	一	
董戊	15	大冶铁矿局收支股被窃卷	一	
董戊	16	安徽当涂县铁矿卷	一	
董戊	17	九江城门山铁矿卷	一	
董戊	18	贺国昌等呈领上硃岭铁矿、高坑煤矿矿区请查禁卷	一	
董戊	19	马鞍山煤矿结束卷	一	
董戊	20	萍矿设立卫生部扑灭勾虫卷	一	
董戊	21	合办江西仙居铁矿公司卷	一	
董戊	22	海城苦土矿卷	一	
董戊	23	安徽繁昌铁矿卷	一	
董戊	24	湖州长程公司铁矿卷	一	

字	号	卷目	宗数	备注
董戊	25	探采冶矿及阳新锰矿附近矿区请呈部注册领照卷	一	

己、杂件

字	号	卷目	宗数	备注
董己	1	直方砖厂租与汉新公司承办请饬交收卷	一宗	未收到
董己	2	杂件卷	一束	
董己	3	暂存各件卷	一束	
董己	4	董事会收发文簿	卅六本	自民国元年至卅四年
董己	5	议案原底	二本	
董己	6	廿二年股东临时会纪录等件	一包	
董己	7	合同汇编	三部	
董己	8	卷目	一本	

移交人　汉冶萍煤铁厂矿公司　盛恩颐　赵兴昌

接收人　汉冶萍煤铁厂矿公司资产清理委员会　卜昂华　刘美荫
王蔼云

监交人　经济部代表　欧阳仑

资源委员会代表　夏宪讲

中华民国三十七年二月十六日

汉冶萍公司资产清理委员会公告

民国三十七年二月十八日(1948.2.18)

查本会层奉院令,遵令本年二月十六日接管汉冶萍煤铁厂矿公司,进行清理,同日起在上海四川中路三十三号中国企业银行八楼该公司原址设立本会上海临时办事处,开始办公。除呈报外,特此公告。

中华民国三十七年二月十八日

清理汉冶萍煤铁厂矿公司帐目表册提案①

民国三十七年二月(1948.2)

(一)关于各项资产之价值,清理时拟暂以原值为准,清理后估价标准应如何决定,敬请公决。

(二)查该公司二十七年以后一部分帐册尚未登论讫,拟依据二十七年度之帐表数字先行清理,待二十七年以后之全部帐册登记后再行赓续清理。

又该公司历年所编资负表各科目数字与帐列数字甚多出入,拟于清理后编表时,以帐列数字为根据,可否请公决。

(三)固定资产各科目,除土地方面有地契可参考外,其余均乏实际资料可查,只可以接收及征用清册所列为参考范围。至存料生产品(沪栈存货帐、驻汉转运处存货帐)暂记(印花税、萍矿自售煤焦帐、暂记帐)未定转帐各厂矿处往来帐,拟就总公司所存资料,将能清查数轧入总表,可否请公决。

卜昴华、王蔼云呈孙越崎文

民国三十七年三月十五日(1948.3.15)

查汉冶萍煤铁厂矿公司接收工作行将告竣,各项移交清册日内即可编

---

① 原件未署作者和时间,似为资清委会议材料,时间根据内容判定。

造就绪,经双方暨监交人盖章后呈报备案。关于清理工作应即准备开始进行,兹拟分下列三部分办理之:

一、股票部分。该公司股票制度甚为紊乱,现正在清查核对中,预期本月底前清查完竣。拟定办法经呈请钧座核准后,在沪开始办理股权登记审核事宜。

二、账册部分。关于该公司账目册据之清理事项,由林强先生办理,已奉钧座核准。兹拟聘林强先生为本会会计顾问,以便在沪开始进行,业经商得林强先生同意。因本会原有人员不敷,并由林强先生推荐王奎臣、严宝华、毛子仪三君担任账务稽核清查工作,拟以本会专员名义任用,薪额自二百四十元至三百元。

三、档卷部分。拟将该公司全部档卷运京清查整理。

以上所拟是否有当,理合签请核示祗遵。

卜昂华　王蔼云

清理汉冶萍煤铁厂矿公司帐目册据意见书

民国三十七年三月二十七日(1948.3.27)

案奉贵会三十七年三月十五日汉清字第116号聘书:"兹聘请林强先生为本会会计顾问,主持汉冶萍煤铁厂矿公司帐目册据清理事宜"等因。经调阅该公司有关帐目表册,并口头询问该公司会计所经管人员,藉悉该公司自创办迄今为期数十载,帐册簿据极为繁多。大致情形如下:

一、该公司初用中式簿记,帐目不详,民国八年起改用双式簿记,惟总公司仅设统驭帐及有关登记簿籍,而明细分类帐概以记帐凭单代之。至其附属厂矿单位均系独立会计,年终总公司根据所属各单位结算表汇总编制帐略提股东会。

一、总公司及所属单位,除地产契据、公债证券及汉阳厂存有调查生财估计簿一本可稽外,其余均无财产详细登记簿籍。

一、该公司对于费用支出,系照假定预算估计办理,各单位经费由总公司拨付,所有购置什物器具均以费用列帐,待年终并入损益帐内,故无生财登记可稽。

一、该公司股票进出甚多，另设股票处专司其事，会计部分无详细记载。

一、总公司决算表作至民国二十七年为止，二十七年后仅有维持性开支。惟在三十四年五月底伪政府时代，该公司结存现款照规定以法币二比一折成伪币，其差额则列入损益帐内。又总公司与各厂矿往来帐务，除本公司帐册仅有金额外，其余各单位所有帐册已在战时毁损无遗，故各厂矿之帐目仅有总公司拨出一笔经费详细帐目及资产，清理工作无从着手。

根据现有资料拟定清理之标的如下：

一、有关总公司所置之财产，虽无财产登记簿可查，但可在历年费用帐内设法摘录。

一、有关该公司所属汉阳大冶二铁厂、萍乡煤矿、大冶铁矿驻汉转运处及上海浦东码头栈房及海城镁矿所列固定资产，总公司无财产总登可稽。至征用及接收产物征用部分，似可参考军政部二十六年借用汉阳钢铁厂建筑物、设备、材料、机件清册，借用汉阳钢铁厂各部分存料、废料清册，接收部分可参考经济部湘鄂赣特派员办公处清册。至驻汉转运处之资产可在该处轮驳被鄂省府扣用案内清查。惟上列各册估价并非根据帐册，只可明了资产内容，似可不再作价列帐。

一、拟以二十七年总公司结算各科目结数为清理之基础。

一、负债方面，股本一项应俟股票清理完毕后再凭核对。至日本借款为预收矿砂及生铁价款，可参阅该公司档案、合同及银行往来结单等，以便核对。

一、预收钢轨价、各户定银、职工储金、银行借款及透支暂记等，凭总公司帐按户详细清理。

一、负债方面，各项准备帐目上多称准备金，想系准备之误，因准备金系资产科目，至各项准备可检视作为参考。

一、未付税款，拟参查前鄂省与该公司合约分别清理。

一、将总公司所存契据、合同以及证券票据等详细清点，并与帐册核对后编制资产详册(凭当时价值)。

一、其他有关币制更动情形,拟按当时折比推计,按帐查阅,在伪政府改币时其现金已折合而各科目结存并未更动,故可仍以原币为准。

一、二十七年后至本年接收前之帐目,拟查各年内系以何项资产变现以付开支并代为结帐(各年帐户均未清结)。

以上所拟是否可行,敬请核夺。此致
汉冶萍煤铁厂矿公司资产清理委员会

林强谨启

汉冶萍煤铁厂矿公司资产清理委员会
清查股权办理登记公告①
民国三十七年五月十二日(1948.5.12)

公字第三号。

查汉冶萍煤铁厂矿公司业经本会遵令接管清理并公告在案。本会为保障该公司股东之合法权益起见,特重行办理登记清查股权,务希各股东于公告之日起至本年六月底止,携带股票连同有关凭证及原存印鉴或具函检附上开证件,向上海四川中路三十三号八〇七室本会上海办事处,在限期内声请登记,切勿自误。特此公告。中华民国三十七年五月五日。

接收汉冶萍公司之经过②
民国三十七年五月(1948.5)

本会于上年七月间举行第二次会议,拟具汉冶萍煤铁厂矿公司接收方式及清理办法,备文呈请资源委员会、经济部转呈行政院核备遵行。十月初曾奉行政院三十六年九月二十七日七外字第 39090 号指令内开,呈悉。案经饬据苏浙皖区敌伪产业清理处代电略称,汉冶萍公司欠横滨正金银行款项之担保品,其中汉阳土地地契八十七通,上海浦东地契一通,暨汉口地

---

① 本文选自 1948 年 5 月 12 日《武汉日报》。

② 原件未署作者和时间,似为资清委向资委会的报告,时间系根据内容判定。

产二份,确已由本处接收,并决定暂不处理在案。惟依照敌伪产业处理办法,该汉冶萍公司应先将欠横滨正金银行之借款,升值缴还本处解库后,始可将上项担保品取还等情,随令抄发原代电,仰即知照,转饬汉冶萍煤铁厂矿公司资产清理委员会会同苏浙皖区处理敌伪产业审议委员会,迅速洽接清理。

查该公司所欠之日债,经本会分向中国银行接收上海正金银行办事处、中央信托局苏浙皖区敌伪产业清理处调查,并在经济部档卷内查得此项借款合同抄印本,苏浙皖区敌伪产业清理处除接收该公司欠上海正金银行250万两借款之担保品地契外,至于该公司所欠日本兴业银行横滨正金银行借款3 800余万日元债务,该处无案可稽,本会既为清理汉冶萍公司之特设机构,所有该公司资产债务,自应专一处理,以免分歧。本会于十一月初再备文呈请经济部及资源委员会转呈行政院核示,其间本会曾派员几度与行政院方面接洽,旋于一月四日曾奉行政院三十七年一月十四日七外字第2081号指令内开,呈悉。该部会三十六年七月二十四日资业字第11090号、京矿字第56339号呈所拟整理汉冶萍公司接收方式及清理办法,前经本院于三十六年九月二十七日以七外字第39090号指令饬遵在案。兹再核示如下:(一)关于接收方面,可由汉冶萍煤铁厂矿公司资产清理委员会迳向该公司洽接清理,如该公司延不点交册据,可即由清理委员会迳行接管。(二)关于清理方面,日债部分俟另案核定。萍乡煤矿部分准一并接管清理,已由院饬知。该公司未附逆股东部分,可承认其合法权益。关于计算价值标准,据拟按民国三十六年上半年之物价标准折合计算一节,因与借款价值计算有关,仍应会同处理机关洽商办理。除分行经济部暨苏浙皖区处理敌伪产业审议委员会外,仰即转饬遵照办理。

本会奉令后,遵即派委员卜昂华,顾问刘美荫、孙治公、林强,秘书王蔼云等赴沪,于二月十六日会同监交人经济部上海工商辅导处处长欧阳嵛、代表钱国钮,资源委员会上海办事处处长夏宪讲、代表翟丹生,前往四川中路33号8楼807室接收汉冶萍煤铁厂矿公司上海总公司,当由该公司总经理盛恩颐、襄理赵兴昌办理移交(抄附两次谈话记录)。即日起本会在该公司原址设立上海临时办事处,开始办公。除在京沪汉津等地报纸公告外,即将接收经过备文呈报经济部、资源委员会备案。

本会于三十六年四月举行第一次会议时,所拟应饬汉冶萍公司遵办事项两点:

一、该公司一切资产自即日起不得为任何之处分,并应指定负责人员将所有资产及其契据、帐册、档卷等一律点交本会接管,以凭清理。

二、自抗战起迄本会接管之日止,该公司在此期内对其资产如有任何处分及其移动等情事,应逐项叙明详情及理由,并检同证件移交本会并案清理。经呈请部、会转呈行政院电饬该公司遵照办理,此次本会派员前往接收由该公司总经理指定负责人员将上海总公司所存之资产、契据、帐册、档卷等一律点交本会接管。惟该公司在抗战期间厂矿被日人占用,原有员工均已遣散或离职,上海总公司方面除总经理外,仅襄理赵兴昌、簿记员庞运钵二人,办公室原租有企业大楼八楼全部楼面九间,嗣亦陆续退租,仅留807号一间。

该公司之资产在抗战期中如有任何之处分与移动情事,一时尚难查明,当俟清理时查出后,再交由该公司负责人叙明详情及理由。

关于交接清点工作,系由双方人员分三组办理。第一组档卷、钤章、合同等;第二组资产、契据、帐册、表报、公债、股票等;第三组器具、图书等。所有移交清册因该公司方面人手不敷,遂由本会人员按照实际点收种类数量,分别代为编造并加说明,均由该公司总经理、襄理及经办人详细校阅后,以打字机每种打成八份。至四月十三日清册造就,经双方及监交人签名盖章,除监交人及该公司各执存一份外,其余五份由本会分别存转。每份计分下列十一种:

总册

一、董事会档卷

二、经理处档卷

三、钤章

四、合同执照

五、会计帐册表报单据

六、地产契据（因未点完清册暂缺）

七、债券及投资股票

八、股票处簿册

九、代股东保存未领回股票

十、器具

十一、图表书籍

该公司董事会之档卷系自民国元年起至三十四年止，均分类整理就绪。经理处之档卷自民国六年起至二十六年止。在抗战以后者，未曾整理归档，均列于未归档卷内。接收该公司之帐册系自民国八年改用新式簿记至本会接管之日止。据该公司负责人称，所有早年之档卷帐册等均移存浦东码头栈房内，于民国三十年被日军拆除该码头栈房时全部散失。又该公司汉阳铁厂及大冶厂矿之文卷帐册图表等，据称于抗战开始后全部运至汉口设立保管处保管，除图表一箱借与日本制铁所运回大冶外，所有此项文件帐册于民国三十四年一月该保管处被炸时全部损毁。其实际情形尚待查明。

该公司上海浦东二十四保之码头及栈房在战时被毁，现存基地一方，计五十余亩，本会于三十六年十二月一日派员接管。以本会本年度经费资源委员会方面难于筹垫，遂将此项基地租与钢铁事业管理委员会上海营运处使用，在租约未商订前本会经费暂由该处按月垫借。

该公司之地产契据因与正金银行有借款关系，故将大部分之主要地契由公司会同正金银行封存于该公司之三具保险箱中，保险箱钥匙正副两付双方分别保存。公司所存之钥匙业已移交本会接收，惟上海正金银行所存之一付，经本会致函中国银行接收上海正金银行办事处接洽，据复此项钥匙未经正金银行交出，当由该处呈报财政部请示办理。本会复函请财政部清理敌伪金融机构督导委员会派员，会同本会及监交人、经济部资源委员会代表毁箱开启，以资清点。业准财政部函后，已电知中国银行与本会迳行洽办此项毁箱手续,拟下周派员赴沪办理,以便开箱清点该公司之地契补造移交清册,庶此项接收工作可全部告竣也。

刘泮桥致公司上海办事处函

民国三十七年六月六日(1948.6.6)

敬启者:

阅上海《东南日报》登载汉冶萍煤铁厂矿公司为清查股权,保障股东之合法权益起见,特将重行举办股权登记。凡该公司股东均须于即日起至六月底止,携带股票连同有关凭证,前往本市四川中路 33 号 807 室该会上海办事处,声请办理登记等语。泮桥所执股票五张计 108 股,理应遵办,奈因途中不靖,该股票现在合肥乡间保存,往返不便。兹将该股票号数另开细单二纸,附函寄阅,至请查收。请代登记后,一纸由贵处留存作证,一纸加盖此次登记印章寄回,由鄙处保存作证,并祈赐复。再,公司多年未开股东会,现在正副董事长何人? 经理何人及贵处负责何人? 均祈赐知,以便通信。

　　此致
汉冶萍煤铁厂矿公司上海办事处执事先生
　　回信请寄芜湖明远电气公司董事会

　　　　　　　　　　　　　　　　　　刘泮桥拜启

兹将刘泮桥所执汉冶萍煤铁厂矿有限公司股票号数、股数开列于后,敬祈查核,代为登记。

　　计开:

创字第 3314 号	刘泮记户	二十股
创字第 3325 号	刘泮记户	三十股
优字第 7661 号	刘泮记户	二十股
普字第 8363 号	刘泮记户	三十股
普字第 9647 号	刘泮记户	八股

　　共股票五张,计 108 股。

以上股票均系民国二十一年十一月二十九日登记第 185 号,均改刘泮桥户。

此致

汉冶萍煤铁厂矿公司上海办事处执事先生台鉴

刘泮桥具

孙治公:汉冶萍公司资产清理委员会处理公司股权债务意见书

民国三十七年六月二十三日(1948.6.23)

一、关于汉冶萍公司原有负债,在手续上仍应参照《公司法》第 276 条及第 81 条之规定,登报催告各债权人申报债权,对于已知之债权并应分别通知申报,以期手续完备。

二、关于汉冶萍股权之处理,如果政府严格采取将该公司资产事业连同股权全部收归国有之原有,似可由政府公开宣告,收归国有后,就每一股份以行政行为之方式给以一定之金额作为补偿费。但如政府仅将该公司之资产事业收归国有,而对于商股股权仍决定依照公司法上清算之手续予以处理,似应就该公司现有全部资产除去日敌增益部分,加上政府在抗战时期征用拆迁部分而计算其价值数额,然后将政府收归国库之日债价值数额与上开资产价值数额,依照《民法》第 334 条之规定互相抵销。如有资产余额,再就其余额依照《公司法》第 276 条、第 83 条及第 272 条各规定,按各股东所缴股款之数额比例分派。对于股东之有优先股权者,则参酌《公司章程》所定方法分派之。

三、关于资产与日债计算之标准,参照《民法》第 335 条之规定,似应就同一日期估计之,并以政府代为行使,日债请求权之日期为估价之日期,此项日期可就两日期择一决定之:(一)即以政府于胜利后宣告没收敌产之日期,为政府取得日债债权而代为实行追偿之日期。(二)即以政府公告该公司日债收归国有而成立本会予以清理之日期。至于以二十六年底估计该公司资产与日债之价额,于法似无所据。

四、关于各股东就资产余额之分派,应以现金给付为原则。如政府成立新公司,而准各股东就其应得之分派额折合为新公司股份时,似仍应听凭各该股东自愿参加新公司为股东。其有不愿意者,依法似仍应给以现金,不宜强求汉冶萍公司股东参加为新公司股东。

五、关于汉冶萍公司股权之已向清委会登记者,即确认其股权,其未登记者,即一概将其股权暂为保留,在分派资产余额时仍一并加入计算分派,然后将各该未登记之股权应派得之金额提存国库,并另催告限期具领,逾期即收为国有。

六、关于声请挂失股票或印鉴而登记之股权,经其呈递声请书并自行登报声明遗失后,如无他人声明异议亦未发现有可疑之处时,可准其觅具妥保后准予登记其股权。至于遗失之公司股票,本会不必代公司补发。

七、关于日债以外之公司债务,仍应参照一般法律规定清理。

孙治公具

派员赴沪及汉冶萍代表来京商洽接收之经过[①]
民国三十七年六月(1948.7)

查汉冶萍煤铁厂矿公司资产清理工作,本会遵奉经济部本年五月京矿字第43860号指令内开:呈悉。关于该会议决应饬汉冶萍煤铁厂矿公司即行遵办事项两点,业经本部与资源委员会会同呈请行政院鉴核施行。兹奉行政院本年五月二日从三字第16599号指令开:准予照办,除电饬该公司遵照办理外,仰即知照等因。奉此,当将令知该公司应行遵办事项两点,再由本会登载京沪各大报公告。并经派本会委员宋作楠及法律顾问孙治公,赴上海接收该公司资产契据、帐目、档卷等,以凭清理各在案。

据宋孙两员五月二十四日报告,职等奉派赴上海接收汉冶萍公司,遵于本月十二日前赴上海四川路三十三号中国企业银行大楼八〇九号,向该公司接洽。当日仅晤及该公司赵襄理,次日上午往访该公司总经理盛恩颐,当予面交本会训令,嘱令移交。惟据称该公司尚未收到行政院训令,并

---

① 原件未署作者和时间,似为资清委向资委会的报告,时间系根据内容判定。

称俟收到院令后当即召开董事会,并分别呈复院部会等语。职等于十五日返京前赴行政院,询问公文未能送达该公司之原因,始知该项院令已送汉口。职等当即与行政院秘书处主办组科商妥,另抄原件加盖关防迳寄上海,以免周折。本月十九日职等预计院令可以送达,复于该日前往该公司晤盛总经理,据称院令业已送达,已抄送该公司各董事,并定于本月二十七日以前召开董事会讨论后,当再分别呈复院部会。惟在董事会未议决移交以前,渠未便擅自办理等语。以上系职等在沪与该公司负责人多次接洽,及未能接收等情形。理合陈报至祈,鉴核为祷。

六月上旬,盛恩颐、谢天赐来京探询关于该公司商股处理办法,本席当面嘱其从速遵令移交,由本会接收清理后始能决定对于商股之适当处置办法。

嗣于六月十五日复派本会委员卜昂华赴沪,与该公司交涉早日接收。据卜委员报告,在沪与盛恩颐谈话要点如下:

一、问:从速确定移交日期以利清理。

答:在董事会中已与各董事交换意见,佥认案件重大,须交付股东大会讨论,俾作最后之决定。

二、问:股东大会迄未召集,是否故意拖延时日而拒不移交。

答:决非故意拒交,实因在股东大会开会时若不将政府之处理办法向各股东提出,势必仍无结果而散。

三、问:试述各股东之要求究如何,俾供参考。

答:查政府未颁布清理汉冶萍资产之法令前,股票价格虽无市价,惟仍在市上流通,每股约值国币壹万六千元左右。各股东为维护血本关系,拟请政府在未清理前有一诺言,俾可立即召开股东大会,征求各股东之意见(注:股票在市上之价格确否待查)。

四、(盛君之要求)当今民主时代,请政府以民主方法处理。

答:民主政府之处理方法,必须根据国家之法律与法令办理,本会前来清理并非没收,目前院令大会拨归国营为当今之国策,现本会组织成立,办理清理手续,即系根据民主原则。

五、问:在未办移交前,本会清理所需资料希先行交出一部分。

答:贵会如须参考资料,愿以私人资格尽可能范围内供给。

六、问:希将各股东之意见用书面呈复本会。

答:俟端午节及银行结帐期过后,即与数大股东交换意见,随即具文分呈行政院及贵会。

该公司一再托词须先开董事会(查该公司原规定设董事九人,民国二十二年修改章程,改为十一人,闻现仅存五个——盛恩颐、盛昇颐、厉树雄、夏棣三及黄金涛),继又谓须召集股东大会,似系故意拖延拒不移交,迄今尚未据该公司呈复到会。本会亟应确定具体方针,并拟具该公司资产接收清理进行办法,以资遵循办理。

张松龄、刘刚致资源委员会函
民国三十七年七月十日(1948.7.10)

查分配本处之日本赔偿机器五十二部,已运沪十一箱,其余二十一箱尚在洽运中。现值交接,相应备函专案移请查照办理,并见复为荷。

此致

华中钢铁有限公司代总经理　张松龄

华中钢铁有限公司筹备处代理主任　刘　刚

[附件]　载运日本赔偿机器承揽书
民国三十七年九月十一日(1948.9.11)

立承揽书人公益实业股份有限公司

今承资源委员会材料供应事务所委托载运日本赔偿机器一批,计三十九大箱,经派由302、67号二铁驳负责装运。兹拟定各项条款于后,以资遵守:

一、装卸地点:由上海至大冶交卸。

二、吨位计算:该302、67二驳共计载货量为1 500吨,经议定以本批机器之笨重吨位1 300吨计算运费。

三、运费价格：运价依照国营招商局规定运价为国币柒仟叁佰陆拾万元结算之，中途不得随时增减。

四、付款办法：于本承揽书签订后开始装货时先付运费五成，候全部机件运出后再将全部运费结清之，结付运费以每驳为单位。

五、装卸责任：所有装船工作由本公司负责计划，除所需木料由本公司先行估定之后由贵所供给外，其出舱伕力及起重机等悉归贵所自理，到达大冶，起舱工作以及一切伕力亦由贵方自理之，并议定装出舱时间于指定通知日起每驳各以七天为限（即每驳装出舱时间共计十四天为限），如遇过期，应津贴敝公司延期损失费每天国币壹亿伍仟万元，码头各费归贵所自理。

六、运达期间：由敝公司负责于上海起运日起三十天内将承运上项机器安全运达大冶，如逾期限得由贵所自行处理，此所受一切损失及费用概归本公司负责赔偿。

七、承运责任：自落驳之日起至完全卸清之日止，期内如有短损或意外事件，除非人力所能抵抗者外，敝公司应负责赔偿。

八、保人责任：经觅便殷实铺保担保，倘敝公司未能履行本承揽书时，概由保人负责理楚及赔偿一切损失。

九、捐税保险：对于本驳内所载机器，如有一切捐税报关及保险费手续等，均由贵所自理之。

十、航运规章：各种航运规章悉依照轮业公会及国营招商局之定章以及提章上之条例办理之。

附注：本驳开始装货应由敝公司负责拖至贵所之指定地点装载，但只限一次，设如再拖至其他地点并装他货者，则因而所受之拖费应由贵所付给之。

本承揽书一式三份，除一份存敝公司外，其余二份送存贵所备案。

> 立承揽书人
> 地址
> 保人

地址

中华民国三十七年九月十一日

附注:准于九月十八日开始装货。

张松龄致敌产清理处函

民国三十七年七月十四日(1948.7.14)

查本处接管之房屋其中一部分系"日铁"占用之民房,在日人投降时事实上已由原业主自行迁入。经当地保甲长证明者,计:操车场 368、369、370 号;江边胜阳港 366 号;青备山 376、377、378、379、222 号;中石灰窑 359、360 号。又(一)铁山曹家湾 54、55 号暂不需要征购;(二)石灰窑保石字 12 号国际旅社房屋为大冶县政府占去;(三)保石字 44 号利华煤矿公司租用之房屋,该公司认为应由其接管;(四)第 1557 号变压器一具,原为大冶电厂借用,嗣由石黄镇警察所以系大冶县府接收抬去。均先后电请中央信托局武汉区敌伪产业清理处核实,尚未准复。现值交接,相应备函专案移请查照办理并见复为荷。

此致

华中钢铁有限公司代总经理　张松龄

华中钢铁有限公司筹备处代理主任　刘刚

敌伪产业清理处致华钢筹备处代电

民国三十七年七月十四日(1948.7.14)

资源委员会华中钢铁有限公司筹备处公鉴:华(37)会字第 0902 号已陷代电敬悉。关于贵处接收日铁大冶矿业所资产估价转账一案,以审核颇费时日,除俟赶办竣事再行电复外,准电前由相应先行,复请查照为荷。中央信托局武汉区敌伪产业清理处。午寒。(处印)

卜昂华呈孙越崎文

民国三十七年七月二十九日(1948.7.29)

关于汉冶萍清委会结束工作,奉谕"人员应减少"等因,自应遵办,并拟订实施办法列陈于后：

（一）上海办事处未了工作为（a）查验股权及发还股票；（b）审查接收帐目并赶制报表草案等事宜。如能顺利进行，预计八九月底均可分别完成。兹为提早结束起见，拟恳钧座准予令饬钢管会上海营运处即日起接管清委会上海办事处，至该处原有办事人员仍继续工作至结束为止。又经费方面仍按照该处实际需要，在汉冶萍码头基地现在及将来之租赁费收入项下借垫。

（二）南京本会之工作即可分批结束，原有办事人员除少数工作成绩优秀者外，拟按照大会规章自七月底起分批资遣。

以上两点是否有当，敬乞鉴核示遵。

谨呈

兼主任委员孙

卜昴华谨呈

汉冶萍公司资产清理委员会呈资源委员会、工商部文

民国三十七年八月三十日（1948. 8. 30）

为呈报本会办理汉冶萍清理情形及应行请示事项，祈鉴核转呈核示由。

案奉钧会（资源委员会）三十七年三月十七日资业钢字第三七九四号训令开：案奉行政院三十七年三月六日七外字第一〇八八七号令开：据本院敌伪产业处理委员会案陈该会翁委员长三十六年十二月二十五日函送清理汉冶萍公司资产节略，其清理办法之要点略谓：（一）该公司所欠日债之债权，自日本无条件投降后，一律收归国有，由我国中央政府承受，抵作对日战争损失之赔偿，其抵押品（即全部厂矿资产之契据等）交由汉冶萍煤铁厂矿公司资产清理委员会接收清理。（二）该公司资产与负债原有价值之清算，拟按照民国二十六年上半年之物价标准折合计算。（三）凡未附逆之股东仍承认其合法权益。该公司之名义，俟清理完竣即行撤销。上述各节奉令核准后，当即加紧办理等语。查依照一般敌产处理原则，其日债原应由处理机关处理，该汉冶萍公司资产既专设清理委员会主持其事，与普

通情形不同,原节略所拟清理办法三项,准予照办。惟其第二项计值标准因与日债清算有关,特准变通办理,按照民国二十六年上半年之物价标准计算,以后类此案件,不得援例。除分行苏浙皖区处理敌伪产业审议委员会外,合行令仰转饬遵照办理。此令。等因。奉此。

查本会于本年二月间遵照行政院三十七年一月十四日七外字第二○八一号指令,派员赴沪,于二月十六日会同监交人经济部上海工商辅导处处长欧阳苍代表钱国钮及资源委员会上海办事处处长夏宪讲代表翟丹生,接收汉冶萍煤铁厂矿公司上海总公司,由该公司前总经理盛恩颐、襄理赵兴昌办理移交,经本会逐一点收各项帐册、簿据、档卷、地契等,分别造册清查。嗣奉前令,遵即加紧清理,兹已将各项移交清册编制就绪,并经本会及前公司代表暨监交人签章竣事。除分呈工商部、资源委员会外,谨检同此项移交清册二份(一份)赍呈仰祈鉴核,并乞转呈核备。

查本会清理汉冶萍公司资产,经遵照上开院令指示三项原则办理,兹谨将清理情形分别报告及请示事项沥陈如次:

甲、报告事项

一、查汉冶萍公司帐册所列该公司股本,截至民国二十六年抗战时止,发出股票三十七万四千二百六十三股,每股国币五十元,共计收足股本国币一千八百七十一万三千一百五十元。本会为清查各股东之权股起见,曾于京、沪、汉、津、穗、长沙、南昌等地登报公告,自三十七年五月五日起至六月三十日止,凭股票举办股权登记,除该公司原有工商部官股二九五○四股,合计股本一四七五二○○元外,经照本会规定前来声请登记者,共五百零五户,计一三六○五○股,合计股本六八○二五○○元。

二、查汉冶萍公司在抗战前,未经政府核准及股东会之通过,擅借日债十余批,结欠日本正金银行等债款共达三千八百余万日元,及上海规元银二百五十万两,按照借款合同规定之利率结算,至二十六年抗战时止,已应付利息二千四百余万日元及上海规元银一百六十余万两,此项应付利息该公司均未计算入帐。所有上项对日债务,系以该公司全部厂矿资产作为抵押,一部分地契及产权证件已交与日本正金银行。胜利后,经由接收日本上海正金银行之中国银行一并接收，移交苏浙皖区敌伪产业清理处保管中。

三、抗战初期，兵工署为应军事需要，曾征用该公司汉阳铁厂之设备、材料，并拆迁一部分至后方使用。胜利后，钧会（资源委员会）为建立长江中区钢铁工业基础起见，奉令接管该公司各地厂矿资产，从事运用。根据华中钢铁公司筹备处接收汉冶萍公司大冶、汉阳等地资产清册之估价，共计七四〇八〇二九五一.四〇元（系按民国三十四年十一月市价八折计算）。萍乡煤矿方面，仅存地基，资产荡然无存。现大冶铁矿及萍乡煤矿二处，业奉钧部（工商部）设定国营矿业权由华中钢铁公司及赣西煤矿局分别经营。

乙、请示事项

一、汉冶萍公司所欠日债之债权既已奉令核定一律收归国有，其为是项债权提供担保之该公司全部厂矿资产抵押品，亦经遵令交接，拟请准予将该公司全部厂矿资产明令拨交资源委员会承受，积极运用，以利工矿生产。该公司之名义即行撤销。汉阳铁厂及大冶厂矿一部分设备、材料，在战时由政府征用，又萍乡煤矿资产，亦在抗战时损失无存，无法查明，拟均请免予清理。

二、汉冶萍公司素称为我国钢铁事业之巨擘，只以经营不善，擅借巨额日债，无力清偿，致股东蒙受亏损。虽该公司剩余资产不足以抵偿负债，惟政府为体念未附逆股东之损失，并承认其合法权益起见，拟就已登记而经查明并未附逆之股东，在资源委员会华中钢铁公司股份总额中划出一部分股权作为对于此项汉冶萍公司合法股东核换之股份，其详细办法，由资源委员会迳行拟定实施。如此项股东不愿加入新公司者，并请准由资源委员会作价收回其股票。至此次本会举办股权登记其逾限未登记者，拟再登报催告，如系合法未附逆之股东，由资源委员会随时依照上开办法，或承认其加入新公司为股东，或出价收回股票。此项工作即由新公司负责办理。

三、查汉冶萍公司所欠日本正金银行上海规元银二百五十万两借款，其债权亦一并收归国有，存于上海正金银行代为保管之抵押品为该公司汉阳地契八十七通,汉口地契二通,及浦东地契一通,已由上海中国银行接收移交苏浙皖区敌伪产业清理处接管。关于此项欠款系战前债务,拟请按照银行业战前存放款清偿条例及现行规定办法折算,呈请鉴核,准予备案,并转饬财政部准予转帐,并将上列提供担保之地契抵押品,交由资源委员会一并接收,以符手续。

以上本会办理汉冶萍公司清理情形所有应呈报及请示各事项,除分呈工商部、资源委员会外,理合呈请鉴核转呈行政院核示,俟奉批复,本会即当结束,所有未了事项呈请准予由新公司赓续办理。是否可行,仰祈指示祗遵。谨呈

资源委员会

工商部

汉冶萍公司资产清理委员会 孙越崎

敌伪产业清理处致华钢代电

民国三十七年九月四日(1948.9.4)

石灰窑。资源委员会华中钢铁有限公司公鉴:案准大冶县政府爱法字第 2784 号午宥代电开:据本县长乐乡公所代电转据第六保民人曹茂润等呈称,缘民等世居本县长乐乡第六保曹村,房屋毗连,耕种自给。讵料民二十七年沦陷时举村流亡,八载未归,致原有房屋均遭敌拆毁,并在原地基上重修房屋二重,供敌人贮铁之用。光复后政府接收时未加考查,以重建上项房屋之敌人系属于伪日铁公司,因是项建筑物亦划归华中钢铁接收。民等避难归来,仍然哀鸿失所,悲愤填膺,莫以为甚。迭向该公司交涉,但答复以须当地政府有准予领回之文件到处即可发还。延至去岁,民等以难再缓,此公举曹树宝等为具呈代表,屡呈到前县长鉴核处理,当奉七月十六日燮财字第 535 号批示呈悉已据情转电华中钢铁厂准予领回,仰即迳往商请可也。此批有案可查。乃该公司近于迁移时又复迳行转移中央信托局接收,揆情度理,均有未平。且查行政院于民国三十五年四月二十四日曾以节二字第 8656 号训令所颁布之收复区私有土地上之敌伪建筑物处理办法

第二条第一款之规定,已由省府于同年五月三十一日以省地四字第 136 号训令转各县市遵照在案,是民等之请求发还于法有据等情。据此,查该民所呈各节均属实在,理合电请钧座鉴核,并恳函咨中央信托局依法发还为祷等情。正核办间,复据该曹茂润等二十六人呈同前情到府。查该民等所引办法条文早经修改,而该民等情状又殊可悯,可否发还之处相应电请贵处办理见复等由。准此,查曹茂润等基地上敌建房屋状态为何,以及是否为贵公司所需用,本处亟待明瞭。除电复大冶县政府查询该基地产权已否依法清理外,相应电请查照见复,以便核办为荷。中央信托局武汉区敌伪产业清理处。申支。查。

工商部、资源委员会呈行政院文

民国三十七年九月十七日(1948.9.17)

　　查汉冶萍煤铁厂矿公司原系前清张之洞创设。自改商办后,因主事者专图私利,百弊丛生,未得政府核准举借巨额日债,资产悉数抵押,长期售日铁砂,并设日籍顾问,一切行政悉听指挥,几成为日人掠夺国防资源之代理机构。抗战起后,该公司委托日本制铁所管理采掘矿砂,运往日本制造军火,杀我军民。该公司原任总经理盛恩颐并充任敌华中矿业公司之监察人,为敌作伥,昭然若揭。

　　胜利后,本会鉴于以上事实,认为该公司实有由政府彻底清理之必要,经于三十五年六月二十六日呈请钧院准由本会会同本部组织清理汉冶萍公司资产之机构,加以整理清算。经奉钧院三十五年七月八日节京叁字第四六二二号指令,准予照办。嗣即由本部、会派定人员,组织汉冶萍煤铁厂矿公司资产清理委员会,于三十六年四月二十三日由该会呈经本部、会转呈钧院核定:(一)该公司一切资产自即日起,不得为任何处分,并将所有资产及一切契据、簿册,点交该会接管清理。(二)自抗战起至接管日止,其资产如有处分移动,应逐案详细报告,俾并案清理。并经钧院另电该公司遵照办理。旋即由该会遵照院令,派员赴沪接管,讵知该公司盛恩颐蔑视法令,一味拖宕,多方阻挠政府清理,爰由该会拟具接收方式两项:(一)由钧院再令该公司盛恩颐限文到十五日内将各项簿据送至南京该会。(二)如逾限不交,由该会将该公司上海办事处及各地有关产业迳行接管,并登报公告限期各股东来京至该会登记。又清理办法三项:(一)该公司原欠日债,依照钧院收复区敌伪产业处理办法第四条第四项"敌伪产业之负债,应就各该资产总值范围以内分别清偿,其欠日伪之负债应偿还中央政府"之规定,债权应为国有,故建议所有充作抵押品之该公司全部资产,应请钧院准予拨交资源委员会华中钢铁公司接管。(二)资产负债原有价值之清算,应按二十六年上半年物价折算,折旧亦按年扣除。(三)该公司债务超过资产,实际上业已破产,应予解散,但所有未附逆之股东仍由政府承认其合法权益。

经由本部呈奉钧院三十七年一月十四日七外字第二〇八一号指令及三月六日七外字第一〇八八七号训令略开:(一)接收方面,可由清理委员会迳向该公司洽接清理,如该公司延不点交,可由该委员会迳行接管。(二)清理办法三项,准予照办。各在案。遵即饬由清理委员会派员赴沪,经于本年二月十六日会同监交人本部及本会代表,将所有该公司各项帐册、簿据、档卷、地契,全部由该公司盛恩颐及襄理赵兴昌逐一点交清理委员会接收。谨将移交清册检呈一份,敬请鉴核备查。关于清理办法并经遵示饬知清理委员会切实遵办。兹据该委员会呈复,谨转陈如次:

(一)汉冶萍公司自前清光绪二十九年至民国十六年,未经政府核准及股东会之通过,原经理人盛宣怀、盛恩颐父子,擅借日债,丧失国权,所有厂矿资产竟全部抵押,前后结欠日本兴业银行、横滨正金银行等债款三千八百余万元及上海规元二百五十万两。截至民国二十六年止,应付利息二千四百余万元及上海规元一百六十余万两,尚不在内。又在经济部接收伪实业部档案内查明,该盛恩颐在抗战期中,曾充任敌伪组织之华中矿业公司为发起人及监察人,复在汉冶萍公司移交卷中,查得民国二十七年八月一日及八月二十六日盛在日本与日本制铁会社中井社长、中松常董等会议笔录中议定:(1)此际由日铁、正金、汉冶萍三方协议,根据约款,委由日铁代行觉为最良方法;(2)至于将来应如何办理,则一有机会即作中日合办亦可。最后中松言:大冶占领后,愿立能运出存矿,开工采掘,务望彼时与我方充分援助。盛答:通力合作事不难为也。是则盛恩颐在抗战期内,通谋敌国,出卖本国资源,事实昭然。

(二)依据上述汉冶萍公司对日负债共达三千八百余万日元及上海规元银二百五十万两,截至民国二十六年止,利息复达二千四百余万日元及上海规元银一百六十余万两,而该公司原有股本仅国币一千八百七十余万元,同时上项对日债务系以该公司全部厂矿资产作为抵押。是则该公司事实上业已破产。

(三)汉冶萍公司帐册所列该公司股本,截至民国二十六年抗战起时为止,发出股票共为三十七万四千二百六十三股,每股五十元,计为国币一千八百七十一万三千二百五十元。民国二十一年该公司曾举办登记,实际登记仅只有二十一万一千一百八十五股,清理委员会曾依据呈准办法,在京、鄂、汉、穗、津及长沙、南昌各地登报公告,自三十七年五月五日起至六月三十日止,凭股票办理股权登记,除原有工商部官股二九〇四股外,登记者计有一三六〇五〇股,已达二十一年登记股数百七十八以上。

(四)抗战初期,公司一部分资产,汉阳铁厂及大冶铁矿一部分之设备、器材,曾由政府征用,迁移四川,建立大渡口钢铁厂,目前仍在继续经营;又萍乡煤矿仅存基地,并经设立国营矿业权由资源委员会赣西煤矿局接管经营。

综上所陈:(一)汉冶萍公司目前经理人盛恩颐附敌有据,且该公司全部资产已抵押于日本银行,其剩余资产远不足以抵偿其负债,所有抵押品自应由接收债权之政府予以接收。拟请行政院准予明令将该公司全部厂矿资产拨交资源委员会华中钢铁公司承受,积极运用,以利工矿生产。该汉冶萍公司事实上早已破产,其名义应即撤销。至汉阳铁厂及大冶铁矿一部分器材,已于战时作为建设大渡口钢铁厂之用,萍乡煤矿已由资源委员会赣西煤矿局接管经营,均请准予照旧案办理。(二)该公司前经理人盛恩颐战前既擅举日债,丧失国权,战时复勾结敌寇担任伪职,其本人名义下之股份,自应全部没收。但其余未附逆股东,似仍应遵照行政院三月六日令内规定,承认其合法权益。兹拟就已登记而未附逆之股东,许其以原有股份参加资源委员会华中钢铁公司,如不愿参加者,拟请准由资源委员会公平规定价格,收回其股票。此次股权登记逾期未办者,仍由新公司登报赓续办理。(三)该公司所欠日本正金银行上海规元银二百五十万两之抵押品为该公司汉阳地契八十七通,汉口地契二通及浦东地契一通,已由上海中国银行接收移交苏浙皖区敌伪产业清理处保管,上项契据并请准予令知该清理处转交资源委员会一并接收。

查汉冶萍厂矿公司清理委员会对于该公司之资产业已清理完竣,所拟办法三点,亦属切实可行,拟请鉴准照办。理合检具移交清册一份计十二册,盛恩颐、中松会议笔录一册,一并呈请鉴核。

再,该清理委员会任务业已告竣,并拟俟奉钧院批示后,即行令饬结束。如有未了事项,由华中钢铁公司赓续办理。是否可行,仰祈指示祗遵。

谨呈

行政院院长翁

附呈:汉冶萍公司移交清册一份共十二本,盛恩颐在东京会议笔录一份

工商部部长　陈启天

资源委员会委员长　孙越崎

张松龄呈资源委员会文

民国三十七年九月二十三日(1948.9.23)

案查接管卷内本公司前筹备处奉准办理征购接管"日铁"占用民地案内有一部分亟待办理征购手续者一案,经将鄂省府派员同大冶县政府召开地价评价会议记录,及原拟地区标准表于本年二月六日以华(37)总字第157号文呈送钧会核备,并奉同年二月二十一日资(37)业钢字第2523号指令准予照办各在案。兹查该案除石灰窑部分黄鸿基共二十七户,计田地97.201市亩迄未前来立契,经函请大冶县政府转饬速来办理,其系经由各原业主亲向前筹备处专立卖契,具领地价完竣,计共为487户,田地亩数共

为 669 市亩零 2 厘 9 毫,价款总额为法币 3 763 951.400,除已收契纸向大冶县税捐稽征处报税验印存案,本公司保管外,理合选具清册,速同蓝图备文呈祈鉴赐核备。谨呈
资源委员会

华中钢铁公司代总经理　张松龄

［附件］　征用土地列图简明表

分期征用地	蓝图号	部分	征用土地建筑工程设备说明
第一期用地	1	石灰窑	江南职员宿舍房屋及汽车道路、高堤铁道路基用地
" "	2	胜阳港	菜园地高堤下铁道路基用地
第一期用地	3	操车场	车站房屋停车场铁道及其他工程设备用地
" "	4	龚家巷	石山开通铁道路基用地
" "	5	下陆	职员住宅及变电台用地
" "	6	青备山	铁道路基用地
" "	7	铜鼓地	车站房屋停车场铁道路基及其他工程设备用地
" "	8	铜得路	铁道路基用地

续表

分期征用地	蓝图号	部分	征用土地建筑工程设备说明
" "	9	得道湾	高堤铁道路基及水港汽车路用地
" "	10	刘庚村	大贮水池及仓库房屋、变电台、铁道路基用地
" "	11	象鼻山	职员住宅、宿舍、医院及工人住宅、汽车路、铁道路基用地

孙越崎呈资源委员会文

民国三十七年十月二日(1948.10.2)

案奉工商部三十七年六月十二日京商(三十七)字第1799号代电开，前准外交部代电为准备对日和约，嘱调查主管范围内各事业关于日本对华债权债务之资料，经饬复陆续查报并先后备送在案。惟查中日合办事业内关于矿业部分，如汉冶萍煤铁厂矿公司，其债权或日股之价值统计，本部亟待明了，相应电请查照详示，以便转复等因。奉此，查汉冶萍煤铁厂矿公司，自前清光绪二十九年起迭次向日本兴业银行、正金银行擅借巨额日债十余批，照借款合同规定，以全部厂矿资产为抵押品。抗战期间该公司厂矿由日本制铁所管理，大量采掘矿砂，八年之中自大冶运往日本之矿砂共五百万吨。该公司股份中尚无日股参加。兹将截至民国三十四年胜利时止，该公司结欠日债及存于日本银行之冻结存款数额，分别开列于后：

甲、日债部分

一、日本兴业银行　日金 2 066 053.31 元

二、日本正金银行　日金 36 605 378.25 元

三、上海正金银行　上海规元银 2 500 000 两

以上共计结欠日金 38 671 431.56 元及上海规元银 250 万两,尚有应付未付之利息。根据合同规定,利率由本会代为结算。至民国二十六年七七抗战开始时止,共计日金 24 694 158.72 元及上海规元银 1 660 958 两 9 钱 1 分。

乙、存款部分

一、日本正金银行冻结存款　日金 1 696 609.13 元

二、日本兴业银行结存　日金 3 502.31 元

三、上海正金银行结存　日金 1 812.13 元

四、日本兴业银行透支　日金 8 406.32 元

以上各项存款与透支皆系该公司与各该银行往来铁砂价款,胜利后冻结者前会请驻日代表团向盟军总部交涉,据复须俟正金银行清算完竣方可提取此项存款。

关于该公司对日之债权债务及以全部厂矿资产提供担保之抵押品,经本会呈奉钧会转奉行政院三十七年三月六日七外字第 10887 号及九月二十九日七外字第 43254 号令,准予一律收归国有,拨交华中钢铁公司运用各在案。查此项日债除欠正金银行上海规元银 250 万两帐目及抵押品汉阳等处地契 90 通,已由上海中国银行接收,上海正金银行时列入敌产项内接收外,其余欠日本兴业银行及正金银行之债款 3 800 余万日元及应付之利息,因该公司系直接向日本银行在日本签订之借款,故未列入接收敌产项目。顷奉工商部本年九月二十五日京商字第 77095 号代电,案同前因,除呈复工商部转复外,理合检呈汉冶萍公司结欠日本债款表一份备文呈报,仰祈鉴核。

谨呈

资源委员会

兼主任委员　孙越崎

工商部国营矿区委托状

民国三十七年十月四日(1948.10.4)

本部在湖北省大冶县青备山划定国营铁矿区一处,并经设定国营矿业权呈准在案。兹委托资源委员会代为经营,所有一切事项均应依照矿业法及其施行细则暨国营矿区管理规则办理。除另饬该省主管官署登记外,合行填发委托状,以资凭证。

所有重要事项填列如下:

委托机关:资源委员会

矿区所在地:湖北省大冶县青备山

矿质名称:铁

矿区面积:17公顷84公亩13公厘

委托有效期自民国三十七年十月四日起,至民国五十七年十月三日止。

部长　陈启天

中华民国三十七年十月四日

资源委员会致华钢代电

民国三十七年十月七日(1948.10.7)

华中钢铁公司览:关于清理汉冶萍公司一案,前据该公司资产清理委员会呈报接收及清理经过并请示事项到会。经本会会同工商部拟具三项办法呈奉行政院本年九月二十九日七外字45354号指令开,呈件均悉,查所拟三项办法与本院卅七年三月六日(37)七外字10887号训令核定处理原则尚无不合,应准照办。除指复工商部暨令饬苏浙皖区处理敌伪产业审议委员会转饬办理外,仰即转饬遵照等因。除转饬汉冶萍公司资产清理委员会遵照,并函苏浙皖区处理敌伪产业审议委员会查照外,兹抄发原呈一件,电仰遵照洽接办理具报为要。资源委员会。酉虞。附抄发原呈一件。

[附件] 工商部、资委会呈翁文灏文

查汉冶萍煤铁厂矿公司,原系前清张之洞创设,自改商办后因主事者专图私利,百弊丛生。未得政府核准,擅借巨额日债,资产悉数抵押,长期售日铁砂,并设日籍顾问,一切行政悉听指挥,成为日人掠夺我国防资源之代理机构。抗战起后,该公司委托日本制铁所管理,采掘矿砂运往日本,制造军火,杀我军民。该公司原任总经理盛恩颐并充任敌华中矿业公司之监察人,为敌作伥,昭然若揭。胜利后,本会鉴于以上事实认为该公司实有由政府彻底清理之必要。经于卅五年六月二十六日呈请钧院,准由本会本部组织清理汉冶萍公司资产之机构,加以整理清算。经奉钧院卅五年七月八日节京叁字第四六二二指令准予照办,嗣即由本部会派定人员组织汉冶萍煤铁厂矿公司资产清理委员会,于卅六年四月廿三日由该会呈经本部会转呈钧院核定:(一)该公司一切资产自即日起不得为任何处分,并将所有资产及一切契据簿册点交该会接管清理。(二)自抗战起至接管日止,对其资产如有处分移动,应逐案详细报告,俾并案清理,并经钧院另电该公司遵照办理。旋即由该会遵照院令派员赴沪接管,讵知该公司盛恩颐蔑视法令,一味拖宕,多方阻挠政府整理。爰由该会拟具接收方式两项:(1)由钧院再令该公司,限盛恩颐于文到十五日内将各项簿据送至南京该会;(2)如逾限不交,由该会将该公司上海办事处及各地有关产业迳行接管并登报公告,限期各股东来京至该会登记。又清理办法三项:(1)该公司原欠日债,依照钧院收复区敌伪产业处理办法第四条第四项"敌伪产业之负债应就各该资产总值范围以内分别清偿其欠日伪之负债应偿还中央政府"之规定,债权应为国有。故建议所有充作抵押品之该公司全部资产,应请钧院准予拨交资源委员会华中钢铁公司接管;(2)资产负债原有价值之清算,应按廿六年上半年物价折算,折旧亦按年扣除;(3)该公司债务超过资产,实际上已破产,应予解散。但所有未附逆之股东仍由政府承认其合法权益。经由本部会呈奉钧院卅七年一月十四日七外字第二〇八一号指令及三月六日七外字第一〇八八七号训令略开,(一)接收方面可由清理委员会迳向该公司洽接清理,如该公司延不点交,可由该委员会迳行接管;(二)清理办法三项准予照办,各在案。遵即饬由清理委员会派员赴沪,经于本年二月十六日会同监交人、本部及本会代表,将所有该公司各项账册簿据档卷地契,全部由该公司盛恩颐及襄理赵兴昌,逐一点交清理委员会接收。谨将移交清册检呈一份,敬请鉴核备查。关于清理办法并经遵示饬知清理委员会切实遵办,兹据该委员会呈复谨转陈如次:

(一)汉冶萍公司自前清光绪廿九年至民国十六年,未经政府核准及股东会之通过,原经理人盛宣怀、恩颐父子,擅借日债,丧失国权,所有厂矿资产竟全部抵押,前后结欠日本实业银行、横滨正金银行等债款三千八百余万日元,及上海规元银二百五十万两。截至民国二十六年止,应付利息二千四百余万日元,及上海规元票一百六十余万两尚不在内。又在经济部接收伪实业部档案内查明,该盛恩颐在抗战期中曾充任敌伪组织之华中矿业公司,为发起人及监察人。复在汉冶萍公司移交卷中查得,民国廿七年八月一日及八月廿六日,盛在日本与日本制铁会社中井社长、中松常董等会议笔录,其中议定(1)此际由日铁、正金、汉冶萍三方协议,根据约款,委由日铁代行觉为最良方法;(2)至于将来应如何办理,则一有机会即作中日合办亦可。最后中松言:"大冶占领后愿立能运出存矿,开工采掘,务望彼时与我方充分援助。"盛答:"通力合作事不难为也。"是则盛恩颐在抗战期内通谋敌国,出卖本国资源,事实昭然。

(二)依据上述汉冶萍公司对日负债共达三千八百余万日元,及上海规元银二百五十万两。截至民国廿六年止,利息复达二千四百余万日元,及上海规元银一百六十余万两。而该公司原有股本仅国币一千八百七十余万元,同时上项对日债务,以该公司全部厂矿资产作为抵押,是则该公司事实上业已破产。

(三)汉冶萍公司账册所列公司股本,截至民国廿六年抗战起时为止,发出股票共为三十七万四千二百六十三股,每股五十元,计为国币一千八百七十一万三千二百五十元。民国廿一年该公司曾举办登记,实际登记只仅有二十一万一千一百八十五股。清理委员会曾依据呈准办法,在京鄂汉穗津及长沙、南昌各地登报公告,自卅七年五月五日起至六月卅日止,凭股票办理股权登记。除原有工商部官股二九五〇四股外,登记者计一三六〇五〇股,已达廿一年登记股数百分之七十八以上。

(四)抗战初期,该公司一部分资产、汉阳铁厂及大冶厂矿一部分之设备器材曾由政府征用,迁移四川建立大渡口钢铁厂,目前仍在继续经营。又萍乡煤矿仅存基地并经设立国营矿业权,由资源委员会赣西煤矿局接管经营。

综上所陈,(1)汉冶萍公司前经理人盛恩颐附敌有据,且该公司全部资产已抵押于日本银行,其剩余资产不足以抵偿其负债,所有抵押品自应由接收债权之政府予以接收,报请行政院准予明令将该公司全部厂矿资产拨交资源委员会华中钢铁公司承受,积极运用,以利工矿生产。该汉冶萍公司事实上早已破产,其名义应即撤销。至汉阳铁厂及大冶厂矿一部分器材,已于战时作为建设大渡口钢铁厂之用,萍乡煤矿已由资源委员会赣西煤矿局接管经营,均请准予照旧案办理。(2)该公司前经理人盛恩颐,战前既擅举日债,丧失国权,战时复勾结敌寇,担任伪职,其本人名下之股份自应全部没收。但其余未附逆股东,似仍应遵照行政院三月六日令内规定,承认其合法权益。兹拟就已登记而未附逆之股东,许其以原有股份参加资源委员会华中钢铁公司。如不愿参加者,拟请准由资源委员会公平规定价格,收回其股票。此次股权登记逾期未办者,仍由新公司登报赓续办理。(3)该公司所欠日本正金银行上海规元银二百五十万两之抵押品,为该公司汉阳地契八十七通、汉口地契二通及浦东地契一通,已由上海中国银行接收,移交苏浙皖区敌伪产业清理处保管。上项契据并请准予令知该清理处转交资源委员会一并接收。

查汉冶萍厂矿公司清理委员会对于该公司资产业已清理完竣,所拟办法三点亦属切实可行,拟请鉴准照办。理合检具移交清册一份计十二册,盛恩颐、中松会议笔录一册,一并呈请鉴核。

再,该清理委员会任务业已告竣,并拟俟奉钧院批示后,即行令饬结束。如有未了事项,由华中钢铁公司赓续办理。是否可行,仰祈批示祗遵。

谨呈

行政院长翁

　　附呈汉冶萍公司移交清册一份共十二本,盛恩颐在东京会谈笔录一份

工商部部长　　陈启天

资源委员会委员长　　孙越崎

郭锡雍致李家麟电

民国三十七年十一月十日(1948.11.10)

　　湖北石灰窑。李处长钧鉴:利密。此间交接事宜除契据已清点完竣外,其余正积极点收中。清委会结束会议已于六日召开,本公司接管之启事即须拟就公告,兹将清委会拟具之启事照录如下:案奉工商部暨资源委员会 37 年 10 月 25 日代电,转奉行政院本年九月廿九日七外字第 43254 号指令,核定汉冶萍煤铁厂矿公司处理办法:(一)该公司全部资产已抵押与日本,其剩余资产远不足抵偿其所负之日债,所有抵押品应由接收债权之政府予以接收,全部拨交资源委员会华中钢铁公司承受运用。汉冶萍公司事实上早已破产,其名义应即撤销;(二)前经理人附逆有据股份没收,其余未附逆股东承认其合法权益。已登记者以原有股份参加华中钢铁公司,如不愿参加者,由资源委员会规定价格收回股票。逾期未登记者由新公司定期登报补办等因,自应遵办。本会清理工作业已完竣,即行撤销,所有作价换股及未了事项,由华中钢铁公司赓续办理。除呈报并分行外,特此公告。本公司之启事由职拟就即请核批,以便汇呈孙委员长后,与该会公告同时刊登。兹将启事录后:案奉资委会卅七年十月代电转奉行政院本年九月二十九日七外字第 43254 号指令,核定汉冶萍煤铁厂矿公司处理办法(详见清委会启事)电仰遵照具报等因,奉此,自应遵办。汉冶萍煤铁厂矿公司之全部资产自即日起由本公司接管运用,所有在该清委会时期尚未登记各股东,即希于本月廿日起一个月内携带旧有股票及证件,迳向上海四川中路卅三号 807 室补办登记,逾期即作放弃。关于换发股票及作价收回事宜,当于奉资源委员会核定价格后另行登报周知。除呈报外,特此公告。

再者,股票登记及换发事尚须妥为筹备,请钧座立即来沪指示,俾可顺利进行。契据装箱搬费运费约需二千金元,职等旅费已罄,亦请准予续借若干一并汇沪应用。南京汉冶萍清委会郭锡雍。十日。(印)

孙越崎致华钢函

民国三十七年十一月十三日(1948.11.13)

查本会清理汉冶萍公司资产拟具处理办法呈请工商部、资源委员会鉴核,呈行政院核示。十月二十五日奉工商部、资源委员会京矿字第7959号、资业钢字第15426号代电开:关于清理汉冶萍公司资产一案,前据该委员会呈报接收及清理经过并请示事项,经本部会依据该委员会请示事项拟具三项办法,呈奉行政院本年九月二十九日七外字43254号指令开,呈件均悉。查所拟三项办法与本院三十七年三月六日(37)七外字第108号训令核定处理原则尚无不合,应准照办。除令饬苏浙皖区处理敌伪产业审议委员会转饬办理外,仰即转饬遵照等因。除由本会转饬华中钢铁公司知照,并函苏浙皖区处理敌伪产业审议委员会查照外,兹抄发原呈一件,电仰遵照,并仰即开结束会议具报,以便呈院为要等因。奉此,本会遵于十一月六日召开结束会议,兹将关于本会办理结束案决议纪录如下:

一、本会任务业已告竣,遵令撤销,办理结束。除呈报外,在京沪汉穗津湘等地报纸刊登公告,并通函有关各机关。

二、本会档卷、帐目、器具、租赁房屋等及接收汉冶萍公司上海总事务所内之档卷、帐册、地契、股票、钤章、合同、图表、器具、租赁房屋等,连同上海浦东二十四保码头基地一方,一并移交资源委员会华中钢铁公司接收,呈请工商部、资源委员会派员监交。

三、本会通知华中钢铁公司赓续办理下列未了各事项:

1. 本会办理股权登记收存之股票暂不发还,连同名单表册及接收股票部分各种簿册一并移交,以便华中钢铁公司遵照行政院核定办法,迅速定期补办登记及换股或作价等事宜。

2. 日债及接收资产应分别办理折算转帐手续,并洽接一部分抵押之地契。

    3. 继续清理结欠四明银行及中国通商银行之债务。

    4. 继续交涉提取东京之冻结存款。

    5. 从事清查各地之房产地契。

    四、本会一俟移交竣事,即将本会关防戳记连同交接清册备文赍呈工商部、资源委员会鉴核并转呈行政院备案。相应抄附本会公告稿一份函达,即希查照,派员与本会办理交接事宜及赓续办理本会之未了事项为荷。

    此致

华中钢铁公司

主任委员　孙越崎

〔附件〕　资源委员会华中钢铁公司公告
民国三十七年十二月二日(1948.12.2)

华沪字第一号。

    本公司奉资源委员会代电转奉行政院三十七年九月二十九日外字第43254号指令,核定前汉冶萍煤铁厂矿公司全部资产遗交本公司承受运用,该公司已登记之股东承认其合法权益,换发本公司股票或作价收回,清理委员会未了事项由本公司赓续办理等因,自应遵办。除该公司之全部资产由本公司接管运用外,所有在清理委员会时期尚未申请登记各股东,即希于即日起至本月底止,携带原股票及印鉴,迳向上海四川中路三十三号807室补办登记,逾期即作放弃。关于换股或折价事,俟奉资源委员会核定再行登报通知。除呈报外特此公告。

汉冶萍公司资产清理委员会公告
民国三十七年十一月十六日(1948.11.16)

    案奉工商部暨资源委员会三十七年十月二十五日代电,转奉行政院本年九月二十九日七外字第43254号指令,核定汉冶萍煤铁厂矿公司处理办法:(一)该公司全部资产业已抵押与日本银行,其剩余资产远不足以抵偿其所负日债。此项债权已收归国有,所有抵押品由政府接收,拨交资源委员会华中钢铁公司承受运用。汉冶萍公司事实上早已破产,其名义应即撤销。(二)凡未附逆股东,承认其合法权益。已登记者,以原有股份参加华中钢铁公司;如不愿参加,由资源委员会规定价格,收回股票;逾期未登记者,由新公司定期登报补办等因,自应遵办。本会清理完竣遵令撤销,所有作价换股及本会未了事项,均由华中钢铁公司赓续办理。除呈复并分行外,特此公告。

工商部指令

民国三十七年十一月二十四日(1948.11.24)

令汉冶萍公司资产清理委员会。

　　卅七年十一月十三日呈一件,为呈报本会遵令撤销办理结束,移交华中钢铁公司接收,祈鉴核并指派监交人员由。呈悉。准派本部矿业司王司长野白前往监交,仰即知照。

　　此令

工商部部长　陈启天

资源委员会致华钢代电

民国三十七年十一月二十四日(1948.11.24)

　　华中钢铁公司:(一)汉冶萍煤铁厂矿公司资产清理委员会清理竣事,遵令撤销,办理结束,移交该公司接收;(二)已指派本会上海办事处夏处长宪讲会同监交;(三)仰即接收具报。资源委员会。戌敬。

资委会令

民国三十七年十一月二十四日(1948.11.24)

令汉冶萍煤铁厂矿公司资产清理委员会。

　　一、本年十一月十三日汉清字第 1865 号呈悉。

　　二、已指派本会上海办事处夏处长宪讲会同监交。

三、仰即移交具报。

资源委员会委员长　孙越崎

资清委移交汉冶萍档案清册

民国三十七年十一月三十日(1948.11.30)

（一）董事会档卷

字号	分类	宗数	备注
董甲　一至九六	总务	一〇八宗	卷目详见原移交清册
董乙　一至五四	银钱	五八宗	卷目详见原移交清册
董丙　一至二三	厂务	二四宗	卷目详见原移交清册
董丁　一至三三	煤务	三九宗	卷目详见原移交清册
董戊　一至二五	矿务	二七宗	卷目详见原移交清册
董己　一至八	杂件	二束三十九本一包三部	卷目详见原移交清册

以上共计六类二五六宗三十九本一包三部二束。

（二）经理处档卷

编号	起讫年月	宗数	备注
一至一三〇八	民国六年五月至廿六年八月	一五四六宗	卷目详见原移交清册
一三〇九	民国廿七年至清委会接收日止	系未归档各项文卷及杂件,故无宗数	
附件		九种	

（三）钤章

字号	颗数	备注
章　一至五〇	一八三	样张附于原移交清册内

（四）合同、执照

字号	种类	件数	备注
外 一至二七	与日本订售砂铁借款	二十七件	附件详见原移交清册
内 一至三	国内借款	三件	附件详见原移交清册
照 一至三	部颁执照	三件	附件详见原移交清册
暂 一至四三	借款售轨买卖砂铁煤焦合办包销租赁转让等	四十三件	附件详见原移交清册
废 一至一三	聘任日籍顾问人员	十三件	附件详见原移交清册

以上共计五类八十九件。

（五）会计帐册、表报单据

字号	分类	备注
会 一至一五六	各种帐册、表报	详见原移交清册

（六）地产契据

目次	厂矿地点	契约字号	原移交册页数	备注
甲一	大冶铁矿	路字 第三九至八二四号	一至九	
甲二	大冶铁矿	陆字 第六五至六九号	九	
甲三	大冶铁矿	铁字 第二六〇至三三一号	一〇至一二	
甲四	大冶铁矿	得字 第四一五至一一七六号	一二至一五	
甲五	大冶铁矿	堡字 第一三一至一三二号	一五	
甲六	大冶铁厂	新字 第一至八四九号	一六至二六	附无号二件
甲七	大冶铁厂	路字 第一至五〇号	二七	

续表

目次	厂矿地点	契约字号	原移交册页数	备注
甲八	大冶得道湾铁山两处田地	冶字 第一至四二号	二七至二八	契约调查未列入暂编字号
甲九	大冶厂矿新购田屋土地	冶字 第四三至九三号	二八至二九	契约调查未列入暂编字号
甲十	大冶厂矿民国廿一年至廿五年续购之地	冶字 第九四至一九四号	二九至三十	契约调查未列入暂编字号
甲十一	大冶开辟狮山三层丈购地亩	冶字 第一九五至二一八号	三一至三二	契约调查未列入暂编字号
乙一	汉阳铁厂	汉厂字 第一至一八一号	三三至四〇	内 117 — 139，179—181 均无契据。1 — 105 内有印契 87 通，由正金银行抵押保管。
丙一	萍乡煤矿	矿字 第一至一一五号	四一至四五	
丙二	萍乡煤矿	分字 第一至八六号	四五至四八	
丙三	萍乡煤矿	土字 第一至一二三号	四九至五四	
丙四	萍乡煤矿	机字 第一至五一七号	五四至七四	内 缺 号 99、100、124、125、171、200、215、216、247、317、318、319、365
丙五	萍乡矿山批契	第一至十二号	七五	未编契约调查
丙六	永和煤矿	永字 第一至二号	七六	未编契约调查
丁一	上海浦东码头栈房	沪机 第一至十号	七七	
戊一	阳新锰矿	阳字 第一至一一八号	七八至八一	又无号三件

续表

目次	厂矿地点	契约字号	原移交册页数	备注
戊二	当涂铁矿	当字 第一至二六号	八二	又无号押契二件
戊三	东湖锰矿	东字 第一至一一号	八三	未编契约调查
戊四	远安锰矿	远字 第一号	八四	未编契约调查
戊五	进贤铁矿	进字第一号、荻字第一号	八四	未编契约调查
戊六	瑞昌铁矿	瑞字 第一号	八四	未编契约调查
己一	常耒锰矿	甲字 第一至七八号	八五至八七	
己二	常耒锰矿	乙字 第一至二二六号	八八至九二	
己三	常耒锰矿	丙字 第一至二二四号	九三至九六	
己四	常耒锰矿	丁字 第一至七五号	九七至九八	
己五	常耒锰矿	湘字 第一号	九八	未编契约调查
庚一	耒阳矿山批契	耒字 第一至三一七号	九九至一〇九	未编契约调查
庚二	常宁矿山批契	第一至一六一号	一一〇至一一五	未编契约调查
庚三	桂阳矿山批契	桂字 第一至一九号	一至六	未编契约调查
庚四	郴州矿山批契	郴字 第一至六号	一至七号	未编契约调查
附一	契约调查	第一至四六号	二八至一二〇	
附二	上海日本正金银行保存抵押汉厂沪栈地契清单		一二一至一二五	
附三	会字第四号保险箱内年久霉毁契约清单		一二六至一二八	附照片
附四	汉阳铁厂所属万家庙地契清单		一二九	

（七）债券及股票

名称	张或套数	股数	票面金额	备注
统一公债	八十九张		七〇一〇元	详见原移交清册
农商部实业证券	九张		九〇元	详见原移交清册
财政部国库证券	四张		四〇〇〇〇元	详见原移交清册
财政部有利国库券	一七二〇〇张		四九二〇〇元	详见原移交清册
扬子机器公司	二四四套	二〇五三股	例银二〇五三〇〇元	详见原移交清册
西方炼钢厂	六张	一一四股	美金一一四〇〇元	详见原移交清册
湖北水泥厂	六〇套	六〇〇股	库平银六〇〇〇〇两	详见原移交清册
龙烟公司	十八套	六〇〇股	三〇〇〇〇元	详见原移交清册
武昌聚庆源机器厂	一张	一〇〇股	一〇〇〇〇元	详见原移交清册
永和煤矿公司	一二八套	三五三〇股	一七六五〇〇元	详见原移交清册
上海电话公司	一张	一〇〇股	一〇〇〇元	详见原移交清册
上海电力公司	一张	三股	银一八两	详见原移交清册

（八）股票处簿册

字号	种类	备注
股 一至四七	各种有关簿册	详见原移交清册

（九）代股东保存未领回股票

字号	张数	股数	备注
代 一至七二	七二张	三三四股	

（十）器具

字号	种类	备注
家 一至一三三	木器、保险箱等	详见原移交清册
器 一至八一	电料、文具、杂件等	详见原移交清册

（十一）图表书籍

字号	种类	备注
图 一至七四	地图、表册、书籍、照片	详见原移交清册

附注：

（一）双方交接时系根据汉冶萍公司移交清册逐项清点交接，本清册即按该移交原册编制。

（二）汉冶萍公司移交清册一份计十二册，一并由清理委员会移交华中钢铁公司。

（三）汉冶萍公司所租上海四川中路三十三号八〇七号办公室大小各一间及第一二七三一号电话机一具，由清理委员会移交华中钢铁公司接收。

（四）汉冶萍公司移交地产契据内所列契纸张数及亩份如有不符，以所移交之原契纸及契约调查内所列之数字为凭。

（五）汉冶萍公司上海浦东廿四保码头基地，经清理委员会接收，交由钢铁事业管理委员会上海营运处租赁使用，该地契据已列入本清册内移交。特此注明。

汉冶萍煤铁厂矿公司资产清理委员会移交人　卜昂华

王蔼云

华中钢铁公司接收人　张松龄

监交人　夏宪讲

王野白

中华民国三十七年十一月三十日

资产清理委员会致电信事务所函

民国三十七年十二月八日(1948.12.8)

接准贵所十一月二十日讯(卅七)业字第一二一六六号公函敬悉。查本会清理工作业已完竣,全部结束,停止发报。承嘱本会应预缴报费五十金圆一节,似可免除,相应函复,即希察照为荷。此致
资源委员会电信事务所

汉冶萍煤铁厂矿公司资产清理委员会启

上海临时办事处通知

民国三十七年十二月十八日(1948.12.18)

查汉冶萍煤铁厂矿公司业经该公司资产清理委员会清理结束,并经资源委员会华中钢铁有限公司奉令接管运用,所有该公司清理委员会未了事项,由华中钢铁有限公司赓续办理在案。查关系该公司股权登记事项,虽经清理委员会公告办理,惟各股东之尚未依限办理登记者为数不少。兹为保障各股东之合法权益起见,现由华中钢铁有限公司设本办事处继续办理,即希台端于限期内(本年十二月三十一日以前)携带股票连同有关凭证暨原留印盖,向上海四川中路33号807室本处办事处声请登记,逾期不再展延。除已有华中钢铁有限公司登报公告外,特此通知。

　　此致
　　君启

资源委员会华中钢铁有限公司接收汉冶萍公司上海临时办事处
卅七年十二月十八日

郭锡雍致李家麟电

民国三十七年十二月二十日(1948.12.20)

石灰窑。李处长:利密。清委会启事刊登报纸如下:(1)天津《民国日报》;(2)南京、长沙《中央日报》;(3)广州《广东日报》;(4)南昌《中国新报》。

职雍。亥哿。

郭锡雍呈李家麟文

民国三十七年十二月三十一日（1948.12.31）

仲和处长钧鉴：

本月廿五日奉函计已亮察。股票登记事，今日午后六时截止，惟有少数前来申请登记而手续欠周者，当允其于手续周到后仍可补行登记（限于下月十五日以前），未于限期内申请者（以邮戳日期为凭）当不再受理而告段落。自十二月二日起至卅一日止，此次补办登记结果如下：

一、创字股票 105 张，共 2 053 股，股额 102 650 元

二、优字股票 108 张，共 3 846 股，股额 192 300 元

三、普字股票 200 张，共 4 486 股，股额 224 300 元

四、息股凭单 12 张　票额 2 444 元

五、尾数收据 16 张　票额 188.4 元

合计　441 张　10 385 股　票额 521 882.40 元

股票登记现告结束（通讯登记者预计于次月十五日后当不至再有），李家成兄即可辞退，公役一名尚需续用，职是否留沪候命，即祈示知。洽运枪支事仍在办理运照中。此次登记之股票各股东是否有附逆行为，当于新年假期后列册移请命筱云小姐复审（因该项案卷未经清委会移交）决定之。交接总册更改处，由清委会盖章后即可寄奉。值兹除旧迎新之夕，恭祝新年愉快

职　郭锡雍谨上

大除夕晚

附邮前继续登记普字股票一张　计 10 股　票额 500 元

息股凭单一张　计 40 元

上海临时办事处致钱镜涵函

民国三十八年一月十三日(1949.1.13)

径启者：

　　台端本年元月十二日奉函敬悉。汉冶萍公司股票以前在汉冶萍公司资产清理委员会时期已登记者，毋须再向敝处登记，亦不须调换收据，因该委员会结束后已收案卷交敝处接收矣。至于换股或折价事，现尚未奉核定，俟核定后当登报公告也。此复

钱镜涵君

　　　　资源委员会华中钢铁有限公司接收汉冶萍公司上海临时办事处

钢铁事业管理委员会致华钢代电

民国三十八年一月十七日(1949.1.17)

　　华中钢铁公司公鉴：前据公司驻沪人员郭锡雍君来本会称，前汉冶萍清委会为清理股权曾登报报告，请各股东凭掣给之临时收据将原股票缴存代管(已缴存者占原股份总数百分之七十八)，俟清算工作完成后再凭决定换发华中钢铁公司股票或折发现金。惟汉冶萍公司债权债务异常复杂，清理工作短期内不能完成，各股东(商股)不愿久候，因近闻股票可以上市，纷纷请求将原股票收回。此种情形如延不处理，难免发生纠纷等语。当经据情转请大会核示奉批，准予将股票发还等因，相应电请贵公司依照下列核示各点，凭前掣给之临时收据，将股票分别发还：(一)应迳函司法行政部查询各股东有无附逆汉奸(包括已判罪及被检举有汉奸嫌疑者)，如有附逆行为股票应予没收。(二)附逆股东在判罪前已将股权移转过户，受让人持有之股票不应没收。(三)凡经前汉冶萍公司清理委员会查核审定并已予登记之股票，如申请发还，应予分别通知领回。(四)凡前已领股收据前来登记者，经查明该股票确已由清理委员会移至该公司接收并经审查核定登记者，应换发原股票。(五)凡前以"息股凭单"、"尾数收据"登记者，应与汉冶萍公司原有簿册核对，暂不发还。以上各点除抄知贵公司驻沪工作人员郭

锡雍知照外,统希查照办理见复为荷。钢铁事业管理委员会。寅篠。

郭锡雍呈张松龄文

民国三十八年二月二十四日(1949.2.24)

谨呈。职奉派来沪协助接收汉冶萍煤铁厂矿公司资产事宜,业经遵示办理竣事,理合将办理情形并检附交接清册呈祈鉴核。

(甲)汉冶萍公司部分计分十一项

(一)董事会档卷　较交接清册所列者少董己字第一号什件一宗。

(二)经理处档卷　除第 1309 号系未归档、各项文卷及什件并未装订成宗者外,余与交接清册所列相符。

(三)钤章　照册列名称数量及章样点收无误。

(四)合同执照　照册列数点收相符。

(五)会计帐册　除会字第 10、11、53、115、128 号册列报表单据数量与实际不符,经点交人陶经明君更正盖章及 43、72、74、82、84、88、89、2、98、99、100、101、103、106、107、108、109、113、117、121、122、124、125、126、130、131、132、134 号计 28 号未行交接外,余与册列尚符。

(六)地产契据　经逐一查点,所有不符之处当即更正加章。册列亩分及张数如仍有不符之处,悉以契约调查簿内所载者为凭,交接册内已有注明。上海正金银行保存抵押汉厂沪栈地契,虽经与中央信托局财务组张主任祖烈三度洽商发还,均因该局尚未奉院令指示,暂难发还(该局曾奉院令须俟国库对帐手续竣事后发还)。现该局正根据本公司致该局之函件呈院核示中。第四号保险箱内年久霉毁,契约及已炸毁之汉口万家庙地契均无法查点,交接册中亦已注明。

(七)债券及股票　照册列数量名称点收相符。

(八)股票处簿册　除少股东名册一册外余相符。

(九)代股东保存未领回股票　点收数与册列数相符。

(十)器具　除少烟灰缸一只外余相符。

(十一)书籍图表　大都破烂,数量尚符。

（乙）汉冶萍公司资产清理委员会部分计分六项

（一）档案　计总务、清理、财务、人事共十八宗，与册列相符。

（二）帐册　该会帐务尚未结算，单据传票一部分尚未装订，册列数量名称与实际点交者颇有出入。经洽点交人傅主任尚鼎另编交接清册后签呈钢管会，请以新编之交接清册为交接之依据，奉批准予备查。

（三）器具　与册列数相符，由钢管会职员王汉荣君代收。

（四）书籍　与册列数相符，由钢管会职员王汉荣君代收。

（五）租赁房屋　与册列数相符，由钢管会职员王汉荣君代收。

（六）汉冶萍公司资产清理委员会登记股权时收存之股票，除工商部、交通部、招商局、湖南省四项官股未有股票点交、点收外，余尚符。

（丙）处理接收物件情形

（一）在上海　接收物件数量众多，而四川中路 33 号 807 室房屋无法容存，故在清理委员会时期寄存于钢管会上海营运处之董事会档案及书籍全部器具一部，仍委托该处续代保管，并缮制委托保管公物清单双方各执一份，以资查考。其余物件列单封存 807 室原址。

（二）在南京　除清委会档卷帐册经接收运沪存于 807 室接收部分外，其余如器具书籍租赁房屋三项，或因运输困难或因未便兼顾，经洽请钢管会总务科代为保管，并缮制委托保管公物清单一式二份，各执存查。时局动荡，战事逼近京沪，为策安全起见，曾电呈指旨处理办法，旋奉电示就近请示钢管会后办理具报，当即签呈严副主任并谒晤吴副主任请赐核示，后奉(38)钢管字第 147 号令(一)关于物件档案等可集中保管存上海企业大楼原址；(二)关于地房契、股票登记簿原本存放银行保险库，副本分送工商部、资委会及华中钢铁公司暨钢铁管委会各一份存查。复因抄写副本需时太久，又奉吴副主任委员学蔺面谕，免抄副本仅编清单，以资迅捷，现已将房地产契据、股票处簿册、合同执照全部，及有价证券之尚未失效者，会同钢管会会计主任傅尚鼎君、上海营运处会计课长王赜岘君分别装箱并焊封竣事，即可送存中国银行保险库内。该项装箱清单于物件送存后，即分呈工商部、资委会及钢管会暨本公司各一份，以资存查。

谨呈

附呈：

汉冶萍资产清委会移交，华中钢铁公司接收

清册三本，又第一册附件一本

处长李 转呈

汉冶萍公司移交，清理委员会接收

清册十二本

总经理张

寄放中国银行保险库物件清单抄本一本

职 郭锡雍谨呈

三十八年二月二十四日于上海

华钢总务处房地产移交清册(土地部分)[①]

民国三十八年四月二十二日(1949.4.22)

地段	面积亩数	摘要	备注
铁山沿线	411.690 6 市亩	(田)地	前汉冶萍产业
〜〜〜	337.087 4 市亩	(土)地	同上
〜〜〜	135.308 1 市亩	(荒)地	同上
〜〜〜	558.126 0 市亩	铁道路基	同上
〜〜〜	96.150 0 市亩	车站及房屋用地	同上
〜〜〜	91.305 0 市亩	(湖)地	同上
〜〜〜	39.250 0 市亩	白石山厂地	同上
老铁山	1 030.710 0 市亩	矿山用地	前汉冶萍产业
得道湾	1 215.988 0 市亩	矿山用地	同上

---

① 原件注：因无契据，界址不明，故未实地勘测(现有汉冶萍老册存查)。

续表

地段	面积亩数	摘要	备注
象鼻山	152.350 0 市亩	官矿码头路基	湖北官矿局产业
袁家湖	280.461 0 市亩	(田)地	前汉冶萍产业
袁家湖	993.973 0 市亩	(土)地	同上
袁家湖	47.703 0 市亩	(果园)地	同上
袁家湖	822.978 0 市亩	未开垦荒地	同上
新厂七门至石灰窑	3 620.133 5 市亩	厂基及路基	同上
石灰窑一带	60.930 0 市亩	房屋及铁道路用地	三十七年本公司新征购土地
铁山一带	608.099 0 市亩	同上	三十七年本公司新征购土地
大冶区域	330.496 0 市亩	煤窑矿区及路基	汉冶萍产业

刘绍韩呈张松龄文

民国三十八年四月二十九日(1949.4.29)

窃奉钧处汉发字第 0569 号通知内开:案奉总公司华(38)会字第 0280 号函,略以前汉阳保管课移交案内,如原铁厂器材部分及房产部分、地产部分、出租房地产部分,未了事项甚多,仰即督饬刘前课长绍韩限期清结并具报为要等因。奉此,兹将原函抄检,即希查照,迅予翔实办理报处,以凭转报为要等因,附抄原函乙件。奉此。查职任内所有保管各部门以及器材砖瓦废木料等,先后动用尚未呈报暨交册漏未列载各项,并应行报废报损与更正各件,分别逐一列陈于下:

(一)存联勤部修造船舶厂起卸机正字钢铁架以及锅炉重轨 190 米,业经呈报并请示办理在案。

(二)齿轮一个确系完整,交册误注破坏,拟请更正。

(三)工字钢 21 根,实系工字钢 7 根,铁轨 14 根,合共 21 根,拟请更正。

（四）废火砖除租户借用 800 块尚未归还外，余均用于铺垫课内西面房屋地板下，及铺大门内各甬道与库房铺垫阶级，拟请核销。

（五）交册漏列另存院内青砖 450 疋，新瓦 4 000 疋，该项砖瓦业于搭盖警卫室，已由包工人领用完罄，拟请核销（附领据乙纸）。

（六）青砖 14 000 块，青瓦 45 000 疋，除碎烂损坏约 2 500 疋，租户借用 12 500 疋外，余存 30 000 疋，均于建造第一第二库房，已由包工人领用。所有废木料及椽角，于建筑小碉堡用去木料 12 根，椽角 30 根。做大木箱 3 个、桌子 5 张，用去木料 38 根，椽角 56 根。又起重用去木料 20 根。共用去废木料 70 根，椽角 86 根，拟请核销（附领据 5 纸，借据 2 纸，报告乙纸）。

（七）交册内所列废木料 54 根，系南岸咀平房（即永安堆栈）内西角塌下之料，经于三十七年六月二十六日以汉管字第 088 号签报在案。

（八）铁柜三个原册列系完整，系属笔误，由经济部特派员办公处移交时均皆损坏，现均存课内院中，拟请报废。又交册内漏列院内坏保险柜一个，现仍存课内，拟请与前列三柜一并报废。

（九）琴断口砖瓦厂各项器材，未列于中华联合工程公司接收清册者，由该厂保管员王子文查明造册，业由职加章呈送核备（附清册乙本）。

（十）挖出之青红砖所缺少者，现由原包人承认如数补偿，已知照新任查照。

（十一）东正街平房一栋，原本损坏一部分，经去秋大水之后，该屋前后部分均已损坏，但尚可撑持，故未报请拆除。

（十二）南岸咀平房一栋（即永安堆栈）中部塌陷，去岁该屋西角又塌，全部塌陷系属大部塌陷，误写全部塌陷，拟请更正。

（十三）起建第一第二仓库时，筑有警卫室两间，漏未列入交册。又筑小碉堡一座，亦漏未列入交册，拟请增补交册内。

（十四）联勤部修造船舶厂所占用之三码头房屋，册列二栋，实系三栋。二码头册列房屋一栋，实有土砖屋一栋、铁皮屋一栋，系属二栋，均载在该厂所占用房地产证明书内，交册内漏未记载，拟请于交册内补加记载。

（十五）煤球机一具，原本损坏，仅剩外壳，实无所用，拟请报废。

（十六）所有汉口汉阳两区地亩变更，系新任依据卢课长明清所测绘之图核对而得此变更之数字。新任认定该图确为可凭，必须更易，经手人明知更易与原案不符，不肯改动。新任坚持非更改不能接收，只好依照新任指示办理。惟此项变更可否，邀请俯准变更，抑仍须照原册数字改正，敬乞核夺。

以上各项，值此交代之际，恳请准于分别核销更正暨报损废，以清手续，理合签请鉴核示遵，实为公便。谨呈

副处长钟

处长杨　转呈

总经理张

附清册乙本，领据六纸，借据二纸，报告乙纸。

卸任汉阳铁厂保管课课长　刘绍韩

杨维厚呈张松龄文

民国三十八年六月七日(1949.6.7)

案奉华(38)会字第 0280 号函，以汉阳保管课交接册列汉阳铁厂房地产、器材部分及出租房产部分，刘任未了事项饬转知限期清结具报一案，经以汉发字第 0569 号抄附原函通知去后，兹据该员四月二十九日以交字 12 号签呈，将本案有关器材砖瓦废木料等先后动用，尚未呈报，暨交册漏未列载，各项应行报废报损与更正各件，附砖瓦厂清册一份，单据九纸，列陈签复前来，复转经陶专员以铸阳 38 字第 95 号查签注复各在案。兹检附前刘课长复签一件，砖瓦厂清册一份，单据九纸暨陶专员注签一件，随文呈请核备为祷。谨呈

总经理　张

　附件如文

职　杨维厚签

郭锡雍呈张松龄文

民国三十八年六月十七日(1949.6.17)

仲公处长转呈总座钧鉴：

此次上海解放战争市区内除苏州河一带战事较烈外，其他各处尚称安全，本公司接收汉冶萍公司物件均无损毁。旋奉通知办理移交，当即赶造移交清册，现该项清册一式八份，业经缮写就绪，正待军管会派员接收。此间六月份经费预计约需人民票 181 400 元(包括员工薪资 92 400 元，房租 45 000 元，办公费 44 000 元)，现由钢管会以垫付华中钢铁公司接收汉冶萍公司上海临时办事处经费科目另列一款，并入该会六月份经费概算内，一并呈请核拨中。至于此间费用仍径向公司报销，并由公司拨款归还钢管会。六月份内此间尚未拨到分文，一切因公费用又无法拖延，不得已由职东移西借，聊资维持。此次编选六月份经费概算呈核时，大会会计处以为华中钢铁公司驻沪人员仅员工各一人而费用甚大，殊不经济。当经职面予申述理由，并经吴学蔺先生之证实，始允并入钢管会六月份经费概算内以垫付科目编列。以后此间经费是否仍请钢管会代垫，后由公司拨还，或由职迳向公司请拨，祈为明示。张春铭、刘嘉禾二君为提运马尼拉绳事，辛劳过度卧病已将一月，现住公济医院诊治。彼等薪资钢管会原拟代为专案办理，惟迄今未有下文，现张刘二君嘱代通知公司，由公司发给，至于医药费用，俟病愈结算后再请公司补助云。专此。谨请

钧安

职　郭锡雍谨上

津留崎次市:大冶矿业所之设备、设施及生产状况①

昭和二十年一月(1945.1)

一、沿革及经营范围

大冶诸铁山,主要是汉冶萍煤铁厂矿有限公司经营(除象鼻山矿区由湖北省政府官营外)的一些地方。随着日支事变的进展,正当支那军撤离大冶铁山时,重要器材搬往内地,有关机构被解散,几乎化为废墟。1938年11月,皇军占领该地之后,陆海军特务部部长发出指令称:"对于大冶的各铁山,要尊重历来的既成事实,在日军管理下,由汉冶萍煤铁厂矿有限公司受托经营。而事实上的经营,由推荐的日本炼铁股份有限公司以其技术、资本、材料等来承担。"于是,日铁调查组11月15日在石灰窑登陆,致力于日铁大冶矿业所的开发。首先,需计量一下石灰窑江岸储矿对日可输量。与此同时,依次着手进行大冶铁山的修复,以便还其一个真实。

完成修复开发后,大冶矿业所经营范围包括有象鼻山、尖山、旧铁山、青备山等采场。此外,从1941年5月至1943年2月,继续开发的还有鄂州(西山和雷山)采场。为了获得高品位矿石,只不过把这儿暂停一下而已。作为船舶装载场地,有石灰窑江岸和沈家营两处。在新厂,则主要有修造、动力等方面的种种设施。

二、生产状况

(一)采矿方法

在历来的汉冶萍直接经营的时代,是以露采为主。依靠当地一带的工人,通过人力进行原始性的作业。不过,这儿将要被建成机械化中心。由于这次事变,把全部设施都破坏了,所以本所锐意致力于其修复工程。同时除露采外,为了靠坑采来增产,开凿竖井的工作也在抓紧进行。

(二)采矿设备

修复后用于采掘的机械如下:

---

① 本文选自1984年"日铁大冶会友好访中团"成员赠送黄石市有关单位的《日铁大冶回忆录》一书。

1. 凿岩机		80 台
2. 大型穿孔机	25 马力	2 台
3. 空压机	500 马力	2 台
	200 马力	1 台
	100 马力	2 台
	50 马力	3 台
合计	1 550 马力	8 台
4. 卷扬机	50 马力	4 台
	30 马力	2 台
5. 蒸汽掘凿机	0.75 立方/次	2 台
6. 碎矿及装载设备		
（1）矿石粉碎机	100 马力	4 台
（2）装载场		6 处
7. 铁山工人杂役每天		约 5 000 人
实际出勤率		70%
其中：当地人		约 1 500 人
外地招募		约 3 500 人
8. 铁山发电厂		
象鼻山柴油发电机	750 马力	1 台
	500 马力	1 台
	400 马力	1 台
	50 马力	1 台
合计	1 700 马力	4 台

不过,现在主要由新厂火力发电厂送电,以上这些设备已改作特别时期的备品。

（三）采矿量

1939 年度	7 700 吨
1940 年度	400 000 吨

1941 年度	1 100 000 吨
1942 年度	1 445 000 吨
1943 年度	1 099 000 吨
（另铜矿 4 800 吨）	
1944 年度（上半年）	621 000 吨
（另铜矿 3 100 吨）	

三、增产计划

鉴于国际形势的紧迫,当局首先拟定铁矿石生产扩充计划,本公司当即予以响应,策划铁矿超常增产方案。为此,要赶急完成目前各设施修复工作,产量目标定位每年二百万吨。尚未修复完工的主要设施概略如下:

（一）坑内掘进设施

1. 两口竖井卷扬机	500 马力	1 台
	150 马力	1 台
2. 空压机	500 马力	2 台
3. 电气机车	6 吨型	10 辆
4. 蓄电池机车	35 吨型	8 辆

（二）铁山碎矿及装载设备

| 1. 矿石粉碎机 | 100 马力 | 2 台(增设) |
| 2. 储矿槽及装载设备 | | 2 套 |

四、运输状况

把采出的矿石通过铁路机车运至石灰窑江岸和沈家营储矿场,再从这两处由远航轮运到日本,或者由孵船中继运输到芜湖、浦口等周转站,然后转运日本或北支那炼铁厂。其他的,还有 1944 年 12 月以后,开始把矿石由水路运抵汉口,接着从汉口经京汉线运抵北支。不过,这仅是一条备用运输线。

（一）铁路运输设备

铁山至石灰窑相隔二十三公里,而所内铁路却延长达六十公里。运输设备如下:

1. 机车	100 吨型	7 台
	70 吨型	9 台
	30 吨型	9 台
2. 矿石车	40 吨和 50 吨货车	157 辆
3. 平货车		114 辆
4. 风动车		7 辆

（二）江岸装载设备

1. 江岸浮桥

（1）石灰窑	大型浮桥（50.0—83.3 米）	3 座
	小型浮桥（10.0—16.7 米）	10 座
（2）沈家营	大型浮桥	3 座
	小型浮桥	4 座
（3）新厂	大型浮桥	2 座
	小型浮桥	3 座

2. 每天劳力数		约 900 人
出勤率		60%
3. 搬运工人一天装载量		约 2 500 吨
4. 储矿能力	石灰窑	320 000 吨
	沈家营	350 000 吨
	其它	70 000 吨
5. 装载机		2 座
每座每小时运载能力		500 吨

（三）石灰窑江岸装载运出量

1939 年度	190 000 吨
1940 年度	298 000 吨
1941 年度	926 000 吨
1942 年度	1 414 000 吨
1943 年度	979 800 吨

| 1944 年度(上半年) | 386 800 吨 |

（四）近距离运输船舶

1. 作拖轮的小汽船	2 艘
2. 机轮船	3 艘
3. 机帆船	1 艘
4. 铁驳(装载 250 吨)	1 艘
5. 港内木驳(100－180 吨)	6 艘
6. 驳船	4 艘

五、石灰窑的各种机械设备

（一）新厂火力发电厂

本发电厂是 1941 年 12 月开始动工兴建的,共计 2 台发电机组。其中一台于 1943 年 5 月 1 日正式发电,并于同年 7 月 14 日往铁山送电。另一台机组也于 1943 年 9 月 13 日建成运行。该发电厂设备概要如下:

1. 蒸汽发生设备		
日历水管式汽罐(20 吨/小时)		2 个
2. 三菱反击径流式汽轮发电机(3 000 千瓦)		2 个
3. 备用柴油发电	750 马力	1 台
	130 马力	1 台

（二）修理设备有:木模、铸造、机加工、锻造、制罐、电器维修等方面的设备。

（三）氧气发生设备,制氧能力 30 立方米/小时

（四）制冰设备,制冰能力 8 吨/小时

（五）私人设立电话设备(含铁山)

| 自动式交换机 | 2 台 |
| 磁石式交换机 | 4 台 |

（六）自来水设备,从扬子江抽水及净化设备一套,月平均供水约 2 200立方米。

六、组织机构

			总务科长	金井十郎
		总务部长 松村时次	劳动科长	小笠原八郎
			经营科长	马场辰巳
			运输科长	中村若一
			采矿科长	平山太郎
所长 泷川清之助	矿业部部长 今井史郎		工程科长	森川泰周
			土建科长	矶田岩
			技术科长	今井史郎
	地方办事处处长 松村时次			
	医院院长 秋吉良文			
	警卫队长 岩田少介			

鉴于本公司中支事业使命重大,1942年2月在上海设中支总局,在南京、芜湖设中支分局,并在汉口和九江设本所办事处,以利于与军官们和其他机关加强联系,使我们的事业取得顺利发展。

七、从业人员

日本从业人员超过一千人,百分之四十六在石灰窑新厂区,百分之三十在铁山,其余的分别在下陆、铜鼓地、铁路沿线及沈家营等地执行公务。另外在汉口、九江两办事处也配置了若干人。中国从业人员,有职员、准职员二百五十人,雇佣人员一千人,工人三千七百人,杂役人员七千三百人,哨兵五百人,合计约一万四千人。

八、警备治安状况

本所开发以来,针对当地治安必须严加警戒的状况,及铁山和铁路沿线盘踞蠢蠢欲动的敌匪群,瞅准警戒间隙分散性夜袭频繁发生,使本所设施损失严重的情况,本所常与皇军部队联络,并采取下述对策强化警戒和待命设备。

(一)日铁警备队

现有队员中,日本人一百五十,中国人五百。军人出身的将校级数名担当指挥辅导。这支六百五十人的警备队,被配置在新厂、石灰窑、铁山、铁路沿线、江岸装载场等作业区从事警戒任务。

(二)警备设施

新厂区修建围墙,墙头上装有通电高压电网。铁山地区周围拉了一圈高压电线。铁路沿线各处设分哨位,全线两侧架设通电电线。对于发电厂、制氧厂、油类仓库、江岸装载机、机车车库等其他重要设施,除架设高压电线日夜通电外,还设置监视哨,严禁出入。再则,为防空袭,在办事处、作业场、宿舍周围等场所构筑防空壕。

(三)在其他职域,由退伍军人组成大冶第一(新厂、石灰窑)、大冶第二(铁山)防卫队,在特殊情况下出动执行戒严任务。

(四)在强化警备的同时,对当地居民注意加紧宣传安抚工作。在军队指挥下,与县政府共同努力,创建铁路爱护村活动,在各村落设立保长民哨制度,防患于未然。同时,对于及时发现事故发生的地区及村落给予大力表扬。

九、福利设施

(一)从业人员的饮食

单身职工集体就餐。有家属的,发给现货在家里开伙。从业人员根据不同身份收取一部分成本,其他部分由公司负担。华人从业人员中的职员、准职员大致照这个标准掌握。所雇工人及其家属,按出勤天数廉价配给大米、食盐、食油等食品。

(二)宿舍

对从业人员无偿提供宿舍。日本人宿舍(含华人职员)配备如下:新厂五十三栋,四百八十一户;石灰窑九栋,一百零三户;铁山二十六栋,三百户。顺便说明家属户数:新厂二百六十九户,江岸二十九户,铁山八十七户,共计三百八十五户。工人、杂役各设施分别容纳人数为:新厂二千人,江岸三千人,铁山四千人。

(三)医疗设备

新厂厂区内设有本所医院,铁山设分院。拥有各专门科医疗及住院设备。其他如象鼻山、得道湾、旧铁山、石灰窑、江岸、沈家营、胜阳港等均设治疗所。对从业人员及其家属都从事免费诊治。

（四）产业报国会附带事业及其他

由本所日本人员工组织的产业报国会，内设有事务部、事业部、互助部等机构。还根据从业人员长住的目的，作为一种措施又增设配给部、理发部等。配给部主要办理日常必需药品、家庭用品、图书、杂志、报纸等事务。其他方面，如在新厂东面四十二公顷面积，铁山的茶家山二百五十二公顷面积上经营农场，谋求从业人员及其家属主要副食品、蔬菜、肉、蛋、食油等自给自足。经大家努力，虽离需要还有不少差距，但本年度却也收获到了蔬菜一百八十六吨，小麦四点八吨，猪肉三点四吨，鸡肉九吨。

其次，专设蔬菜市场，主要是给家属开伙配给必需的青菜、鱼肉等。也分部分给华人从业人员。对其他工人、杂工等生活同样有所帮助。另一方面，在地方办事处设华人配给部，华人必需的食品、药品、杂货等，都按原价或无偿发给。

再则，关于其他设施，在新厂工区内设有占地三亩多的武术场兼集会场，在本所还开设幼儿园，三十名从业人员的幼儿入园。在新厂北侧开辟有二十五米长的游泳场，并有能让活跃在第一线的产业人员常锻炼身体的健身装置。

为编辑大冶回忆录奉上的资料《大冶矿业所概况》，回忆起来大约是1945年1月，根据松村所长的提案并收集各科长的意见，由技术科汇总而成的。其中新厂计划是家村土木股长和冈村建筑股长共同编制的。至于进展到何种程度，因本人1945年3月受命转八幡任职，所以也不很清楚。听说好像冈村先生回到了山口县的小月，家村先生也回到了山口县的小野田市，但都没有互通音信。

岩桥恒志:大冶铁山与日本的关系①

昭和二十年一月(1945.1)

与八幡炼铁厂休戚相关

大冶矿业所与八幡炼铁厂休戚相关,与日铁的关系由来已久。自从明治时代的 1899 年政府经营炼铁厂,也就是创办八幡炼铁厂时开始的。

与大冶铁山的这种关系,从《日本炼铁股份有限公司史》和《八幡炼铁厂五十年史》中可摘录出来。

日本炼铁股份有限公司(简称日铁)的海外事业开始于日华事变。根据日铁这一半官半民国策性公司的本来使命,理应竭尽全力从钢铁生产方面为国策的贯彻执行而奋斗。如果说作为一种必然,日铁不可避免地要向海外发展的话,那就是侵占。

特别是随着作战的进展,占领地域不断扩大的同时,要在战区兴办企业,就得确保该区域内的铁矿资源。要实现这一意图,重视做好当地居民生活稳定的安抚工作,不用说这是理所当然的要求。

此外,节约海上运输能力,也是日铁海外事业的目标之一。于是,日铁进一步提高自身信誉、技术水平,增加资产甚至财力,克服种种困难,以便适应海外事业的建设与经营。

毋庸置疑,根据军方的要求,并为此付出努力,无论从企业,还是从技术上,似乎都存在不少问题。但是,在战争的情势下,可以说不得不如此了。

作为日铁在中国方面的事业,占最大比重的是大冶铁山的开发,其次是北支那炼铁股份有限公司的事业。此外,在日华事变之初,列为重点实施清单的有资源方面的事业,可到了 1942 年 7 月后,却让位给了日铁矿业股份有限公司。

---

① 本文选自 1984 年"日铁大冶会友好访中团"成员赠送黄石市有关单位的《日铁大冶回忆录》一书。

下面介绍的是与大冶铁山的关系,以及停战前的历史变迁和有关大致情况。

日铁史上的大冶铁山

一、汉冶萍公司与八幡炼铁厂的关系

政府经营的八幡炼铁厂创建之初,其使用的原料,预定只仰仗赤谷及其他日本内地生产的铁矿石。但是,自从当时接替湖广总督张之洞而经营大冶铁矿及汉阳铁厂的盛宣怀与和田长官之间,于1899年签订了大冶矿石购入合同后,从此汉冶萍与八幡结下了不解之缘。为了首次装载铁矿石回国,饱浦丸号运矿船于1900年7月第一个抵达石灰窑。

紧接着,于1904年1月与日本兴业银行之间又签订借款合同,决定八幡使用的铁矿石大部分由大冶矿山供应,并中止赤谷铁山开采准备工作。根据后来多次内阁会议的决定,横滨正金银行对汉冶萍公司的借款,在我国与汉冶萍之间缔结了越来越紧密的联系,汉冶萍公司也由此逐渐扩大了规模。另一方面,八幡则扩大了自己的炼铁能力,其原料供应上无丝毫不便之感,也完全是汉冶萍公司所属铁山矿产量极为丰富的缘故。其次,对汉冶萍公司的借款,可在支那国内各地创办炼铁厂,这对图谋加强与我国竞争地位的计划是一种扼制,也不可视而不见。

1908年,汉冶萍作为经营汉阳铁厂、大冶铁矿、萍乡煤矿等,名义资本二千万日元的汉冶萍股份有限公司而起步。与日本签订的借款合同并非单以金钱的出借为目的,而且规定其偿还一定的矿石及生铁。签订借款合同的目的,一是为了支持强化公司的经营,二是在矿石及生铁供应上避免出现障碍。这种供给倒带有预付生铁和矿石货款定金性质。此类借款合同,从1908年到1927年之间经历了十一次签订。到1938年,借款未偿还的本金加利息拖欠金额上升到约七千万日元。这些借款通过横滨正金银行支付,以本公司的财产作保,每次合同才得以签订。

可是,这期间支那政局一片混乱,一天都不得安宁。再说,历代支那政府当局总想使汉冶萍脱离与日本的关系,明里暗里给公司施加压力。因此,在1915年,根据所谓二十一条的某条约,又缔结了如下内容的新条约:

"支那国政府在汉冶萍公司与日本资方达成合办企业协议时应予承认;应不再有没收该公司事件发生;未经日本资方同意不得将该公司变为国有;不得将日本以外的外资引入该公司等。"

但当欧洲第一次世界大战结束后,日本与支那的关系逐渐恶化,国民政府对汉冶萍施加压力更加露骨。随着盛宣怀的死亡,公司失去了重心。所以,1927年1月,在签订周转资金二百万日元的借款合同时,又交换了以下内容的合同书:"汉冶萍公司随着今后事变的发生,假若出现了经营困难,对于八幡炼铁厂、横滨正金银行来说,当确认该公司能够履行对炼铁厂的铁矿石和生铁供应合同,以及对银行的新老借款合同时,同意迅速与他们两家协商实施处理这种情况的善后对策。假若二个月以上仍看不到协议达成时,公司作为一时的权宜之计,应让炼铁厂和银行指定的人选,处理矿石的采掘、焦炭及生铁的制造,并负责这几方面的经营事务。"

注:1938年3月31日至现在对汉冶萍的债权

本金累计 41 077 544.15 日元

欠息 27 700 005.72 日元

每年还款延期利息 1 234 705.09 日元

合计 70 012 254.96 日元

另注:对欠息本身延期支付的利息如果征收,则应还有 7 866 746.44 日元

二、日铁的大冶经营

日华事变爆发后,于1938年10月占领了大冶一带。正在上海待命的调查队根据陆海军的指令,10月23日进驻大冶,详细调查被已撤退的支那军破坏的状况。调查团由香春工程师率领,共五名。基于当时汉冶萍就大冶铁山及其附近矿山的经营,完全没有修复开发的实力,并根据前述1927年的协定条款,认为日铁承担该公司的受托经营最为妥当。

同年10月31日,工商省矿山局局长给日铁下达了《大冶方面诸铁山暂定处理纲要》。关于对汉冶萍的受托经营,指示要与该公司抓紧签合同,迅急准备材料、资金、技术人员等,应力求万全周到。由此,日铁担负了事

实上的经营。

11月18日,由于矿山局长的召见,中井经理与盛恩颐碰了一面。鉴于大冶方面的铁矿石与我国炼铁事业关系甚密,因此关于其开发,作为迫在眉睫的重要任务,签了以下协议:

(一)大冶方面诸铁山,在日军的管理之下,着重历来形成的特别情由,汉冶萍承担暂时性的受托经营,日铁负责事实上的经营,其所需技术、资本、资料等均待日铁公司补给;

(二)关于诸铁山经营所需会计另特别商定;

(三)关于铁矿石供给去处及价格等,遵从日本政府的指示办。

11月5日,由进来董事带队共五十七名的大冶修复先遣队出发,15日到达大冶,20日将矿石堆积起来,首船若松丸开始装船,同月25日发出驶往八幡。大约11月15日,驻地陆海军特务部长发出对汉冶萍承担经营的指令。24日左右,提出保证书。11月24日,日铁与汉冶萍之间《关于大冶方面诸铁山经营合同书》在东京正式签字。合同的宗旨基源于前述处理纲要,只是还商有以下具体事项:

(一)关于诸铁山修复开发事宜,以及关于矿石的采掘运输作业,并关于其他一切经营,日铁都承担执行责任。

(二)关于本经营,日铁支出的经费将作为特定项目的负担。

(三)对于采掘的矿石,汉冶萍依照特别商定,按矿石提单上数量,每吨支付相当金额。

1. 关于支付金额,对于本年度及明年度新采的矿石,低于四十万吨的,每吨一日元;四十万吨以上的,每吨二分之一日元。

2. 对汉冶萍已采的矿石,江岸边的储矿每吨六日元,山边的储矿每吨五日元。

(四)特别评估开始时的贷借对照表及资产、负债目录在两公司作成。根据上述合同规定,1939年1月14日,日铁监理官指示制作贷借对照表及资产负债目录,并按各矿山汇总上报的诸设备作成评价书。1939年6月15日以后,日铁太田参事等二人,汉冶萍助理赵兴昌等另二人的评价委

员受派担任这项任务,于 7 月 5 日结束。接收过来的设备估价如下:

 (一)固定资产

 1. 汉冶萍方面   2 999 421 日元

 2. 象鼻山方面   678 597 日元

 合计   3 678 018 日元

 (二)财产目录

 1. 资产

 (1)固定资产   3 678 018 日元

 (2)储矿   1 987 302 日元

 合计   5 665 320 日元

 2. 负债

 (1)资金   3 678 018 日元

 (2)未付款   1 987 302 日元

 合计   5 665 320 日元

到 1939 年 1 月 14 日日铁监理官发出通牒之时,对于从非汉冶萍所属矿山采掘的矿石款,根据特别估价,寄存于敌产处理委员会保管。据计算,汉冶萍的份额按特别方式对待。同年 9 月 7 日,敌产处理委员会委员长认同了在东京设立户头,同年 12 月朝鲜银行东京分号为该户头办理开设手续。再则,由于汉冶萍的借款是以分年均等偿还方式运作,1930 年 5 月 28日炼铁厂、汉冶萍及正金银行三者间签订的合同难以执行。作为一种临时举措,1939 年 1 月 14 日汉冶萍从特别估价中接受到的一定金额优先充抵分年均等偿还方式支付,从而促使三者达成了协议。于是,大冶矿业所在1938 年 12 月 15 日作为日铁的一个作业所而开设。

其历届所长如下:

1938. 12. 15—1940. 6. 26   工程师   香春三树次

1940. 6. 27—1941. 11. 19   董事   齐藤壮一

1941. 11. 20—1944. 6. 9   董事   吉田友辅

1944. 6. 10—1945. 5. 31   董事   泷川清三助

1945. 6. 1—1946. 7. 12　　　　　参事　　松村时次

三、运营状况

1938 年 11 月 21 日,决定 1939 年度供日的大冶矿石计划为六十万吨,采掘为五十万吨。而 1939 年 8 月 12 日确定 1940—1942 年度产量分别为:1940 年度八十五万吨,1941 年度一百三十五万吨,1942 年度一百八十万吨。为了提高运输能力,调车线路及其他设置的改善整备、装载机械的增设等也都提到议事日程。若考察一下资料、矿山工程状况等,就会使人相信下表中的目标是大有希望的。

(单位:万吨)

年 ＼ 类	露采	坑采	合计
1940 年	60		60
1941 年	100		100
1942 年	120	30	150
1943 年	120	50	170
1944 年	120	70	190
1945 年	120	90	210
1946 年	90	120	210
1947 年	70	130	200
1948 年	50	150	200

用于开发的所有材料从日本运送。1941、1942 年度基本实现按年度计划增产。但从 1943 年度起,由于建设材料、机械难以及时供应,特别是坑采地下坑道挖掘更与材料供应有关系,加之露采方面劳工与凿岩机械也严重不足,因此不可能达到所期待的增产目标。

1944 年度,矿石运输船的运力告紧,无法运走的积矿递增。为此,对原出台的生产计划不得不作根本性修订,决定中止竖井开凿,导致露采逐渐减产。

具体说,1944 年 6 月,把本年度目标由原定一百九十万吨减为一百三十五万吨。接着 7 月 21 日又根据公司指示,1945 年以后改为露采为主,年计划全部削减为一百三十五万吨。1944 年 12 月 28 日,鉴于海上运输能力剧减和储矿场地容量的现状,进一步压缩产矿量。1945 年 4 月以后,月产矿仅五万吨。与此同时,还进行需大量设施的坑采及储矿场地等方面的调整。

更且,1945 年 2 月因战局恶化,首次对运营方针进行修订,采矿全面停止,准备确保治安所需必要人员,只从事选矿及最低限度的剥土作业。已采储矿尽力转运江岸旁或下游地段堆放。根据公司指示,职员、雇员以减半为目标予以清理。1945 年 5 月 18 日,对运营方针又作第二次修订,剥土、选矿作业均全面停止,调整压缩剩余人员。6 月 1 日,又指示作第三次修订,压缩编制,只组成事务、作业两个科运作。6 月 7 日,在现场的领导集体提出了恳求,作为公司则给予了大力协同。同月 22 日,公司发出指示,要求采取以下处理办法:

(一)在兵器生产及其他直接军力事业方面应保持齐心协力的态势。

(二)停止矿石方面的作业,组建成第二类军需品工厂。

(三)石灰窑地区已成过剩的人员,转向其他重要部门,合理安排使用。

上述举措所需费用从军费支付,其他开支转成中支振兴融资负担(根据这一精神,7 月 27 日作为特定项目单独清理)。另外,在 6 月 1 日,又对运营方针作第四次修订,废止中支总局的监督权,扩大了所长权限,所长可独断一切总务。据统计,1943 年 9 月至 1945 年 2 月,敌机对铁山设施的空袭多达十七次。

停战后大冶的财产和贷借对照表如下:

《财产目录》(1945 年 10 月 31 日调查)

1. 固定资产(土地、楼房、土建设施、机械及装置、船舶、车辆、器具备件、周转运输设备) 217 270 928.34 日元

2. 盘货资产(材料) 69 781 202.85 日元

3. 盘货资产(矿石) 3 395 730.85 日元

注:储矿(江岸旁和山边)27 682吨,已卖出的矿石773 119吨。

4. 活期(现金和存款)　　　　　　　　　　　　106 259 859.56日元

5. 其他债权债务

(1) 债权(赊卖未收款预付款、暂付款)　　　　26 138 988.85日元

(2) 债务(借款、赊货款、寄存款、未付款、暂租款)

　　　　　　　　　　　　　　　　　　　　　128 176 989. 72日元

《贷借对照表》

1. 资产部分

(1) 固定资产(前述)　　　　　　　　　　　　17 270 928. 34日元

(2) 盘货资产(材料、矿石)　　　　　　　　　73 176 933. 70日元

(3) 活期资金(赊类债权、未收款预付款、存款、现金)

　　　　　　　　　　　　　　　　　　　　　198 576 723. 77日元

(4) 暂付款　　　　　　　　　　　　　　　　23 822 124. 64日元

合计　　　　　　　　　　　　　　　　　　　512 846 710. 45日元

2. 负债部分

(1) 资本(接收和日铁的)　　　　　　　　　　389 948 523. 47日元

(2) 长期负债(借款)　　　　　　　　　　　　27 000 000. 00日元

(3) 短期负债(赊购债务、寄存款、未付款、暂租款、固定资产、偿还款)

　　　　　　　　　　　　　　　　　　　　　118 520 322. 87日元

(4) 盈亏款(亏损)　　　　　　　　　　　　　22 622 135. 89日元

合计　　　　　　　　　　　　　　　　　　　512 846 710. 45日元

1946年5月20日,根据本财产目录及贷借对照表,中国经济部湘鄂赣地区办事处特派员李景潞接管现场一切事务。同年5月27日,所长及其所属全体人员一千五百五十三名结队从大冶撤退。同年6月19日从鹿儿岛登岸。1946年6月21日,大冶矿业所宣告废除。

四、运输状况

(一) 日华事变后大冶矿石对日运送

1938年11月,从石灰窑离港的宗像丸作为运矿第一船,自此以后逐

渐增大运量。1942 年度月平均运达十一万七千吨。日铁为使包括大冶在内的境外运输可靠化、高效化，从 1939 年 3 月到 1941 年 8 月之间，先后建造了筥崎丸、宫崎丸、宇佐丸、鹈户丸等四船投入营运，1942 年又有安国丸、丰国丸、昭南丸、鹏南丸四船建成下水。可是，在 1943 年 3 月，传说有潜艇进入黄海，使运量骤减。1944 年 8 月以后，由于船只不足矛盾进一步突出，空袭和机械水雷导致扬子江航行危险增大等原因，矿石对日运输量猛降至一个月二万吨左右。

1945 年 3 月以后，船只问题更为窘迫，调度船只已成泡影，矿石运输不得不完全停止。作为船只不足的对策，1942 年以后，对芜湖和浦口等地的利用甚至多于石灰窑，如第二表所看到的。还有，调度船只的决定权掌握在船舶运营会手中，定点本航路的是日铁的宫崎丸、筥崎丸、宗像丸、鹈户丸、宇佐丸，以及日本邮船的若松丸、大冶丸、影丸等八船。

（二）中继运输

依靠艀船，把矿石从石灰窑运至对日输出港芜湖的，是 1941 年 6 月以前日铁公司本身付诸实施的方案。其目的在于使这一个时期，主要是枯水期能有效对日运输。然而，随着战局的推移和运量的增加，为使本公司船只最有效周转，中继运输的进一步强化取得了共识。

针对这种形势，同年 7 月动员东亚海运公司及其他扬子江的海运公司共计六个公司加盟，并于 1942 年 1 月由日铁与这些海运公司相商设立了关于艀船调度的统制行会。1943 年 12 月解散该组织后，又设立了中支公司海运会。

当时的中支海运会拥有拖船一百零五艘，艀船二百三十艘。其中日铁出资的，拖船为十二艘，艀船为三十一艘。由于 1943 年 9、10 月的空袭，拖船和艀船受损屡屡发生，因而矿石的艀船运输激减，后来只好改成夜航为主。1944 年 8 月以后，空袭和从扬子江岸上的攻击更加频繁，艀船运量进一步迅速锐跌。

（三）利用铁路向北支那运输

1944 年 9 月，想通过津浦线、京汉线每月给北支那炼铁公司运送一万吨铁矿石,并拟于同年八月开始实施这一计划。但是,京汉线运输因 1945 年 2 月运输艀船被征用而不得不停止,津浦线运输也因运力捉襟见肘而于这年 4 月告停。

表 1   大冶铁矿石生产及运输量　　　　　　（单位:吨）

项目 年	产量		运输	
	计划	实绩	计划	实绩
1938 年度				36 947
1939 年度		77 321		190 775
1940 年度	600 000	399 795		293 695
1941 年度	1 060 000	1 100 886		873 909
1942 年度	1 300 000	1 454 828		1 412 586
1943 年度	1 400 000	1 103 565		992 972
1944 年度	1 350 000	882 750		337 417
合计	5 710 000	5 019 145		4 138 301

注:

1. 1943 年 4 月—8 月产量为 95 700 吨,1943 年 9 月—1944 年 3 月,产量为 204 300 吨。主要原因是 9 月 10 日以后连遭空袭,劳工离散,且地面设施损毁厉害。一般原因是天气恶劣与工资问题导致难招劳工。

2. 1944 年 4 月—9 月产量为 134 000 吨,1944 年 10 月—1945 年 3 月产量为 336 000 吨。由于空袭激化、地方治安恶化、劳工得不到确保,且因空袭造成矿石运力紧张,1944 年 12 月以后自发减产,终于在 1945 年 2 月停止采掘。

表 2   大冶矿石对日运输量明细表　　　　　　（单位:吨）

年度	从石灰窑装货	从中继站装货	总计
1938 年度	10 047	芜湖 26 900	36 947
1939 年度	152 770	芜湖 38 005	190 775
1940 年度	223 200	芜湖 70 495	293 695
1941 年度	590 670	芜湖 283 239	873 909

续表

年度	从石灰窑装货	从中继站装货	总计
1942 年度	281 045	芜湖 1 097 399	1 412 586
		浦口 34 142	
1943 年度	14910	芜湖 887 982	992 982
		浦口 83 010	
		上海 7 080	
1944 年度		芜湖 327 484	337 417
		浦口 9 933	
合计	1 272 642	2 865 669	4 138 311

资料:

松冈龙雄:大冶矿业所随笔

外事科:战略轰炸调查团提供资料

八幡秘书科:日铁重要公文

外事科资料

五、大冶高炉的拆卸

大冶铁厂的高炉被支那军彻底破坏。四百五十吨高炉两座,除地基几处炸损外,风口金属物件也全被拆去。另提升斜塔的基础与支柱同样遭炸残。然而,炉体本身却无大碍,仅若干地方似有变形。除尘机、分离机等设施的基础及支架亦未逃脱劫难。对这一破损状况承担调查任务的是进来建设局长、冈田、樱井等三氏,时间为1942年4月。

1944年3月,第一座高炉以迁建为目标受命拆卸。接着第二座高炉也定在8月拆卸,迁建目的地选在石景山制造厂。其中一座预计在1944年度内建成。可是,随战局的推移,第二座高炉延期至11月拆卸。后来在1945年4月,日本大使馆发出指令:第二座高炉按既定方针拆卸,但拆卸的材料补充到武汉地区水泥厂、酒精厂等建设之中,当即迎来了停战。

我有幸获得了一张去大冶上任当天的报纸,若无其事地见了一眼,发觉其上登载一则《大冶铁路开通》的消息。该报道登载的是1939年4月5日(星期三)的大阪《朝日新闻》头版。回想当时支那事变后的战况等情景,顿觉无限怀念之感。下面就是《大冶铁路开通》的报道原文。

辉煌的首趟列车试运行大冶铁路开通

石灰窑特派员吉田（1939 年 4 月 4 日）

遭受支那军破坏连接大冶铁山与石灰窑的大冶铁路，在 3 日的祭日这一天举行了修复完工开通庆典式。

当天早晨九点十分，首趟列车从石灰窑缓缓开出。有无盖货车三辆，有盖货车一辆。牵引的是明治初年我国曾使用过的那的确算小的机车。从陆海军、日铁、其他普通代表，以及在修复该铁路中十分出色的佐藤部队属大坂小队勇士、警备队的伊织队勇士们等中间爆发出了阵阵欢呼声。

驶离樱花、梧桐花争艳的石灰窑镇，列车奔驰在恬静的江南风物之中。大约四十分钟，到达中间站下陆。从经过此地的时刻起，列车右侧出现一座隆起的巨大的铁矿山，山体中的岩块全是铁矿。

列车继续飞奔在铁之山的连绵不绝的山里。不久，对面突然出现两座铁山庞大的身影，那就是组成大冶铁山的世界知名的象鼻山和汉冶萍。列车停在高高堆积有矿石的一块空地上，眼前的确呈现一片铁矿的海洋。上午十点三十分，列车跑完了长三十点七公里全程，驶进了着盛装的大冶。

上午十一点，举行了有陆海军代表、铁道部队、日铁职员、一般代表、支那方面的代表等参加的盛大通车式。下午一点，列车装载约五十吨铁矿石，从大冶铁山出发，同日下午二点三十五分回到石灰窑。通车式到此结束。

三、生产经营与管理

先行恢复生产而免人民失业的提案[①]

民国三十五年(1946)

案由:

前汉冶萍公司大冶铁厂矿停工已久,拟请促接管机关先行恢复450吨炼铁户提早生产,以供复原建设需要而免人民失业案。

理由:

1. 前汉冶萍公司大冶厂矿全盛时期,所有员工达四千人之多,沦陷后全部停工概行失业,尤以附近人民地处山麓,甚少耕地,几均赖作工谋生由来已久,停工后人民生活至为艰窘。

2. 际兹长江区域复员建设,在在需要钢铁,极感迫切。现该厂矿已为资源委员会华中钢铁公司筹备处所接管,拟筹建一大规模之钢铁厂,但工程浩大,需费钢铁特多。据该处负责人云,建设时间至少须三四年,当非短时所能使其生产以应迫切之需要。

3. 我国过去钢铁输入,据统计,长江区域耗消占绝大数量。大冶厂矿位居全国文化中心,水陆交通畅达,无论在国防民生经济各方面均极重要。允宜于新钢铁厂大计划未实现以前,在长江区域及早建立国防工业之初基,逐步施展,俾不致因人力财力未能切实配分,再蹈吾国以往筹建钢铁事业屡次失败之覆辙。

4. 八年抗战国力消耗,胜利以后商业凋敝,农村破产,失业者比比皆是。为挽救经济危机,利用原有厂矿及早开工,菲徒可以增加生产,减少游

---

① 原件未署作者和时间,似为大冶县参议会之提案,时间系根据内容判定。

民,而示民以建设之途,对于安定人心与社会秩序更有莫大裨益。

办法:

前汉冶萍公司大冶铁厂原有 450 吨炼铁炉两座,沦陷后被日人拆毁。据查剩余部分可敷重建一座,其供冶炼之铁矿砂,在附近尚存有数十万吨,需费有限,轻而易举。拟请即促接管机关先行积极重建,及早生产。是否有当,提请公决。

提案人

大冶厂矿保管处通知

民国三十五年一月(1946.1)

查本处铁厂即将筹备开工,所有本处石灰窑一带基地均为新厂工程所需用,所有该处之市房均须拆除。仰各住户统限于本年国历三月底以前自行迁让,逾期即由本处派工拆除各住户,动用器具,如因拆房受有损坏,由各住户自行负责,概与本处无涉。特此先行通知,仰各遵照办理,幸勿自误为要。

右通知各住户

经济部资源委员会大冶铁厂矿保管处

上窑回籍工民呈日铁保管处文

民国三十五年一月二十一日(1946.1.21)

为陈述困苦情形恳请准予盖造租用基址祈。

窃工民等原籍本县本镇,久住上窑火车站上首兴隆街地方,自建房屋依铁路之旁,作工营生。及倭寇进攻,冶邑沦陷时,港窑一带亦同时弃守。工民等当时携眷远避,四出谋生,流亡八载,未敢来窑。兹幸国军胜利,山河重光,工民等大庆回家有日,故相率陆续返窑。前往原宅省视,不禁令人泪湿沾襟。工民等前在兴隆街所有各原宅已片瓦无存,遑论砖石,且敌已在工民等各原屋基址上,另建芦席极大木屋数栋。经垂询当地人民,乃知敌建之屋为配给所,现由政府完全没收,处此环境,进退维谷。查工民等前住兴隆街基址,系大冶县堤工局所有公基,工民等愚见以为,兴隆街属公基,在其附近咫尺之地,或系堤工局所有公基,亦未可知。原屋被拆毁,原基被强占,在无法中只得仍就兴隆街附近地点,大桥之内路边,竭尽群力,重造架屋,或土砖小屋,求避风雨,并谋小贸糊口。工民等苦衷如此,非敢稍有他图。兹虽在重行自架之时,亦时刻探询基址之主,以便请求租用。日前钧处罗委员亲临此处,以未明工民等苦境饬停盖造。因是得知此地现属钧辖,我政府爱护民众,体恤难民,无微不至,际兹复元开始,当能使难民如工民等谋得安定喘息。谨特备文联名叩恳钧处鉴核,敬祈准予盖造,并许租用基址,藉获栖寄,而维民命。下风引领企盼批示祗遵。谨呈
经济部接收日铁保管处

具呈人:回籍工民　郭衍诗(签)

张茂仁(押)　郭大志(押)　张茂家(押)　郭大发(押)

王武义(押)　李华鳌(押)　曹甲寅(押)

住址均住兴隆街附近大桥内民宅

中华民国三十五年元月二十一日

拟请朱专员办理。

大桥内路边造屋,有碍交通,应即拆卸。刚。一月二十五日。

陆军第七十二军第 101 团致日铁保管处代电

民国三十五年一月二十四日(1946.1.24)

经济部日铁保管处朱专员勋鉴:查敝团第四连守护之机件库房失火,当经以子养酉电呈报总部并饬王营长彻查具报各在案。兹据王营长报称,窃职奉查本营第四连守护库房失火一案,查库房起火于二十二日午后五时,当随钧座督同本营及团直属部队合力抢救,至十时始完全扑灭,计毁库房二间。二十三日晨,职又会同铁山管理处赵管理员文铨及当地大冶长乐乡张乡长冠时、第四连连长刘世忠等复勘,除铁器零件非火焰所能完全毁灭外,其余焚毁机件如与赵张刘等会章之附表,并经职审问起火时之哨兵杨云、李天禄等二名及该连军官,与昨(二十二)日所有哨兵考查起火原因

及发生火警之现象。据称(一)库场四周均有铁条网,向来禁止人民及其他军人通过或参观;(二)昨(二十二)日午前十时许,经济部工程及管理人员共九人曾来打开该起火之库房,去后仍然封闭;(三)该哨兵杨云、李天禄等于午后四时三十分上番曾巡视库场四周,未发现火烟。约四时五十余分火烟由库内传出,及至五时该连到达救火,火光已露出屋顶矣;(四)当时库房之封条仍未损坏,经检查四周亦无他人等情。惟查午后五时火焰露出屋顶,其在室内必经过较长之时间,该哨兵等未早发觉,对勤务上携带生疏不无过失。除督饬四连于本(二十三)日将被焚库房内之铁器清出加以整理及通知赵管理员文铨,将该连仓库分别检查整理,并将哨兵杨云、李天禄管押听候处分外,理合将经过情形连同烧毁机件附表备文,报请钧部鉴核等情前来。经查起火及抢救经过情形属实不虚,除呈报总师核示外,理合抄录烧毁物件单一纸,随电查照为荷。弟骆湘浦、陈焕智。子回午。(印)

附烧毁物件单一纸

附表

失火中烧毁械件如次:

1. 橡皮被复线一大卷

2. 橡皮一大卷

3. 机油五桶

4. 蓑衣一堆

5. 其他铁器零件

铁山管理员　　赵文铨

大冶长乐乡乡长　张冠时

三四师101团二营营长　王春杰

三四师101团二营四连长　刘世忠

黄子兴悔过书

民国三十五年六月十六日(1946.6.16)

具悔过书字人黄子兴。情因愚昧无知,盗卖水管、铁轨,经捕获羁押在案。恩准开释,甘愿赔偿国币三万元。以后改过自新,绝不再有上项情事发生,否则甘受最严厉之处分。立悔过书是实。

具悔过书人　黄子兴

长江区航政局致刘刚函

民国三十五年八月三十一日(1946.8.31)

案准资源委员会大冶电厂筹备处等七机关本年八月二十日函开,查石灰窑为华中工业重心,自敌寇败降后,不但原有各厂矿正积极筹备复工,即新兴事业无如雨后春笋,不断增设,各业员工人数更日有添加。惟以此间尚无码头设备,江轮向不停靠,交通问题困难已极。素仰贵局主持航政,对工业运输向承维护,除已分函各轮船公司,请即在此设立码头,以便嗣后江轮驶经窑镇得以停靠外,相应函请查照赐予分饬照办,借利交通为荷等由。查该电厂筹备处等所请特饬各轮船公司在石灰窑镇设立码头一节,不特趸船器材发生困难,而最短期间,亦难实现。经查得贵处(即前大冶铁厂)曾接收敌伪趸船四艘、跳船八艘,在石灰窑方面计有码头四处。可否即在该码头趸船中指拨一处,容许各轮船公司之船只驶经窑镇时予以停靠,俾利交通。用特函请查照办理见复为荷。此致

资源委员会华中钢铁有限公司筹备处

局长　王洸

拟办:查本公司原有码头均不靠近市区,并不合商船之用。况值此全部建筑重新计划,更不便让用,免碍计划工作之进行。况商业交通一经借用,即须永久维持,难于索回。复查交通银行门首之码头,属湖北建设厅交通厅,现用趸船亦系由建厅向特派员公署借用(原系本处产业)。该处靠近市区,拟请函复航政局向湖北建设厅洽商公用,对于客商更为便利。当否?仍祈鉴核。

华钢筹备处三十五年度创业计划概要目录

民国三十五年八月(1946.8)

一、总述

二、工作项目说明及经费估计

第一项事业费

第二项事务费

三、结论

四、图表

(1) 工程地区指示

(2) 工作计划进度表

(3) 整理运输工程及设备计划表

(4) 三十五年度创业经费预算书

一、总述

本处于三十五年二月(七月十日改为今名,以前称大冶铁厂矿保管处)遵令接收"日铁"在大冶石灰窑汉冶萍旧厂及铁山各矿区,所有接收范围以内之房屋、设备、机械等项,以及各种物资器材,均经分别清查保管。

综观石灰窑厂址及铁山矿区,经"日铁"盘踞数载,已有各项重要设备为六千瓦电厂、氧气厂、机器修理厂及房屋建筑等,原系一方面建设,一方面破坏,而其建设目的,多以备战与配合作战为原则。如为掠夺铁砂原料起见,于石灰窑江岸建有规模宏大之储矿槽,配以每小时卸矿 200 吨之下矿机 2 座。对于铁山则有每日约 5 000 吨矿砂能力采矿机械设备,亦只求增加产额速率,而忽略矿区永久计划,复工开采自应分别予以纠正。又为掠夺钢材,将汉冶萍原有每日生产生铁四百五十吨之炼铁炉两座及其附属设备亦予以拆卸,运走一大部分,其尚遗留厂内外铁道两旁,未及运走物资,如大火砖、钢铁等件零乱堆积,倍呈残破之象。清理集中工作,动需要相当时日,非可以一蹴而就。惟运输设备颇为齐全,本处奉令筹建新厂重任,当前自应慎始,冀能逐步进行,以竟全功。

兹根据大会对于华中钢铁事业基本原则,统盘筹划,拟以整理厂址基地,集中器材与修缮设备为本年度中心工作。且为将来扩展计,厂基范围应需向东伸长至赵家湾,向西沿江岸出路应展宽三十至五十公尺,以增设铁路及公路,铁山至江岸铁路将来亦需改设双轨。基于上述原则,故一部土地必须征购,至机电及运输设备之整理,员工宿舍之修缮,未完成房屋之装修,完成以及不需要建筑物之拆除,均为当务之急。

爰就上列各项工作及所需事业经费,列为本处三十五年度创业计划,俾工作进行有所依据。

二、工作项目说明及经费估计

第一项事业费,合计国币 965 200 000 元。

1. 土地:

原拟征购土地 250 市亩,为扩充厂基地用,兹以经费核减,故从缓征购。

2. 房屋及设备:

包括(甲)职员住宅修缮及附属设备之添置等,计需国币 2 000 万元;(乙)完成未完房屋西式二层楼房一所,面积约 1 000 平方公尺,拟做总办公应用,并添置附属设备,计需国币 5 600 万元;(丙)其他房屋设备计需国币 2 400 万元,合计共需国币 1 亿元。

3. 机器及设备:

包括(甲)设置炼焦试验炉,原拟本年积极进行,嗣以经费核减,除将一切筹备事项办竣外,所有设炉试验工作,拟于下年度续办;(乙)清理 450 吨炼铁炉及整理废料,查前汉冶萍原有 450 吨炼铁炉两座,被"日铁"运走一座,其余一座大部亦被拆散置各处,剩余部分以不堪再用,亦须清除,总共约八万吨,一并在分类清理集中保管之列,所有人工搬运起重费用,计需国币 1 700 万元。

4. 运输工程及设备:

包括(甲)原有铁道之修整,临时轻便铁路之铺设,购办开山炸药、枕木及有关筑路之材料,计需国币 2 亿元;(乙)展宽并修筑马路有关费用,计需国币 1 亿元;(丙)拟补充卡车十六辆,奉令接收运输务处旧车,每辆作价以 180 万元,添置自行车两打,连运费约需 500 万元,修理接收各种破坏车辆等,费计需国币以 3 280 万元;(丁)添加木船修复,原有坏轮及趸船、木船等,计需国币 1 亿 6 720 万元。以上四项,合计国币 6 亿元。

5. 杂项设备:

包括下列十六项,合计国币 248 200 000 元。

(1) 整理修复全部发电供电设备,计国币 5 000 万元。

(2) 整理修复蒸汽及其它动力设备,计国币 4 300 万元。

(3) 整理修复各种机器设备,计国币 5 000 万元。

(4) 添置建筑应用设备,因经费核减缓购。

(5) 修配通讯应用设备,计国币 300 万元。

(6) 修整及配备给水设备,计国币 300 万元。

(7) 添置警士及消防设备,计国币 1 600 万元。

(8) 添置运动娱乐设备,并设立员工子弟小学校,置学生课桌椅等,计国币 910 万元。

(9) 探勘矿藏购置有关设备,计国币 2 500 元。

(10) 设立化验室,添置试验药品仪器等设备,计国币 1 250 万元。

(11) 添置制图仪器印刷机件,计国币 750 万元。

(12) 备置各项参改考及国外有关杂志,计国币 310 万元。

(13) 制具所需工程模型及蓝图,计国币 300 万元。

(14) 添置应用工具,计国币 400 万元。

(15) 添置应用家具,计国币 1 400 万元。

(16) 添置其他杂项设备,计国币 13 亿 3 480 万元。

第二项事务费,合计国币 1 334 800 000 元,分列如下:

一、俸饷及各项补助,合计国币 9 亿 4 590 万元。

二、办公费,包括文具消耗,邮电旅费等,计国币 2 亿 5 635 万元。

三、特别费,包括汇兑福利恤偿等,计国币 7 155 万元。

四、研究查勘费,包括试验费用、调查测绘矿藏等费,计国币 6 100

万元。

以上第一、第二两项,总计国币 23 亿元。

三、结论

本年度各项工作即系建设新厂之准备工作,则除上列各项之外,所有研究关系工程设计资料,钻探土质试验单位荷重,记载山源水道常年流量,分析其硬性成分,勘查沿岸江内沙砾淤积部位,俾供厂基填土之需。其他关于本处与马鞍山、岳阳等处形势,及水道铁路交通衔接扩展问题,亦均在计划之中。惟在本处基本大计尚未具体决定以前,固不宜急图赶赴事功,凡与设厂计划无裨益,或关系未确定之工程,一律从缓施工。故重要厂房与建筑设备暂不兴建,低洼地区亦暂不作大规模填土,是亦为计划之一大原则。

四、图表(略)

黄石市市政建筑计划纲要(节录)

民国三十五年十月十日(1946.10.10)

石灰窑临大江南岸,居武汉九江之间,为汉冶萍公司之发祥地。西距著名产铁区铁山二十余公里,而附近产煤亦多,石灰石则随处可采,故又为水泥原料之出产地。又西北五公里为黄石港,则大冶及其临近各县之商货及农产品皆聚散于此,故商业亦颇繁盛。

抗战胜利,过去列强所加于吾人之束缚已无复存在。今后振兴国防工业,大冶铁矿将占最重要之地位。现资源委员会已着手筹设华中钢铁公司,大冶电厂亦将开始建设,水泥事业则有华新水泥公司筹设新厂,而民营煤矿则纷纷复兴,各方计划新厂亦复不少。今后之石灰窑以至黄石港,将成为一天然繁盛之工商业区,盖可断言者。惟石灰窑原有市区规模过小,最近又将因钢铁厂之需要征购一部分房地产,而愈感不敷,故建设新市区,实已刻不容缓。经再三研讨,拟将黄石港及石灰窑连成一气,合称为"黄石市"。在张家湖外增辟新地,加以有计划之经营,使之成为一崭新新市区,利用张家湖山水风景为市民游憩之所。查美国有黄石公园(Yellow Stone

Park)名闻于世,他日吾人之计划果能实现,则可谓巧合矣。世外桃花源,其将实现吾人之理想乎? 本处忝拟草稿,爰就所见,拟具计划如下,幸国内贤达暨市政专家加以批评与指正,则不胜馨香祷祝焉。

资源委员会华中钢铁公司筹备处谨识

中华民国三十五年双十节

(一)市区之过去现在与未来概况

(甲)工矿业

A. 过去工厂计有汉冶萍公司、华新水泥厂;煤矿计有富源、富华、利华三家。水泥厂产量水泥日产数百桶;三家煤矿约出产柴煤二千吨;汉冶萍公司约日出生铁 450 吨。

B. 现在工厂计有资源委员会接管"日铁大冶矿业所",即汉冶萍公司改设华中钢铁有限公司筹备处,计划建筑年产一百万吨钢铁厂,正由中美专家筹划中。拟利用美借款建筑一最新颖之钢铁厂,能制造各种型钢、钢轨、钢板、钢皮等,以便供给战后建设之用。本年内土石方工程已开始工作。资源委员会与湖北省政府合办大冶电厂,规模颇为宏大,现暂借华中钢铁有限公司发电厂,正式供电已数月,新厂建设,年内亦将动工。又由华新水泥公司筹设之大冶水泥厂亦已开始建设工作,预定明年完成,可日产水泥六千桶。煤矿现在富源、富华二煤矿合作经营,改称源华煤矿,现有工人八百人,日出柴煤约二百吨;利华煤矿因损坏较重,正积极修复中,本年中恐难出煤。

C. 未来展望华中钢铁公司新厂建筑第一期计划约需四年完成,届时如无意外,即可开始出货,每月可出钢铁约五万吨。第一期建设完成后,即开始第二期建设,以达到每年产钢锭百万吨为度。大冶电厂建筑约需两年完成,初期供电量可至六万千瓦,逐渐增至二十万千瓦,除附近各厂矿及邻县需用外,尚有余电由高压线供给武汉及九江等地。华新水泥厂约需一年半完成,每日可出水泥六千桶。源华及利华煤矿将扩展至每日出煤二千吨。华中钢铁公司所属之铁山矿区,将以日出矿砂六千吨为最高目标,其他轻工业预料亦将随之而起。

（乙）商业

过去人口最多时达七万余人，加以本县为棉花出产地，故商业尚称发达。现在因受战事破坏影响，复员尚未完成，商业境况似不甚佳。但各厂矿正陆续开工，人口逐渐增加，亦颇有日益向荣趋势。将来各厂矿建设完成，开始生产，数年后人口增加预计将达三十万，其市场繁荣，概可想见。

华中钢铁工业的寄托所——铁山[①]

民国三十五年十月(1946.10)

一、沿革

大冶铁矿自唐永兴年间已有土人开采并设冶铁场，山中炉渣叠叠，迄今尚存遗迹。至前清光绪二年，由直隶津海关道盛宣怀督率英国矿师郭师敦勘得，因蕴藏极富，故有铁山之称。但以时机未至，徒使货弃于地而已。时湖广总督张之洞尚仅督粤，初议在粤设厂炼铁，旋因移节两湖，乃于光绪十六年经营汉阳铁厂，盛氏遂以此矿贡献张督。自是采矿、冶铁、炼钢、轧钢多方并举，创东亚未有之局面，开中国钢铁史上之新纪元。嗣因经费难筹，销路未广，遂成骑虎之势。至光绪二十二年，以盛宣怀督办邮电事业已著成效，乃奏交盛氏招商承办。官局投资总计 550 余万两，以开炉提银每吨一两，至此数抽足还清后，仍然长期按吨照抽，以为商局报效之款为条件。

盛氏接办之后，最感困难者为煤焦问题无法解决。原来当铁政局时代，已在江夏马鞍山凿有煤井，但量微质劣，必须掺合湘煤或搭用开平煤炼焦，极不经济。旋经多方探勘，光绪二十四年，由德矿师马克及赖伦二君在江西萍乡发现煤田，品质极佳，储量亦富，堪与世界名矿等量齐观。于是冶铁炼钢之条件完全具备，乃披荆斩棘，全力经营，并向德商礼和洋行借款四百万马克，以作工程设施之用，并聘用德人赖伦为技师长，历尽艰辛，渐具规模。至光绪三十四年，由盛宣怀再度扩充股本，认真办理，乃将汉阳铁

---

① 原件未署作者和时间，似为华钢筹备处所作，时间系根据内容判定。

厂、大冶铁矿、萍乡煤矿合并为一,名曰汉冶萍煤铁厂矿有限公司。招加商股,总额定二千万元,至辛亥年底共收足一千三百余万元。计汉阳铁厂先后共有 100 吨炼铁炉两座,250 吨炼铁炉两座,三〇吨马丁炼钢炉七座及钢轨、钢板、钢条、轧钢机等。方汉冶萍成立之初,炼钢方法采用贝色麻吹炉,出品低劣,各方拒绝购用。盛氏乃于光绪三十年二月,派李维格君出洋考察,携有大冶铁砂、萍乡煤焦及汉厂钢铁之试样。由美而欧,周咨博访,历八阅月,始悉炼钢方法有酸碱之别。大冶之铁含磷过多,不能采用贝色麻吹炉炼钢,遂改换碱性马丁炉法,以去磷质,十余年悬系未解难题,得以一朝冰释。复计划在汉厂改装各种设备,以适应制造铁路器材,另在石灰窑之袁家湖开辟新厂,设炉炼铁,以应需要。会欧战发生,各国禁止钢铁出口,公司向美国所订购机件,已成者被扣留,未成者即停造,遂陷于搁置之中。嗣由日人大岛任总工程师,负责继续进行,向汉厂萍矿各方面配制零件。民国九年,石灰窑新厂第一号 450 吨炼铁炉建筑完成,第二号 450 吨炉亦兼营并进,渐次可以告成。讵知正待开炉之际,水塔突然出险,其他工程因强度不够,不堪使用。直至民国十二年方先后改善,开始炼铁。萍乡煤矿除大规模建设采煤、洗煤设备外,并有土法及西法炼焦厂,以及火砖制造厂,以配合汉阳铁厂之需。且建筑萍株铁路、制造轮船,专供运输之用,规模宏大,产量惊人。由于内战频仍,国家多故,萍乡煤产量虽多,却因运输困难不能充分供给汉厂。加以钢市疲滞,销量微薄,不能不限制生产。汉冶萍于欧战时期,最高记录年产生铁十八万吨,钢材八万五千余吨,铁砂八十二万余吨,出煤八十余万吨,可谓全盛时代。

二、位置及交通

铁山位于湖北大冶县境之丘陵地,距石灰窑江边二十余公里,铺有铁路,专供运输矿石之用。鄂南公路经过距此约一公里之盛洪卿。北距武昌百余公里,南距大冶县城十五公里,由石灰窑上水至汉口八十里,下水至九江七十里,地位适中,交通方便。将来若能在贺胜桥与粤汉铁路接轨,则水陆运输更形便利矣。

三、矿区及储量

大冶地质属于古生代之石灰岩纪铁矿,产于火成岩与水成岩之接触带中。水成岩为石灰岩,火成岩则种类甚多,大同小异,可概名之曰闪绿岩矿脉。常直立或微向北倾斜,其厚度从 30 公尺至 60 公尺不等,矿体露头。西自分火山沿铁门坎、纱帽翅、龙洞、象鼻山、狮子山、尖山、青备山,扯东乃至于下陆之枫力山一带。尤以铁门坎、象鼻山、狮子山、尖山等处为最富集之矿区,面积约计二百方里。全部储量据矿业纪要记载,总共约六千六百万吨。民国三十年起,日人在铁山附境,将有露头之矿体全部施以钻探,计在尖山至象鼻山一带,施钻二十七孔,铁门坎五孔,青备山二孔,总共三十四孔。最深钻孔在尖山之大石门,竟达二百三十二公尺,合垂直探度一百五十三公尺。钻探结果,日人重新估计地下藏量尚有三千二百万吨。矿石大部为赤铁矿,但磁铁矿与褐铁矿亦复不少,下部及靠近闪绿岩铁矿含铜硫杂质较高,甚至有不能冶炼者。又矿区露头多不连续,而日人钻探悉偏重于已露出矿体。他如象鼻山与龙洞之间,仍系水成岩与火成岩之接触带,地下是否有矿,尚待钻探,亦或有新矿体之发现可能也。

四、汉冶萍时代

与汉冶萍同在铁山采掘铁矿者,尚有湖北官铁矿。缘张之洞奏交盛宣怀招商承办时,曾在象鼻山保留一部分矿权,嗣后双方争购矿地,互相牵制,错综复杂,时起纠纷。自西至东,分火山、铁门坎、纱帽翅、龙洞,属汉冶萍。象鼻山至狮子山之老鼠尾,属官铁矿。狮子山大部至尖山顶脊以西,属汉冶萍。尖山顶部以东,属官铁矿。而青备山则以附近居民迷信风水,禁止开采,迄未动工。日人占领后,掘得焦头烂额,体无完肤,矿区界限已无标识可考矣。汉冶萍及官铁矿,均各自筑有铁路通石灰窑及黄石港,以作为输送铁矿之用。但官铁矿所产铁砂,年约二十万吨,其销售之对象为六河沟铁厂,售量有限,而开支浩大,常不易维持。而汉冶萍则供给自用之外,尚需售与日本。矿石悉依露天法采掘,成阶段形,开采凿孔,多用人力,间或亦用压缩空气钻。所用炸药极为节省,矿石经爆裂后,以一吨矿车盛之,由人力推动运至码头,用翻车驾卸矿,装入五十吨之大矿车,排成列车,用火车头拖往石灰窑,复用人力挑运下船。计每日采矿二千吨,运矿一千八百吨。全部工人约达二千名左右,不论采矿夫、运矿夫,每天皆工作十二小时,且只有日班。大部采用包工办法,由公司供给开采器具,惟炸药则由工头备价,向公司购用,按月结算一次。但排土工作,多由公司另雇排土工。全体职员合计约一百一二十人,内分总务、庶务、巡务、收支、稽核、车务、转运、材料、采办、机器、轮渡等十处,上设厂矿长一人,坐镇石灰窑新厂总其成。

五、日铁时代

日人垂涎大冶铁矿由来已久。在铁政局时代,因湖广总督张之洞对于国家主权特别重视,日人不易乘隙渗入。及至汉冶萍经营,日人已在石灰窑设局收砂,每年约十万吨,以后生铁亦成为日本制铁所购买之对象,甚至每年竟订购二十万吨之多。辛亥年间,汉冶萍公司在日人威胁利诱之下,始向日本制铁所订立六百万日元之借款合同,因为息重期短,尚无苛刻条件。民国二年赓续前约,商借日金一千五百万元,以六百万偿还到期旧债,以九百万元作新厂添设大炉之用。但合同载明四十年内售与制铁所矿石一千五百万吨,生铁八百万吨,售价由双方协定,每年议价一次,并由制铁所调派工程会计顾问数名,以监视此款的用途。直至抗战前,日本制铁所贷款已达日金六千万元之多,处心积虑,不难窥测。二十七年随战事转移,我军退出武汉,铁山亦遂沦入敌手。日本之所以成为侵略国,自有必备之条件。缘汉冶萍公司原之设备在保卫大武汉时,大部已拆迁或毁坏,日人占领之后重新部署,所有必需之器材,皆源源由其本国运来。是年十二月即开始复工,并成立日本制铁株式会社大冶矿业所。第一步,恢复交通,将窑铁间铁路加工完成铺轨工作,并增设运矿设备,以提高运输能力。计在石灰窑江岸装设卸矿机两座,每座一小时可卸矿五百吨。在象鼻山装设卸矿机一座,并附设碎矿机,其能力每小时可碎卸矿石二百吨。在得道湾将汉冶萍原来之卸矿场改设卸矿机,并在其旁另行新建卸矿机一座,但尚未完工。此皆在国内不可多得之伟大工程。其次,采矿钻眼则全部改用压缩空气钻。复次,在象鼻山及得道湾新挖直井两座,预备采掘地下铁矿,惜未完工。铁山全部产量,日达矿砂六千吨,其规模之庞大、设备之完善,可想而知。总之,自二十八年春季开工,至三十四年春季停采,六年之间,凡于采矿设备、修配工具,以及员工福利、医药卫生无不应有尽有。采矿工作悉用中国苦力,约有六七千人。所采矿砂则全部运至日本国,供八幡制铁所之用,六年中总共采掘四百九十余万吨。铁山一隅,共有日人二百名以上。

六、目前之情况

在敌人投降以前,铁山即已陷于停顿状态。去年冬季由经济部湘鄂赣特派员办公处接收,旋即移交资源委员会大冶铁厂矿保管处,由刘刚先生主持其事。今春日铁人员尚一千五百人集中于石灰窑,湖北省政府设有日侨管理处,大冶矿保管处亦留用一部分日人,协助保管。对于铁山器材,除派有人员负责保管外,并利用日侨。因鉴于采矿工作在新钢厂未建成前不甚急需,为便于保管计,尽量将贵重轻便之器材用火车搬运石灰窑新厂集中,以防散失。前后共运出柴油发电器材、空气压缩机、圆铁、角铁、水管、马达、水泵、铁路器材、木料、钢丝绳等,约在一千吨以上。并将仍留铁山之笨重器材,凡可搬移者一一置入库房封锁保存,并派警守卫。前后共集中有二十三个库房。其不能入库房者,亦加整理,派岗守卫。所有器材曾经详细点验,造具清册,呈报层峰。缘铁山器材,在日人移交之蓝册,颇多出入,且以过去搬回石灰窑新厂者颇多,无从稽考。经过此番点验,已大告清晰。此后任务即着重工程保管,使铁山已有之工程设备,不致为天然力所破坏。如象鼻山与得道湾两处下矿机积水,业已排除,并加涂防锈柏油。各地之明沟暗槽以及水道等,以年久失修,淤泥堵塞,每遇大雨,辄洪流四泻。附近房屋建筑受其影响,每被荒石压毁,现正在加工修疏中。华中钢铁公司筹备处成立后,铁山已设保管课,隶属于采矿组之下,现有职员六人,工人十余名及警卫六十余人,专司保管之责。

七、将来之计划

将来计划自以配合新厂需要为目标。华中钢铁公司筹备处业已于七月十日成立,美国麦基公司专家设计之年产百万吨钢铁厂计划果能实现,则每年需要采矿将达百五十万吨以上之巨，平均每日必须供应五千吨。维持庞大数字生产，现有之工程设备尚感难于胜任，必需增添机器，改良采矿方法。好在新厂建设工作尚在初期，铁山实际生产，须待炼炉完成之后始能进行。但铁山因日人以极度见现方式采矿，致使矿山变成陡壁悬崖，浮石崩溃，危险堪虞。非加大整理，难以确定矿区，估计矿量及探勘新矿。资委会矿产测勘处曾派专家来此协助，试用磁性探矿，并在象鼻山与老铁山之间施以钻探。计划局部开工，着重排土工程，以铁山之土运新厂填基，一举两得，甚为经济。将来新厂正式生产之日，亦为铁山大规模开采之时也。

大冶县石黄镇公所致刘刚函

民国三十五年十二月三十一日(1946.12.31)

本年十二月三十日上午八时，准贵处同年十二月二十八日华公字第1212号公函略开，为准函清查户口，将本处员工人数函达查照等因。当将原件呈奉县长刘核批如下：一、该厂职工及警卫士兵可编为一公共户；二、该厂职工眷属应以灶为单位分别编立普通户；三、所有各户户口调查、保甲编组及户牌之订立，由镇公所派员会同该厂办理等因。相应函复查照，并希见复，以便编组为荷。此致

华中钢铁公司筹备处主任刘

石黄镇镇长

华钢筹备处三十六年度创业计划

民国三十五年十二月(1946.12)

一、定购或拆迁机械设备概算表

二、三十六年度俸饷及各项补助表

第一章　总述

本处奉令筹建华中钢铁厂,于民国三十五年度接管大冶铁厂矿后,即积极测绘地形图,整理厂基,清除地面堆积废料,查点接收物资,开山筑路,修理各种现有设备及房屋,清查汉冶萍土地,为设立新厂作一切初步准备工作。本年度为建厂工程开始实施时期,自应具最大努力,以赴事功,对于前后施工程序更应兼筹并顾,既须适应当前需要达到早日生产目的,又须依据预定计划逐步推进建设,尤宜视美借款及日本拆迁机器之成功程度以配合前进工作。基于上述之原则,除继续完成上年度未竣工作外,拟将已被"日铁"拆卸之450吨炼铁炉一座及附属设备重行装建,再于厂内新建起卸码头两座,以供原料机件之起卸及钢铁成品之输出应用,关于公路铁路干线之修筑,亦于本年度着手进行,其他如厂基上下水道工程,整理铁山矿场并利用其土石填高厂基以收一举两得之效果,均为本年度之中心工作。爰将三十六年度创业计划项目及预期进度摘要分列,俾于实施方面有所本焉。

继续上年度未完工作

摘要	上年度完成	本年度拟完成	总计完成
征购土地	20%	80%	100%
修整运输设备	40%	50%	90%
试验炼焦	10%	90%	100%
探勘矿藏	15%	85%	100%
清理厂基上下水道	10%	90%	100%
拆迁房屋	10%	50%	60%
开山填土	2%	50%	52%

本年度工作项目

摘要	预期进度	附注
450 吨炼铁炉装配	50%	
新建厂内码头两座	50%	
新建铁路一百公里	9%	包括粤汉接轨八十公里 本年度先建九公里
新建马路二十公里	20%	本年完成四公里
厂基排水工程	40%	
整理铁山矿场	30%	利用铁山土石填高厂基
定购炼焦设备	50%	拟向美国定购或由日本拆迁
定购炼铁设备	50%	同上
定购炼钢设备	50%	同上
定购轧钢设备	30%	同上
定购动力设备	50%	同上
定购机械与采矿及其他设备	30%	同上
定购建筑机械	30%	同上

第二章　工作项目说明及经费估计

第一节　事业费

共计国币 110 770 100 000 元,分列如下:

一、征购土地

厂基与石灰窑间为本处干铁路公路线出口,原有路基最狭之处宽仅九公尺,不敷甚巨,除数段势须开山方能展宽外,拟(1)征购现有铁路外沿江岸民地约 1 000 市亩;(2)张家湖畔新辟职员 1 500 人住宅区,征购土地 800 市亩;(3)袁家湖及修车厂附近新辟工人 12 000 人住宅区,征购土地 2 500 市亩;(4)由石灰窑通职员住宅区新建公路,征购土地 100 市亩;(5)厂区借土方用地,约征购 300 市亩,合共购地 4 700 市亩,每亩平均地价包括拆屋迁坟青苗补偿等,以 800 000 元计,共需国币 37 亿 6 000 万元。

二、房屋及设备

（1）新厂房基除轧钢部分本年度拟暂缓填土外，全部平基填土，工程估计填土约 7 000 000 公方，每方以 2 000 元计，需国币 14 亿元；旧厂房一部拆除或修理，估计国币 1 亿 8 000 万元；新建仓库五座，约计面积 2 500 平方公尺，全部工料估计国币 4 亿 1 500 万元，除本处现有砖 400 000 块作价 1 600 万元、洋瓦 60 000 块作价 1 800 万元外，仍需国币 3 亿 8 100 万元。以上房屋及设备工程拟委托代办，计需代办工程管理费 1 亿 9 950 万元，合计国币 21 亿 6 050 万元。

（2）由厂区之铁山铁路沿线车站房屋月台车库等修缮，估计国币 1 亿 8 000 万元。

（3）新建能容工人 400 人之住宅，每人约占面积 60 平方公尺，每公尺工料费以 80 000 元计，合国币 19 亿 2 000 万元；职工住宅修缮费需国币 3 亿 6 000 万元。以上新建及修缮拟委托代办，计需代办工程管理费 2 亿 2 800 万元，合计国币 25 亿 800 万元。

（4）新建能容工人 100 人宿舍一幢，计楼房 600 平方公尺，估计工程费 7 700 万元。

（5）其他设备费用估计国币 2 亿元。

以上房屋及设备合计国币 51 亿 2 550 万元。

三、铁山矿场整理

铁山矿区自青备山至铁门坎，长约六公里，在"日铁"盘踞时期，只图抢运矿砂而无永久计划，致各采矿区所积荒石悬崖陡壁高达百余公尺，危险堪虞，今后无法再行前进开采。此次美专家视察结果亦建议应排荒石二千万吨，方可得合理之经营。兹拟将尖山、狮子山、象鼻山三处主要矿区之荒石移运至厂填高基地，以收一举两得之效。预计每日排荒 9 000 吨，运输 3 600 吨（约合 2 100 公方）至新厂填基，所需修理及添置矿场设备费约略如下：

甲、修理设备

（1）装矿码头三座、装翻车架二十五部，配岔道转盘及增铺轻便轨；

（2）下矿机二部、装配机件及枕木；

（3）轻轨斜道四条，共长 700 公尺；

（4）轻轨平路三条，共长 1 280 公尺；

（5）窿道一条，长 150 公尺；

（6）压气机一部，象鼻山区；

（7）压气机一部，得道湾区重新装置；

（8）挖泥机一部。

乙、增建设备

（1）轻轨斜道七条，共长 1 200 公尺；

（2）轻轨平道二条，共长 200 公尺。

丙、经费概算

（1）材料费 2 亿 4 220 万元，添购枕木、杉板、电料等计如上数；

（2）燃料及炸药 2 亿 4 872 万元，烟煤、柴油、炸药等计如上数；

（3）工具 3 亿 3 350 万元，置办钢耙、钢锄、钻头、钻杆等计如上数；

（4）工资 29 亿 248 万元，修整及排荒各部门工人及监工合计 1 988 名，每名每日平均 4 000 元，计如上数；

（5）杂费 1 亿 5 000 万元，其他零星修缮及开支计如上数。

合计 38 亿 7 890 万元。

四、机器及设备

甲、重建 450 吨炼铁炉

本年度为建厂工程开始实施时期，拟首将 450 吨炼铁炉一座、热风炉三座及一切附属设备、建筑基础、装备钢铁件，其中各级火砖共重约 5 000 吨，拟从唐山开滦矿务局定购，鼓风机与锅炉等亦须从新购置，预期完成百分之五十，估计机器及建筑经费如下：

（1）水管式锅炉三座及喂水机三部 10 亿元；

（2）汽轮鼓风机二部连凝结器等 12 亿元；

（3）每分钟八吨离心式抽水机三部 3 000 万元；

（4）上料机马达二部 5 400 万元；

（5）各级火砖共 5 000 吨,每吨 1 500 000 元,75 亿元;

（6）基础工程、炼铁炉、热风炉基础及水塔、烟囱等 13 亿 2 200 万元;

（7）动力鼓风房及其他建筑 14 亿元;

（8）运矿桥及储矿槽 12 亿 7 800 万元;

（9）杂项材料费 30 亿元;

（10）出铁场建筑 10 亿元;

（11）装设炉身及机器费 13 亿元。

合计 190 亿 8 400 万元。

乙、试验炼焦

为完成试验炼焦工作,所有试验炉及一切附属设备计需国币 1 亿元。

丙、新钢厂设备

按照麦基公司设计既定计划,本年度开始向美国订购机器,初步预付定金一部,计合国币 572 亿 8 500 万零 33.50 元,其项目及概算数字详附表一。

此项设备除采矿机械外,约估重量为 102 600 吨,倘自日本拆迁本年度运华 52 600 吨,每吨装箱起卸及航运费以 200 000 元计,共需国币 105 亿 2 千万元,概算详附表一。

以上甲、乙、丙三项合计需国币 764 亿 6 900 万零 33.50 元(新钢厂设备照由美购买计算)。

五、运输工程及设备

（1）铁路工程

甲、展宽厂门西端至石灰窑沿江岸路基约需开挖石方 70 000 公方,每方以一万二千元计;块石护岸 1 300 公尺长,每公尺以三十万元计;经过路线须建大桥一座、涵洞五座,估价 2 亿元,合计需国币 14 亿 3 000 万元。

乙、增修厂内南、北、中三铁路干线共长约九公里,计开山石方(包括坚石及软石)200 000 公方,以 8 000 元计;填土约 600 000 公方,每方以 2 000 元计;经过路线应建大桥两座、涵洞二十座,估价 5 亿元,除钢轨由本处存料供用外,应添购枕木 14 000 根,每根以 1 万元计;道碴 25 000 公方,每方工料费以 8 000 元计,合需国币 36 亿 4 000 万元。

丙、厂区至铁山铁路长 30 公里,系汉冶萍旧道经"日铁"添铺轨枕,钢轨磨损尚微,而枕木多系杂木,八年从未更换,大半朽腐,不堪再用。兹拟将该路修养完整,俾能供本厂初期建设每日 3 600 吨运输量之用。除修整沿线站房、车库、车辆、号志、给水及电讯设备分项另列外,应需抽换腐朽枕木 40 000 根,每根以 10 000 计;添补及翻铺道碴 10 000 公方,每方以 15 000元计;补换道钉、夹板等估计国币 242 000 000 元,合需国币 7 亿 9 200万元。

以上甲、乙、丙三项工程共计国币 58 亿 6 200 万元,拟委托代办,计需代办工程管理费 5 亿 8 620 万元,总共计需国币 64 亿 4 820 万元。

（2）公路工程

甲、新建公路由厂区东端江岸通袁家湖工人住宅区,长约三公里,每公里建筑费以 1 亿 2 000 万元计。

乙、厂区内三干线共长九公里（路基土石方已估在铁路干线内）,路面工程每公里以 1 500 万元计。

丙、由石灰窑新市区直达张家湖职员住宅区,新建公路（平地）长约2.5公里,每公里以 8 000 万元计。

合需国币 6 亿 9 500 万元,以上工程拟委托代办,计需代办工程管理费 6 950 万元,合计国币 7 亿 6 450 万元。

（3）码头工程

厂内新建起卸码头两座,俾机件原料以及成品起卸之用。本年度拟先行建筑一座,所有建筑工程费估计国币 15 亿元。

（4）火车及汽车等修理费估计每月 3 000 万元,共需国币 3 亿 6 000万元。

（5）轮船及木船修理费估计每月二千万元,共需国币 2 亿 4 000 万元。

上列五项运输工程及设备合计国币 93 亿 1 270 万元。

六、杂项设备

（1）供电设备：修配整理发电机及马达线路等计需国币1亿2 000万元。

（2）蒸汽及其他动力设备：本处原有动力设备不敷新钢厂应用甚巨，照计划向美国定购汽轮发电设备，本年度预付一部分定金，计合国币63亿6 499万9 966.50元，概算数字详附表一。倘自日本拆迁，则上项机械设备约估重量为20 000吨，运费装箱及起卸每吨以20万元计，本年度拆迁百分之五十计需国币20亿元。

（3）修理设备：添置及修配车床刨床等项机械计需国币1亿5 000万元。

（4）修筑设备：为开山填土及建筑码头厂房基础等项工程，应备挖泥机、开凿机、压路机、拌合机等，拟向美国购置，估计国币28亿8 100万元，折合率详附表一。

上项建筑设备约估重量共为1 000吨，倘自日本移运来华，所有装箱起卸及航运费每吨以20万元计，共需国币2亿元。

（5）通讯设备：加强本处与铁山等处电讯设备，计需国币1亿元。

（6）给水设备：修理铁路沿线车站给水设备及装设新建工人住宅区给水设备，计需国币1亿元。

（7）排水设备：建筑厂区及工人住宅区一部下水道工程与设备，计需国币15亿元。

（8）公安设备：本处警卫队购置冬夏季服装及鞋帽等，计需国币4 800万元。

（9）福利设备：本处员工添置医疗卫生运动娱乐等福利设备，计需国币5 000万元。

（10）试验设备：本处实验室添置化验设备以供化验(a)铁矿；(b)钢及著名合金；(c)工业用水；(d)石灰石；(e)火砖；(f)煤及焦等，计需国币1亿元。

（11）印刷制图设备：添置仪器及印刷机件，计需国币3亿元。

（12）图书设备：添置参考书籍，计需国币 2 000 万元。

（13）模型及蓝图：制具所需模型及蓝图，计需国币 5 000 万元。

（14）工具：添置应用工具，计需国币 1 亿元。

（15）器具：添置应用家具，计需国币 2 亿元。

（16）其他：添置其他杂项设备，计需国币 1 亿 4 000 万元。

以上十六项设备费合计国币 122 亿 2 399 万 9 966.50 元。

第二节　事务费

共计国币 11 775 660 000 元，分列如下：

一、俸饷及补助费

本处员工俸饷及各种补助费分四期调整，计需国币 96 亿 5 166 万元（详附表二）。

二、办公费

包括文具消耗、租金、运费以及派赴美国实习人员之旅费等，计需国币 14 亿 5 800 万元。

三、特别费

包括汇兑、法律、福利、恤赏、交际等费，计需国币 3 亿 600 万元。

四、研究查勘费

包括（1）炼焦分拆与化验各种成品品质之检验及材料试验等，计需国币 1 亿 8 000 万元；（2）调查矿藏、钻探矿苗、测绘矿区等，计需国币 1 亿 8 000 万元。两项合需国币 3 亿 6 000 万元。

上列第一、第二两节合并为三十六年度创业经费，总计国币 1 225 亿 4 576万元。

第三章　结论

本年度中心工作为（1）重建 450 吨炼铁炉；（2）修筑铁路公路干线；（3）开山填土整理厂基地面；（4）整理铁山矿场；（5）修筑江边起卸码头；（6）修筑上下水道；（7）继续征购土地等。

前已言之，惟因建厂工程费用浩大，计划必须慎密周详，以免错误浪费，南美巴西钢厂前车之鉴，吾人必须牢记，故除不受设备限制之工程得以迈步前进外,其须配合设备进行施工者,须俟大会对美借款或由日本拆迁设备大政方针决定后,始能进展。因之美国麦基公司设计布置图及各制造厂之机器地脚图或日本拆迁工厂之各项图样,实为本年度工作前进之急切必须具备者。

第四章 附表(略)

行政院资源委员会华中钢铁公司筹备处

大冶铁厂局部复工计划

民国三十五年(1946)①

(一)复工理由

(1)查本处接管大冶铁厂各项机器设备之完善可为华中区之冠,值此抗战结束百废待兴之际,苟不加以利用,匪特减低国家生产能力,即长久搁置,亦极易锈蚀,迩来交通恢复急如星火,需要制造钢铁工程材料甚多,本处现有设备,自应加以利用,庶可为建国工作尽一部分义务也;(2)本处接管物资中,钢铁废料堆积极多,目前本处尚无法利用,即至将来建立新厂,以年久锈腐亦不过充炼钢原料而已,似以有用之物坐令废置深为可惜。倘能此时加工制造成为桥梁及铁路应用器材等,则对于目前物资极度困难之时,诚助益匪浅;(3)本处原为生产机构,自日人投降后即全部停工,此时如能局部复工,对于武汉区失业工人自可救济一部分。

(二)现拟复工部门

(1)机器厂;(2)翻砂厂;(3)氧气厂;(4)修船厂。

(三)营业范围

(1)制造铁路复轨工程应用器材及桥梁等;(2)翻制各种铸件;(3)制氧气以供武汉、宜沙、南浔一带市场之需要;(4)修理及制造各种机器;(5)代政府及民营各航业机关修理小型轮船及各种机动船之机器及配件。

---

① 原件未署时间,系根据内容判定。

（四）周转资金之准备

预计需要周转资金约六千万元，其分配用途如下：

（1）雇用技工二百五十人，每月每工平均工资四万元，备一个月周转金计需一千万元；

（2）购备生铁一百吨，每吨照三十万元，计共三千万元；

（3）购备焦炭一百吨，每吨照十五万元，计共一千五百万元；

（4）购备柴煤三百吨，每吨照一万五千元，计共四百五十万元；

（5）开工前各种机器修理费，约共五十万元。

（五）业务之展望

复工后主要业务之对象，拟着重粤汉平汉两路修复工程器材之制造，查粤汉路复轨工程费，估约三百六十亿元，国内供应器材约占 50%，倘本处仅承接 2%，营业总额亦达三亿六千万元之巨，分为六个月供应，每月为六千万元。再平汉路之复轨工程费设为粤汉路之半数，则本处每月亦有三千万之营业额，此外船舶修理每月可揽一千万元，翻砂、铸件每月可揽一千二百万元，均为极有把握之业务。综上各项业务，每月营业额可达一亿一千二百万元。

（六）利润之估计

（1）钢铁器材制造与修理，悉采实计制度，即一切工资及材料费按照实际成本计算，工作采包件制，材料由本处作价供给，业务利润率仅照总成本取百分之十五至百分之二十，如是各项制品成本当较任何厂家为廉，而在业务上，本处亦可立于不败之地；（2）氧气制造，本处已有完整之设备，复工后除需电力及少数人工外，并不需要其他原料，为一极有利益之业务，只要销路畅通，自无其他顾虑也；（3）船舶修理通常为一有利事业，本处既为国家机关，拟仍采取实计制度，酌加利润率，尽量减低成本，俾达服务社会之目的；（4）每月之利润照全部营业额一亿一千二百万元，按最低利润率百分之十五计算，每月约可净盈一千六百八拾万元。

华钢筹备处三十五年度年报

民国三十六年一月(1947.1)

第一章 总述

一、事业发展

本处自三十五年二月一日至七月九日为大冶铁厂矿保管处时期,其工作为接收集中及保管物资,勘测建设新厂厂址。洎七月十日改称今名,除修理机电与运输设备及继续集中保管物资并详加整理外,为准备建设新厂,经增加工作项目循序平稳进行。其进行情形请阅三十五年工作计划进度表(附件一)。

二、组织变迁

大冶铁厂矿保管处时期,由专门委员刘刚主持,下设秘书及总务、会计、运输、材料、工务五组。七月改称后,内部组织亦因而变更,奉令以程义法为主任,刘刚为副主任。在主任来到处以前,由副主任代理。依照组织规程,下设总工程师室,总务、会计、材料、工务、采矿、炼铁、炼钢、轧钢、炼焦九组,及秘书至多三人。嗣为适合本处实际需要,呈准修正组织规程,自十一月起改为两室八组,将材料组改课,隶属于工务组,并添设秘书室及运输、机电、土建三组。将炼铁、炼钢、轧钢、炼焦四组并为冶炼组。至组织系统及高级人员之移动请阅系统表(附件二)与高级职员移动表(附件三)。

三、其他重要事项

1. 麦基公司所拟华中钢铁厂布置图,于十二月中旬寄到,与原草图稍有更改。

2. 大会将本处经费核减为二十三亿元,致有一部分工作未能施展。

3. 拟将湖北省官矿局象鼻山等处铁矿划为国营矿区,由本处经营,已绘具图说,呈请大会转咨经济部核办。

4. 建设新厂需要征购之土地,业已勘测,并绘具图说呈请大会核转行政院。

第二章　重要工程

一、已进行之工程

1. 建筑工程

A. 测量工作兹将各项已经施测之成果列下：

甲、厂区千分之一地形测量，初测5 700市亩，精测500市亩。

乙、厂区二门至上窑千分之一地形测量900市亩。

丙、职工住宅千分之一地形测量8 700市亩。

丁、石灰窑黄石港新市区万分之一地形测量35 000市亩。

戊、前汉冶萍基地界址查勘测量约计70公里。

己、麦基公司原设计厂区铁路干线测量9.15公里。

庚、征购土地房屋分户测量计算面积，自1号至860号。

B. 开山填基依照美国麦基公司设计图，厂区干线路基计为中线两条，沿江沿山线各一条，本年度填筑中线一条，开挖三门外障碍路线小山一座，即以开挖土石用轻便铁路运送填筑。计划路面高度为1 700公尺，于十月十日开工，截至年终，计已完成37 118公方。

C. 拆除不要建筑：厂区内外原有防空洞大小70余座，系"日铁"所建，多用锅炉、钢轨等材料建筑。兹为保存钢料清理基地起见，将此项防空洞一律拆除，所有拆出钢铁件均集中堆存备用。自八月一日开工至十月底已将厂内30余座拆除完竣外，尚有30余座因所用钢料较少，拟在下年度拆除。

D. 修缮工程：原定计划修缮办公房、职员住宅及附属设备，自六月份以后即分别陆续施工，截至年底止，所有厂内应用房屋，如办公厅、医院、库房、机器房、招待所、宿舍、子弟学校、消费合作社及二门外工眷宿舍等，均经修缮装备粉刷完整。

E. 完成未完房屋建筑：楼房一幢，面积约1 000平方公尺，系"日铁"新建，仅完成房顶与外墙。兹装配全部隔墙楼梯、门窗、地板及灯水卫生设备，自十月一日开工，原定十二月底竣工，嗣因增加外墙拉毛粉刷及暖气设备等项，工程展至三十六年一月下旬方能全部竣工。

2. 设备工程

A. 码头工程:就原有沿江各码头予以整理,并在荷杨场码头增建泊岸、灯柱坡路等。

B. 改建汽车房及停车场、牛房、煤球场、警卫传达室各一所,其他杂项设备工程如添铺运料轻便铁轨,厂屋混凝土路面及行人道等。除汽车房及停车场尚未竣工外,均于十二月底以前竣工。

3. 交通工程

A. 厂矿运输线

此线由厂至铁山长 25 公里,原有铁道年久失修,枕木迄未更换,腐朽殆尽。现以新厂工程积极开展,垫平厂址新铺路基运土运石均有赖于此段铁路,故极应先将全线枕木更换,约需枕木 65 000 根,道钉 330 000 个,夹板 1 700 余付,螺丝 7 000 个,共需人工 12 000 工。其他如行车信号车站房屋水塔及加煤站等行车设备,均待修建。本年度已抽换枕木 1 072 根,修理机车及铁道汽车客货车、平车及吊车 43 辆,卡车 8 辆。

B. 水运码头

本处由外洋采购之各项机器及炼铁轧钢等设备,将由水路运至厂址已往码头,稍大吨位船只不能停泊,加之敌寇撤退恣意破坏。现已勘测较深水位地点加工开辟,建筑码头可供 5 000 吨大船终年停泊之用,并配备各项起重工具,俾能达到起卸新厂设备之任务。此外已修理轮船 2 艘,木驳 2 艘,趸船 6 艘。

4. 其他重要工程

A. 清理 450 吨炼铁炉钢铁件:前汉冶萍公司原有 450 吨炼铁炉之钢铁等件,大部分均为日人拆卸,一部业已他迁,另一部则四散沿江及铁路两旁与埋藏防空洞内,备极零乱。自本处接管以后,即着手清理分类堆集,至本年终始告完毕,计钢件 1 805 吨,铁件 423 吨,铜件 32 吨,火砖 2 592 吨。

B. 筹划炼焦设备:本处将来炼铁所用焦煤系采自华中各主要煤区,如萍乡、湘潭、淮南、宜洛、乐平、六河沟等处,自应将各种原煤做详细之洗选及混合炼焦试验,以资将来新厂炼焦之参考。自本年下年度起着手进行,已完成洗煤机、焦炉用柴油燃烧器及耐堕试验器等设备。三十六年度将继续砌炉装设机件,实行洗煤炼焦等试验工作。

C.探勘矿藏及测定国营矿区:本处铁山矿区一部属于前汉冶萍,一部属于湖北省政府,为奠定新厂原料永久基础计,本年度已将国营矿区划定测绘呈请大会核转经济部。老铁山与象鼻山之间有无埋伏铁矿,亦已进行钻探,第一眼508公尺,已穿过石灰纪水成岩与火成岩之接触带,未发现矿层。十二月份改变方向续探。现已钻深34公尺,三十六年度将继续此项钻探工作,期能获得更确切之证明。

二、三十六年度新工程计划

1. 原拟计划

本处原定三十六年度为建厂工程开始实施时期,除继续完成三十五年度未竣工工作外,并拟就下列新工程平稳进行:

A.重建被"日铁"拆卸之450吨炼铁炉一座及附属设备,三十六年预定完成50%。

B.新建厂内起卸码头两座,三十六年预定完成50%。

C.新建铁路100公里(包括粤汉接轨80公里,本年度先建9公里),三十六年预定完成9%。

D.新建马路20公里(本年完成4公里),三十六年预定完成90%。

E.厂基排水工程,三十六年预定完成40%。

F.整理铁山矿场(利用其土石填高厂基),三十六年预定完成30%。

G.定购炼焦设备(拟向美国定购或日本拆迁),三十六年预定完成50%。

H.订购炼铁设备(拟向美国定购或日本拆迁),三十六年预定完成50%。

I.定购炼钢设备(拟向美国订购或日本拆迁),三十六年预定完成50%。

J.订购轧钢设备(拟向美国定购或日本拆迁),三十六年预定完成30%。

K.订购动力设备(拟向美国定购或日本拆迁),三十六年预定完成 50%。

L.订购机器与采矿及其他设备(拟向美国定购或日本拆迁),三十六年预定完成 30%。

M.订购建筑机械(拟向美国定购或日本拆迁),三十六年预定完成 30%。

以上事业费共计国币 20 770 100 000 元。

2. 照核定八十亿元经费所拟之计划

大会核定本处三十六年度经费为八十亿元,所有原拟进行之工程,均限于经费大部不能施展,在万难之中,拟选最急要工程施工一部。其项目如下:

A.修理厂区至铁山铁路

甲、抽换腐朽枕木 20 000 根。

乙、添铺及翻铺道碴 20 000 公方。

丙、补换铁路道钉夹板沿线号志等。

B.填筑厂区干线路基:现麦基公司设计布置图业已寄到,根据该图,厂区干线铁路共四条,三十六年度拟先完成中线,计路基长 3 公里。

以上事业费共计国币 1 321 336 000 元。

本处以原拟计划中之修整厂区至铁山铁路及运输设备,建筑江边起卸码头与厂区铁路三干线。惟建设新厂所需要,拆迁日本机器设备之起卸转运至为迫切,兼之"日铁"占据人民之房地产为本处所可利用者,所有权人纷纷申请发还,急如星火,应即补办征购手续,以便确定业权而免非议。经已申叙事实理由,呈请大会酌予增加预算,以利进行。

三、其他有关工程事项

本年度各项工作为建设新厂之初步准备,除前述工程外,并研究关于工程设计资料,钻探厂基地质,试验单位荷重,记载山水流量及分析其硬性。因本厂基本大计未具体决定,一切大规模建筑尚未施工。

第三章　生产

（公司尚未正式生产，故从略）

第四章　业务

（公司尚未开展业务，故从略）

第五章　财务

一、创业资金收入及运用情形

本处三十五年创业经费，原奉核定为三十亿元，旋奉令核减七亿元，实领到二十三亿元。其运用情形约如下列：

1. 职员薪津一亿七千万元。

2. 工警工饷三亿二千万元。

3. 其他各项事务费用二亿三千万元。

4. 购料及包工建筑修造等费用十一亿八千万元。

5. 购置设备费用七千万元。

6. 结存经费三亿三千万元。

以上各项中主要者为第四项，计包括本处托联合工程公司代办之重要工程，如开山填筑路基，改建大办公楼，测量路线等。又本处自行发包之各项零星制造修缮工作，及一部分建设工程用料等。

二、流动资金

本处筹备伊始，中心工作为接收整理，无正式之对外业务，亦未向大会请拨流动金之运用。

三、资产负债，请阅资产负债表（附件四）

四、损益

本处未入营业时期，故无损益账目。

五、其他财务事项

本处为纯创业机构，资金之运用，仅为创业费之收支，故至为简单，无重要财务调度运用可言。本年财务方面所可告述者，为本处原奉核定经费三十亿元，一切创业计划咸以此项数字为支配范围。旋于年底奉令核减为二十三亿元，减少七亿元，致使财务计划不能顺利实施。本年即有余款三亿余元,而已决定实施及已发包之工程应付未付款项,实远超过此项余额,只有在三十六年度财务方面酌量予以调剂。

第六章 运输

"日铁"于投降后,将交通工具任意破坏,如船舶则故意沉没,车辆则任其锈蚀。本处为应目前需要及准备新厂工程之施工,自接管后即已积极加工修理,本年尚未生产,所运输者为集中物资,搬运器材及维持由厂至汉与由厂至铁山之往来交通。

第七章 员工

一、雇佣

1. 雇佣制度

A. 职员:本年度计划已用技术员 68 人,管理人员 124 人,除先后离职技术人员 5 人,管理人员 11 人外,现有技术人员、管理人员 113 人。其任用方式分调派与选派两种,除高级职员外,均须经过一个月之试用。试用期满,由试用部分主管签具意见送经秘书室人事课拟定职位、薪级,转呈主任核定后,依照规定呈报。

B. 工人:视各部分实际工作之需要,就近或在汉口招收各级工人,但大会调派及由后方转来之技术工人,必尽先录用。现有工人共计为 674 名。兹将技术工人与普通工人之雇佣程序分述如次:

甲、技术工人,须经主任传见认为合格,始准办理下列手续。

子、考试,由雇佣组组长指定 3 人会考,工政课派员监考核定工级。

丑、体格检查,须缴本人二寸半身相片粘贴体格检查单,持往本处医院检查。

寅、到工,须填具雇用单、保证书、联保及家属调查表等。

卯、试用,须经试用认为合格者,始得由主管部分报请主任正式雇用之。

乙、普通工人先经本处医院检查,认为身体合格者,报请主任正式雇佣之。

2. 流动情形

A. 职员:本年度技术人员辞职者 1 人,因案停职者 1 人,逾假停职者 3 人,管理人员奉令解雇者 5 人(系曾任伪职者),辞职者 5 人,因案停职者 1 人,共 16 人。

B. 工人:请阅各级工人统计表(附件五)

3. 留用日籍人员:原有日籍人员 58 人,本年五月二十七日已奉令全部遣送返国。

4. 员工比率:截至本年底止,计有职员 176 人,工人 674 名,警士 222 名,共为 1072 名,职员占总数 16.5%,工人占总数 83.5%,员工比率为 1:5.09。

5. 艺徒训练:本处以国内工人少有使用新式机械技能,为将来储备优良技工起见,爰于本年十一月试办艺徒训练班一班,以小学程度为标准,就地考选 40 名加以训练。所有教师均系聘请本处职员义务担任,分期教以工厂常识及各种学科,再授以科学大意及使用新机械工具方法,并指定高薪技工为传习师,在厂实习,俾技术增进而能实用。

二、薪资

1. 职员逐月薪津及公费等支出统计

2. 工人逐月工资津贴等支出统计

以上二项请阅支出员工警薪工饷总表(附件六)。

三、工资制度

本处工人工作时间为每日八小时,星期例假休息。工资支付方式为规定日资后乘以一定之倍数,此项倍数随物价之高涨予以调整。

四、员工福利

本处对员工福利除供给职员及眷属住宿与水电外,并已先后举办下列各项:

1. 员工医院:现有各科医师 4 人,司药 1 人,护士 2 人,设备自 X 光以至牙科各式器具均甚完善,并有化验室、手术室及病房等,免费为员工医疗。

2. 员工子弟学校:现有教职 10 人,分 6 班,共有学生 158 人。

3. 员工消费合作社:采办合种日用品,平价销售各员工。

4. 图书室:现已购置图书杂志共 300 余种,及京沪汉等地报纸多种,供员工阅览。

5. 娱乐室:备有围棋、象棋及乒乓球等,以供员工暇时娱乐。

6. 理发部:招工承办,由本处供给房屋器具及水电,平价为员工理发。

7. 缝纫部:招工承办,由本处供给房屋器具及水电,平价为员工缝纫。

8. 浴室:供员工沐浴。

9. 煤球场:机制煤球,平价供应员工。

10. 碾米厂:为员工碾米。

此外并有篮球队、排球队、网球队及评剧等组织。

五、其他有关员工事项

1. 遵照大会令,于本年十月一日成立员工励进会。

2. 本年十二月间,准大冶县政府及当地镇公所函,须依照规定,将员工及眷属编组、保甲,正派员洽办中。

第八章 物料

一、采购

本处本年度各项工作大部分均利用原有物资,除于就近采购少数配件及建筑用料外,燃料仅采购六百余吨,以供运输、翻砂、修理、建筑等用。其采购手续由用料部分依据作业及生产计划或订品工作令号,估计需用之材料名称及数量,填制"预算单"送材料课,查明库存数量酌定应购数量,填制"请购单"呈请主管核定后,交由采购课采购。如系大批物料,则除应办上项手续外,尚须经过询价比价,或招标订约及请审计机关办理稽察等手续。

二、使用

本年度所用物料大部分系零星配件及建筑用料与燃料等,于初接收时因地方情形复杂,军队调动频仍,致被盗窃五金、纸张等物料一批,业已呈报大会备案在卷。嗣后警卫日渐完善,盗风渐戢。至领用手续,系由用料部分填制"领料单"并注明工作令号及用途,经用料部分主管核章后,送核料部分审核加章,再由材料课核发。

三、保管

本处现存物资大部分系由前"日铁"保管处所移交,经整理分类后分由21 个仓库保管(附件七),各库均派有管理人员负责,按月结存一次,造表呈请主管核阅备查。

四、其他有关物料事项

前"日铁"公司已将前汉冶萍公司原有之 450 吨炼炉及其他各项设备除已运出者外,大部拆除散置各处,其中有用之物料颇多,故初步工作即着手集中整理,并编号入库以免损失。

第九章 技术

(本处尚无生产及发明,故从略)

第十章 结论

一、一年来之成绩,请阅下列各表

1. 清查地产数量表(附件八)。

2. 清查房产数量表(附件九)。

3. 集中整理器材数量表(附件一〇)。

4. 修理运输设备数量表(附件一一)。

5. 修理机电设备数量表(附件一二)。

6. 清点 450 吨炼铁炉材料数量表(附件一三)。

7. 完成土建工程数量表(附件一四)。

二、一年来之困难

1. 本处工程因候麦基公司布置图(至十二月中旬始寄到),未敢迈步进行,以防错误而致浪费。

2. 当地人民有指本处接受"日铁"之房地产为其所有者,纷纷申请发还,以致处理应付颇感困难。

三、一年来困难之解决方法拟议

1. 宜及早成立汉冶萍清理机构,以便将该公司财产得一合理之解决而免人民混争。

2. 将确为"日铁"占据人民之房地产而在本处建厂需用范图以内者,

从速补办征购手续,以便确定业权而免非议。

四、本处事业之展望

1. 华中建厂之重要性:战后我国钢铁事业虽因东北收复鞍山钢厂设备,仍具相当规模,华北亦有相当设备加以整理,勉可供应国内需要。然以国际环境变化莫测,建设重心自仍以长江为宜,故华中建厂必须临机速树基础,以应未来之需要,引据麦基公司分析,以往钢铁市场,长江区域占进口总量约 2/3,其余 1/3 华北与华南有为二与一之比(东北未列入),因之长江建厂经济价值极为重要。

2. 华中建厂之应有准备:华中建厂大计自以能向美订购最新式机器设备为上策,在美借款未成立以前,如能拆迁日本机器设备,建立初步基础,亦属切要之图。惟即能拆迁,仍需相当时日始能生产,现本处就日本拆毁之汉冶萍原有 450 吨炼铁炉,业经清理,除鼓风设备及火砖须待补充外,尚可供建一座炼炉之用。而现存附近铁砂八十万吨,亦足供冶炼二三年,故重建该炉,于新计划千吨炼铁炉之第四位置,不特可提早生产,以供目前长江区域复员建设迫切之需要(东北钢铁远运华中华南,不但运费增加,而运输工具目前亦成问题),且可增加新厂未来生产之弹性,而对社会观感更有莫大裨益。

行政院资源委员会华中钢铁公司筹备处

招商局汉口分局致华钢筹备处电

民国三十六年二月六日(1947.2.6)

华中钢铁有限公司筹备处并转各厂矿银行公鉴:本年一月十八日华(36)秘字第 136 号大函敬悉。承嘱在石灰窑停靠上下轮只并允借码头等由,厚意殷拳,至深感纫。惟查目前军运频繁,迄未稍间,本局长江线各轮多半应差,深感不敷调配,以至正常班轮亦未能早日恢复。偶有客船行驶,势必争取时间,沿江小埠均不停靠,以速行程,冀得尽量运用。所请一节容俟军运告一段落后,自当深长考虑,尽速筹划,以副雅望。准函前由,相应复请查照为荷。国营招商局汉口分局。业丑鱼。

华钢筹备处三十六年第八次处务会议记录

民国三十六年二月二十四日（1947.2.24）

时间：二月二十四日上午八时

地点：主任室

出席人：刘刚、李祥亨、赵寿康、罗葆寅、李家麟（邵季春代）、朱贤裔、王杰、李伯宁、汪显

主席：刘刚

记录：刘融

决定事项：

一、库工用完好木材锯做柴用，应由工务组查明此项木料来源是否入库，并将库工调换其他工作。

二、打捞趸船应即报航政局备案，并赶速进行打捞工作。

三、植树季节已届，总务组应于两周内照指定区域分别栽植完竣。

四、饲牛食料应渐配青草，并须切实注意照料公牛，便优种繁殖。

五、路灯管制指定地点安装电表。

六、建厂初步，目前须尽力修整运输设备，如（1）全部交通工具与起重吊车之修配；（2）枕木陆续到达须先就腐烂较甚者逐渐抽换；（3）矿车修理；（4）华新之新式挖泥机试用时，可前往参观。

七、铁山通电再由机电组李组长与采矿组赵组长向电厂洽催。

八、七门围墙拆卸部分，仍有闲杂人混入，嗣后再有发现，岗警应予处分。又前制之职眷证章，应全部发给女工，另制符号，非佩带不准出入。

九、矿砂存量计可供冶炼一年之用，将来铁山每日须产一千五百吨至三千吨，由采矿组详拟准备及开采计划，并附图送核。

十、化验室无玛瑙应宜及早设法。

十一、本月份经费大会尚未拨发，现拟移用前代售物资专户存储之款，经费拨到归还，应电会请示。

十二、新办公室已修竣，可于大门路修好后迁移，另设茶炉应周详考

虑,不妨碍外观。

十三、房屋修理与改建,土建组应区别(1)紧急、(2)重要、(3)次要,各项先后施工。

十四、炼炉基地打钻后须立标志,以资识别。

散会。

华钢筹备处主任室处务会议记录

民国三十六年三月二十五日(1947.3.25)

三十六年第十二次处务会议记录

时间:三月二十四日上午八时

地点:会议室

出席人:刘刚、李伯宁(熊友松代)、赵寿康、汪显、吴国贤、朱贤裔、李家麟(邵继春代)、李祥亨、罗葆寅、王杰、邓彰贤

主席:刘刚

记录:刘融

决定事项

一、由大会运务处拨来之卡车,应集中保管,所有较好之车胎零件一律拆除交库。司机加以考核,除卡车、三轮车及轿车各一辆必要专人外,余均调派其他工作。

二、炼焦厂厂址由总工程师室将老汉冶萍有关之地形图集合比较,并与总务组作初步之核算。

三、职员直系眷属购领食米,如有未到处而冒领者,一经查明属实,即予严重处分。

四、铁山与操车场之电网,可将磁瓶与电线一律拆除交库。

五、岔道不合现时需要者应拆除,由运输组会同土建组办理。

六、木工与泥水工人缺乏,可于厂内年龄较轻之工人中挑选调往学习。

七、经贸紧缩,所有包工之工程承揽尚未核定者,应停止进行。

八、油印集中办理,由秘书室拟具办法,核定后交文书课孟美珍兼管。

各种纸张规格,可参考工业标准尺寸规定,以资划一。

九、美购文具之油印机,由总工程师室检查,如尚须补充材料或零件,可开单函沈管理师次江补购。

十、铁山附近之生铁,可集中陆续运厂,以供翻砂之用。

散会。

华中钢铁有限公司筹备处

湖北大冶县司法处刑事判决书

民国三十六年三月二十六日(1947.3.26)

公诉人:本县县长

被告:

胡松山	男	年廿六岁	黄冈县人	住石灰窑华中钢铁公司	警士
冯伯卿	男	年卅岁	黄陂人	住石灰窑华中钢铁公司	警士
张子阁	男	年廿六岁	长阳人	住石灰窑华中钢铁公司	警士
明国华	男	年廿三岁	本县人	住石灰窑华中钢铁公司	警士
董学惠	男	年四十一岁	山东人	住石灰窑曹家湾	

右被告等因窃盗及赃物案件,经遵检察职务提起公诉,本处判决如下:

主文:

胡松山、冯伯卿、张子阁、明国华共同窃盗,各处罚金三万元,为易服劳役以五百元折算一日。董学惠搬运赃物,处罚金五万元,为易服劳役以五百元折算一日。

事实:

据胡松山、冯伯卿、张子阁、明国华于本年三月三、四两日晚,共同窃取华中钢铁公司仓库内麦子八包,经董学惠搬运等情,由该公司将人赃查获解送县政府移送本处,经遵检察职务侦查起诉。

理由:

以上事实讯据被告胡松山等并不否认,核与事实相符。况由华中钢铁公司将人赃当场并获,显为现行犯罪,该被告等犯罪事实,委为供证确凿无疑,自应分别令负刑责。查犯罪情节轻微,量刑酌予从宽。

据上论结,应依刑事诉讼法第二百九十一条,前段刑法第二十八条、第三百二十条第一项、第三百四十九条第二项、第四十二条第二项罚重罚缓,提高标准条例第一条、第二条判决如呈文。

湖北大冶县司法处
中华民国三十六年三月廿六日

资源委员会训令

民国三十六年四月二十一日(1947.4.21)

本会各附属机关:

经济部公费案及本会派遣赴美实习人员,实习期满或核准延长期限届满,除经核准留美工作者外,应即返国服务。除分令并电知本会驻美代表办事处知照外,合行令仰知照。

此令

委员长　钱昌照

钟舒余致秘书室函

民国三十六年四月(1947.4)

查黄石建设协会筹备会已由贾伯涛先生四月四日下午五时召集开会,当时决定经费筹措向各厂矿借垫一千万元,并推定贾伯涛、程行渐、黄文治、刘刚、王涛、陈鹏等六员为代表赴石灰窑主持成立大会,至于各案于开成立会时讨论。兹将会议程序检奉黄石建设协会组织缘起,经济专业计划纲要草案工作纲领章程草案各一份,即请誊收为荷。此致

秘书室

驻汉秘书　钟舒余启

张子宇、邹斌臣呈刘刚文

民国三十六年五月七日(1947.5.7)

窃自日寇来冶开采铁矿,不仅侵占官商两矿矿山,并且占压民有之田地亦复不少。顷由钧处派来刘启贤先生等来清官商与民有各界,承示汉冶萍公司早年绘存之矿区图一纸,竟将尖山之麓张邹两姓共有之坟山一嶂混入图中,殊为骇异。查此山周围多系熟地,均已价卖汉冶萍公司,至今无人否认。独有此山坟墓过多,两姓众等均不愿卖,以致迄今仍归民有。并于民国二十二年,因尖山浮土过多,一经暴雨土随水下,冲压邹姓坟山,故邹姓曾向县府申诉,县府亦经派员履勘,谕令汉冶萍迁土还原,并作挡墙一段以防其后。谅此经过情形,不仅县府有案可查,即汉冶萍公司亦应有此卷宗,不难剖白。再则,事变以前久任采矿股长周开基、主任盛芷皋、助理魏桂丛、文牍王翟光等,亦皆深悉内情,当亦可质证。且该图绘成时,并未经地方人过目,究竟有无其它用意或误会,不得而知。但此等片面之图,亦决不能作据。用特申请钧座查情做主,赏予添注明白,以维业权而保先冢,则不胜感祷之至。谨呈

华中钢铁公司主任刘

两姓代表　张子宇　邹斌臣

［附件］　刘启贤呈刘刚文

民国三十六年五月十五日(1947.5.15)

交下查签张子宇等呈称为声明业权请予更正以保先冢等由。查该段坟地系在尖山之下,职上月在铁山清测"日铁"占用民地及清查汉冶萍土地时,曾有张邹两姓代表张展程先生面称,前"日铁"建筑尖山挂路,将民祖坟山被土积压,邀往查勘。职当会同张世瑞课长及刘息平先生跟同查勘,见地势四面为汉冶萍地界,独中有人民坟地一段在内,恐有差异。遂检阅前汉冶萍于二十二年测绘老图,查对所指之坟地在界线之内,被积压地处见有荒冢与墓碑,不能作为根据可指错老图界线。该坟山地目下尚无作用,

将后采矿工程需用。附呈汉冶萍老图一份(此图在本处档案室调阅)。惟张子宇等呈请更正地界,应检出切实证据,方能断处。是否乞鉴核。谨呈课长向代组长邓转呈主任刘

职 刘启贤谨呈

冶炼组四月份工作月报

民国三十六年五月七日(1947.5.7)

一、四百五十吨炼铁炉修改设计:本月份设计修改热风炉、清灰器及炼铁炉与热风炉布置图等,共完成5%。现以绘图人员较少,后以旧有材料配合设计致进度迟缓。

二、旧450吨炼铁炉整改:计完成5%(已全部处理完成)。

三、炼焦试验:打磨火砖设计图样,请机电组翻制焦窑机件等工作,完成10%,预计本月份可完成20%。因所作机件延迟期交货,无法安装致进度迟缓。

四、炼铁炉基础钻探:本月份计钻一号炼铁炉除尘器基11米,旋灰器基35.9米,第一洗煤气器基22.1米,第一泰森氏除灰器基21.3米,第一除水器基39.5米,第二洗气器基33.8米,第二号炼铁炉基2眼,计58.9米,共223.5米,计完成10%。以迁移地点安装机器电线电表等,占去实际工作时间,故进度较缓。

报告者:陈伯勋

资源委员会致华钢筹备处代电

民国三十六年五月十五日(1947.5.15)

华中钢铁有限公司筹备处览:案据本会人事室转呈驻美代表办事处三月十九日A字第1308号代电称:"经济部三十二年度专案派遣来美实习人员之生活费,向由部每六个月汇来一次,交本处按照名单分发,而返国旅费则须至实习期满前数月方始汇来,故专案项下之实习费用,部中并无余款留存本处备支。近查国内各机关每因需材孔殷,直接函电本处,将实习

尚未满期之人员先期调返国内服务,而对于调返人员回国旅费,并未向部预先洽请汇来,致函电往返延误行程,时日金钱两不经济。以后倘贵处在实习期满前须调用专案实习人员返国服务时,务请先期向经济部洽查生活费已否寄出,返国旅费已否汇美。盖二者任缺其一,本处已无款,实难代垫,亦难负责催促奉调各员按期成行也。相应代电奉达,即希查照赐办是荷"等情。据此,对于该案人员嗣后如需调返国内工作,其生活费旅费等项经济部已否寄出,应先呈会转函洽查。除分电外,合行电仰知照。资源委员会。辰删。

资源委员会驻美代表办事处致钢铁组代电

民国三十六年五月二十日(1947.5.20)

钢铁组公鉴:经济部三十二年度专案派遣来美实习人员之生活费,向由部每六个月汇来一次,交本处按照名单分发,而返国旅费则须至实习期满前数月方始汇来,故专案项下之实习费用,部中并无余款留存本处备支。近查国内各机关每因需材孔殷,直接函电本处,将实习尚未满期之人员先期调返国内服务,而对于调返人员回国旅费,并未向部预先洽请汇来,致函电往返延误行程,时日金钱两不经济。以后倘贵处在实习期满前须调用专案实习人员返国服务时,务请先期向经济部洽查生活费已否寄出,返国旅费已否汇美。盖二者任缺其一,本处已无款,实难代垫,亦难负责催促奉调各员按期成行也。相应代电奉达,即希查照赐办是荷。资源委员会驻美代表办事处。寅皓。

华钢筹备处布告

民国三十六年六月十一日(1947.6.11)

查本处接管前汉冶萍公司所有袁家湖、黄思湾、盛家湾等处土地,业经派员清查测量竣事,兹由各村佃户承租耕种,订由租约在案。现本处为便于管理佃户耕种及收取租税起见,特于各村分别委托袁宝臣、袁作庆、朱普华、张公忠、奚文轩、黄筱香、谢守书等七人为本处代表。除分发委托书外,合行布告,仰各村佃户一体周知。此布。

计开

谢家湾代表	谢守书	袁新村代表	袁宝臣
朱家村代表	朱普华	袁家湖代表	袁作卿
陈家湾代表	奚文轩	盛家湾代表	张公忠

资源委员会训令

民国三十六年六月二十五日(1947.6.25)

令华中钢铁有限公司筹备处。

查本会前以各项事业均在循序进展,而各该机关财产之价值亦日益增高,如无保险之保障,万一发生意外,殊足影响事业之推动。但一般保险公司大都手续繁复而保率甚高,遇有失事案件,常因手续关系不易立时赔款,本会必蒙受有形无形之损失。爰于三十二年七月成立保险事务所,以本会各单位互保性质办理本会一切保险业务,办理以来,尚收成效。兹以胜利以还,新成立之单位日见增加,对于本会设立该所之本旨容有未尽明了之处。为求推行尽利起见,特再重申前意:凡本会会属机关所有或经手代理及代保管之产物,如有保险需要时,均应一律交由该所承保,俾资集中而收互保之效。如各单位向银行押借款项,其押品之保险亦应交由该所办理,不得例外。但如银行之代理保险公司要求承保时,得由该所予以分保,可由各该保险公司迳向该所接洽。此外本会核定之员工寿险,原为对于员工之一种福利设施,会属各单位均应一体参加,俾资互助。以上各节,除分令外,合行令仰遵照办理为要。

此令

委员长　翁文灏

华钢筹备处通告

民国三十六年七月十六日（1947.7.16）

查承佃本处自楢树下至老铁山铁路沿线之土地，春季收割已届完毕，亟应依照和约规定缴纳春季地租（计总额之半数）。该项租稞得按照谷价以每担四万五千元计算，折合国币缴纳。希各村佃户自通告日起十五日内如数缴清，倘逾期有拖欠者，即以涨价折算。幸勿延误，特此通告。

   行政院资源委员会华中钢铁有限公司筹备处代理主任　刘刚

中华民国三十六年七月十六日

湖北省政府社会处致华钢密代电

民国三十六年八月三十日（1947.8.30）

华中钢铁厂：查大冶石黄镇厂矿林立，工人众多。为加强工人集训，安定社会秩序及促进生产起见，经会商本省党政有关各机关，决定组织大冶石黄镇工运指导委员会，负责指导推行工运工作。依照上项委员会组织规程之规定，该会主任委员经派刘光谦充任，其余委员厂（矿）方面代表人数经会商决定为五人。关于各厂（矿）所补助该会之经费，应由该会主任委员具领。除分电外，相应检同原组织规程电请查照，迅予补助经费，并请将贵厂每月补助经费数目见复为荷。湖北省社会处。未。（社二印）

［附件］ 大冶石黄镇工运指导委员会组织规程

一、为加强推进及指导大冶石黄镇工运工作，特组织石黄镇工运指导委员会（以下简称本会）。

二、本会任务如下：

1. 关于本镇工人团体组织训练设计指导事项。

2. 关于本镇工人调查统计事项。

3. 关于本镇工人福利设施策划事项。

4. 关于本镇工人纠纷调处事项。

5. 其他有关工运事项。

三、本会设主任委员一人,综理日常会务,由省社会处派充之。委员九人至十五人,由下列人员担任之:

1. 直属区党部书记长

2. 直属分团部干事长

3. 大冶县党部书记长

4. 大冶分团部干事长

5. 大冶县政府社会科科长

6. 石黄镇镇长

7. 石黄镇警察所所长

8. 工会代表

9. 厂(矿)方代表

10. 其他经本会聘请热心工运之人士

四、本会设常务委员三人,由委员中互推之,襄助主任委员处理日常会务。

五、本会委员定每周开会一次,于必要时得由主任委员临时召集之。

六、本会设总干事一人(由委员中推选或遴派专人充任),秉承主任委员之命负责处理日常事务。

七、本会得设置指导、福利、调查、总务等四组,各组组长由委员推选兼任。

八、本会得设置干事四人,助理干事五人,除向有关机关调派外,其中三分之一得为专任。

九、本会委员、职员除专任者外概不支薪。

十、本会经费由各厂(矿)补助之。

十一、本会编制及办事细则另订之。

十二、本规程自呈奉核准后施行。

资源委员会训令

民国三十六年十月九日(1947.10.9)

令华中钢铁有限公司筹备处。

　　查关于厉行节约消费业经一再奉令饬遵在案,本会仰体政府意旨,订定《限制汽车使用办法》、《办公物品节约配用办法》、《物品加强保管办法》、《奖励节省公物办法》等,即日施行。并减少公用车辆,限制不必要之宴会及招待,务使一切开支力求樽节,以符节约消费之旨。又纸烟一项多自舶来,且属奢侈品之一,已自即日起停止以纸烟供客。各该单位并应一律实行,以期养成节约之风气。除分令外,合行令仰遵照,并转饬所属一体遵照。

　　此令

委员长　翁文灏

资源委员会训令

民国三十六年十月十五日(1947.10.15)

令华中钢铁有限公司筹备处。

　　案奉行政院三十六年十月八日(36)六经字第 1090 号训令内开:查本院对于办学校或因救济灾荒或求业务发展或谋团体福利,仍有印制捐册,向公务员散发募捐情事。姑勿论假借名义易滋流弊,值兹经济奇绌之际,公务人员待遇菲薄,每月收入既极有限,何堪额外捐输? 亟应重申前令,严行禁止。再各公务机关,除法令别有规定者外,一概不得以公款认捐。除分令外,合行令仰知照并转饬所属一体知照等因。奉此,除分行外,合行令仰知照,并饬属一体知照。

　　此令

委员长　翁文灏

大冶县政府致刘刚代电

民国三十六年十月二十一日(1947.10.21)

华中钢铁厂筹备处刘主任勋鉴:案准本县参议会冶秘字第485号代电开,查本会第四次大会讨论事项第三十七案,参议员罗心如等提拟请交涉铁山至石灰窑矿车仍照前例准予人民廉价便搭,又讨论事项第二十九案,参议员刘益如等提拟请转函华中钢铁公司筹备处开放石灰窑至铁山火车售票搭客,俾利交通而维商务。各案经提交大会讨论并决议,以上两案合并函请县府办理等语,记录在卷,相应抄同原案,电请查照办理见复等由到府。查自铁山至石灰窑铁路矿车依照过去向例,既准人民廉价附搭,且与贵厂业务并无妨碍,似可照办。除电复外,用特抄同原案电请查照惠予办理,并希见复为荷。大冶县政府。燮建酉养。(印)

[附件] 大冶县参议会第一届第四次大会提案

案由:拟请交涉自铁山至石灰窑铁路矿车仍照前例准予人民廉价便搭由。

提案人:罗心如

联署人:王之仁、黄中强、杜征、詹毅

说明:查铁山至石灰窑铁路其主要作用固属专运铁矿,但该路自前清光绪十六年创办起以至光复时止,其中迭经官办、商办、敌办等过程,绝无拒绝当地人民便搭矿车之事。盖该铁矿始而官办,对于人民便搭矿车不取分文,经地方与矿局协议并呈准请湖广总督部堂备案(张之洞时),每次拖矿加带棚车,均准人民便搭,略取车资(每人每里一文,永不加价),指作大冶留得生津贴(每岁缴银四百两增至四千两)。既而商办,汉冶萍公司援照成例,继续履行无异。即至沦陷时,暴敌日铁公司亦准人民免费便搭矿车。历来事实斑斑可考,所以数十年来地方人民田园庐墓每因厂矿损废殆尽,而犹爱护厂矿之不遑者,以其互惠精神深刻脑海所致也。今华中钢铁厂既系国防事业,原为民族造福,对于当地人民当本互爱精神,在可能范围内尽量给予方便。惟近开拖土矿车人民不易搭上,似继该厂秉承政府裕国便民之本意,应请仍照成例,恢复石灰上窑及沿路各车站从廉订价任人民便搭,庶人民均感方便而于厂方业务亦无妨碍。

办法:由县政府及本会函请华中钢铁厂查照办理,并请本会议长会同县长向刘厂长交涉。如无结果,呈请上峰向资源委员会交涉。

审查意见:拟照案通过。

华钢筹备处致大冶县政府电

民国三十六年十月二十五日(1947.10.25)

大冶县政府公鉴:燮建字第 1998 号酉养代电附抄大冶县参议会议案二份敬悉。查由本处至铁山运土列车附挂车辆便利行旅一案办法,曾于本年六月七日以华(36)运字第 1227 号函,请贵府查照在卷。嗣以本处停止运土,故未实行。兹复准函嘱,俟将来通车,继续运土时再行酌办。特复,希查照为荷。资源委员会华中钢铁有限公司筹备处。酉有。(印)

[附件] 筹备处运务列车发售客票暂行办法

一、本处为应地方需要,便利石灰窑、铁山之间之交通起见,暂在操车场及铜鼓地之间运土列车上附挂平车一辆,以备旅客乘坐之用。

二、发售客票暂定操车场、下陆、铜鼓地三站。

三、票价暂定每站国币 1 500 元,如遇燃料涨价得随时调整之。

四、旅客应遵守秩序购票上车,并遵照车上旅客乘车规则,听从行车人员之指导,以策安全。

五、无票乘车者到达站时经查明后加倍处罚。

六、因铁轨道钉夹板及电话线等时被窃盗,防不胜防,如行车有出轨、翻车等情事,本处不负任何责任。

七、本办法自本处运土通车之日试行,并呈报资源委员会备案。

湖北省政府布告

民国三十六年十月(1947.10)

案据华中钢铁公司筹备处酉齐代电称:查本处厂区至铁山矿区间铁路及电讯器材常被盗窃破坏。近来盗风更炽,于本月一日晚,竟有二三十人结伙在李家坊枣儿山地方拆取电线铁架上之角铁,非惟毁损公物,妨碍建设工作,抑且危害交通,影响治安。电请颁发布告并令大冶县政府转饬各乡公所切实维护,以戢盗风而利建厂等情。查该处承办钢铁厂兴建事宜,应予切实保护,除令饬大冶县政府转饬所属各乡公所妥为维护以戢盗风而利建厂外,合行布告,一体周知。

此布

主席 万耀煌

资源委员会训令

民国三十六年十一月二十八日(1947.11.28)

令华中钢铁有限公司筹备处。

查国营事业不得以公款对外认捐,前奉行政院通令禁止,业经本会转饬遵照。如确有必要,亦应事先详叙理由,呈奉本会核准,以资限制,并于三十五年十二月十六日以资京(35)财字第9208号令饬遵照各在案。近查各单位对地方捐款多有未经呈准即行认捐付款,报会核备殊有未合。特再重申前令,嗣后各单位对外捐款应一律谢绝,非经呈准不得随意认捐。除分行外,合行令仰遵照。

此令

委员长 翁文灏

请政府迅速完成华中钢铁公司①

民国三十六年(1947)

查本省大冶矿产颇丰,煤铁尤多。石灰窑则临大江南岸,居武汉、九江之间,为汉冶萍之发祥地,于国防工业上极为重要,于本省之经济与工业之发展关系尤为密切,诚为华中一工业区。原汉冶萍公司规模宏大,被日人破坏损失极重,抗战胜利后由经济部湘鄂赣区特派员办公处接收,去年三月间改为资源委员会华中钢铁公司筹备处接办。资委会原拟与美国麦基钢铁公司合作,曾派美专家多人住石数月,称适宜建设一大规模之钢铁厂,并已拟具计划。惟因美款迄未决定,致该处工作无法进行。日本赔偿拆移我国之机器,该处原分配一部,俾早建厂。近报载该处并无,全分配于华北各钢铁厂。资委会于接收后迄今无法进行。现成之汉冶萍不积极利用,于本省之经济工业之发展颇受其影响。于国防工业而论,石灰窑建厂,现在与将来之国防关系较之华北、华南尤为重要。其优点如下:

1. 武汉居中国之腹部,比东北均较安全,交通便利,实为国防重镇,钢铁厂建立于石灰窑实为必要。

2. 原汉冶萍公司规模宏大,历史甚久,炼钢铁厂设备均为日人破坏,损失极大,实有要求日本赔偿机器资格与权利。故必须由日本拆迁相当钢铁厂来赔偿,俾能早日重建,再行生产,以发展我国防工业。

3. 长江流域为工业化中心,经济条件优于全国,为奠定国家工业百年大计,发展长江区基本工业,实为今日切要之。吾国苦战八年,元气大伤,有限物质必须以最大经济方式利用。日本赔偿机器实吾国战后复兴建设一极大帮助,允宜善为利用。长江区首脑重工业钢铁,必须在此时建立。

资源委员会训令

民国三十七年一月二十九日(1948.1.29)

令华中钢铁公司。

---

① 原件未署作者,成文时间亦系根据内容判定。

　　查留用日籍技术人员汇款赡家办法,前奉院令经于三十六年十月二十三日以资(36)财字第 15927 号训令知照在案。兹奉行政院本年一月十九日(37)六经字第 3082 号训令内开:"兹据中央信托局代电称,现时对日贸易系按美金计算,美金官价每元仅合日金五十元,而黑市则为三百元,相差悬殊。如由本局直接办货运日出售,将售得美金专户存储,再按官价日金划付日侨眷属,则本局于无形之中将蒙受重大损失,似尚须另筹妥策。爰查本局过去曾为中纺公司经办日本足袋六万双,运日作为该公司留用日员家属赡家费用。其方式系直接配给日员家属,由其家属转向市场自由贩卖,既可免除按照公开配给市价出售之损失,更无须本局代付盈亏责任,不无可资仿效之处。拟请责成各留用日员机关,自行拨款搜购日人以前所专用之遗留物品或一般日用必需品,在不妨碍吾国民生之情况下,委托本局代运付日,直接配给日员家属自由贩卖换取赡家费用,既不背原议旨,又可避免无形损失"等情。查该局所拟,由留用日籍技术员工机关自行拨款搜购日人遗留物品及必需品,在不妨碍我国民生日用品原则下,委托该局代运赴日,直接配给日籍技术员工眷属自由贩卖换取赡家费用一节,应准照办。除分行外,合行令仰遵照,迳洽中央信托局办理。

　　此令

委员长　翁文灏

资源委员会材料供应事务所台湾分所致刘刚电

民国三十七年三月二日(1948.3.2)

　　华中钢铁公司筹备处:任密。本省钢铁公司需购炼铁块状矿砂三万吨,闻贵处有存货,可否拨让,请电示单价交货日期及地点,以便洽办。台湾分所。寅冬。

刘刚致台湾材料供应事务分所电

民国三十七年三月二日(1948.3.2)

　　台北:任密。寅冬电敬悉。炼铁矿砂按照海南岛售矿价格每吨美金 7

元折合付款时法币,可随时在石灰窑江边交货。石灰窑。寅冬。

出卖田地契约
民国三十七年三月(1948.3)

立大卖田地契约人邵斌臣。今有祖遗之田地壹形,坐落大冶县长乐乡镇六保五甲。其界东抵铁路,西抵邵姓屋基,南抵邵开兴,北抵邵开茂为界。册名饷名共计〇亩二分捌厘壹毫,原在敌伪时期被前日本制铁株式会社大冶矿业所使用,抗战胜利后由行政院资源委员会华中钢铁有限公司筹备处奉令接管,依法呈准征购。并经湖北省政府地政局熊局长鼎盛、督同大冶县刘县长崇燮暨各法团代表业主代表等开会议定补偿标准价格,上列田地经实地测量,计〇亩二分八厘一毫,每亩标准价格伍百伍拾万元,共国币壹百伍拾肆万伍千伍百元整。当由邵斌臣亲手向买主资源委员会华中钢铁有限公司筹备处如数收讫,另有收据为凭。此系心甘情愿,自卖已分,倘有盗卖重卖抵押及其他一切纠葛情事,概由卖主一身承当。自卖之后,任凭买主永远管业使用,他人不得生端异说。恐口无凭,立此大卖契约壹纸为据。老契遗失。

大卖田地人:邵斌臣

乡长:冯永林

保长:陆保满

标准地价评译:刘崇燮　冯永林

大冶县政府指导员:郭仲成

中华民国三十七年三月□日

黄石港商会致刘刚函
民国三十七年五月二十一日(1948.5.21)

案据商民姜学忠、潘俊杰等呈称,案奉钧会本年五月二十日黄字第767号通知,瞩即前往华中钢铁公司等备处运输组接洽租赁车辆等因,奉此,商民等比即亲特通知向该运输组洽赁车辆。据答,该运输组与采矿组相商难定,以致未遂。查商民等承租铁山运矿车辆,蒙许租赁便拖载货已历数十余年,即复员后亦荷该贵公司刘代主任垂念商艰,恩予赏准便载,曾经数度开办并无难能情事。现该采矿组所负责任实与运输组各有区别,纵采矿组前为自力更生计作同样购运,现已宣称停业,纵拟续营,当此空间时期火车屡驶内地,允租便拖,实不妨其业务,况商民等田地房屋早被日寇侵夺占压殆尽,后虽经华中价购,所得数额不供一时家给,而顿失去产业永久权利。值此百物高涨生活迫窘之际,而该采矿组亟应惠予设法救助,断不因此而危及商民等全家大小生计。用是复呈钧长台前,恳祈体谅商艰,续函华中钢铁公司垂恤铁山附近居民生理无着,迅予剖释一切陈见,仍照原例租赁便拖货物,实深感戴之至等情。据此,查该商请予租赁车辆一节,前蒙贵厂准租在案,兹据前情,自应再行转请查照,务希体念商艰,准予转知运输采矿两组,允租便车载运,以恤小商,至为公便。此致
华中钢铁厂厂长刘

黄石港商会理事长　刘益如公出

常务理事　阮义方值代行

华钢筹备处三十七年度三月份业务报告

民国三十七年五月(1948.5)

(一)上月本业大体情势

本月初仅存五十余万元,大会拨款未到,兼之出售大批器材不易脱手,经费困难达于极点,且全月天气仅晴 $11\frac{1}{2}$,建造炼铁炉工程进行频受影响。

(二)上月本业各事业建设进行状况或遭受破坏情形

工程方面:

1. 建造30吨炼铁炉 A. 炉壳冷作部分完成;B. 环形风管完成40%,累计完成70%;C. 鼓风机安装工程完成50%,累计完成60%;D. 除尘器煤道间煤气管工程全部完成;E. 煤气道工程完成19%,累计完成70%;F. 出铁场平台完成70%,总计本月份完成整个工程10%,累计完成65%。

2. 新厂地基钻探,本月份共钻起卸码头十眼,计土质 142 公尺,石质 10.7 公尺,共计完成全部工程 5.2%。

3. 拆装资渝 18″轧钢机已拆卸完毕,下月份继续拆卸其他机件。

4. 铸造炼铁炉配件计铁件 22.425 公斤,铜件 14.6 公斤,其他铸铁件 3.477 公斤。

5. 抽换枕木 150 根。

(三)本业各事业近数月之产量与计划量产之比较与其原因

本处现尚无正式生产,至本年度预定之各项主要产品,前已列表呈送,兹不赘。

(四)本业各事业近数月之产品销售及营业情形与前途之观测

本处虽尚未正式生产,然以目前情势而论,钢铁市场已感供不应求,本处预计于本年六月出铁,年底出钢,生产得时,未来之营业颇可乐观。

(五)本业各事业财务情形及需要

财务方面:本月奉大会拨款四十四亿元,由钢铁事业管理委员会及源华煤矿公司借来款五十亿元,变卖器材六十三亿五千万元,营业及杂项收入四亿六千万元,连同上月结存五千余万元,共计收入一百六十二亿一千余万元。

支出方面:计付员工薪饷二十三亿四千余万元。因二月底经费困难,员工薪津延至三月份始补发,内有 684 000 000 元即系补发之数。办公费用二亿一千余万元,工程及购置用费四十五亿三千余万元,代购员工食米款二十四亿元,其他一亿六千余万元。截至月底,尚存六十亿一千余万元(内有四十五亿元已指定为征购土地补偿地价用,一星期内即须拨付)。下月份约需征购土地款四十五亿元,员工薪津三十亿元,建炼铁炉工程用费四十亿元,订购焦炭及运费三百亿元,办公及其他用费二十五亿元,总计约需四百四十亿元。除本月份结存款项及拟变卖器材筹款外,尚须请大会拨发工贷款及创业费三百五十五亿元。

(六)本业各事业产品价格之变化

本处尚无产品故从略。

（七）特殊事项之与本业或会中整个业务有关者

1. 资渝 18″轧钢机以外机件之为本处所需要者，经派员查明造册呈准大会一并拆迁，正与四川各钢铁厂保管处洽办中。

2. 日本赔偿机器分配于本处者，据材料事务所函告，有一部分抵沪，本处已函请钢铁事业管理委员会上海营运处代运来石。

3. 本处炼铁所需焦炭据赣西煤矿局函告，每月仅可供应 500 吨至 1 500吨，与前约定数量相差甚巨，已函该局依约供应，以免影响本处生产。

4. 本处征用"日铁"所占土地，现正会同大冶县政府派员及各业主立契领款中。

（八）待解决之重要问题

1. 前拟价购煤业总局之 640H. P 马达，请大会钢铁组速予洽定价格，以便提运来处应用。

2. 本处须预购焦炭五千四百公吨储备开炉应用，请大会早日拨款，俾便价购。

行政院资源委员会华中钢铁公司筹备处

刘刚致刘绍韩电

民国三十七年六月一日(1948.6.1)

汉口。6921 转刘课长绍韩：利密。希将汉阳厂之张之洞先生塑像妥交本处轮船运石。石处。已东。

［附件］ 刘绍韩呈刘刚文

民国三十七年六月十日(1948.6.10)

奉钧处东电，饬将汉阳铁厂之张之洞先生塑像妥交本处轮运石等因，遵于本月十日已交冶铁二号运石，张先生塑像全部完整，连底座共四节。敬请鉴察为祷。谨呈

秘书钟转呈主任刘

職　劉紹韓

张文襄公塑像已于本日上午率米厂工人照原墩装妥于花园牡丹花旁。谨上组长鉴核。

職　左耀文呈

六月十七日

钢铁事业管理委员会致华钢筹备处代电

民国三十七年六月七日(1948.6.7)

华中钢铁公司筹备处公鉴:查前因贵处拆迁青岛炼铁设备所需拆迁用费急待拨付,经本会呈准大会拨给工贷款共计 150 亿元应用。兹准财务处京字第 916 号已东两代电,略称本会欠大会业务贷款 145 亿 4 000 万元(月息一角三分),五月份利息业经结出,计应缴 819 087 000 元。又国策贷款 4 亿 6 000 万元(月息八分五厘),五月份利息计应缴 16 943 000 元。如有延期,银行须照市计息,嘱速筹解会等由。查以上两项贷款共计 150 亿元(已拨汇新中公司承包拆迁青岛炼铁设备用费 142 亿 9 075 万元,及拨汇青岛办事处拆迁备用费 7 亿 925 万元)。除饬本会上海营运处依照上开五月份利息数额径缴上海中国银行第 7507 号(大会工贷账户)收账及登入贵处往来账外,特电查照。钢铁事业管理委员会。已虞。

王杰呈刘刚文

民国三十七年六月十四日(1948.6.14)

查冶铁二、三号拖轮于四月六日由汉口托运食盐至湘潭,派水运课课长聂景文押运,延至五月二十七日始返石灰窑,为期五十二日。在此长期航行中,从未得该课长函电报告,惟据探息,冶铁二号曾有至株洲托运烟煤情事。嗣该两轮返处,当即缜密调查两轮每日停留地点及航行日期。正核办间,奉交下密保一件,饬职亲自密查,当日下午复诘。据二号大副刘小所送呈所拖木驳载运吨位一纸,并称五月一日奉聂课长命,驶至株洲拖运木驳七只,共载烟煤 778 吨。延至十五日驶返长沙,十八日由长沙起程,二十

五日到达汉口等语。职于四日晨驰赴汉口,仅将在汉口调查情形分陈于后:

一、冶铁二号轮承拖福安运轮局代运赣西煤矿局之烟煤 778 吨,因赣西正办结束,已将卷宗移交煤业总局。经询承煤业总局曹课长国杰面告,此项托运手续原由赣西煤矿局与长沙福安运轮局负责人李茅三订立合约,运费划分木驳每吨运费 162 万元,拖轮每吨 58 万元,在长沙订约时付二成,在株洲受载后付五成,到达汉口交货后付三成,最后由煤业总局了结。至本处拖轮与福安运轮局托运手续及托费若干,煤业总局无案可稽。旋至赣西煤矿局调查,承雷课长及朱君面告亦同前情。又据朱君云,照当地习惯,株洲船只极少,须用长沙接洽,故由长沙至株洲空放一段,照例不计运费,但受载后仍须计算。

二、冶铁三号承拖永大运输行(长沙),代运上海实业公司汉口分公司之煤 598 吨 816 公斤。承实业公司林秘书建二面告,是项煤斤由永大运输行经理程海山订约承运,原载八船,中途沉没三船,仅五船到达汉口,实收煤 304 吨 200 公斤。自长沙至汉口运费,轮驳合计每吨 195 万元(包括出船、转船等费用),公司已付八成。传闻木驳每顿 140 万元仅得七成,至轮船拖费若干,系由运轮行办理,公司方面不知数目。又此次拖轮仅拖至杨泗庙(汉口上三十里左右)即予解缆,由公司另雇轮船拖至汉口,多费一千五百万元。公司方面以此次损失甚大,正向永大运输行索还运费。沉没之木驳船主因未保险,亦向该行要求赔偿。闻该行经理程海山避匿不见,仍设法追究中,尚未了结。

综合上列调查情节,归纳如下:

1. 聂景文离汉口后,并无一函一电到组报告,足征该员蓄意蒙蔽,避免稽核。承钟秘书面告,聂景文离汉前曾嘱以用函电方式常取联络,不意该员离汉后,仅通电话两次,来电报一通。(a)四月二十九日自长沙来电话,在长治运煤来汉,约四日后可离长沙。(b)五月十一日自长沙来电话,七日自长沙开出,至距长沙五十里遇大风,代运之煤沉没三船,轮船还长办理交涉,约数日后可开头。(c)五月十七日接自长沙十二日电报:"钟秘书,轮十七日去汉,职文。"

2. 冶铁二号至株洲拖运烟煤,钟秘书在株洲时已得悉于前,该轮大副刘小所经诘询吐露于后,乃该课长在汉缴款时竟隐匿不报,显有侵吞该段运费之嫌。

3. 托运人与各运输商订立运费,拖轮部分,赣西自株洲至汉口每吨为58万元,上海实业公司自长沙至汉口每吨55万元(原约连木驳每吨195万元,经探悉,木驳为140万元)。而该课长仅于福安运输局订约每吨为34万元,运量为一千吨,既不请示于前,复不呈报于后,其承拖永大代运之煤(即上海实业公司之煤)竟未立约。在吨位方面言之,赣西之煤既不足一千吨,合赣西及实业公司之煤,共为1082吨,扑朔迷离,系别有情弊。

奉饬前因,理合将在汉口调查经过情形,据实呈报鉴核。谨呈
主任

职　王杰谨呈

[附件]　聂景文呈刘刚文
民国三十七年七月十二日(1948.7.12)

为自白本次奉派押轮赴湘兼营业务切实经过情形,敬祈俯念独自在外,被当时环境所迫,恩予从轻处罚事。

窃职本年四月四日以处方接得汉口湘裕运输行食盐一批,计四百吨,由汉派冶铁二三轮拖往湘潭,因向航政局报告出口民船无检验执照不准结关系,轮船空关在检查哨外。杨泗庙起拖(一般拖船均用此法),四月五日在杨泗庙将民船自放出口,六日始正式由杨泗庙起拖,当日拖抵大咀,七日由大咀起碇抵嘉鱼,八日除三号开抵新堤外,二号轮进油齿轮突坏不能继航,除当派郭大车携原件赴汉配修外,以民船不肯停泊,当派三号轮分批转拖,九号三号轮拖一批,十号复拖一批抵新堤,十一号风大泊新,十二号拖一批由新堤至城陵矶,十三号复拖一批,十四号三号□司烧坏,泊新堤重新浇铸修理,十五、十六两日经修后试车,以工具不全,所作与轴承不吻合,试车即烧,迄十七日抢修后,将第三批抵达城陵矶(分批转拖办法已函钟秘书

复函同意),十八日民船以耽误太久不肯挂拖,拟威胁轮方承认其延期费用才肯再行,职一面口头交涉,一面并请当地水警局派员劝解,二十一日才由城开抵沉旗望(二号修复十八日由嘉抵城,二十一日同开),二十二日由沉旗望抵靖港,二十三日由靖港至长沙,二十四日办理进口手续并电报汉处,二十五日由长抵湘潭。

当二号行抵湘潭下三十里地,二号突然搁浅,以系顺风民船满蓬助力,不意搁浅后轮横,民船乘风上行,致与轮沿猛撞,将民船头部撞坏二只。此祸故领江有航误之嫌,而当时系二号水手章宏登拿舵,故领江亦此故等错(本日电汉报抵潭及撞船情形),二十六日与民船交涉赔损,经费尽唇舌才以750万元了结(因带款用馨,此款系向货主怡主盐号借支在汉扣垫),二十七日开三号赴杨梅洲探听造驳情况(王组长饬办得可估价单),当日下午长沙和丰轮局张经理本超派人送信(附呈)来潭,只有煤1 300吨拖汉,价34万,嘱即赴长结谈。职见吨价虽小而吨数尚合两轮拖量,且免另觅生意,耽误时间,即将两轮于当晚放长。不料奸狡运商以华遂二轮愿少价就速,该张经理未等轮到,先与华遂成交。经职质其不信,该张理谓尚有600吨业已洽妥,二日内装毕即可起拖,另有700吨虽将空船拖洲,至多两日即可载毕起运,经再三交涉允价48万元。职见靠船码头当时泊有待拖拖轮六七只未接得生意,职即应允当于二十八日由张本超介绍与安轮运局订立合约(张本超系去程经长时由三号向大车介绍认识拜托代觅货者),收得定金本应即刻电报汉处,此刻二号刘老大小所及二、三号大副车等整日向职要求以当时规定,差费船工每日仅2万元。因百物昂涨,每两轮仅菜资即需百万(连领江及职共一十九人),船工工资有限,为公家谋利叫我们贴血汗,汝是我们主管,能忍心乎。且你为接生意西奔东跑每日车杂缴日花几十万,你就甘心贴血汗做走奴乎,且云你放心,你未得背景,这不是铁饭碗,你不为我们设法找钱弥补,我们是不愿意的(此系二号刘老大郭大车领首说的,船工无一不随声附和),职此时整日被船工所围,当时职勉允将株洲34万一吨不报,只报1 300吨由长起拖,经予计算可余9 800万元,须加油二桶需3 400余万,扣除赔撞船损失750元及张本超介绍费5‰ 2 880万元及职不能报销杂缴车资等,卖所剩至微。后刘老大等主张向公司只报1 000吨每趟水管理员及船工也要提几百万的酒钱,这并不算犯法,你就决定叫福安写张1 000吨由长起拖的合同报上去,有福同享有祸同当,老实说你同我们这终被众工要挟所屈服,乃于五月三日电话报告钟秘书,五月四日三号装齐,五日办出口手续,六日因民船手续未完未开,七日清早起锭,五日职将三号开航手续办妥,六日见二号尚未拖来,乃乘车赴株催速下煤(二号系五月一日由长拖空船赴株),抵株后始悉因连日天雨,煤在露天堆栈水份甚重,民船因系包斤不肯上载,株洲站又不承认合理水份,经职向该站聂主任交涉,始允每担扣除二公斤(十六担一吨),民船同意后五月七日正欲开装,突然天时陡变,风雨猛作,至此连日阴雨,力夫亦无法工作。职见七日风暴特异,为恐三号遇险,乃于八日复乘车返长,九日始悉三号在长沙下三十里丁家湾遇险轮尚脱险。惟所拖之船打沉三只,九日三号复装押运等来长,报告后于十日载煤至上海,实业公司及保险公司往勘情况并办理照相及证明手续,因碰损民船需要转驳,复在长拖空船往转,嗣后因连日天雨转驳工作进行颇缓,十五日始再拖五船不足400吨下航,十五日二号亦载毕抵长,十六七日办理出口及结七成运费手续,十八日拖七船计775吨由长开航,十九日在丁家湾避风,二十日抵南风港,二十一日又风浪大不敢过湖,二十二日抵城陵矶,二十三日抵嘉鱼(在岳阳遇三号停泊),二十四日抵簰洲。因一船被登陆艇大浪撞坏需验缝,二十五日始抵达沌口,因无法进关,乃解船空放抵汉。二十六日觅福安来人结算运费不获,二十七两轮遵电放石,二十七日以后,职等福安来人无踪,电催亦无回复,经洽赣西及上海公司,均云非福安来人不能结算(尤其上海云到岸不及400吨,根据34×300之数,6 120万元尚不够扣200吨未拖之数,6 800万元不肯找付),职等至三十日见福安不来,恐生意外,乃又乘车赴长,迄三日始将福安经理李苇三弄汉(沿途因蒲圻挤坏经三日),四日办清,赣西之三成尾款缴汉,五日职乘三号返,在西河铺避风,六日抵石。

职固此事出于被动受贿只数百万元,然负罪甚重,不容蒙蔽,乃于当晚晋谒钧座自认经过实情,自愿叩祈惩罚。昨(七)日始将此情节绵缠之书面

报告于精神极度疲倦中缮成,兹再将收支实况及隐报款分配实情缕呈于后:

二号轮共拖 775 吨,系福安轮局包运赣西者由株至汉,每吨 48 万元,计 3 亿 7 200 万元,另收延期费 2 000 万元(该商原不肯付,于起碇时再三交涉,始允给条在汉兑付),三号轮共拖 600 吨,系福安包运上海实业公司者,吨价 34 万,只收得七成,运卖计 1 亿 4 280 万元(余三成上海以只拖 400 吨,福安亦因民船控诉赔损均不肯付),两共计 5 亿 3 480 万元,除报缴汉处 3 亿 6 000 万元外,计隐报 1 亿 7 480 万元。

另经二船承认,在隐款中列支之柴油 2 桶 3 220 万元(有单据系长株线烧,无法报销者),长沙合丰轮局经理张本超 5% 介绍费 2 880 万元(有领据及函件),给张家跳街唐先生酒资 50 万元,职住长办旅馆费 198 万元(系由株返长而三号赴丁字湾未回所住者),职之无法报公应酬车资等费 510 万元,送航局及石汉两处同人伞款 300 万元(因赴湘而有之损失,船员建议扣除),去程撞船赔损费 750 万元,三号沉船交涉费 300 万元(徐老大经用),共计开支 8 208 万元,共实计只余 9 400 万元,加上海公司外给拖费酒资 1 500 万元(由徐老大交涉所得),共计 1 亿零 900 万元。

上月二十六日晚,职抵汉后闻钟秘书曾经赴萍过株洲,深虑此事破露,在二号船中召集二轮老大及船工述明,职决从实报公,以免受累。讵料二号老大刘小所、大车郭树臣等毫不谅解,竟言款资非分不可,我们大家辛苦得来的,你想独吞吗? 你已经早就报告过 1 000 吨由长起拖,你现在也瞒不了的。当时由刘小所提议你在船等于管理员,照我们大车大副一样分其余费,每人分一样的,当即计算,职及二船大车大副各分 900 万元,船工各分 500 万元。当时不由分说,未过职手即将职存放蒋长海及徐老大处之款提出派分。职见已难收拾,随命刘老大及徐老大嘱各写收据,不意各工已取款纷纷上坡购物,嗣后两老大拍胸负责返厂写好送交内子。职此刻见其木已成舟无法挽救,乃于翌(27)日将千吨之约及七成之款报公。职昨嘱二船将款退出,多数船工均尚具天良承认出据,独刘小所郭大车二人反面不认此事,乃十七人同见,决非一二人否认即行。且该二船所报差费油帐漏列株洲何故,此事只需钧座派人单问蒋长海及非老滑之新进船工即可全白。

职此项被迫生活前途已受重大打击,所有应缴款资职当负责追回,除可报销者外,其不足者亦只有自出血汗典物归垫。职家逼近匪区,此间妻子均赖职一人维持,稍有牵制,生路将极度难度。谨此叩申经过实情,自请钧座处分,如再有分文蒙蔽后所报再稍有不实之处,职愿甘受极刑处罚。惟职月入有限,仅够家缴,为公所缴之无法报帐之款,固勉能典物以偿船工瓜分之数,尚祈赐予设法追助。谨自检约据,自报实情,立呈钧前,敬祈俯念职以往从公十余年及服务钧处亦近三年来素守本分勤慎,从公恩赐从轻处罚,职及家属当永世不忘大德之所赐。谨呈

组长转呈主任

附呈合约两纸,福安轮局证明书一纸,上海公司说明书一纸,张本超函二件,张本超佣金收据一纸,单据三纸,胡永盛估单一纸,怡生证明书一纸。

聂景文泣呈

孙越崎致刘刚函

民国三十七年六月二十二日(1948.6.22)

克中先生道席:

敬启者,海宁蒋百里先生方震,论坛祭酒,兵学权威,自捐馆舍,薄海同悲。先生生平著述在抗战建国期中万流传诵,震烁世界,倭人览之亦为夺气丧志怯步逡巡者。再惜逢战时交通梗阻,未能远布,乃者国防学会在沪辑印先生遗作,由白健生将军亲加校阅曰《蒋百里先生文选》,现已出版,是以乐为介绍。台端领导群伦热心文教,凤所钦佩,用特函请贵处予以赞助,酌订数部,分发所属详加研读,庶先哲嘉言润泽左右,有裨建国诚匪浅鲜。如何之处,尚祈径向该会洽购,以资提倡为祷(该会会址上海金神父路底明德邮 352 号)。崇此。即颂

道祺

孙越崎谨启

张松龄、刘刚致中央信托局函

民国三十七年七月十日(1948.7.10)

查本处前由经济部湘鄂赣区特派员办公处委托代管三菱酒精厂一案，除水泥售价已列入专款案呈缴外，(一)中央信托局武汉区敌伪产业清理处曾派员来石，将该厂棚席砖瓦木料部分价让源华煤矿公司，并准该处本年丑俭代电，以在未奉核定以前，仍须代为保管。(二)该厂钢铁制成之制酒设备近似锅炉，遗置道旁妨碍交通，已电该处应集中保管尚未得复，且本案迭请处理迄未解决。现值交接，相应备函专案移请查照办理，并见复为荷。此致

华中钢铁有限公司代总经理　张松龄

华中钢铁有限公司筹备处代理主任　刘刚

拟办：本公司亟待兴厂，无力代为保管，拟函中信局速为处理。

刘刚致张松龄函

民国三十七年七月十日(1948.7.10)

查本处奉令拆迁前资渝轧钢机暨重庆耐火砖材料厂机件、图书一案，经派员办理拆迁完竣。除以运输轮吨位限制，尚留有资渝厂轧钢机一部分暨耐火砖材料厂火砖150公吨待运外，余均由民生公司专轮装载，于本年六月二十五日抵处，现值交接。相应检附资渝机件尚未运完部分清册一本，备函专案移请查照办理并见复为荷。此致

华中钢铁有限公司代总经理张

华中钢铁有限公司筹备处代理主任　刘刚

拟办：拟即派员继续搬运，并已指派汪显、钟国权、萧荃三员即日前往。

批示：如拟。张松龄七月十六日

刘刚呈张松龄文

民国三十七年七月十日（1948.7.10）

查本处拆迁青岛等地机件工程已奉令准正在进行者：（一）青岛铁厂机具已由钢铁管理委员会本年五月二十九日函附拆迁工程合约副本到处；（二）天津钢铁厂高贝式热风炉准钢铁管理委员会本年辰俭代电转告拆迁情形，以拆迁工程定于二十八日开标。又正拟洽迁者（A）宜宾机器厂工作机；（B）鞍山沈阳分厂五十吨平炉吊车等均须继续进行。现值交接，相应专案备函移请查照办理并见复为荷。此致

华中钢铁有限公司代总经理张

华中钢铁有限公司筹备处代理主任　刘刚

拟办：（一）电询拆迁情形；（二）为争取时间计，除利用现有材料先行赶建高炉外，天津拆来机件如不能按时利用，则当做其他用途。宜宾机器厂工具机即派员前往拆运，鞍山沈阳分厂五十吨吊车已由钢铁组电复，因东北出口证不易申请，暂缓办理。

资源委员会呈行政院文

民国三十七年七月二十二日（1948.7.22）

查本会钢铁事业自鞍山撤守后除华北钢铁公司平、津、唐三厂加紧生产以应各方需求外，同时在大冶筹设之华中钢铁公司亦积极进行建厂工作，惟以外汇资金短绌，该公司除自建之三十吨炼铁炉业已完工即可出铁外，其余炼焦炼钢及轧钢等设备均亟待设法添置，以资配合生产。为筹措添购上项设备之必需外汇资金计，兹与美商 China Bronye Works 洽妥以大冶铁砂 20 万公吨售与该商，上项铁砂由该商洽妥招商局承运，在大冶石灰窑江边交货，每公吨售价美金七元二角，该项外汇拟照海南铁矿售砂办法专款储存作为建设华中钢铁事业之用，现合同业已签订并注明，呈奉钧院核定之日生效。理合检同该项合约抄本及中文译本各一份，呈请鉴核赐

准示遵。谨呈

院长翁

行政院资源委员会

张松龄致孙越崎电

民国三十七年八月三十一日(1948.8.31)

特急。南京2020。孙委员长、严委员:利密。本月(29)日《武汉日报》载:鄂省参议会驻会委员会于日前举行第六次会议,讨论议案内十二日接本会刘参议员叔模来函,为关于中央前在本省接收日伪铁砂约80万吨,交由华中钢铁公司保管,近闻资委会以美金七元二角之代价售于美国转卖日本,且闻不日启运,函请查照迅予制止案。决议:(1)函省府迅予查明华中钢铁公司出卖象鼻山及汉冶萍矿砂情形;(2)在该案未办理解决以前,应予将铁砂扣留,不得任其启运等语。职拟于此次海玄轮装竣驶行后欲赴汉晤鄂建厅余厅长,试探省方目的并相机洽商解决办法,呈候核示。谨闻,并请迅电示遵。职张松龄叩。

资源委员会、湖北省政府合办华中钢铁公司协议书草案

民国三十七年八月(1948.8)①

资源委员会(以下简称甲方)与湖北省政府(以下简称乙方)为建设华中钢铁事业,双方同意合作经营华中钢铁公司,订立协议书。条款如下:

一、组织

由甲乙两方会同前汉冶萍公司之合法股东,共同组织华中钢铁股份有限公司,依照公司法之规定设置董事会。董事人数暂定为十一人,由各方依照股权数目比例摊派,并由甲方在其所派董事中指定一人为董事长。公司设总经理,由甲方推荐,董事会通过聘任。

---

① 原件未署时间,系根据内容判定。

二、业务范围

公司以开采大冶铁矿及建设钢铁厂为业务范围。

三、资本

建设经费现款部分共需金圆一亿二千万元,目前先由甲方以行政院核准拨交甲方之前汉冶萍公司全部资产,包括日本制铁所在大冶增益部分财产,战后甲方对华中钢铁公司之新增资产及拨交该公司之各地器材作为投资。乙方以象鼻山官矿局财产及华中钢铁公司所需之乙方资产如(A)大冶地区省有及县有之煤矿(B)省有土地作为投资。合法民股则以前汉冶萍公司未附逆股东所持股单,经汉冶萍资产清理委员会登记审定者为限。

上项资产应于民国三十七年年底以前由评价委员会公平评定价值,折算各方股额。该委员会由甲乙两方各派代表一人及双方同意聘请之公正人士一人组织之。

以上三方资产股票评价结果,如乙方资产少于总额百分之十五时,即以百分之十五为准。

四、增资

公司逐年增资时,甲乙两方及合法民股均可比例增认。如乙方及民股放弃继续增资时,可由甲方单独增资。但为顾全地方利益起见,乙方仍保留其百分之十五之股额。

五、盈余分配

公司分配官息时,乙方按股额分配,红利则三方均按实际投资之数目分配。

六、前汉冶萍公司债权债务

该公司对外债权债务已由该公司资产清理委员会清理,呈奉行政院核定,以后不再清理。

七、计划及预算

均由公司拟具送请董事会通过后实施之。

八、其他

本协议书自呈奉行政院核定之日起实行。

钟舒余致张松龄函

民国三十七年九月一日(1948.9.1)

奉会字第 334 号通知,以职员子女学费补助即由该员依照往例,在汉与其他会属机关洽商后,会同呈会并具报为要等因。奉此遵于八月二十二日联席会议时提出讨论,决议如下:(1)中学每生缴学膳杂费金圆 120 元,照八折补助最高额 96 元。(2)小学每生缴学杂费金圆 30 元,补助最高额 24 元。随本会议纪录一份,敬乞鉴核。谨呈

总经理张

    附会议纪录一份(略)

职　钟舒余敬签

袁湖代表呈张松龄文

民国三十七年九月二日(1948.9.2)

呈为呈请恢复码头承领起卸,恳请准予承领接办而全工友生活由。

窃民等世居袁家湖,工耕为业,其有田地于民国四年被汉冶萍公司购买殆尽。敝处田地既废,生活无着,当经县府订立案约,对于厂内码头一切起卸均归地方人承领办理,藉维持生活,历年久矣。奈因国难当中解除工作,失守八年,政府复员尚未正式开工亦有二三年矣。近闻贵厂及七门外重筑新厂,扩大建设开工在即,该处系属敝地出卖范围,对于码头起卸机件铁炭土木等项谅必就地需人。久仰贵公司素来留恩地方,体恤工友,图谋生活必能一致热心赞许。民等系属地方代表而失业工人屡次向贵厂总经理台前赏予允许承领接办码头,以便地方工友民众生活有着,衣食有赖矣。其有一切自当遵照厂规,万不致于违误要公,实为公德两便,不胜感激之至。谨呈

华中钢铁公司总经理张

袁湖代表　袁宝承　谢守书　朱普华　袁作卿

批示：交下窑普同春药铺。

中华民国三十七年九月二日

资委会四川各钢铁厂保管处致张松龄函

民国三十七年九月二日（1948.9.2）

接准贵公司本年七月二十日及二十二日华（37）修字第 69 号及 90 号
大函，略以派员拆迁本处资渝钢铁厂所有炼钢轧钢附属设备及工作母机与
一部器材附送清册四份，又宜宾机器厂机件器材亦合需要派员前往选择拆
迁，嘱为查照点交见复等由。准此查资渝拆迁部分清册所列各项器材数量
稍有出入，兹由本处另行造缮一份，送请查照。至宜宾机器厂所有各项器
材，前奉会令饬交由贵公司及电化冶炼厂共同分配拆迁，业已函知该厂派
员先与贵公司来员洽商分配办法。又本处移交资产向系固定资产，部分照
原价转帐，工具材料部分照市价收取现款，因本处经费并无来源，全赖料款
维持。此次通知除分饬资渝宜宾两分处知照协助外，相应先行函复，即希
查照惠允见复为荷。此致
华中钢铁公司

兼主任　曹乃顺

华中钢铁厂工作进行概况①

民国三十七年九月七日（1948.9.7）

查钢铁之重要，小之如妇女用之针箭，炊饭用之锅釜，大之如轮船火车
以及战争用之枪炮利器，皆非钢铁莫办，故钢铁实关系国防民生至重且巨。
无如本国产量太少，多仰赖外国供给。八年抗战，建大规模之钢铁厂更感
财力艰困，无力建设。

抗战胜利，政府应集中人力、财力，拟在大冶建设一个钢铁中心。原定

———————————

①　原件未署作者。

计划为建年产钢锭五十七万吨之钢厂,以需费过多(约一亿美元),在现状之下无力完成。随于本年初更改计划,暂行建立小型生产机构。其设备大概如下:

(一)建设 30 吨炼铁炉一座。

(二)电炉炼钢厂一所。

(三)17 吋及 10 吋轧钢机各一套。

上项设备约在本年底以前即可全部完成。每月产量为:生铁九百吨,钢品二百吨。

目前 30 吨炼铁炉业已完工,炼钢、轧钢机器大部皆已运到。惟完成此部工程,本年度尚需法币九万亿元。

最近,资源委员会感觉此等产量尚不敷供应,又令扩充计划,亦增下列设备:

(一)350 吨炼铁炉一座。

(二)500 吨炼焦炉一座。

(三)60 吨马丁炉两座。

(四)30 吋轧钢机一套。

(五)120 吋钢板机一套。

(六)钢皮轧机一套。

以上设备完成,每年产量可达:

(一)生铁十万吨。

(二)焦炭十二万吨。

(三)钢锭五万吨。

(四)各种钢品三万八千吨。

但上项机器均须向外国购入,需要外汇约二千五百余万美元。此等外汇,除须请政府设法筹拨一部及资委会自筹一部分外,尚须将华中钢铁厂现存不急需之矿砂出售一部,以资挹注。

故资委会最近与美商订约,由该商承购大冶矿砂二十万吨,转售驻日盟军总部。以售砂所得价款专案存储,作为建设华中钢铁厂之用,并呈奉行政院。六月二十一日六经字第三七三六七号指令,准予照办在案。该项铁砂正由招商局分批装运交货中。

查苏俄开始建国,虽途有饿殍,尚具决心而必完成其五年十年之计划,已获致二次大战之胜利。

今政府以少许暂不急用之矿砂易取建厂机器,建设华中以奠定国防工业之基础,繁荣地方而利民生,实为最睿智之政策。谅有识之士必能比予以热诚之赞助也。

至象鼻山产权问题,自当由省政府与资委会洽议,以作合理之解决。

张松龄致孙越崎电

民国三十七年九月七日(1948.9.7)

南京。孙委员长钧鉴:关于矿砂事,龄于五日来汉与省府各参议员及立委等接触解释归纳彼等意见:(1)反对矿砂售予日本;(2)售矿砂所得之款应补助地方经费;(3)汉冶萍之债权问题应解决;(4)象鼻山之产权问题应确定。今日上午省务会议曾将接钧座来电提出讨论,请为协助,经决议:(1)已经行政院批准出售之 20 万吨矿砂应否出售系另一问题,惟该矿砂或为纯粹省产或为汉冶萍资产与本省有债务关系,现资委会既权将售砂价款专案作为建设华中钢铁公司事业之用,其所有价款应由资委会省政府派员会同保管核实支用;(2)请资委会立即与省府拟订华中公司合作办法,除已经行政院批准出售之 20 万吨矿砂外,其余未出售矿砂应俟合作办法订定后再行处理;(3)送请省参议会审议,俟审议后再令饬大冶县人民知照。查各方人士对于出售矿砂事有反对者有赞成者,对于大冶有直接利益之地方认识均甚赞同。明日省参议会开会详情容当续报。张叩。申。

资源委员会指令

民国三十七年九月十四日(1948.9.14)

令华中钢铁公司。

三十七年七月二十三日华技字 95 号呈一件,为资渝等厂机器均切合本公司建厂需要,拟请交由本公司接管由。呈悉,所请接管该三厂一节,准将该三厂全部器材除少数须留交电化冶炼厂利用外,其余均可为该公司保留,以备从速移运,但并无另行接管如该厂全部资产之必要。至何者应交电冶厂,何者应为该公司保留,仰该公司会同四川各钢铁厂保管处径洽电冶厂办理,并将办理情形及分配详单会报凭核。除分令外,特仰知照。

　　此令

委员长　孙越崎

敌伪产业清理处证明书

民国三十七年九月十四日(1948.9.14)

　　兹准资委员会华中钢铁公司函,以将接收敌遗铁矿砂提贰拾万吨,由大冶装运出口,请予证明,以利免税等由。依据行政院卅五年三月廿一日节伍字第六八四六号代电,敌伪物资之一切捐税包括地方性之码头浚浦两捐,应一并豁免之规定,合予证明。

　　右给资源委员会华中钢铁公司收执

中央信托局武汉区敌伪产业清理处处长　钟朴生

资源委员会呈行政院文

民国三十七年九月十一日(1948.9.11)

　　谨查本会为筹备建设华中钢铁公司所需外汇资金,以大冶铁砂 20 万公吨售与美商中国矿业公司 China Bronye Works,售价所得外汇拟照海南铁矿售砂办法专款储存作为建设华中钢铁事业之用一案,经呈奉钧院(37)六经字第 37367 号指令,准予照办在案。嗣后呈奉钧院本年九月六日(37)六财字第 39470 号指令,略以本会外销大冶铁矿砂 20 万公吨准予照案出口,售价所得外汇仍应结售中央银行专户储存,作为华中钢铁事业之用,逐案呈准动支等因。奉此,查本会华中钢铁公司积极进行建厂工作,惟以外汇资金短绌,各项炼焦炼钢及轧钢设备亟待自国外订购输入。爰将大冶铁砂外销易取外汇以供抵付输入器材价款之用,业经呈准在案。为期迅赴事功,加紧建设起见,拟恳赐准仍照原案办理,即照钧院三十七年一月九日(37)六财字第1396号指令,核准本会售与美商奥特公司海南铁砂以所得外汇价款作建设华南钢铁事业之用一案同样处理:(一)上项大冶外销铁砂所得外汇,拟由本会全部专户储存中央银行之纽约代理银行,为建设华中钢铁事业之用;(二)本案内华中钢铁事业购置国外器材设备所需一切费用,拟请准予照案支拨,不另逐笔呈请动支,但如作本案以外之用途时,仍须呈请钧院核准;(三)上项器材设备输入时,拟请准由输出入管理委员会凭本会申请输入文件注明外汇来源照发输入许可证;(四)上项外汇专户存款动支情形,拟由本会按期列表报请核备;(五)上项铁砂售与美商由招商局承运赴日一节,请赐准再令财政部转饬海关准免予结汇放行。以上各节敬祈鉴核,赐准照办,并恳转知中央银行、财政部及输出入管理委员会为祷。谨呈

行政院院长翁

行政院资源委员会

行政院指令

民国三十七年九月二十日(1948.9.20)

三十七年九月十一日资(37)业钢字第12902号呈,为该会大冶铁矿砂20万公吨售得之外汇,请准专户存储中央银行指定银行,作为华中钢铁事业购置国外器材之用,拟办五项请准照办由。呈悉,准予照办,惟在国内能购得之器材应尽量在国内采购,以节外汇。除分行中央银行、财政部暨输出入管理委员会外,仰即知照。

此令

行政院院长　翁文灏

华钢致台湾省博览会筹委会函

民国三十七年九月二十一日(1948.9.21)

案查前准台湾省博览会筹备委员会本年八月三十一日电嘱参加博览会,并嘱与贵处陈翊霖君接洽,当于九月二日以华(37)工字第 405 号函洽询办法在案。旋奉资源委员会资(37)综字第 11612 号未铣代电,附抄展览会征集样品办法一份,饬酌办并径洽等因。兹将本公司参加博览会之产品,计赤铁矿及磁铁矿矿样各一件,贴附标签分装二箱,相应连同化学分析表一份,随函送请查转送展览并见复为荷。此致
台湾省博览会筹备委员会驻沪办事处

资源委员会华中钢铁有限公司启

向思赓呈张松龄文

民国三十七年九月二十四日(1948.9.24)

查胜阳港大水闸位置石灰窑至沈家营沿江江堤之间,长度计 20 公尺,宽计 4 公尺,高计 11 公尺,背面临江,南面临大冶县属之张湖乡(即张家湖)。该闸建于前清光绪年间,闸身全部为青石砌筑,内外有闸门五道,建筑相当巩固。其所占地基全为地方公有土地,历年以来,由胜阳港张家湖及石灰窑一带居民公举堤闸修防主任一人管理该闸。在抗战时期,前日本制铁株式会社大冶矿业所为运输矿砂至沈家营码头储存,建有铁道一条横贯该闸之中部,并加建水泥桥墩,在桥墩上铺设铁道行驶车辆。迄本公司接管日铁资产后,在闸之西端沈家营虽存有多量矿砂待运,但因本公司炼炉工程尚未完竣,无需取运该处存矿,所以近三年来不曾使用该段铁道,自不曾损及该闸。再该闸修防主任张守成相沿前汉冶萍成例,数函本公司前筹备处请求补助修闸费用,前筹备处经于三十六年四月拨给该闸修防处杉料十根、法币三十万元,三十七年四月拨给该处法币二千万元。由是可知本公司过去及现在不仅不曾损及该闸,而且对于该闸亦可谓素极重视。缕上所量,俱属翔实,谨请鉴核。谨呈

处长田转呈

总经理张

　　附呈胜阳港堤闸简图一份(略)

　　　　　　　　　　　　　　　　　　　　职　向思赓呈

采矿厂、动力厂呈张松龄文

民国三十七年十月九日(1948.10.9)

　　查本公司至铁山特高输电线路,自前筹备处于本年三月出租与大冶电厂以后,曾经专函该厂接管,并注意沿线铁塔保固等情在卷。兹由铁山采矿厂发现,在龚家巷一带铁塔横直撑铁多被盗去,仅存回柱空架等情。按此情形关于铁塔本身之安全至为危险。兹拟定补救办法如下:(1)即函电厂速将残缺铁塔补修完整,以固铁塔本身之安全而免将来倒塌之大损失;(2)以后发生此种情形,电厂应负全责;(3)请总务处严饬沿线警队时加巡查,协同保护。以上是否有当,理合签请核示。请呈

总经理张

　　　　　　　　　　　　　　　　　　采矿厂
　　　　　　　　　　　　　　　　　　　　　　会签
　　　　　　　　　　　　　　　　　　动力厂

华中钢铁公司钢铁生产三年计划[①]

民国三十七年十月(1948.10)

一、导言

　　钢铁为国防主要工业,又为一切工业之基础,产量多寡关系国家强弱。本公司为华中唯一钢铁生产机构,除继承汉冶萍大冶厂矿基础及接收"日铁"所增益之设备外,抗战胜利以来即积极整理筹划建设年产百万吨钢锭大规模钢铁厂,嗣以时局关系未能达到理想目的,乃缩小范围,改为年产十五万吨钢锭计划。爰将计划分期产额胪列如下:

---

　　① 原件未署时间,系根据内容判定。

产品种类	第一期(时间定为一年半)	第二期(时间定为一年半)
焦炭	120 000 公吨	200 000 公吨
生铁	100 000 公吨	165 000 公吨
钢锭	50 000 公吨	150 000 公吨
型钢	38 000 公吨	120 000 公吨

二、工程计划

（甲）副产品炼焦厂

第一期工程先行建设黑田式炼焦炉一组，每日产焦三百吨，所需建筑器材拟由石景山炼焦厂迁移一部分，余由本公司自制并完成副产品提炼设备；第二期工程续建欧特式炼焦炉一组，连前产量增至每日六百吨至七百吨。

（乙）重建 450 吨炼铁炉工程

利用原被"日铁"拆卸之 450 吨炼铁炉器材重建 500 吨炼铁炉一座，在第二期工程未完成以前先行开炉出铁，将产量减低至 60％（日产三百吨），俾与第一期焦炭及钢锭产额齐一步伐，至第二期焦炉完成后，再将出铁产量增至每日五百吨。兹将各项工程概述如下：

1. 炉基应选择适宜地址，以不妨碍将来大计划为原则。卷扬斜道站用原有结构材料进料仍用漏出式料车，或改用翻倒式料车亦可，因原料槽必须改建，故卷扬设备之安装亦有从新设计之必要。

2. 改建原料槽，重建高架铁路桥，铺设双轨。

3. 用原被拆卸热风炉壳钢料及青岛拆迁之火砖重建新式热风炉三座。

4. 煤气清灰设备除原有除尘器、旋灰器外，须增建新洗气器一座及安装青岛拆迁之泰孙式洗涤器，以代替电力吸灰器作再后清灰工作。

5. 向国外购添透平鼓风机一座作正常鼓风之用，而将青岛拆迁之鼓风机两座合并装作备件。

6. 自制及安装铁块铸机一套，俾生铁出炉后随时铸成铁块，此项机器安装地位应预留余地,以备将来大规模生产时可能再装一套。

（丙）炼钢厂厂房及平炉工程

为达到第一期年产钢锭五万吨,拟建 30 吨平炉三座。关于炼钢厂房布置,即采欧洲普通式样,将废铁原料场设于厂房之前,配以天车及上料设备,另建煤气发生炉,以供给炼钢煤气。第二期工程以达到年产钢锭十五万吨为目的,应增建 100 吨倾转式平炉三座,届时即可改用炼铁及炼焦炉混合煤气以作燃料,而煤气发生炉即作一种备用设备,遇混合煤气来源发生障碍时使用之。

（丁）轧钢厂工程

1. 29″型钢钢轨轧机

本计划型钢产量第二期虽仅为十二万吨,其中重轨及大型钢材必须具备,以应国家建设之需要,鉴此 29″(″符表示英寸,下同)或 35″三重式型钢钢轨轧机必须设置一套,藉可直接轧压 14″×14″—16″×16″钢锭,并于此项轧机及均热炉之间预留添装分块初轧机之地位,以备将来扩充应用。

2. 17″及 24″钢条轧机

17″三重式钢条轧机三座已由资渝拆迁,仅能轧压 6″×6″钢锭及中型钢材,须再行自制 24″粗轧机一座安装于 17″轧钢机之前,以作粗轧 9″×9″钢锭之用。

3. 钢丝胚及钢管胚片轧机

装置钢丝胚及钢管胚轧机一套于 17″轧钢机厂房内,机架及轧辊由本公司设计自制,以能轧压拉丝用之细条及制管用之钢片宽至 170 mm 厚至 35 mm 为原则。兹将全套轧机设备列举如下:

三重式 18″粗轧机二座;

第一列三重式 10″轧钢机三座;

第二列三重式 10″轧钢机二座;

二重式 10″连续轧钢机四座。

轧压管片时在第二列 10″轧钢机上装设自动卷入机,又在最后 10″连续轧钢机之前站滚床边安装立辊一对以调节宽度,在钢胚进入 18″粗轧机之先必须加热,故应另建再热炉。

4. 钢皮及镀锌钢皮厂

本厂主要设备拟向外国定购,估计每年可制成钢皮一万吨,将来大规模计划实现时,再增设最新式连续钢片轧机一套。

5. 拉丝制钉机器及设备

拉丝机及处理设备由本公司设计自造,制钉机可向国内厂家购置,预计每年产量为洋钉二千吨、铁丝五千吨,计需拉丝机177座、制钉机30座,在第一期内完成生产。

(戊)动力厂工程

动力厂除现有3000 kW三相透平发电机两座外,拟再展长或新建厂房,增设1万kW透平发电机两座,于第一期完成展长厂房后添装一座,第二期安装其余一座。

(己)修造厂厂房及设备

将现有修造厂厂房展长,并增建新厂房一幢,添置机器设备,所有铁路运输线与各厂衔接,力求输送更便利。

(庚)建筑起卸码头及原料场

为加强起卸煤炭(或一部分海南岛及马鞍山铁矿),使成为机械化起见,拟在炼铁炉附近江岸建筑起卸码头及原料场,其设计即照本公司大规模计划图式予以缩小范围以节经费。

(辛)房屋及杂项建筑工程

为配合生产,拟建最低限度所必需之房屋,如工人宿舍及仓库等,铁路公路下水道工程亦须同时进行。

三、工程期限

第一期工程列表如下:

1. 日产三百吨炼焦炉及副产品提炼厂完成;

2. 500吨炼铁炉工程完成;

3. 炼钢厂厂房及安装三座30吨平炉工程完成;

4. 三座100吨倾转式平炉建造工程开始;

5. 钢皮与镀锌钢皮厂厂房及安装工程完成；

6. 拉丝制钉厂厂房及安装完成；

7. 型钢钢轨厂工程完成 30%；

8. 扩充动力厂厂房安装一座 1 万 kW 透平发电机及青岛透平鼓风机工程完成；

9. 修造厂厂房及首要机器设备安装完成；

10. 完成必需之房屋建筑及杂项工程；

11. 起卸码头及原料场工程完成；

12. 各厂区动力线路及配电设备完成。

第二期工程列表如下：

1. 第二组炼焦炉完成；

2. 三座 100 吨倾转式平炉完成；

3. 型钢钢轨厂工程完成；

4. 第二座 1 万 kW 透平发电机及新透平鼓风机安装完成。

四、经费估计（单位：银元）

（甲）炼焦及副产品厂

项目	第一期	第二期	合计
黑田式炼焦炉一组	5 500 000		
欧特式炼焦炉一组		5 500 000	
副产品厂设备	4 500 000		
小计	10 000 000	5 500 000	15 500 000

（乙）重建 450 吨炼铁炉工程

项目	第一期	第二期	合计
补充机器及材料	2 256 000		
安装工程费	1 000 000		
向国外添购机件设备	2 040 360		
小计	5 297 160		5 297 160

（丙）炼钢厂厂房及平炉工程

项目	第一期	第二期	合计
25m×100m 厂房两幢	75 000	75 000	
30 吨平炉三座	900 000		
100 吨倾转式平炉三座		2 160 000	
煤气发生炉	200 000		
附属设备	600 000	1 000 000	
钢模准备场及废铁场	150 000	150 000	
混合炉	100 000	100 000	
小计	2 025 000	3 485 000	5 510 000

（丁）轧钢厂工程及设备

项目	第一期	第二期	合计
型钢钢轨厂厂房及设备	3 400 000	4 600 000	
添置 24″粗轧机一套	1 500 000		
17″轧钢机三座装配	60 000		
10″轧钢机五座制造及安装	300 000		
三重式 18″粗轧机二座	1 600 000		
二重式 10″连续轧钢机四座			
钢皮厂厂房及设备	3 300 000		
拉丝制钉厂厂房及设备	180 000		
小计	10 340 000	4 600 000	14 940 000

（戊）动力厂工程

项目	第一期	第二期	合计
1 万 kW 透平发电机二组	1 000 000	1 000 000	
水管式锅炉二座	1 100 000	1 100 000	
变压器及电料	500 000	500 000	

续表

项目	第一期	第二期	合计
运费及安装	120 000	120 000	
展长厂房	70 000		
小计	2 790 000	2 720 000	5 510 000

（己）修造厂厂房及设备

项目	第一期	第二期	合计
新建修造厂厂房	75 000		
添置修造设备	1 220 000	525 800	
添置铸造设备	535 400	301 800	
添置锻造设备	255 000	207 000	
小计	2 085 400	1 034 600	3 120 000

（庚）建筑起卸码头及原料场

项目	第一期	第二期	合计
购置基础及购造材料	4 800 000		
建筑工程费	1 000 000		
小计	5 800 000		5 800 000

（辛）房屋建筑及杂项工程

项目	第一期	第二期	合计
仓库堆栈二幢	40 000		
工人宿舍二十幢	200 000		
增建铁路十五公里	500 000		
增建公路及修整铁路	900 000		
给水及排水工程	1 200 000		
矿山整理及添置设备	3 000 000	3 000 000	

续表

项目	第一期	第二期	合计
小计	5 840 000	3 000 000	8 840 000
总计	44 177 560	20 339 600	64 517 160

大冶国税稽征局致华钢函

民国三十七年十一月九日(1948.11.9)

查贵公司售运堆积本埠江岸之铁矿砂每吨售价(是否包括运费)若干,本局奉令择核,相应函请查照见复为荷。此致
华中钢铁公司

局长　王煊

张松龄呈资源委员会文

民国三十七年十一月九日(1948.11.9)

案奉钧会本年十月二十九日资(37)业钢字第15794号训令,以尖山、青备山等处铁矿请设定国营矿业权一案,经函准工商部函复,已依法分别设定国营矿业权,检发委托状副本各一份,饬检收具报等因,附发矿字第(24)、(25)号委托状副本各一份。奉此,除将委托状副本妥为保存外,理合备文呈复鉴核。谨呈
资源委员会

华中钢铁公司总经理　张松龄

大冶国税稽征局致华钢代电

民国三十七年十一月十六日(1948.11.16)

华中钢铁公司鉴:案奉财政部湖北区国税管理局本年(37)二字第0439号戊支代电:"案奉财政部本年十月二十九日财国二(二)字第23078号代电开:查华中钢铁公司由大冶装运铁砂出口请予免税一案,前据大冶稽征局电请核实,经本部开示应否免税标准电饬遵照,并于本年十月七日

以(37)财国二(二)字第 15803 号代电该局知照在案。兹准资源委员会本年十月十五日代电请转饬将此项铁砂予以免税,除电复仍请转饬依法缴纳外,合将来往文件随电抄发,仰即知照并转饬大冶稽征局知照等因。附抄发往来文件,奉此合行抄发原附件,电仰遵照,迅催该公司依章缴纳该项铁砂矿产税,仍将遵办情形具报为要"等因。附抄件两份。奉此,自应遵办。惟查贵公司此次出售铁矿砂每吨价格若干(包括运费与否),前经函请查复迄未据复。奉电前因相应电请查照,迅将每吨售价(包括运费与否)检附有关证明文件复知,依法核定税额。否则本局即自行估定计征,并希见复为荷。大冶国税稽征局。国冶二。戊铣。(印)

资源委员会致华钢代电

民国三十七年十一月十六日(1948.11.16)

华中钢铁公司览:关于大冶铁砂免征矿产税出口一案,本会曾拟该公司致钢铁事业管理委员会华(37)秘字第 593 号西冬代电,转函财政部请准该项铁砂免予征税外销在卷。兹准该部(37)财国二(二)23078 号西兼代电节开:关于敌伪产业物资应否免税标准,前奉行政院三十五年一月宥代电规定为:一、凡由敌伪产业处理局价卖之敌伪产业物资价款将来既须扫解国库,应一概免纳捐税;二、凡继续运用之敌伪产业物资概照规定纳税。是敌伪物资之免税依照上项规定,应以经过敌伪产业处理局处理价卖者为限。本案贵属华中钢铁公司由大冶装运出口之铁砂,虽属敌遗物资,但系由该公司径行接收,与经过敌伪产业处理局处理价卖之情形不同,自不在免税范围。至行政院三十五年三月二十一日节伍字第 8646 号训令所示:所有处理苏浙皖区敌伪物资之一切捐税,包括地方性之码头浚浦两捐,应一并豁免一节,系为苏浙皖区敌伪产业处理局处理之敌伪物资而颁行,其他各区处理敌伪产业物资机构,既未奉令准同样办理。该武汉区敌伪产业清理处自未便为该公司援引上项院令,证明其所运铁砂得予免税。准电前由,相应复请查照,惠予转饬该公司,仍依税法缴纳该铁砂矿产税,以符税制等由。查该公司接收敌伪遗存大冶铁矿砂须经敌伪产业处理机构之处理程序,始能免税一节,前据该公司前筹备处本年三月十五日华(37)秘字第 352 号呈称,该处接收"日铁"铁砂,已将估价清册径送中央信托局武汉区敌伪财产业清理处核办移交手续等情。据此本会曾以资(37)计字第 4408 号寅陷代电,分别呈咨行政院及武汉区敌伪财产清理处,请将该项铁砂迅予审定估价在案,唯迄未获复。兹为续向财政部洽办免税手续起见,仰该公司即洽武汉区敌伪财产清理处:(一)请其出具证明文件,证明此项存砂业由该清理处补办移交手续,完成敌伪财产处理之程序,并由行政院以(37)外字第 4098 号指令本会通案核准转账拨交该公司应用在案;(二)促该清理处迅予审定铁砂估价标准,以便呈院转账,俾早结案。以上两点统仰遵办具报,并将该清理处所出证明文件原件呈会,以凭转洽财政部办理该项铁砂免税出口手续为要。资源委员会。戊铣。附行政院指令抄件一份

［附件］ 行政院指令
民国三十七年元月二十四日(1948.1.24)

令资源委员会。

　　三十六年十二月二十四日资计字第 19232 号呈,为本会接收敌伪资产中原料物料部分,请准予转帐以资结案由,呈悉。查该会接收敌伪资产中之原料物料成品及半成品,原应一律缴现,兹据称所属各厂矿周转资金困难,缴现将影响各单位之维持与存续,所请转帐,准予照办。除分行各敌伪财产处理机关外,仰即知照。

　　此令

湖北省工业会代电
民国三十七年十二月十六日(1948.12.16)

　　各会员鉴:案奉湖北省政府社会处本年亥灰鄂社统字第 22370 号通知开:准本省统计处电知,本年十二月份上半月武汉区工人生活费指数业经编制,计为 1 361.96。特此通知。等因奉此,为特电转查照并转发知照为

要。湖北省工业会(37)亥铣。(总印)

[附件] 湖北省工业会公函

民国三十七年十二月三日(1948.12.3)

兹摘录湖北省社会处抄发武阳汉工资座谈会商定事项如次,希请查照参改为荷。此致

各会员单位

一、武阳汉工人生活费指数由湖北省统计处统一编制。

二、工人生活费指数每月十日通告上半月指数,二十五日通告下半月指数,月底前通告全月总指数。

四、调查物价日期,上半月物价以八日物价为准,下半月以二十三日为准。

八、每次编定之工人生活费指数,由湖北省统计处按期通告应用,如各厂各业有因生产及营业情形不佳无力负担者,得采取折扣及减成办法,先由劳资双方自行协议,如协议不成再由劳资评断会实际调查各该业或各该厂生产成本与营业状态,其确实无力负担者,予以折扣或减成之评断。

湖北省工业会启

大冶电厂致华钢函

民国三十八年二月二十三日(1949.2.23)

大函敬悉,查铁山高压线路铁塔原欠完整,其支架撑铁缺损颇多,应力强度衰弱,致因风雪摧压倒塌数座,以目前材料缺乏且须即时恢复供电,未克修复原状,暂以木杆代替,至损坏之铁塔材料均经运厂,俾能从容整理修配,关于维护该项线路设备,本厂自当尽力以赴。除前经洽请贵公司警卫队代雇便衣警四名,负经常看守之责,并请地方政府及保甲代为保护,暨由本厂派遣人员随时巡察检查以防盗窃毁损外,相应函复即希查照为荷。

此致

华中钢铁公司

鄂南电力有限公司大冶电厂启

张松龄呈资源委员会文

民国三十八年三月十八日(1949.3.18)

查本公司前于三十七年三月二十六日与鄂南电力有限公司大冶电厂订立合约,将本公司发电机、输电设备租与该厂应用。在该约第四条内订明,在本公司开始大规模建设新厂时,得于三个月前通知该厂将全部租用或借用设备收回自用。现本公司炼铁厂贝氏炼钢炉业已完成,已可随时开工。又17吋及10吋轧钢机亦经安装完竣,在五月底均可开始制造。此外三吨电炉正积极赶运来冶中,约于一个月后即可抵达厂内,在五月底亦可装妥开炉,届时用电约需3 000 kW左右。现已依照上项合约,通知鄂南电力公司大冶电厂于本年六月底将该项发电及输电设备交回本厂,并在未交回前请依照合约第二条对于各项设备"应尽善良管理人之注意随时加以保养"。交回时照合约第十二条规定,损坏部分应由该厂修复原状。兹以本公司开工生产事宜业已积极展开,上项发电及输电设备乃当前开工生产所必需,为争取时间配合建厂工程起见,除已依约径请鄂南电力公司大冶电厂查照办理外,理合参照原订合约,呈请备案为祷。谨呈

委员长孙

副委员长吴

附呈三十七年三月订立租用发电设备合约抄本一份

华中钢铁公司代总经理　张松龄谨呈

[附件]　租用发电设备合约

民国三十七年三月二十六日(1948.3.26)

华中钢铁有限公司筹备处、鄂南电力公司大冶电厂(以下简称甲方、乙方),兹因乙方向甲方租用发电设备及供电设备,经双方洽定各条款如下:

一、乙方租用甲方之发电设备为汽轮机发电所,供电设备为厂区一部分线路、石灰窑线路、源华线路及由厂区至铁山高压线路与铁塔等(设备附详表)。

二、乙方对前条附表所列各项设备，应尽善良管理人之注意随时加以保养。其在厂外易被窃盗之设备，如高压线铁塔等，遇有损坏者应尽速修复。将来乙方归还各项设备时，如有损坏情形，应修复原状或按时价补偿。

三、租用期限以三十八年年底以前，乙方大冶新厂发电机装竣发电时为止。但甲方如开始大规模建设新厂，或炼焦炼铁有超余煤气利用时，得于三个月前通知乙方收回自用，乙方应将全部租用及借用各项设备归还。

四、乙方对甲方应优先供电，如有不得已临时停电情形时，必须事先通知甲方，免碍工作。

五、关于线路方面所有试验电表及仪器，甲乙双方应彼此共用。

六、乙方应按发出电度每月电费总收入提出百分之十付与甲方作为月租费，自三十六年三月份起实行。

七、甲方所用乙方发出电度自三十六年三月份起至十一月份止，每月在五万度以内七折计算，超过五万度以上仍照八折计算。自三十六年十二月份起，每月用电在八万度以内一律照三五折计算，超过八万度部分照成本计算（按乙方呈会之会计月报发电成本科目计算，供电推销折旧及管理费科目不在内）。

八、乙方对甲方供电应在所装高压总表，每月所抄总电度内除去线路及配电损耗百分之十后计算实售电度。

九、前由乙方安装甲方所有员工住宅宿舍及各处电表应一律保留以利管制，惟甲方应将余存未用一百十伏电表交换借用。

十、乙方借用甲方给水设备（设另表）不议费用，但乙方应免费尽量供给甲方用水，甲方厂内全部路灯费用由甲方负担，作为彼此互惠条件。

十一、乙方员工及车船出入甲方厂区，与甲方员工视同一体，依照规定警卫办法应接受询查。无论拆运租用之机件器材或改变原有设备，均应事先通知甲方征得同意。至将来归还时除有确实凭证证明为乙方新购设备外，应无条件复原全部归还甲方。

十二、乙方在租用期间如未能依约履行，甲方得随时将各设备收回一部或全部。如有损坏，乙方仍应修复原状或照市价赔偿。

十三、本合约一式三份,由甲乙双方将一份会呈资源委员会备案,其余各执一份存证。

甲方代表人　华中钢铁有限公司筹备处代理主任　刘刚

乙方代表人　鄂南电力有限公司大冶电厂厂长　黄文治

见证人　华新水泥公司大冶水泥厂筹备处代理主任　张传琦

华钢业务处致公司电

民国三十八年五月二十六日(1949 年 5 月 26 日)

石灰窑。与军方连络,请准备本公司现在及今后经营具体意见及方案,要确实无折扣,暨业务范围与计划,俭晨陪同军事代表等来厂,提出讨论。请饬勿铺张欢迎为祷。寝。

华钢会议记录

民国三十八年五月二十七日(1949.5.27)

时间:五月十二七日下午二时半

地点:总经理办公室

出席:张松龄　刘　刚　王　杰　李邦华　顾傅沂　李祥亨　何荫椿
　　　田润生

主席:张松龄

记录:刘　融

决定事项

一、便于驻军接洽公务,每日上午十二时至下午二时、六时至九时,总务、运输两处,均须派人轮值。

二、汉阳尚存梅花砖千余块,须于二周内运石。

三、瓦斯车车箱之断轴,由修造厂赶配。

四、万国牌汽车零件缺乏,开单交驻汉业务处洽购。

五、明日上午十时,须选举工人代表三人至五人赴后勤部。因工会尚未组织,先由炼铁、炼钢、轧钢、动力、修造各厂,工务、运输、总务、建造、工程各处暨技术室各单位均票选一人,再互选五人,按时前往。并照马指导员提出,须注意思想纯洁,无不良嗜好,能安分守己,诚实坦白,确能代表工人为当选条件。

六、轧钢厂之电力安装、填土砌炉与装配玻璃均须赶工,至水塔另包工赶建。

七、炼钢厂房白铁皮漏水,另雇工匠从速整补。

八、军管会即日派员来石,所需资料,如计划方针、业务范围,均须提出具体方案,已由刘协理与各主管拟定之计划,可再加研究。为求明了,各项工程实际工料、需款情形,各有关部分应将计划所列预算补具详细数字表。

九、移交清册,各部分应如期赶办完竣。

十、制冰厂在制冰时由电厂供给电力,应改由本公司线路输电。

十一、五月份加工,已结至廿五日止,自廿六日至月底,由工务处于月终另列加工单送会计处。

十二、旧端节全体职工各借现洋五元,在以后薪工内扣还,暂不扣任何款项。

散会。

华中钢铁公司建厂与生产计划

民国三十八年五月二十八日(1949.5.28)

华中钢铁事业以其关系国家工业建设与民族经济至为重要,自抗战胜利以后即开始筹备,并由中外专家设计年产百万吨钢锭最摩登最新式之钢铁厂(第一期先完成50万吨钢锭生产设备,需工程费约贰亿银元,时间定为五年;第二期增添设备完成全部计划,需工程费约壹亿银元,时间定为五年。倘一部分设备向欧洲订购,则全部建厂费可减少四分之一),嗣以向外借款无着,日本赔偿机器又未获得,乃改订年产十五万吨钢锭计划。此种计划之实施决定必须配合原计划设计,以备将来大规模计划仍能进行无阻,惟范围虽缩小至年产15万吨(工程费需六千五百万元,时间定为三年),而大部设备仍须仰给外国进口。复以时局关系,经费运输两感困难,乃不得已暂又改为自力更生办法,利用现有人力物力,在最短期间作小规模之生产。一年以来,所需设备业已完成百分之七十以上,一部分机器且已开始生产,再有六个月时间,全部设备当可正常生产,其能力总和为年产生铁一万吨、钢锭三千六百吨、制成钢品二千七百吨、冷铸车轮二千四百个、150气压氧气15万立升,至未来方针,或即进行全部大规模计划,或即先建15万吨钢锭设备,或逐渐部分建设,尚有待于今后国家工业政策之决定。除大规模计划及15万吨计划另有单行计划书外,兹将目前小规模生产设备之已完未完工程列表如下:

设备名称	完成程度	预计完成时间	尚需款项(单位:银元)
30吨炼铁炉	100%	0	0
炼炉鼓风设备	100%	0	0
管式热风炉	100%	0	0
高白式热风炉	70%	一个月	2 000
$1\frac{1}{2}$吨贝氏炼钢炉	100%	0	0
2吨贝氏炼钢炉	5%	四个月	2 500
3吨电气炼钢炉	0%	四个月	6 000
10吋轧钢机	65%	五个月	9 000
17吋轧钢机	50%	五个月	17 000
2吨汽锤安装	0%	六个月	20 000
冷铸厂延长	0%	六个月	50 000
合计			104 500

为增加钢锭生产能力每年至一万二千吨及钢品生产能力每年至九千吨,与夫配合炼钢需要,须于上项设备之外继续增加下列设备:

设备名称	预计完成时间	所需款项(单位:银元)
15吨炼钢平炉及厂房	一年	152 000
年产二千吨耐火砖厂	十个月	70 000

续表

设备名称	预计完成时间	所需款项(单位:银元)
24 吋轧钢机及厂房	一年半	1 500 000
合计		1 722 000

查长江流域为全国文化与工商业中心,抗战前每年进口钢铁平均约六十余万吨,三分之二均销售于此。今后国家建设所需钢铁尤巨,即使东北、华北钢铁生产能已恢复原状,仍不足以供国家建设之需求。故本公司小规模生产计划完成后,原定大规模计划仍有急切进行之必要,倘或以经费关系不能立即全部实施,最低限度亦应利用现有及国内可以得到之器材先行建立 450 吨炼铁炉及副产炼焦厂,以奠定华中钢铁事业之基础,所需时间与经费兹概列如下:

工程项目	建厂时间	所需经费(单位:银元)
450 吨炼铁炉及其附属设备	二十个月	5 300 000
500 吨副产炼焦厂及其附属设备	二年	5 500 000
合计		10 800 000

上项工程所需器材除 3 750 马力锅炉及少数仪器须向国外购进外,余均可在国内自制,技术人员亦仅须雇用现在华北钢铁公司之德籍炼焦专家二人,余均可由本国工程师担任也。

华钢移交清册目录

民国三十八年六月一日(1949.6.1)

一、技术室部分

1. 仪器及图表清册

2. 化验仪器及药品清册

3. 图书清册

二、秘书室部分

4. 职员名册

5. 档案、电台、译电清册

三、总务处部分

6. 家具清册

7. 办公用品清册

8. 现金账表清册

9. 福利设备暨商品清册(缺)

10. 房地产清册

11. 警士名册

12. 武器、弹药、装具清册

13. 医疗器械清册

14. 药品清册(缺)

四、工务处部分

15. 设备器材清册

16. 工具清册

17. 材料清册

18. 工人名册

19. 代管器材、矿砂清册

五、运输处部分

20. 修理设备暨备料清册

21. 车辆工具暨备料清册

22. 船舶附属设备暨备料清册

六、会计处部分

23. 凭证簿籍及报告清册

七、炼焦厂部分

24. 试验炼焦设备清册

八、炼铁厂部分

25. 炼铁设备清册

九、炼钢厂部分

26. 炼钢原料备用清册

十、动力厂部分

27. 发电、供电、给水、电讯等设备清册

十一、修造厂部分

28. 设备及备用工具、材料清册

十二、采矿部分

29. 采矿设备、备料盘盈等清册

十三、建造工程处部分

30. 锯木厂机器及工具备料清册

以上全部清册共叁拾种。

附注：业务处部分在汉移交。

资源委员会华中钢铁公司代总经理　张松龄

华钢生产座谈会议记录

民国三十八年六月七日(1949.6.7)

时间：三十八年六月七日下午七时半

地点：大礼堂

出席：军管会代表王厂暨工作同志

华中钢铁公司全体职员

主席：王　厂

记录：刘　融　穆怀信

（甲）报告事项

主席提出，今后职工都是厂的主人，在政治上一律平等，过去合理的管理制度，必须维护；不健全的工资制度，必须改正，务使人尽其才，各取所值。目前在"以厂养厂、从速开工"的口号下，大家应提出一个切实可行的具体计划。

张总经理报告过去建厂计划之未能实现，暨公司一年来进行小规模生产建厂情形，与目前筹划开工，所拟进行之工程概要。

（乙）生产计划

炼铁、炼钢、轧钢、修造各厂之生产计划，与完成目前工程上之需款预算，曾由炼铁厂简单报告后，改由各部门定期小组会议，分别研究，再提交讨论。并由主席提出所有关于公司应兴应革事项，均可自由发表意见。

（丙）临时动议

一、刘协理提：

提高生产效率：(1)工作人员自觉法：工作人员了解其为何要工作，与赞扬工作人员成绩，暨工作竞赛(暂时性)。(2)工资刺激法：计件奖励节省成本与材料，实现此法，必须有工作标准及精密监督指挥机构(永久性)。

实行上项办法，必须：(1)调整现有工作人员工作，与改善管理方法，分层负责，有责有权。(2)建立工作定值制，及实行时间动作考验法。(3)将现有机构分为生产部门与管理部门，设置首脑，分工合作。

二、夏宗锜提：

1. 组织庞大，工作分配劳逸不均。

2. 技术工人占工人百分数太少。

3. 行政上手续太繁。

4. 杜绝物资浪费。

5. 材料设备，应由专门人员清点后，采用科学方法管理。

三、向思赓提：

职工住宅，均不敷分配，须请的款，即行建造。

四、戴祖德提：

日来在厂区内一门至七门检查证件，似太频促，致使职工行动颇感不便，可否改善。

五、高式敏提：

无论大小问题之处理，工人经领班，低级职员经主管，再逐级核转总经理决定，辗转周折，延误事机，应请改善。

六、胡炳林提：

厂外职员入厂阅览书报，受时间限制，请解放军与公司当局，分发或采购新版书报,就近辟室公开阅览,并组织读书会,使职工有集体学习机会。

七、刘元恺提:

(1)各部分员工,每日除研究生产计划外,希望抽出时间研究进步政策与理论,增加新知识,并提高政治醒觉,不再像过去的工程师只知明哲保身,不知他所作的工作究竟是为了什么,一俟大家具有正确认识,自可提高工作情绪。

(2)工作不是办手续,而是要着重办事情。

最后主席说明:今天是一个开幕的会议,我们的会议并没有完,只有在旧的不合理的制度废除了,新的制度建立以后,这个会才算闭幕。

散会。

华钢会议记录

民国三十八年六月二十七日(1949 年 6 月 27 日)

时间:六月二十七日上午九时

地点:新办公厅图书室

出席:张松龄　夏同藻　何荫椿　吴国贤　朱贤裔　田润生
　　　顾傅沂　李　培　王　杰　章光安　李祥亨　李家麟
　　　李邦华　赵寿康　宗俊章　张德勋

军事代表:王　厂　曾扬清

主席:张松龄

记录:刘　融

一、目前工程进展,炼铁、炼钢、修造各生产部门与建造、运输、动力各处厂,须密切配合。兹依据计划择要列举于左:

炼铁厂:

1. 利用旧房架改作大锅炉房。

2. 零星安装。

3. 加建厕所、沐浴室、临时休息所。

4. 热风炉砌砖与冷作煤气管安装工程照旧进行。高白炉零件,俟修造厂制成后安装。

炼钢厂:

1. 目前除添建贝氏炉一座外,在第三期安装时期,耐火材料厂必须添建,以配合炼钢工作。

2. 打水马达须划入厂区范围,加围竹篱。行路须改道,另立标志,指明途径。

3. 先补熟练钢翻砂技工二名。

轧钢厂:

1. 在建厂时期,除安装修配各种机件外,大部分为土木工程,分别自做与建造工程处包工。

2. 将来工作进度完成,始能决定添雇安装技工及开工时工人人数。

3. 现再热炉正在砌砖,惟煤气及烟囱部分冷作人数太少,无暇铆合,须稍缓完成。

修造厂:最近以代各部队修理工作占全厂工作时间80%,兹将各部分计划集中,研讨机器负荷与人工力量,分别估工,提交有关部分与主要工程师商讨,再决定先后完成次序。

二、参加清点工作之员工,有影响主要工作者:(一)炼铁厂李永礼,(二)炼钢厂高凤歧、邝三元,(三)动力厂张立楷、余镜湖、张竞武等,可洽清点会酌予斟换,或半日参加清点半日回原工作部分,以资兼顾。

三、修造厂工作甚繁,嗣后各部队修理工作,除送军事代表核定者外,一律婉为拒绝,即以军事代表名义张贴通告。

四、为遵守劳动纪律,凡参加清点工作,或临时会议之员工,由召集部分将时间同时通知各主管,以资考核。

五、厂内近有义务学徒,殊属不合,俟招考艺徒时可优先参加考试机会,不得享受其他权利。

六、焦煤窑与桐子堡工人住宅,有修理尚未完竣者,由建造工程处与工务处切实勘估。

七、炼钢厂加修支路二条,由建造工程处筑路基,运输处铺路面。

八、七月份经常费与工程材料及其他临时费,各有关部分速编造预算送会计处。

九、工程费可以实物计算。前订立之银元工程合约未结清者,按照订约时米价折成实物,再按结算时实物市价给付人民券。

十、过去出差等费,以银元按市价折合人民券,自即日起按牌价折付,至军管会统一办法公布时止。

散会。

高文泰呈张松龄文

1949.10.29

张总经理呈鉴:

呈禀者,职自本月十五日会同郭、杨两君乘商轮离石,于翌午抵汉口,十七日晚五时即与郭君乘车来长,杨君当即转往湘潭。职因刘慕新君约已返石,而大鑫承运之530吨焦所生拖轮纠葛,因焦船滞长日久,纠葛日重,故除赴粤汉运输段接洽过轨联运事数次外,职责所在,故未敢离长转萍,约以酉奇酉养两电呈报,谅达钧鉴。侯奉钧座酉宥电及刘慕新君来长,知钧座准派冶铁一号来长拖驶。捧读之后,如释重负。仅将来长经办诸事分呈如后:

(一)粤汉路过轨联运事。职因鉴于水运困难,加以湘水日退,以后水运当更烦难,故于前次过长时,即往粤汉运输第三段(负责珠岳间运输)接洽粤汉机车车辆过轨萍乡代运本公司焦炭,当时该段高段长世英对本公司此举甚表愿予协助。因 a. 本公司请求过轨联运在粤汉并非创举,先我而办者有萍乡煤商,再者粤汉方面实早有争夺浙赣货运之野心。b. 过轨联运之萍株段运费照运价,浙赣收 35%,粤汉收 65%,有利可图。且在株武间可与水运竞争。c. 时入九月,水运困难,按常情言应为粤汉货运之旺季。但因战乱所致,货运并未昌旺,车辆仍有空闲。

职鉴于以上数点,认交涉有成功希望,故于返公司后,即面呈钧座,按高段长所告交涉方法,备正副函两份来长正式交涉。孰意不过数日而情形则有生变化,因浙赣通知粤汉自十月六日起,机车不得过轨,车辆则仍可过轨,萍株段运费浙赣增收至 75％,粤汉仅可得 25％,故粤汉方面认为不甚合算。且车辆调转亦不能灵活调度,以前二日可往返一次,现在则需四五日。高段长因情形特殊,对职深表歉意。将与浙赣往来电文一一请职过目,并言浙赣此举影响该路机煤成本增加,且与交部规定路与路之间过轨办法相违,该路亦正一方电告交部,一方向浙赣交涉。如将来该路及平汉机煤过轨运输有新规定后,本公司焦运或可援例,但最近恐不易解决。仅将该段致本公司函一件附呈。二十七日于君鸿滨来长接谈后,又同去运输段交涉,知该路及平汉机煤过轨联运,因军方之督促约已解决,萍株段运费照规定浙赣收 50％,我方能否援例,需向该路衡阳管理局交涉,似仍有成功希望。故职与于君再三考虑后,决意由于君即日去衡交涉,交涉结果当随时电呈钧座。

(二)大鑫承运焦 530 吨事。焦船由株驶至湘潭后拖船他驶,木船平放来长。据大鑫公司负责人张镛言,拖轮原自交通部第二运输处租来(实为大鑫由租户方面订约雇来),现为保安司令部扣押作为巡江之用。职对此不能相信,事实不能如是简单,已责成大鑫需取得保安司令部扣押之证明。出事后经刘慕新君在长力追,大鑫言船不致久停,正洽雇他轮拖驶。但该商暂无力出钱,请求公司于未付三成运费中先借千元,到石后再予结算。处此情形,为速决计亦只得允许。职来长后前往所雇拖轮查看,该轮太旧拖力小,更无行驶照,职即决定不予借款,当即电呈钧座,请派轮来长,并由蒋文雄返汉以便押船。大鑫承运事本由赣西介绍,孙主任济澍数对职言,大鑫张镛为人诚实,承运该局烟煤两次赴汉,煤未短少亦未生事故,运价亦较廉,订雇当时运价一般已增至十二三元每吨,大鑫仅十元五角,故当时决定由大鑫承运。实则张镛虽老实但太无用,拖船事后,张镛对拖船方面无一点有力办法,有关于拖船之七成运费,亦无力赔偿。据确实调查,株洲开船前七成运费皆已发给拖轮,职意观之为拖轮方面有意骗大鑫,大鑫似非故意拖骗我方。现木船因久停长沙,船户向大鑫提出赔偿要求,因我方不予借款,故船户向警局控告大鑫。经职备文向警局交涉,利用警局压力,船户始认可大鑫赔偿损失八百余元。现大鑫已筹出五六百元,此事一二日内当可解决。现所虑者,我公司拖轮若不能早来长,恐再生意外。因船户亦知大鑫无钱,故甚想在长预支未付三成运费以为将来保障,经警局压服,始不再要求。总而言之,此拖轮出事故有偶然,但职因贪小利而未远见后果,致使公司蒙受损失(焦炭未有损失)而增钧座之忧,事先疏忽之责职不敢辞。

职拟暂留长沙解决拖轮及木船之纠纷,如无其他变故发生,俟蒋文雄来长船开之后,职当转往株洲会同于王两君,一方筹设转运机构,一方速为起运。职现所虑者,此次 530 吨焦船之拖轮问题,职责所在,职似应返石办理了结手续。而此间于王两君又需职前往株萍两地,会同伊等办理运输。究应如何之处,敬乞钧座电示。专此。敬请
钧安

职　高文泰谨上

十月二十九日

长沙马王街小瀛洲一号君安商号

电报挂号 2700 长沙

筹建江西小型钢铁厂计划书①

民国三十八年(1949 年)

(一) 前言

江西煤铁储量已经发现者为数尚可观,钢铁工业在抗战期间曾由省府与资委会合办天河炼铁厂,设置二十吨炼铁炉于天河煤矿附近,惜自胜利以后即行停炼,至今仍未恢复。迩来战事南移,大江以南钢铁事业仅有大冶一处,但初期规模亦不大,不足以供需求。倘吾赣省能选择一临近原料地区筹建小型炼炉,以供浙赣粤汉等路市场,不但可以开拓本省钢铁富源,亦且可以救济华南一带之铁荒也。爰将计划梗概胪述如下:

---

① 原件未署作者,时间系根据内容判定。

（二）设厂地点

查江西铁矿可资开采者为永新乌石山、九江城门山及萍乡上株岭等处，惟冶金焦煤至现在为止已发现者萍乡为最佳，乐平余干之煤或可混合制炼冶金焦，但交通尚待发展，丰城之煤则附近无铁矿，天河煤含硫过高（2.26%～6.9%），不宜于炼铁。在经济观点上着想，设厂地点必须接近原料，交通方便，靠近市场，基此原则，本省适宜于设置钢铁厂地点仅有萍乡区域及鄱阳九江区域，而萍乡区域所具条件较为优越，永新吉安区域在未发现优良焦煤以前无足价值。倘在萍乡设厂，可利用高坑安源一带之煤冶炼上株岭之铁（储量约二百万吨），以制成廉价之成品，交通近铁路，市场兼湘赣，原料距厂至多不过数十公里（实际设厂地点尚待详细察看），石灰石及耐火材料均有，实为一理想之钢铁地点也。

（三）生产计划

初步拟建十吨至二十吨炼铁炉一座，并完成简易之洗煤炼焦设备，年产翻砂生铁约三千至六千公吨。建厂工作以八个月为限，将来视事实需要可以逐渐扩充，增设一吨裴氏麦炉及五吨至十吨平炉各一座，10″轧钢机一套，一吨汽锤一座，如该区电力发达，并可设置一吨至三吨电炉一座，以制炼各种所需之钢材也。

（四）需要设备

初步需用设备大概如下：

1. 十吨至二十吨炼铁炉一座（包括除尘器、上料设备等在内）；

2. 管式热风炉二座（包括烟囱一座在内）；

3. 100 匹马力蒸汽锅炉二座（一座备用）；

4. 160 匹马力蒸汽机二部（一部备用）；

5. 100 m³/min 风量之鼓风机二部（一部备用）；

6. 10－15 kW 发电机一部；

7. 抽水机二部（包括蓄水池在内）；

8. 修造设备（拟设置 6″及 16″车床各一部，18″及 24″牛头刨床各一部，小型立式钻床一部等）；

9. 化验设备（简易化验设备以便化验矿石成品生铁之用）；

10. 房屋建筑（包括锅炉房、鼓风房、出铁场、办公室、化验室及职工宿舍、库房等）。

上开设备中之炼铁炉炉身冷热风管及蒸汽机等，拟尽量自天河炼铁厂拆迁。

（五）经费预算

经费分建设费及流动资金二项。

甲、建设费：全部建设费估计共需金元券二百万元，若将天河现有设备拆迁应用，则仅需拆迁安装及添置设备费金元券一百五十万元。

乙、流动资金：估计共需金元券二百四十万元。

以上甲乙两项全部经费预算估计共需金元券四百四十万元，倘利用天河一部分设备，则仅需金元券三百九十万元。

（六）成本与纯益估计

甲、成本概算（以每公吨生铁计算）

项目	所需数量	单位	估价（金元券）	备注
焦炭	2 000	公斤	894.00	每公吨以金元券四百四十七元计算
铁矿	1 900	公斤	266.00	每公吨以金元券一百四十元计算
石灰石	700	公斤	7.00	每公吨以金元券壹拾元计算
直接人工			45.00	
间接人工及间接材料			450.00	包括机件折旧在内
运费			120.00	假定成品生铁由萍乡运至汉口或南昌销售每公吨运费金元券一百二十元

续表

项目	所需数量	单位	估价 （金元券）	备注
合计每公吨 生铁成本	1 782 000			

乙、纯益估计

设全年产生铁六千吨,每公吨成本金元券一千七百八十二元,总计成本金元券一千零六十九万二千元。假定生铁在汉口或南昌销售,市价每公吨金元券三千二百元,则全年总收入应为金元券一千九百二十万元,除去成本一千零六十九万二千元外,尚余纯益金元券八百五十万零八千元。

（七）附注

以上经费预算及成本与纯益估计系以三十七年十一月底物价为准（银元每枚值十金元券）。

华钢 1950 年第八次行政会议记录

1950 年 3 月 31 日

时间　三月十一日上午八时半

地点　经理办公室

出席　监委、协理,各厂处室主管暨工筹会主任

主席　刘士杰

记录　刘　融

决定事项

一、人工日报,由作业科统计有关生产直接人工后,转会计科统计其余间接人工。

二、在汉购买柏木有 36 根为弯曲疤节朽腐,不能作模型,部经理处迭电希望验收,并减价结算,可依据情况予以验收,作其它有用。

三、由库领出之氧气瓶未退还,又无借条,各厂处清点册上于清点时加入,以致重复,应切实清点后再更正。以后建立新的制度如左:

1. 各单位确定留用氧气瓶数字,嗣后以空瓶换氧气。

2. 包工领用氧气,如不退还空瓶,结算工款时,扣款抵偿。

四、附近各厂矿临时借用材料、机件,仍由经理处承办,经有关部分签注后送经理室核定,并应有登记簿随时登记,以便查考(凡寄之函件,应送文书室总收发挂号)。

五、焦末俟实地了解情况,再做决定。

六、调东北人员,凡经借之材料、工具、存库借条,应由接收人补章,并由各主管签章证明。

七、为使生产品数字计划处报部与轧钢厂交库数字相符,钢材交库单每次交过磅人带送检验科。

八、各厂四月份人数补充,因公司生产计划尚未奉核定,电张王经理询问有无变更,俟复再确定。

九、夜晚加班至八小时算一工,在未奉部定以前暂领夜餐费半分。

十、艺徒分数有薪级不符者,因学习年龄与技术高低有差别,须俟下次调整,复部文中详细申述。

十一、眷属出入证,除直系亲属外,弟妹年在八岁以上,十八岁以下,由本人担负生活者,始得填发,并按成本收费。其他一概不得填发。

十二、凡私人借用之缝纫机一律收回,交材料库。

十三、各单位文具预算,须详细编送行政处,如有临时特殊需要,须俟转呈经理室核准,始行购发。

十四、最近部队增加二百余人,应筹划房屋。

十五、机械厂工友外伤或换药,为免就诊影响工作,由医院规定时间派护士前往。

十六、医院病假证明,时间须严格限制,不得以病人要求许可延长,最高一次不超过三天,如需延长,应于复诊时斟酌情况再决定。

十七、代领工薪,除本人交私章请代领外,须由代领人负责盖章后送由主管加章证明,始得发给。

十八、非公差乘公司交通工具者,均须购票,人数以额满为限。

十九、本公司钢印更换为"中南重工业部华中钢铁公司",中心标志仍用"华中"二字。

散会。

华中钢铁公司一九五〇年生产计划

1950 年 5 月

根据中央重工业部钢铁会议,华中钢铁公司本年应生产生铁 7 000 吨、钢锭 8 400 吨及钢材 7 140 吨,并完成年产平炉钢锭一万吨计划——新建十五吨平炉一座。依照此项决定,华钢即详细计划并布置如何完成此项任务。兹分述如下:

甲、生产方面

一、计划情形

生铁 7 000 吨:设备方面已经完成,只须焦炭运到即可开炉。计划一月至三月,储运焦炭 6 000 吨,四月一日开炉。四月份产 600 吨,以后每月 800 吨,合计年产 7 000 吨。

钢锭 8 400 吨:华钢在 1949 年底仅有 112 吨酸性贝氏炉一座,已进入生产,另一座在新建中,3 吨碱性电炉一座,正在安装。为完成上述任务,预定电炉本年产钢锭 2 000 吨,三月安装完成,四月试炼,五月正式生产,每月生产 250 吨,计年产 2 000 吨。贝氏炉产 6 400 吨,第二座贝氏炉二月完成,三月加入生产,日夜三班,预计一二月各产 80 吨,三月产 490 吨,四五月各产 600 吨,六月以后每月 650 吨,年产 6 400 吨,连电炉合计 8 400吨。

钢材 7 140 吨:1949 年底仅十吋轧钢机一班生产,预定二月起陆续增添工人,先训练两个月,再分班正式加入生产。拟四月起分为二班,六月起分为三班工作。十七吋轧钢机,则自五月起加入一班生产,并同时训练工人,以备六月起分为二班生产。计划全年由十吋轧钢机生产 38″-1″元钢及竹节钢 4 900 吨,十七吋轧钢机除供给十吋轧钢机之钢胚外,并制成品 1″-3″元钢 600 吨,2″-212 角钢 400 吨及 14″×2″-38″×4″扁钢 1 240 吨,全年合计产钢材 7 140 吨。

前项布置计划,于一月初拟定,并分别进行。当时所考虑之困难,其主要者计有下列诸点:

1. 华钢过去无基础,工人不够,增加生产须增加 1 000 名以上熟练工人,不易招至。如均由小工自行训练,使在短期内操纵熟练以期达成此生产任务,颇为困难。加以此一生产任务,在华钢设备条件下,并非易于达到者。

2. 华钢过去未有生产,故未有各项原料积储。通常一般工厂进行正常生产,至少须有三个月用量之积存。就华钢言,只举其大者,主要原料即至少须有焦炭 6 000 吨、低磷生铁 4 000 吨,并因钢锭不够,须补充 1 000 吨。其他使用量较少,如矽铁锰铁块煤等以及各种耐火材料等,均须视其补充之难易,分别先行购储或订置,以免临时短缺而致停工。此笔费用,当时估计在 100 亿以上,如何筹措为一问题。

3. 产品之销路问题。产品销路无固定对象,假如无订货,产品不能全部销售,即积压资金,不能周转。

上述主要困难,其中第一点应由华钢自己努力解决,其他两点则寄托于中央拨发生产周转金及统一收购产品。如此则可以先购存主要原材料从事生产,所有产品则作为一种任务,交给政府,由政府按照生产费用购买,可以周转,继续生产。

二、执行情形

在二月初举行钢铁定货会议,以解决各厂原料产品之供销问题。政府决定不拨生产周转金,而外界定货又远在规定生产任务之下,如同生铁无定货,改炼锰铁,亦无肯定之销路,炼铁炉遂不能开炉。电炉产品弹簧钢尚可有销路,本公司安装工程可在三月底前完成,但大冶电厂供电日期未能有确期,仅能提出七八月间,新电厂完成开工后可以供给用电。但新电厂究在何日可以供电,仍未能作肯定之答复,以致本公司无法确定何时可以交货,虽本可以有数百吨之订货亦不能接受。钢材仅有铁道部之元钢 2 513 吨,约相当于生产任务三分之一强,其能由订货收到之定金又太少,尚不足一个月生产原料之用。处此情形,唯一办法只有将生产任务按照确有销路及确须自用者重新布置,并将前期产量酌予减低,工人尽可能少添,无固定生产对象者均不增加,使有钱能购到之原料,正可勉强维持。该月之产量即在此筹划之下,仍因经济上困难不能及时运到生铁,使四月份炼钢轧钢两厂因无原料而停工达半月以上,损失甚大。今后亦同样可能因短缺其他原料而致停工,致整个生产计划亦因之而缺少保障。

补充设备方面:三吨电炉安装已如期完成;第二座112吨贝氏炉则延迟二月,四月始完工,六月可正式加入生产;十七吋轧钢机安装则延迟两个半月,五月完成,六月初试车后,即可加入工作。上述两项工作,未能按照一月计划如期完成,其原因在于公司未有正式工作检查制度之建立,亦未有专人负责检查,以致计划拟定后,有脱节现象不能及时纠正。但定货会议为时太长,订货不能确定,经费无着,原料不能及时补充,致对开工失去信心,影响情绪,亦为一不可讳言之事实。

生产情形:迄目前止,每月产量如下:

一月,钢锭76.597吨,钢材82.144吨,冷铸车轮60个;

二月,钢锭104.551吨,钢材81.241吨,冷铸车轮50个;

三月,钢锭207.039吨,钢材170.272吨,冷铸车轮90个;

四月:钢锭67.326吨,钢材92.256吨,冷铸车轮90个。

三、下半年工作展望

炼铁:炼铁炉开炉问题,最重要关键,一为焦炭,二为销路。焦炭问题已由中央重工业部经理处代向太原西北钢铁厂洽妥9 000吨,其中5 000吨可以先提运,价款由部担保,在八月支付,其余4 000吨则在九月现款提运。如此,储备焦炭三个月用量问题已获解决,以后只须按月补充即可。计划六月内焦炭运到,七月可以开工,拟在七、八两个月生产翻砂生铁1 200吨。在此期间内,同时解决锰矿砂问题,九月起制炼锰铁,四个月共产1 200吨。翻砂生铁销路方面无把握,故只拟出1 200吨,一部分供自用,另一部分则备供市场随时需要,或留备明年平炉之用。此项生铁虽不尽合炼钢要求,但如多加废钢仍属可用。此在十五吨小型平炉中尚无困难,如在将来大计划中,则必须掺用海南岛或当涂铁矿砂,炼制碱性铁供炼钢用。此三十吨炼铁炉制炼锰铁,在技术上无甚困难,设备上亦无多大问题,但如以后专炼锰铁,则尚须增添热风炉一座。锰铁销路几全用于炼钢,故较生铁较为困难,本公司本年需用以及留备明年用者,最多为 100 吨,再多恐积压资金。亦即产量限额均须有固定对象,此点华钢希望能与鞍钢获得协议,华钢锰铁除自用之一小部分外,全部售与鞍钢。至于锰铁成本,全视锰砂成份及焦炭品质而定,但无论如何,较由电炉制者为便宜。

贝氏炉:贝氏炉钢经重新计划,全年共产 4 230 吨,六月 400 吨,七月 450 吨,八月以后每月 500 吨,连同五月以前计划产量,共为 4 230 吨。贝氏炉困难为本溪低磷生铁成分参差极大,吹炼时间亦随而变幻不定,使计划产量不易控制。

电炉:电炉情形已见前述,希望大冶电厂能于七月供电,八月起正式生产。拟每月产 180 吨,本年共产 900 吨,产品为炼普通低碳钢。因大冶电厂电费太高,极不经济,希望能炼弹簧钢,最好能先确定销路,然后制造,以免产品滞销,积压资金。

轧钢:今年望行计划生产 4 420 吨,六七两月各 450 吨,八九两月各 500 吨,十至十二月各 600 吨。其唯一问题为钢锭不够用,须再补充 800 吨。

乙、基本建设方面

一、计划内容

根据钢铁会议决定,本公司拟定计划其主要内容计:(1)十五吨平炉一座及其必要之厂房及全部附属设备;(2)扩建机械厂之机器房、铸造房及锻工房,并添建水压机房,以安装日赔之 2 000 吨水压机;(3)增添及补充钢铁设备;(4)厂内铺轨工程;(5)零星修建工程。

二、执行情形

基本建设计划已于四月奉部令批准,全部内容除第二项只批准水压机部分外,其余一三四五各项均全部批准。进展情形,至四月底止,计平炉方面,厂房展长设计完成 98%,平炉炉座设计完成 100%,以上两项工程完成

9％;煤气发生炉厂房设计完成100％,平炉烟道及烟囱设计完成100％,工程完成20％;平炉本身全部蓝图尚在绘制,附属设备设计已完,正在校核蓝图,即可分别制造。其他主要工程,计三吨电炉安装已完,第二座贝氏炉安装已完,17″轧钢机至四月底完成95％。

三、下半年工作展望

平炉:预定六月以后全部工作展开,尽量争取提前完成。

水压机:现正进行钻采,决定厂址,计划将厂址建筑在岩石上。如此可减少基础工程,一方面可缩短建设时间,一方面又可减少费用。水压机全部工程之难点,不在建筑,而在此日赔机器,无详细蓝图,均须逐件量记其详细尺寸,绘制安装图,安装工程始能进行。而建筑工程又须与安装同时进行者另一难点,则为水压机机件很多重大者,安装中须较大起重设备(水压机机件已经清点,缺少者将专案呈部请上海找回)。

丙、结论

五个月来工作情形及所遇困难,除已见上述者外,大致尚有下列诸点:(1)华中钢铁公司技术人员绝大部分已调东北,现留下者远不敷工作需要,有经验者更不易招致。因此,对已有设备之开工问题及建设方面,均成莫大障碍;(2)因技术人员不够,生手工人亦不易训练成熟练工;(3)无生产周转金为生产上一重大阻碍,因无至少三个月原料积存,随时有停工可能;(4)现有打桩设备不够,目前所能利用者为旧绞车,故障既多,性能亦不合打桩之用,影响基础工程进行至大。基础工程未完,地面工程即不能进行,机器设备安装亦将连带受影响。此点或将成为本年基本建设工程进行最严重障碍之一。以上各点,均为目前最为困难而急待解决者,希望部首长赐予指示。

华钢会议通知

1950年6月27日

兹定于今(二十七)日下午二时在第二招待所召开工厂管理委员会第一次会议,即希查照准时出席为荷。

此致

张委员松龄　高委员芸生　刘委员士杰　王委员厂　刘委员刚

江委员鸣(工会)　顾委员传沂(计财处)　郭委员士民(行政处)

宋委员俊年(配械厂)　穆委员怀信(技术室)　王委员忠(秘书室)

陈委员泽生(炼钢厂)　徐委员坤耀(炼铁厂)　徐委员振平(机械厂)

华中钢铁公司

[附件]　华钢工厂管理委员会第一次会议记录

时间:六月二十七日下午二时

地点:第二招待所

出席:刘鸿江　徐坤耀　陈泽生　刘凤池　穆怀信
　　　江　鸣　顾传沂　宗俊章　许振平　王　忠
　　　刘士杰　张松龄　高芸生　刘　刚　李炳炎

主席:张松龄

记录:刘融

讲话与报告事项

一、高监委讲话(另印发)

二、张经理报告 1950 年生产计划

三、江主任讲话

决定事项

一、本年度原定生产计划,因事实上有许多变迁,须重新审核,加以修改。现下半年度炼铁厂开炉,电炉与 17″轧钢机参加生产,原料俱佳,亦无问题。自七月份至十二月份生产数字暂拟定:(1)生铁 1 200 吨,锰铁 1 200 吨;(2)贝氏钢 2 950 吨,电炉钢 900 吨;(3)钢材 3 250 吨;(4)冷铸车轮 3 724个(详生产计划报告)。请各委员与各小组研究。须努力克服困难,完成任务。

二、铸钢件,交通部铁路上需要大批,詹天佑挂钩(即连接器)应向路局索图样,以便做一切准备。

三、在火炉旁边工作,容易灼伤。李炳炎同志所讲的经验,可采用江猪油或狗油,以鸡毛涂搽之简便有效方法。手套均须用番布,需要五指露出的亦应照做。但需大家爱护,不使用时要妥为保存。

四、轧钢厂为保持经常生产,不使间断,可添建再热炉一座,方钢滚子亦需准备。请轧钢厂作具体计划准备。

五、机械厂任务,尽设备能力,配合生产各厂及基本建设所需修配制造,俟有余力,再充分作代制品。

六、太原焦炭5 000吨,源源可到,锰砂亦可签订合同,决定七月二十日开炉,即予公布。除炼铁厂应充分准备外,其他有关部分,均需密切配合。

七、建厂须准备五年计划材料,并拟具1951年计划,各有关部门应漏夜赶办,派员于七月四日携汉出席北京中央重工业部计划会议。

八、人事制度,亟需建立,所拟草案,已经数次讨论,会后各单位携去与生产计划分别做详细考虑,如有意见(用书面送文书室),下次会议提出修正,务须达到相当成熟,再提交职工代表会讨论。

九、下次会议,定七月三日(星期一)下午一时举行。

散会。

大冶华中钢铁公司情况汇报[①]

1950年7月

大冶华中钢铁公司,是华中南规模最大的公营企业,也是大江以南的钢铁和重工业中心。解放以前,虽历遭日寇及国民党匪帮的疯狂破坏,把各种探矿、输矿设备和重要机器,搞得凌乱不堪,毁坏生锈。在目前国家财政困难,和台湾、西藏没有解放,战争没有最后结束以前,还不可能大规模的发展生产,供应中南全区以至全国工业建设上的需要。然以其矿藏之富,规模之宏大,战略位置和运输上的优越条件,已被中央重工业部确定为

---

① 原件未署作者及时间。似为记者采写的情况汇报。时间系根据内容判定。封面注有"其中数字尚待了解"字样。

关内钢铁工业的恢复重点之一,它的发展前途是不可限量的。

一、接管以来的生产情况

去年五月十五日,大冶工矿特区解放之后,我武汉市军管会迅即派员接管了华钢所有资材。该公司除拥有铁山保管处之象鼻山、狮子山、鼠尾山三大矿山,及全套采矿、碎矿、输矿、卸矿等机器和铁山到石灰窑及环山运输设备以外,还接管了拥有三十吨炼铁炉,一吨半裴氏炉和十吋轧钢机,一百余座镟床(包括车床、铣床、刨床、钻床、冲床等)的炼铁、炼钢、轧钢、机械(修造)等四个工厂。这些厂矿,除矿山于日寇投降就已停止开采,目前无力恢复,同时,三十吨平炉尚未安装成功,炼出生铁不能直接炼钢,及因锰铁、焦炭来源不充足,三十吨炼铁炉尚未开工以外,炼钢、轧钢、机械各厂均于解放后一个月,先后恢复生产,并已做出不少成绩。

自日寇投降,伪资源委员会接管以后,该公司就处于长期的筹备状态,始终没有进行生产。解放前夕,由于我地下组织领导全厂职工,进行英勇的护厂斗争,我大军神速进驻以后,正确的执行了三原政策,依靠工人进行了接管和清点工作,使华钢全部资材得以完整的接管下来,迅即恢复了生产。解放前,时开时停,每星期平均只出两炉钢的一号裴氏炉,逐渐走上正规生产,由每日炼钢五、六炉,逐渐增达十四炉。开工以来,已连续炼出钢锭六百九十九吨,其它钢件五十二吨。轧钢厂的十吋轧钢机,大部工程于解放后完工,解放不久即已出品,迄今已轧出竹节钢、圆钢等钢材五百七十余吨。由于生产逐渐正常,产量日增,改进了炉顶设备和烧煤技术,每吨钢材之燃煤量,已自去年十二月的一千零五十几公斤,逐渐降低为七百二十公斤。另外,该厂又修配好了能生产小角铁和轻便钢轨的十七吋轧钢机,为今后大量轧钢创造了先决条件。机械厂最显著的成绩是冷铸车轮的成功,解放以来,已先后出品三百七十余个。目前,我国除东北鞍山和上海等钢铁厂能冷铸车轮外,该厂冷铸技术的成功,是全国的第三位,对今后的铁路建设,自必有所贡献。除此而外,该厂车辆部工友,在“五一”以前,提前数月修好了两台小型机车,分别命名为“五一号”和“劳动号”。修配组的工友修好了载重七百吨的“五一号”轮船和战炮二十余门。在建筑工程上,完成了轧钢厂厂棚,延长了冷作厂厂房,安装好了炼钢用的三吨电炉和十七吋轧钢机,第二号裴氏炉,炼锰铁用的三十吨平炉也已接近完工。这些成绩虽还不大,但从一个没有生产的华钢,走到今天的局面,确也是一件不容易的事。

二、生产中存在的问题和实际困难

按华钢目前的设备条件,只要原材料充足,年产一万吨钢铁是不成问题的。然因经济上存在很多问题和实际困难,目前,还只能是小规模而不能大规模的有计划的进行生产。处于整个国家财政困难的年头,政府对华钢的投资是不能太大的,今天国家是有计划有重点的恢复重工业,该厂不可能也不应该超越这个范围。起初,该公司没有考虑到这些情况,拟就了庞大的建厂和大规模生产计划,请求政府大量投资。但在全国钢铁生产会议上,中央重工业部只批准给该公司三万六千吨小米的建筑投资,而炼钢、轧钢以及恢复炼铁生产、购买原材料所需的大批周转金,概未批准。同属重工业部之湘、桂、赣各省锰矿,所产锰砂直运东北,未予华钢以适当照顾,使该厂三十吨炼铁炉,因无力大批购买焦炭、锰铁,而长期停炉。同时,自接管以来,中央和中南重工业部始终未给该公司以明确方针和确定的生产任务。该厂领导干部又无经营经验,存在单纯依靠上级,等待指示和只知伸手要钱,不深入调查研究,不了解情况的缺点,没有尽到最大的主观努力,因而造成华钢在生产上的某些混乱和浪费现象。

由于计划不周,对某些可以预料到的实际困难,事先未加防范,以至原材料不能及时供应,使生产工作断断续续,不能正常进行。生铁运不到不能炼钢,炼钢厂停工就无从轧钢。机械厂虽然生产不断,但因没有一定的生产计划和要求,劳动纪律松懈,工人生产情绪随之下降。生产多少没有标准,质量好坏没有检查,加以工程人员自以为是,不采纳工人合理的建议,各部门互不联系,各行其是,造成了层出不穷的返工费活现象。有些因系初做,技术不够熟练,返工现象自属难免,但多数由于计划不周,绘图错误和领导上疏忽大意,工作态度不够严肃所致。譬如延长冷作厂屋架三十米,绘图与材料不符,浪费了五分圆铁七十根,轻便钢轨七十根,电焊条十公斤,氧气三瓶,人工二百二十五个。再如二号裴氏炉风圈作错,费工六个,氧气三瓶,还不保证能用。再如修造二号船,打铆钉三万个,每个钉子比要求长出四分,再截去。再如该船龙门档用圆铁三百五十公斤,煤炭五百公斤,因图绘错,白费工料。再如炼钢厂铸十七吋轧钢机上的考贝,因模型弄错,就相差一百米厘。类似情事,不胜枚举。有的且翻铸工两次,造成人力物力的严重损失,也大大障碍了生产工作的进行。

三、原材料的采购领发及仓库内外的混乱现象

由于接管后清点工作不够彻底,始终没有记账,从监委、经理直到处长、科长,以至每个仓库管理人员,没有一个知道华钢究竟有多少资材。由于这些领导人物除高监委到职不久,很少接触实际外,某些领导同志,解放一年来,只在最近才到仓库看过几遍。具体掌握工程计划和采购人员,不知生产计划和工程进度情况,即使盛东西不多的小库,也不知道本库所存器材的规格、数目、用途,以及保管方法。业务不通,也不与使用部门密切联系,许多东西因存放位置失当损坏不堪,而仓库门经常锁着,不作经常的整理工作,这就造成了原材料的采购、领发以及仓库内外的混乱现象。各厂领用材料,往往超出实用数量,而工务处、材料科、材料库各级负责人也不认真审查,即盖章领料。剩余材料不经送库保管,即已分配使用,有的竟长期扔在厂房,横七竖八,任其毁坏腐朽。另外,有些材料仓库很多,甚至数年不能用完,却因长期看管材料人员不明材料名称用途,又去请购。诸如以二亿巨款购买二分圆条五吨,库内却存七吨。瓦上用的毡垫没买到却发现库内很多。汽车胎有四十八条,又请购三十条。库存螺丝、铆钉很多,机械厂又盲目生产了很多。同时,因无明确规格要求和缺乏精打细算,买回大批材料不能应用,或一时不能用完者也很多。如买来焦炭,因事先未与工业部言明规格,竟有三分之二不合用。做木型用的柏木,买了一百一十根,三年也用不完。更为骇人的是:去年七月,炼钢炉上用的白砂石(耐火材料),因重庆尚未解放,好货买不到,在养洛买了二十套次货代用,因质量太坏,未及应用,即有一半粉碎。试验结果,每套最多可熔十二炉,而炼钢厂一天就生产十四炉,也就是说:一套养洛白砂石,不能支持一天,就须

再换一套。但是，拆卸安装须用二百余工，且一周不能开炉，影响生产很大。然而，首批尚未动用，现又请购三十套，已有十五套运抵大冶。去年时价，每套十四石八斗大米计算，三十五套即合五百一十八担，折合人民币九千三百多万，积压和浪费了大批资金。

总务科文具库，有一百多捆绘图纸，因保管不当，受潮损坏。据说，这是以平方寸计算价格的贵重纸张。另有贵重的磷铜，存于该库屋角，任其氧化损失。柴油库内因无适当管理，油桶损坏不堪，有的漏成半桶，地上油泥达于半寸之厚。十六库天桥下边，很多管子无人管理，却在仓库领用新料。化验室的阿母尼亚水，去年清点时只有十九磅，至今已用半年，却又成了一百六十余磅。该公司库房的混乱浪费现象，达于如何程度，不难推测。

很多仓库闲着不用，或只存了少部机器，有的盛了些废铁废料，而整箱的贵重器材和日本赔偿物资，却久弃旷场，有的已灌水入内，满生红锈。四百五十吨的大炼铁炉炉件，虽较笨重，不能入库，也未予以应有的保管和爱护，任其腐蚀生锈，继续损坏。各种机器配件、锅炉、马达，锻造和建筑器材、铁丝网、钢丝绳、螺丝、铆钉，东抛西弃，到处可见，一再发生偷盗情事。工人提过多次建议，没有提起领导上的注意。当轧钢厂七匹马力的泵浦三次被盗，工人们纷纷提出意见，要求拉起沿江铁丝网，护厂防盗时，领导上仍说没有铁丝网，至今没有办理。但据记者亲见，即使不用库存的七百公斤和最近清点发现的七吨刺丝，把散乱各处和员工家属窃作院墙及菜园围墙者收集起来，也足足够用。

铁山矿场各种机器物资的保管上，有同样混乱现象。很多贵重机器如碎矿机、采矿机、修钻机，开矿用的电力钻探机，牵引车引擎，各种管子、配件，大部分存放露天，有的长期泡在水中。轻便轨和各种零星器材，满山遍野。输矿用的矿山轻便轨道，很多被窃或被淤泥复没。贵重的石棉瓦、洋灰瓦、钢铁板、废铁废钢，东一片，西一片，触目皆是。附近歹徒结伙偷盗，却因账目混乱，无法统计数目。而矿山保管处有闲房八十余栋，因年久失修，大部败坏倒塌。

四、几件有案可查的贪污浪费

（甲）耐火砖的损失：四八年十月（解放以前），由华北钢铁公司青岛钢铁厂拆迁来此的耐火砖数千吨，因伪资源委员会限期卸完，卸时只求速度，碰坏一部。但据由青岛押运来此的炼铁厂技工宫芳荣等人说，此批钢砖运来以前，伪资源委员会曾规定损坏赔偿办法，损坏一角赔偿大米二斤，一般押运人员不敢不负责任，因而，解放前只有轻微破坏，且为数不多。但自去年五月，大冶特区解放后，耐火砖的直接保管者三库库长张鸿举，向前该公司工务处长张德勋建议，由该公司荷阳码头包工运到六门里。包运时，由于这些直接责任者不到现场督管，一任包工乱装乱卸，在运抵距码头不足二公里的目的地时，已大部损坏不堪，五十八种规格弄了个乱七八糟。第一次清点时，又整理搬运一次。除三百余吨借给电厂，少部成箱者收藏机械库外，全部钢砖，损坏百分之九十九以上，其中，绝对不能使用的断砖即达三分之一。据青岛来此的工人估计，损坏者约有一半，即以三分之一计算，全部损失不下九百余吨（十六万块）。按最近华新水泥公司新购次等钢砖价格，每块一斗五升米价计，即合大米两万四千担。其余轻微损坏者均需加工磨制或回炉重造，估计此项加工费最少得一万六千余石大米。总的损失约计大米四万担，折合人民币五十二亿。以年产石米的稻田计算，等于四万亩地之一年产量。

解放以来，这笔惊人的浪费，无人过问，而机械库管理师刘群臣曾找当时的军事代表（现任副经理）王厂同志反映，谈话还未开始，王代表即以"我不懂你的话"将其拒之门外，使此次耐火砖的严重损失，未能得到防止。记者到大冶后，刘群臣及其他押运人员纷纷反映，经过数日调查了解，确认事实无讹后，往访该公司主要负责人之一刘刚协理，谈及耐火砖损失时，刘刚全以掩饰态度相对，硬说系解放以前损坏，推脱责任。但据工人肯定答复，确系解放后损坏者，并愿出面作证。

（乙）第三库的疑案：该公司材料科第三库，存有大批原料器材，除掌管三大库房之外，还有进煤、煤炭、耐火砖等很多露天仓库，由于看管失当，屡有报损。其中，有些因厂房混乱，被员工家属偷去，有些却毫无理由。根据三库库长的背景和一贯表现,有否贪污行为,任意报损,值得严重注意。该库曾无辜报损锰铁四百四十三公斤,钢板两块和煤炭九吨,仅锰铁一项,即值一千万到三千万元,而科长、处长、协理、经理,不问情由即予批准报损。报损理由据说是:包工捶碎时,捶入地皮一部。但是,巧的很,捶锰铁的地下,正是一排梱轨。有人说捶时用力很大,四散一部,这更不成理由。工友们反映的好,"上天无路,入地无门,看你哪去啦?"这应该引起我们领导上的注意。

去年七月,公司购买梅顺合木料行木材六百根,由三库库长张鸿举负责接收。但人事科工人×××前往复尺时,二十二根中竟差了一两二钱尺码,以当时每两十八万元计算,共值二十一万六千元。目前物价比当时增达四倍,合现价八十六万余元。据该工友说,这些钱可以买一尺直径的木材四十根。这仅是二十二根木材复尺结果,六百根木材该差多少呢?但是,丈量这些以后,工务处和材料科的行政主管们慌了,他们不但没有追究责任,严予查办,当工人、干部提出意见,要求予以处分时,处长科长们却替他讲情,百般掩护、包庇,结果只受到"记过"处分。其余五百七十八根木材,未经复尺,即已动用,使全部损失无法统计。

三库库长张鸿举,国民党员,曾在孔匪祥熙创办之中国兴业公司当过伪工会的理事长、书记长。解放后,窃居库长职位,一再贪污渎职,没有得到应有的处分。这样的人怎么能掌管存放国家资财的大量仓库呢?据某些工人反映:"要是别人早换了,因为他有人事关系。"原来他是张松龄经理的同乡,是炼铁厂邓本初工程师的女婿。当然,这些反映不一定正确,但是,一连串的贪污渎职,始终没有处理,起码值得考虑。他的主管上级,一味的包庇、掩饰,是否通通作弊,也值得很好研究。

(丙)包工问题:从没有生产的华钢到生产品供应市场,是经过一段相当艰苦的建设过程的。应该说,建厂期间,大部职工尽到了自己的主观努力,为着公司的广阔前途,和工人阶级的长远利益,贡献了自己的力量。但是,在不影响正常生产任务的前提下,进行大规模的建厂工作,仅靠该公司职工是不够的。解放以来,各种工程建筑,用了不少包工,而石灰窑只有五家包商,揽工对象也主要是华中钢铁公司,五家互相通气,抬高标价。且因各种工程建筑,没有严格要求,做出工程不很坚固,降低使用年限。

新建三十吨炼铁炉,因包工敷衍了事,完工不久,炉身下缩一寸,炉顶清灰门被压成椭圆形。当工人发觉,提出意见时,工程师充作未闻,即已开始烘炉。据工人估计,此项工程比自做者少用好多年。厂内仓库改修宿舍,估工大米七十五石,投票最低者一百二十四石,而该厂工人自做却只用四十五石,另省洋灰十六袋,木料三十平方米。冷铸厂翻工车轮,捶碎三个包价石米,但工人要求在业余时间自捶时,工价由一石降为三斗,小工们仍争先去做。轧钢厂填平地基,包价大米一千五百石,但驻地解放军承包时,包价降低很多,估工者却又说太高了。很多厂房经包工修理后,不久即又漏雨。包工开采石方五十余车,要求规格是二至五寸,但承做者多在七寸以上,有的竟达一尺,收方者也一一收下,再由工友自行捣碎。结果,因设计错误,捣成二至五寸仍不能用。三库库长张鸿举负责招标捶铁,每工实际能打六十一公斤,却按二十八公斤包价付款。这些事实,表明华钢在包工问题上,大有问题存在。

(丁)反常的加班现象:由于生产计划、原材料供应及工程设计上,存在很多问题,造成该公司反常的加班现象。闲则无事可做,忙则昼夜加班。虽然有碍工人健康,但因加班费很高(夜班三小时算一天),有些工人每月加班费超过了全月工资所得,因而,一般工人都愿意做。建筑厂工人,因不能加班要求调动工作,影响到工人内部的团结,也降低了正常生产时的工作效率。例如,当天可以做完的工作,有的为争取加班而"磨洋工"。三月份总计加班四万二千八百小时,折合七千余工,等于二百四十人的全部工薪,但却没有必须加班的突击任务。旧主管们则以准予加班或多报加班费,买好工友,甚至打架砸破,也报工伤。

(戊)可能的贪污案:据机械库管理师刘群臣反映,大冶解放前两天,该公司前工务处长张德勋与工程师汪显等,报损蒸汽水泵二部,锻钢用工具二百零三件,钢轨及连接夹板剪铣装置、槽辊导卫板、钢钉升降机各一套,钢辊放置木架五套,电阻器一具,角铁刀柄五把,搪梅头用车头一部及其它器材多件。查其报损签呈内称:"窃查拆迁资渝机件,各种零件均分别装箱,由渝运送本公司炼钢、轧钢、修造厂等。经会同各厂,先后逐一启箱清点,结果,尚缺少零件一部分。至各箱由渝起运来石,于上下船时,有少数木箱已经破损。上项缺少之件可能在起卸上岸时,因瞬间不慎失落江中。刻以时局关系,似应结清手续。兹特附列遗失清点乙纸(略),援恳鉴核,准予备案。谨呈总经理张,职汪显、张德勋(均盖章)签呈,三十八年五月十二日。"上项清单,除未开列锻炼用工具二百零三件外,与上述报损物资相符,该签呈已由张松龄经理批准备案。据刘估计,当时,因时局紧张,这批资财根本没有启运,很可能被张德勋、汪显等相互勾结,在资渝大渡口寄存或转卖。张德勋是国民党大冶工矿党部书记,解放前夕,张松龄是不敢不批准备案的。现下张德勋因以往劣迹很多,已于解放后调汉学习,汪显仍在炼铁厂任工程师。究竟是否贪污,除以上签呈外,尚无其他证据。然以该签呈含混其词,报损理由不能成立。

五、厂内秩序和一般浪费

由于规模宏大,工厂与住家不分,沿江场院没有围墙和铁丝网。员工家属、附近居民、小贩、乞丐可以随便入内,有时竟成群结队到仓库附近"拾柴",焦炭和完整木材,也常发现被盗,刚做好的模型、家具,转身就已不见。厂内住家,很少自买燃料者,有次一个老太太到锯木厂"拾柴",木工才劈一斧,老太已经抓住木料,等着劈第二斧。木工把他一推,老太太却装起疯魔,讲了半天好话也不顶用,最后以装满一篮木柴为条件,才算了事。炼钢厂炼钢用的萤石,常被小孩偷窃。类此种种,损失很大,妨碍生产工作的进行。

水电浪费更为骇人,大家争着用几百支光的大灯泡,各办公室、宿舍、住宅区、礼堂、球场电灯,常常彻夜不息。有的偷用电炉、电熨斗,聚众赌博。全厂四百余盏路灯,从下午五点半到翌晨七点,经常开放十三小时以上。全公司每月用电十一万五千余度(四月份已降低为十万五千余度)。用在非生产者,达于五分之一。二百支光的灯泡,五小时即耗电一度,每度价值九公斤煤。总的偷漏浪费,无以估计,数字想必可观。

生产用水不算全公司包括家属在内,每月用水两万余吨,大部被无节制的浇菜、洗衣服、洗澡或管子失修,偷漏损失。以该公司驻大冶职工一千五百人,平均一家三口计算,四千五百人每人每月平均用水五吨。机器折旧、保养费、修理费不算,光汲水用电每月电费即达六十余石。

六、两次清点

去年接管后,在党的统一领导下,行政、工会、青年团相互配合,发动和依靠广大职工,顺利地完成了清点工作,使华钢资财开始有了眉目。但因解放初期,老干部情况生疏,某些行政主管和仓库管理者,存在对清点的惧怕和抵触情绪,因而,首次清点很不彻底。国民党反动统治时代所造成的各种混乱和浪费现象,基本上没有改变,直至今年四月,仍有大批资财漏账。不久以前,江边发现价值数十亿的锅炉、马达和二大箱高压瓷瓶。有些人则混水摸鱼,从中取巧。如机械库二十二部缝衣机,清点后只余十七部,大部残缺不全,规格、牌号与账面不符。原存一库的数十箱完整机器,被拆散存放,至今不能拼起。被工人称之为三不管的废料场,发现不少稍加修配即可使用的大锅炉和其它机件。很多不知名称,不知规格,不知用途,不知价目的新旧机器,散乱各处,未加清理。

当这些器材被下级员工发觉,并立即予以保管利用时,不但没有得到应有的表扬,这些器材保管者的主管们,却一味的恼怒忌恨,冤冤相报,似乎下级员工戳痛了他们的脸皮。如机械库管理师刘群臣,发现漏账充作猪圈围墙的三箱高压瓷瓶,并运回该库保管时,工务处长给了当头一棒,斥之为"无组织无纪律"行为。同时,刘在学习"二七"社论的讨论会上,曾批评华钢浪费现象比石景山严重,并向记者反映过情况,该处长即认为刘有意与他作对,到处讲他坏话。乃与材料科长、协理合谋,私自决定予以调换工作,派锯木厂主管胡炳林(此人表现进步,能说会道,兼任华钢员工合作社经委会副主任,前边所述缝衣机损失和解放前夕报损的大批器材,与他有关),前往接替。但胡以自己对机械外行,不敢接任,找刘群臣说:"你可得好好工作呀,不然邱处长要换你。"继之一库管理师韦明华也劝他"识时务",刘刚协理也让他"顾大体",千方百计,威胁利诱,并监视刘的行动,使之不予记者接近。但刘以事实具在,维护真理,始终没有低头。工务处长乃决心换他,王厂副经理、高芸生监委等由汉返厂后,这位处长的心计才未实现。

刘群臣是河北深县人,幼年曾参加冯玉祥军队。一九二八年起,到塘沽永利化学工业公司学习制碱,历充学徒、助手、技士、工务员、助理员,甘肃油矿局助理工程师,嘉峪关材料库库长,酒泉材料厂主任,局派检验员,鞍铁工务专员,华钢机械库管理师等职。此人,政治认识虽较模糊,仍是旧的一套,但因其出生贫苦,在北京掩护过我地下工作人员,并曾协助参加活动。又受三个弟弟及弟媳(都是党员,长弟刘广泉,曾任冀南某地委书记,现任湖北干校校长,次弟刘波现任广东公安厅执行科长,另一胞弟已在华北牺牲)等的影响,本身是要求进步的。但因华钢宗派很凶,在工务处比较孤立。见了我们干部特别亲近,因而有些干部只听其他职员的反映,认为他有些投机。他弟弟虽给王厂同志写信,介绍过他的情况,但领导上始终未予接见,使他很不满意,背地也发发牢骚。但在记者向他解释,要求他继本革命立场,主动找领导同志反映情况时,已经打破顾虑,找高监委谈过一次话,汇报了很多东西。这样的人断定没有政治问题,只要我们帮助他,培养他,是能发掘很多问题,起更大作用。

今年四月,中南重工业部再次指示清理资财,要求在五月底以前完成清点、整理、估价、分类保管和做账。当时,正值中南重工业会议开会期间,主要领导干部都不在家。在刘刚协理、工务处处长邱才耀、行政处副处长李化和各厂行政主管聚议之下,未与工会研究,即已成立了各部门行政主管及工会主任为当然委员的清理委员会,于四月三日,召开了未经充分准备的员工动员大会。除刘刚讲了些清理资财的重要意义而外,其他行政和工会人员的讲话,多很空洞,谈不上什么动员。而刘刚又是劣迹很多的旧主管,工人烦他讲话,会场秩序逐形紊乱,到会人数本已不多(不足全公司人数的四分之一),加之动员不够深入,群众没有发动起来。在各厂民主选举职工代表,参加清理委员会时,又大部选上职员,少数当选工人,也自暴自弃,怕干不了。职员们则认为他们不会写不会算,不予分配重要职务。

各清点小组的组长、副组长，大部都是职员，随后发觉不对，虽又重新分工，但在职员多、工人少而不被重视的情况下，只不过走了一个形式，原来分工并未改变。

工业部指示：无论以往清点与否，全部资财均须重新清理，以便检查其损坏程度，作出正确估价。但该公司的清理委员会，却擅自决定，只要第一次（即去年）清点时的清点者与保管者确认无错，即可不再重点。工业部指示，整箱机器须打开检验，查明缺损详列账册，他们却以拆开后包装不能复原而决定不拆。总的理由是："限期短、东西多，清点不完"。他们把违背工业部指示的作法名之曰"有了上次清点的经验，这次可以省一点事"。不可否认，他们对统一调配全国仓库物资的决定和中南重工业部二次清点的指示，是不够重视的。重工业部指示说："第一次清点过的东西，与账面不符者须申明理由。"做贼心虚，其中的某些旧主管不害怕追究责任吗？事实证明，清理资财是会暴露出某些人的原形的，这不能不被认为是不敢发动和依靠广大职工清理资财的重要原因。而当时参加该委员会的仅有外来干部李化同志，任凭旧职员吩咐计划，不作任何掌握，使二次清点又将走上去年清点的覆辙。

四月六日，记者往访刘刚协理，除交换其他各方面意见外，建议他们接受上次清点中的经验教训，认真发动群众，搞好清点，并提出对"不拆箱"、"确认无错即不再清点"，违背工业部指示的两点疑问。刘协理表示接受意见。事后经清理委员会商量，又聘了数位工会干部和工人代表参加委员会，工会也发动会员讨论清理资财的意义，并电询重工业部关于开箱及确认无错之资财清理办法。王厂副经理回厂后，也感到发动和依靠工人不够，随即提出改进意见，与工会密切配合，把工人发动起来。截至目前，二次清理工作已接近顺利完成。

七、人事组织及劳动力的配备

在人事组织及劳动力的配备上，存在很多问题。有的部门，事多人少，不起作用，如计划处审核、调研两科，全处只有四人，而每日送审单据，终日处理不完，根本无法审查。不管应否采购，不管请领多少，一律盖章签印。

估工、包工，既不能调查研究，也不能认真审查，使审核工作流于形式，调研工作形同虚设。有的部门则机构重叠，人员臃肿，工作效率不高。如总务科，连警卫队、消防队在内共有一百七十余人，其中只杂役即有八十余名。很多单位都有木、泥、铁工，平常无事可干。全公司起码有一百多人可以机动调配使用，他们中有些也自动要求工作，但是，领导上没有统盘计划，组织他们去干。生产部门人员不够时，则去雇工，四月份的廿天中，已经雇工两千，耗费大米近一百石，全月雇工用米，绝不止此数。

八、干部思想作风与党、政、工、团关系

派驻该公司工作的各系统工作干部，大都保持了艰苦朴素作风。一般的说，工作上都肯埋头苦干，特别开始接管和清点阶段，在党的一元化领导下，大家团结一致，互相配合，各种工作得能顺利展开。但自接管完毕，整编机构以后，党、政、工、团分开办公，联系渐少，各部门的工作步调和相互关系，开始不协调起来了。

行政干部强调生产第一，但却高高在上，不去了解和解决生产中存在的问题。工人们对生产管理各方面，提出很多宝贵意见，正确而能办到的没有采纳，不正确或虽正确目前尚不能做到的没有解释。有的反开口骂人，如王厂同志，为某些工人对东北调来工友的工资不满，在员工大会骂工人"王八蛋"、"不配与东北工友比"。行政处副处长李化、检验科科长杨剑英等也骂工人"混蛋"。扣大帽子、态度不好者，也不鲜见。这些，足使解放后一度高涨的职工情绪，逐渐冷落下来。

下达各种指示、决议、制度、纪律以至办事细则、工作计划，因不与工会联系，未经教育发动工人，大部未能贯彻执行。

工会干部则离开生产车间单搞一套，不主动与行政联系。成天"劳保"、"福利"，但是，合作社、医院、食堂一样也没有做到好处。他们比较接近群众，却长期处在与自己熟悉的所谓积极分子的小圈子里，工人中的许多思想要求，无法解决，也不关心，特别对职员，是完全地格格不入。他们确曾听到过不少意见，但是，零零碎碎，都没有经过系统的分析整理。工人反映东北来的工友和干部有宗派，工会向行政反映，引起警惕是对的，但是,不作冷静分析,本身也带了盲目的宗派主义情绪,引起各外来干部之间的隔阂。同时,工会开会太多,整天陷在事务主义的圈子里,不但于工作无利,也加重了工人和干部的思想负担。

工会工作的路线不够明确。解放一年来,工会组织的领导成分,还主要放在外来干部和能说会道的职员身上,十九个执行委员中,有八个是外来干部。一个外来工人和四个职员,分担了工会工作的主要部门。最为显著的是文教部,因为正副部长都是职员,不能满足广大职工的文娱要求,不领导工人歌咏队、话剧组,围绕生产,展开群众性的文娱活动,却着重少数职员偏爱的京剧组。工会主任江鸣同志到职不久因与华钢子弟小学女教员恋爱,未经结婚发生关系,影响了党和工会在群众中的威信。这也是一般工会干部不深入工作,与行政不够团结的重要原因之一。

青年团的工作,还主要停留在无技术的青年工人和学徒中间。大部团员文娱活动、开会、游行很积极,在生产上不起作用。有些学徒团员,以为自己入了团,政治地位提高了,不虚心向技术师学习技术。团总支、支部,虽与行政、工会没有隔阂,但也没有密切联系,在工作和会议时间上,往往有所冲突。

党的领导力量是比较强的。工矿党委住在华钢,而华钢正副监委就是工矿党委的正副书记。该公司绝大多数职工,对共产党的领导是衷心拥护的,但从干部思想作风,政、工、团相互关系及华钢目前存在的问题来看,党内思想斗争是不够开展的。工会主任和副经理互不团结,影响到行政与工会的工作关系,工会组织部长与秘书闹意见,波动了工作情绪,党内均未以批评自我批评武器,求得解决。

今年元月,大冶工矿特区区长、党委书记高芸生同志爱人李绍璞,因虐待保姆,致其投江自杀,迟至如今未作处理。在这以前,厂内有一职员家属虐待前妻生女,被公安局禁闭七天,并开群众大会公开宣布其错误。而李绍璞逼死保姆未作处理,引起厂内厂外员工群众的不满舆论。比较前进的说:“现在正调查,将来一定要处理。”比较落后的则说:“还不是一样,国民党的太太犯罪不犯法,共产党的太太犯罪也没有事。”个别阴谋分子则从中挑拨,恶意煽动,使党在群众中的威信受到一定影响。

有些员工反映:"新干部(旧职员)没有学习老干部,老干部却学习新干部了"。这是在讽刺我们,原因很简单,一方面由于某些同志天天在办公室,不与工人们接近,另一方面也由于个别同志生活作风的享乐腐化所致。

对旧职员的团结改造方面,做得很不深入。天天学习社会发展史、劳动创造世界,而看不起工人、轻视劳动、狂妄自大的高傲作风,在某些高级职员中,却还严重存在。个别外来干部,也有过于骄傲,以胜利者自居,不服从留用主管之调遣使用者。

九、劳动纪律

由于整个公司的混乱局面,造成了劳动纪律的松懈废弛现象。迟到早退很是普遍,有的报过到又回家办事,有的旷工数日,回来报个事假。因无严格的奖惩制度,部门与部门,工人与工人之间的打架、纠纷和偷盗现象也不断发生,给暗藏特务分子以造谣生事、大肆活动的有利机会。正气不能发扬,受表扬的积极分子和青年团员,在群众中孤立起来。

十、工资与住房

工资和住房分配不公,是职工反映最多,最表不满的两个问题。据工人反映,东北调来的工人工资大都高于同等技术的原厂工人,个别东北来的学徒比原厂技工工资还高。如冷作房钳工组学徒刘××一百三十分,他的技师才一百二十五分。同时,在个别单位个别人员中,工资过高和不公现象也很多。如有的学徒在机械厂四十分,调到炼钢厂就拿一百多分。南工团调去的学生一进厂就拿二百多分。个别旧行政管理人员工资降低了,而我们派来的行政管理人员却拿二百四五十分。一般学徒,都不超过四十分,而某干部子弟,却拿八十分。一般杂役、保姆、洗衣工、养花工大都在八十分以上,有的高达一百余分。有些工人说:"朝中有人得做官,我弟弟来厂做义务工都不要,干部子弟一来就拿八十分。"也有的说:"没有门子窗户就是不行,你看杜保卿(工务处起重工)小组评了一百分,处长又给加了六分。"固然,有些意见是平均主义要求,但个别真正不合理现象,很久不予调整,也不说明缘由,进行教育,领导上应负一定责任。

住房分配上,工人也有平均主义要求。但东北工友调来时,让原住厂内的部分工人搬走,招致了工人对行政领导的最大不满,同时,也导成东北工友与原厂工友不够团结的根源。

十一、与地方关系

华钢与当地政府、驻军、税务局、大冶电厂等单位的相互关系,一般说没啥问题。但由于某些干部的骄傲自满情绪,并非十分融洽,如不及早提起注意,也将妨碍团结,有害于今后工作。有次,特区政府召开××会议,其他企业、机关都能按时到会,唯独华钢缺席。对决议事项既不遵从,又不申明理由,反怪区政府不对。要求警备部队保卫工厂,但又不给腾房。税务局、电信局到该公司收税和登记收音机,也都感到棘手。而与华钢同在一厂的大冶电厂,借用华钢礼堂都很困难。

华钢某些老干部,对工业部把原属华钢之大冶电厂拨归鄂南电力公司,也很不满。这件事,是前中原临时人民政府重工业部高元贵副部长,来厂视察时决定的,因而,有人送他一个绰号,叫"送终部长"。这里也可看出华钢与电厂关系之一班。

十二、今后展望

过去工作之所以没有搞好,主要因为华钢底子太乱,领导上主观努力不够。但是,几个主要领导同志,长期不在家(高监委到职半年,因赴东北参观,到北京、汉口开会,前后在厂不到一个月;王经理也经常到北京、汉口开会、订货等),缺乏掌握全面的干部,也是一个重要原因。此次高监委由汉返厂,对这些情况非常关切,并正传达中南中工业会议精神,结合学习"二七"社论,全面检查工作,准备实行民主管理和经济核算制度。中央重工业部并已决定于今年下半年起,开始扩大建厂,为明后年年产钢铁卅万吨做好准备工作。不久将来,华钢将在长江以南出现一幅全新的面目。

华钢计划大纲

1950 年 8 月

Ⅰ.产量及总价

产品名称	实产总量	本厂自用量	商品量	总价(币千元)
锰铁 (包括镜铁 190 吨)	3 370ᵀ	283ᵀ	3 087ᵀ	25 828 537
平炉钢锭	7 345ᵀ	5 335ᵀ	1 990ᵀ	7 727 170
转炉钢锭	6 360ᵀ	4 336ᵀ	2 024ᵀ	10 652 312
电炉钢锭	2 598ᵀ	2 598ᵀ	——	
小型钢材	9 000ᵀ	300ᵀ	8 700ᵀ	58 055 100
铸钢品	227ᵀ	27ᵀ	200ᵀ	1 967 000
冷铸车轮	6 600 个	——	6 600 个	22 400 400
氧气	360 000 立升	300 000 立升	60 000 立升	85 800
全部总价				126 716 519

Ⅱ.成本与钢铁局售价比较

产品名称	单位	平均单位成本(币元)	钢铁局售价	钢铁局售价减平均单位成本	平均单位成本／钢铁局售价
锰铁	吨	7 133 737	12 000 000	+4 866 263	59.45%
碱性平炉钢	吨	3 697 547	4 000 000	+302 453	92.44%
转炉低碳钢	吨	5 059 899	4 000 000	−1 059 899	126.5%
小型钢材	吨	6 355 077	(15 元条) 5 000 000	−1 355 077	127.1%
冷铸车轮	个	2 715 025	无价		
氧气	立升	1 361 106	无价		
铸钢品	吨	8 941 544	无价		

Ⅲ. 全年特微数字

1. 主要原材料用量

主要原材料名称	单位	数量 （包括生产、大修理及其他需用）
烟煤	吨	11 376
镁砂	吨	457
铁矿	吨	247
锰矿	吨	11 750
石灰石	吨	6 425
白云石	吨	735
白砂石	吨	372
火泥	吨	793
营石	吨	56
油料（汽油机油等）	吨	115
焦炭	吨	15 143
废钢	吨	10 207
废车轮	个	2 064
本溪生铁♯/	吨	2 824
碱性生铁	吨	3 765
本溪低磷生铁	吨	8 626
（锰铁）	吨	193
矽铁	吨	221
石墨电极	吨	31.4
石墨粉	吨	4
火砖	吨	2 492
镁砖	吨	173
矽砖	吨	711
石灰	吨	820

2. 运输量

原材料贮运地区至汉口集中　67 539 676 T. KM

汉口至石灰窑　13 731 146 T. KM

厂　　　区　518 400 T. KM

代华新运量　900 000 T. KM

共　　计　82 689 230 T. KM

（本公司51年商品量约17 000TS,如运至汉口交货,水运143公里,共计约24 000 000 吨公里）

3. 水量

生产用水　1 250 589 M^3

其他用水　320 000 M^3

共计　1 570 589 M^3

4. 电量

生　产　用　电　7 332 587 KWH

照明及其他用电　286 000 KWH

线路及变压器损失　356 000 KWH

共计　7 974 587 KWH

5. 人工

产品	人工（基本工资）			
名称	单位	数量（工）	单价（币元）	总价（币元）
锰铁	吨	21	11 000	233 000
平炉钢锭	吨	13. 45	11 000	149 295
转炉钢锭	吨	13. 45	11 000	149 295
电炉钢锭	吨	18. 45	11 000	149 295
小型钢材	吨	18. 45	11 000	204 573

产品	人工(基本工资)			
名称	单位	数量(工)	单价(币元)	总价(币元)
冷铸车轮	吨	5.85	11 000	64 935
氧气	吨	12.67	11 000	140 637
铸钢品	吨	52.72	11 000	585 192

Ⅳ 财务周转计划

1. 需要资金分季计划

项目	51年4月1日 需要(币百万元)	51年7月1日 需要(币百万元)	51年10月1日 需要(币百万元)	52年1月1日 需要(币百万元)
原材料及燃料等	6 623	7 697	9 587	8 073
半制品	2 415	2 394	2 311	2 322
在制品	816	861	945	899
制成品	24 816	25 867	29 120	31 326
预付工资	1 000			
预付电费	200			
总计	35 870	36 819	41 963	42 620

2. 流动资金来源计划

项目	51年4月1日 计划(币百万元)	51年7月1日 计划(币百万元)	51年10月1日 计划(币百万元)	52年1月1日 计划(币百万元)
自有流动资金	7 978	36 685	36 818	41 964
与1节之差额	+28 708	133	5 145	656

差额总计 34 642

3. 收支平衡计划

收入		支出	
项目	金额(币千元)	金额(币千元)	项目
商品销售收入	126 716 519	114 200 150	商品产销成本

续表

收入		支出	
项目	金额(币千元)	金额(币千元)	项目
其中盈余	12 516 369	12 596 369	上交利润
国库拨入款 增加流动资金	34 642 464	34 642 464	1月1日补完流动 资金不足
折旧准备基金 大修理	1 109 508	2 219 016	大修理经费
国库拨入款 大修理基金	1 109 508		
国库拨入款 基本建设	29 790 000	29 790 000	基本建设
其他收入 (包括运输租金利息)	2 380 000	2 300 000	其他支出 (包括财务费用及其他)
总计	195 747 999	195 747 999	总计

中南重工业部通知

1950 年 12 月 21 日

华中钢铁公司:

奉中央重工业部十二月十八日重办字第八三四号通知内开:政务院指示,我国决定接受捷波两国约请,参加东德莱比锡世界博览会之展览。此项工作有重大之意义,不仅代表伟大的中国人民解放以来在政治、经济、文化恢复及建设之伟大成就,强大的新中国在国际上亦将增加世界和平阵营国家与人民以无限信心与鼓舞。中央各部正做积极准备,本部负责筹备重工业方面之有关展览工作,并决定于 12 月 14 日成立该项工作之筹委会,以徐良图同志为主任,立即进行此项工作。各地区工业部必须积极协助,责成有关单位于 12 月底完成全部筹备工作。并附发《东德莱比锡及捷克、波兰博览会展览计划大纲》。兹节录有关部分如下:

一、钢铁工业（包括炼焦及采矿）——以鞍钢全部及华钢部分代表我国钢铁工业之规模。表现范围为：

二、日寇及蒋介石榨取与破坏鞍钢之情景（用一组相片描写被榨取、破坏之惨况，主要表现设备，十张相片表现）。

三、由人民接收后，全力恢复之努力（用一组相片描写恢复整理修补建设之场面。主要从设备上表现，十张相片表现）。

四、显示新中国钢铁工业生产之成就与无限之前进（用一组相片描写各种系统的巨大设备、机器，均在开动了，巨大的生产正在推动我国工业经济的上升，从而自农业中国向工业中国迈进着，正在实现毛主席远大的理想）。相片内容如下（22种，每种以5张为度）：

1. 选矿设备与作业（表现矿场作业的场面）。

2. 原料运往炼钢地点（表现无穷的原料运供情形）。

3. 丰富的炼钢原料，日以继夜的投向伟大的炼钢炉中（表现炼钢炉）。

4. 像水的源泉一样，炼出无穷尽的钢水，铸成钢锭，供给轧钢厂。

5. 大规模的轧钢设备，轧成无限的钢铁材料（表现轧钢设备）。

6. 巨型的鼓风机供应着充足的风量。

7. 巨型的炼焦炉供应着丰富的燃料。

8. 配出强有力的电源，支配着整个机器的旋转（表现电力系统）。

9. 焦炉出焦（表现焦炉及出焦情形）。

10. 焦油分馏制出种类繁多的副产品（表现设备及作业）。

11. 锻钢场面（表现设备作业）。

12. 铸造场面（表现设备作业）。

13. 机器设备修造场面（表现设备作业）。

14. 大马达带动着轧钢机（表现动力情形）。

15. 开坯（表现作业）。

16. 钢锭钢坯大批的成品堆（显示着丰富的成品）。

17. 钢材、铸管、铸件大批的成品堆（显示着丰富的成品）。

18. 分析化验的检查工作。

19. 起重场面。

20. 装车起运大批的钢铁资源出厂的情形。

21. 钢铁工业的总办公室在紧张的工作着。

22. 鸟瞰(或整个模型,表现规模)。

五、配置有价值的图表,表现生产百分比的直线上升(不超五种)。

六、国际帮助写实(如苏联专家的技术帮助,二、三张相片)。

七、各种突出的成品样子,如合金钢、轨条小样、钢材小样(种类数目不限,以能有代表性者精选实物展览)。

说明:

1. 相片统照四寸,底版冲洗一张(不放大),连同底版一起送交,在京计划尺寸再放大。

2. 相片要清晰,背景要整齐,设备镜头要有气魄。

3. 图表只要草图,在京统一绘制。

4. 各种实物只要说明,在京统一美术加工。

5. 全部资料不得超过 12 月底运抵北京。

6. 在指定内容下,如有新内容及有价值者可机动增加。

等因,自应遵照办理,务盼即速布置工作,争取于十二月底前将准备之资料送部为要。此致

华中钢铁公司

中南军政委员会重工业部兼部长　刘杰

副部长　朱毅　魏廷槐　曾志　王盛荣　周苍柏

华中钢铁公司一九五〇年工作总结提纲

1951 年 1 月

甲、总结企业的经营问题

1. 生产方面:

(1) 生产方针与政策执行的检讨。

(2) 生产计划本身的优缺点。

（3）执行计划过程中的问题。

（4）实际产量超过或不及计划产量与成本品质升降的原因。

（5）经验教训，今后应注意的问题与意见。

2. 基本建设方面：

（1）基建计划方针确定的检讨。

（2）计划本身的优缺点。

（3）执行计划过程中的问题。

（4）实际超过或不及计划的原因及对生产的影响。

（5）经验教训，今后应注意的问题与意见。

3. 经营管理方面：

本单位在经营管理上存在哪些主要的问题，如产品运销、器材供应、财务成本、安全生产等各种工作有何困难，有何成绩，及工作中之优缺点，经验教训等问题，并对各种管理条例及操作规程等检讨。

乙、民主管理

1. 对于依靠工人改造旧企业搞好生产执行贯彻情形，管委会职工代表会的优缺点与经验教训。

2. 管委会对改造旧企业推动执行的情况，如：A. 机构的改造；B. 制度的建立或改革；C. 生产的改进；D. 业务的整顿等。并有何经验教训，及对今后意见。

3. 在贯彻执行"依靠工人搞好生产"的政策中发生的偏差，获得的经验教训及今后意见。

4. 职工思想及工作态度的转变过程，职工政治觉悟的程度，目前职工的工作情绪及思想动态。

5. 对组织群众教育群众推进生产管理工作的经验教训与今后意见。

6. 对保卫工作的检讨，如机构人员三防工作的经验教训及今后意见。

7. 工资劳保福利情况：包括工资制度、工资标准、工资组织、发放办法、职工子弟教育、生活福利设施、安全卫生的设备、教育组织等，已解决了哪些问题，尚存在哪些问题。经验教训，今后的具体意见。

丙、领导问题

1. 对四月重工业会议精神的体会及在每一中心运动中对政策的掌握,总结出经验教训。

2. 党政工团在工作上配合的情况及存在的问题,经验教训,今后意见。

3. 在"整风"运动中所发现工作上存在的问题及克服问题的办法,有何经验教训。

4. 领导同志应以整风精神检查思想及工作作风。

丁、对五一年生产与基建计划的意见,与明年工作计划的意见。

华钢炼铁厂炼铁生产创造全国新纪录

1951 年 10 月 7 日

华钢炼铁厂经过反封建民主斗争的胜利,工人们阶级觉悟普遍提高,树立了主人翁的劳动态度,生产气象焕然一新,生产迅速发展。在八月份超过生产任务百分之二十八点九六,完全消灭废品的新纪录基础上,九月份又创全国新纪录,最高日产量超过设计产量的百分之九十八点四,平均产量超过八月份的百分之七点〇七,七八九三个月做到了完全没有废品。焦炭消耗率也由八月份的一点一〇五吨,降低到一点〇三八吨。全月生产计划于二十七日提前超额完成,以今年一二三月份的产量为标准,则八九月份由于产量的提高,至少节省了七亿多元。

生产上所以能够连创新纪录的原因,首先由于在反封建民主斗争中,打倒了直接破坏生产、欺压工人的封建反动分子,工人潜在的政治积极性和生产热忱大大发挥,树立起主人翁的劳动态度。每个人对生产都关心负责了,合理化建议被采纳被实现了。正如工友邓子云所说:"过去是上面解放了,我们下面没有解放,还是受那些封建反动分子的压迫。现在我们拨开了乌云见了青天,我们认识了工厂是自己的家,是我们的金饭碗,爱惜国家的财产,就是爱惜自己将来的幸福。"工人群众普遍反映是:"如今我们搬掉了头上的石头,真正当家做主了,再不积极干活那还能算是主人翁吗?"

由于工人政治觉悟和生产积极性的提高，工人团结的加强，生产互相联系、配合更密切了，生产制度贯通了。过去反动分子有意破坏，闹的炉前炉口不团结，反动分子高尚武（炉口组的）不管炉前模型与工具是否预备好，就命令开炉放铁，给炉前的工人为难。以前交接班时，哪些地方发生了毛病，不是隐瞒就是推卸责任。现在完全变了，各部门互相联系，交接班制变成了工友们的日常习惯，交工具，交经验，交安全责任制，每逢交班接班时都自动的来一次检查，警惕性提高了，保证了安全操作。

工人掌握起技术。过去炉后组的工人上料时，不管焦煤与矿石大小，混入了泥土杂物也不清除，造成浪费焦炭，减低产量，影响质量。现在都很认真了，自动筛选焦炭和矿石，除去杂物，把大块焦炭打成小的，大块的矿石拣出来。有一次，一车焦炭车皮上写的是六河沟的焦炭，炉后组工人上料时检查出不是六河焦，打电话问了起卸的同志，还不放心，在夜里大家宁可多跑路人吃点亏，也不让上错了焦炭影响生产，直到第二天早晨才查清楚，果然车装错了。

炉顶组也建立了检查制，保证原料进炉正常，可以增加产量，不合格的提出意见来重搞。过去修理停风动作慢，停的时间长，现在动作快，停风时间缩短，也能增加产量。热风炉过去温度高低不能自如，现在要求烧多少度就烧多少度。行政上加强了技术领导，举办技术培训班，使工人技术有了提高。公司方面也很注意原料的选购，这些都直接的影响了生产。

为了更多的捐献飞机大炮，工人们还自动的找工作做。炉后运料的地面上缺少铁板，大家自动的翻砂，出铁板一千多块，节省一百六十多个工。

中共黄石市委办公室

华钢通报

1951 年 2 月 3 日

一月份各厂生产成绩均超过原定计划。

1. 炼钢厂完成计划 129％，创造每工作昼夜生产 35.30 吨的纪录。

2. 轧钢厂完成计划 121.4％，创造每工作昼夜生产 40.80 吨（标准吨位)。

3. 炼铁厂完成计划115%,达到每工作昼夜生产37.12吨(炼铁最高纪录为44.06,均未除回炉铁)。

4. 机械厂冷铸成品完成计划142.4%。

上列成绩是全体员工努力与供应部门保证之下获得的,经工管会常委会讨论,分别陈报外应行通报嘉奖。希各厂处室同志,响亮回答中央重工业部何、钟、刘首长的号召,深入抗美援朝爱国主义的生产竞赛,进一步巩固成绩,提高质量,创造更新的纪录。

代经理　张松龄

监　委　高芸生

华钢呈中南重工业部文

1951 年 8 月 21 日

中南重工业部:

一、关于本公司一九五二年基建投资计划,经钧部派张处长,顾、郭主任等来公司会同研究,决定为:(1)目前迫切需要,在一九五一年内必须动工者为一类;(2)一九五二年生产上必须解决者为一类;(3)与目前生产有关又与大计划分不开者为一类。分别加以修正重行编拟,除在月初将二份材料面交顾、郭主任携回部处外,特将正本一份,加盖印章随文附呈,请即核转中央,以资讨论。

二、一九五一年必须动工部分,计有:

炼钢厂:(1)鼓风机厂迁移。因现在四台鼓风机安在转炉紧近狭小地区,温度过高,炉灰太多,地点狭小,操作困难,以致经常发生事故和故障,拟迁移披房以南旧浴室位置;同时,将上料台木梯已不安全者予以重新翻修,纯属技术安全性措施。工程有房屋基座安装三项。(2)50HP碾砂机安装及工房工程。过去转炉炉砖,系用四川白砂石,采运不易,价格昂贵,目前已改用矽砂火泥打造炉壁。但碾砂能力供应不上,拟将大连迁来大型转碾机,在厂北空地盖房安装,全年可节省炉砖费用八亿左右。(3)取钢锭机。钢锭脱模,在新模及旧模阶段均很难脱出。目前用人工打脱,损害健康和行车很大,拟添装 10T 压力机一部,专为钢锭脱模之用。(4)摆钢锭模单臂吊车。炼钢厂三类冶炼炉造块操作频繁,现有四部行车不敷应用。拟添制专摆钢锭模单臂吊车一部,供造块操作,才能解决行车不够的困难。(5)平炉加料天车。目前人力加料每炉仅十四、五吨即需十七人,二小时连续操作,对体力及劳动量损耗极大,影响炼炉次数。故拟用加料天车设备一部,省下人工,增加次数。(6)锤碎废钢废模设备。坑监滴废钢和造块不良废品及过龄锭模,目前无法击碎,日渐堆积成山,故拟加添锤碎设备一套,以处理废钢废模。(7)铸钢砂碾子。铸钢砂过去使用不合格砂子,使铸件表面容积很厚,影响质量及加工。最近拟予改进,选用石英钢砂,细加研磨以作涂料,但碾压设备,必须添设。(8)空气压缩机配管。已安装有 130HP 空气压缩机为风动力,原可以在平炉电炉清灰、打击炉盘炉底及风铲铸砂、模渣等,必须添配压风 6″高压铸铁管,才能运用。

轧钢厂:(1)添建加宽加长再热炉二座。因 10″、17″两轧钢机现有再热炉,原设计系 1.5 米宽,每小时容量为 2T,而目前轧量已达四吨,限制轧量很大,为求发挥轧钢能力,不改造再热炉无法增产。拟在不影响日常生产的原则下,在现炉南面与主房成直角,分建两座连续再热炉及炉房工程。(2)添置冷床滚动装置。目前成型槽出来钢条,用人力拉到冷床冷却,一个工作日要跑四十里,既累且慢。拟将原设计未制装的滚动,均加添设,以减低劳动力,提高速度。

修造厂:(1)增加烘模炉二座。(2)增加 16 眼退火炉一座。(3)烟囱一座。七月以前生产量已超过设备负荷,今后可以日铸 1000 个车轮。前项炉子势非增添不可,已在即日动工中。(4)铸造场接长行车轨道 20 米,现有厂房狭小,铸件铸模堆积不堪,拟向里延长行车轨道 20 米,以便将巨型砂箱运堆空地。

上述目的性及必要性,顾、郭主任大部已熟悉。至于一九五二年及与大计划有关部分,均在会商研究中决定。除另附说明外,其目的性与必要性,亦为张处长等所了解,不另陈述。

三、本公司一九五一年基建投资,除大冶特殊钢专案外,在一九五〇年七月计划会议所拟计划编造陈送,但没有下文,等于一文无投,以致生产上发生很大困难。因此,关于一九五一年部分一面陈情,一面动工,已迫于不得已。为此请求:(1)一九五一年部分,予以追认,并指示款项出处;(2)一九五二年部分,务必在中央力争,及早决定控制数字及拨下材料,准储资金,以便年内备料及从事技术设计;(3)与大计划有关部分,除由公司直函中央钢铁工业局大冶设计组会同提出外,尚请钧部竭力争取。

经理　高芸生

关于华中钢铁公司一九五二年生产情况的报告

1953 年 2 月 4 日

省委、中南局并各工矿党委各党组:

华钢一九五二年的生产是我市工矿中比较好的,各主要产品均超额完成国家计划和增产任务。他们的主要经验是抓住生产关键,有计划的推行了先进经验进行技术改进。现在最为突出的是管理落后于生产的发展。

一、华钢一九五二年生产财务计划,是在增产节约的号召下,各种主要产品和计划产量,较五一年的实际产量大大提高的情况下制订的。由于政治改革和生产改革运动的开展,全年主要产品都超额完成了国家计划。如生铁完成国家计划的百分之一四三点九九,完成全部任务(国家计划增加增产计划)的百分之一〇八点一二;平炉钢完成国家计划的百分之一一七点三,完成全部任务的百分之一〇〇点五;转炉钢完成国家计划的百分之一一四点三五;轧钢材完成国家计划的百分之一五九,完成全部任务的百分之一三二点五;冷铸车轮根据本厂检验合格结果统计也完成全年计划的百分之一〇六点一二。

全年生产总值完成全年计划的百分之一一〇点七八,与一九五一年相比较生铁产量较五一年提高百分之七五点八。平炉钢提高百分之二一五点二一,转炉钢提高百分之一一七点一二,钢材提高百分之一七六点七三,冷铸车轮产量亦提高百分之六二点九五。本年生产总值比五一年提高百分之九七点二三。这说明五二年的生产水平比五一年大大前进了一步。

在质量上五二年内亦有显著提高。例如转炉钢锭去年下半年的合格率为百分之七六点八一,本年质量合格率已上升为百分之八六点一五,较去年下半年提高百分之九点三四,第四季度平均合格率即迅速的达到百分之九一点七○。平炉钢锭去年下半年平均合格率为百分之七四点六七,本年质量合格率达到百分之九一点○六,较去年提高百分之一六点三九。特别是在本年第二季平均合格率曾经达到百分之九六点二九。生铁去年平均合格率为百分之九六点八,本年平均合格率达到百分之九八点○九,较去年下半年提高百分之一点二九,本年第三季平均合格率曾达到百分之九九点八四。钢材质量经常在百分之九九点○○以上,已走上巩固的阶段。第四季的生产改革中,由于强调安全第一,质量第一,以提高质量为努力目标,因此便引起了全体职工对质量问题的重视,结果便克服了重量不重质的思想倾向,使得各种产品质量普遍提高。

五二年还试制了几种新产品成功,如硬质合金已制造成功,用简单的设备解决了复杂的氧气制造。在大型铸件方面,一二五○马力马达上需要的主轴全重约计四吨,长达四米,根据现有设备能力制造有困难,但经工人们仔细研究,正确的掌握锻造温度,终于克服了困难,制造成功了,并在质量上也达到了要求。以及五吨汽锤、一二五○马力变速牙轮箱的制造,其中最大铸件重达四十余吨,都全部完成了。人字牙轮和牙轮箱又自行加工成功,都是在现有设备下很困难复杂的任务。

五二年内生产所以能获得以上成绩的原因是:

第一,党的正确领导与工会青年团的积极协助。根据党中央依靠工人管理企业的正确路线和上级的指示,公司党委结合本公司的具体情况,指出了改革的目的、方针、内容和步骤,并正确的引导了各项改革工作,走上了胜利。在运动中工会和青年团积极发动群众,协助行政,基本上消除了领导与职工之间的隔阂,使群众更易接受领导,因而完成并超过了生产计划。

第二,由于经过了一系列的政治运动,职工们的政治觉悟普遍提高,工人群众树立了主人翁的思想，发挥了积极性和创造性，在劳动态度上起了根本变化。如经过三反运动后，工人、技术人员和职员认识了资产阶级的本质，批判了单纯技术观点和雇佣观点，建立了爱党、爱国、爱厂、爱劳动、爱护公共财物的"五爱"思想。同时大家明确了只有搞好生产才能改善生活的国家利益和个人利益的一致性，生产积极性与创造性普遍提高，职工群众提出了很多的合理化建议，仅第四季便提出了三五一条。

第三，技术改进和推广先进经验，同时不断地进行了技术改进，因而使劳动生产率提高。如炼铁炉工人懂得了矿质含铜以及其它杂质进入炉子对质量的影响，以及大小规格对通风熔化的影响，便自动进行选矿工作。在上料方法上过去是二批一上，由于大家明了了炉料分布均匀可使炉子的效率提高，因而改成了一批一上的装料法。平炉工人由于掌握了技术，缩短了修炉时间和清灰时间。以前要等全炉钢水放出才进行修补，现在当炉水尚未放完而渣锭露出，以后就立即进行修补，结果缩短了冶炼时间。另外，平炉过去中修需时十一二天，现在中修只要七天，小修只要五天就可以了，炉子作业率提高。又如煤气炉清灰，过去清一次灰要二三小时，现在只要一小时或四十分钟即可，并且能做到小清灰不停火。轧钢工人由于技术不断的提高，改进了轧槽排列方法，消灭了两头机架松中间机架挤的现象，改变了钢坯尺寸，减少了轧制次数。改进了加热炉炉顶，延长了炉子寿命。添装了超电流电铃指示器，减少了压车的现象。冷铸车轮工人研究了糖浆浓度对质量的影响，改进了涂料配合法，减少□文的现象。

在设备方面也进行了改进，如平炉增加了一个化铁炉单轨吊车和钢锭清理场，因而创造了平炉实行交叉吹炼的流水作业条件。平炉炉底加深卅厘米，增加了容铁量，每炉可多出约三吨。一七□轧钢机加热炉的改建，加长炉身升高炉顶加宽炉腔，增加二次风，使热钢能力增加了百分之卅。冷铸车间增加了退火炉四个，使日产量增加十二个，皆为范例。

第四，学习先进方法推广先进经验是获得成绩的主要原因。尤其在第四季生产改革中，全厂职工抓窍门抓关键，开展合理化建议，推广先进经验，挖掘了生产潜力。高炉采用了苏联的全风快速低温重料轻碱性渣的先进作业法,增加了风量,减低石灰石的用量,使生产获得显著成绩。一年来高炉连接创造了十次小型高炉全国新纪录,仅在第四季便创造了了八次新纪录,有效容积利用系数最高达到〇点七五三。平炉工段年内实行了两个炉子的交叉吹炼流水作业法,使产量较过去提高一倍以上。同时由于学习了苏联的小型贝氏炉吹炼法,质量亦由九月份的百分之七〇点四二提高到第四季平均合格率百分之九一点七。平炉工段过去对炉子寿命问题始终未能解决,几乎每月都要进行小修。在第四季内接受了苏联专家的指示,学习合理控制燃气的方法,试验结果成功,找到了关键,控制了燃烧气体不使过多,掌握了温度,使炉门拱砖的寿命延长了,熔炼时间仍保持正常,煤气有了节省,并加长作业时间,因而提高了产量。轧钢车间工人在车间主任领导下,创造出"抢头交叉快速喂钢法",在最后的两套机架上,加装了导卫板的装置,最后几道轧机间,可以不停的喂钢,大大的提高了生产率。

二、一年以来华钢的生产是在不断增长,各种设备得到了比较充分的利用,技术上也有很大进步,经营管理上也初步得到了改善,取得了一定成绩。但是由于职工的技术水平还很不一致,管理部门缺乏管理经验,因此在管理上还存在许多问题:

第一,生产上的不平衡现象。由于华钢是在残破不全的基础上恢复和发展起来的,设备的能力不均衡,炼钢能力大,炼铁和轧钢能力小,生铁量够维持平炉和车轮的生产,转炉生铁依靠东北供给。由于轧钢能力小,钢锭供应多,在五二年内便造成了钢锭的积压,但五三年转向特殊钢为主要生产,转炉为电炉服务,供应电炉钢水,因而钢锭生产减少,又出现了钢锭不足而使轧钢能力得不到充分发挥的现象。

第二,经营管理落后于生产发展。五二年内我们依靠全体职工完成了生产计划,但在经营管理方面,却远落后于生产的发展。如成本没有按计划降低,有些还相对的增加了。呆滞材料没有很好地处理,资金周转率没有按计划提高,相反的因钢锭的积压造成财政上的困难。在管理制度上,缺乏完整的方法,机构虽然调整,但尚不健全,因此计划管理尚未走上正轨。各部门间关系不够明确,联系不够密切,公文旅行现象仍然存在。责任制尚未能推行。原材料供应有时供应不上，材料规格不合，验收不够严格，保管不善，使用上还不合理。在技术管理上，尚未建立起系统领导与管理制度，有的车间还缺乏操作规程，先进经验未能及时总结推广，有些产品质量波动很大，如车轮的质量问题到现在还没有得到很好的解决。部分职工对质量问题还不够重视，检查人员和监督人员，缺乏与群众相结合的思想，致使少数职工误认为检查人员光找毛病添麻烦。这都说明了行政管理的落后于生产。

第三，劳动生产率没有得到很好的提高。根据过去生产发展情况，车间的生产一直是不断上升，并时有新纪录出现，证明我们现在的设备还有很大的潜力，还没有得到充分利用。同时，有些车间对劳动力的配备问题未做很好的研究与调整，劳动组织仍不够合理，因此劳动效率还很低。苏联专家吉米多夫曾说："炼钢车间的劳动力浪费很大，有百分之四十，但机器与设备利用远远不够。"这确是事实。

第四，对安全生产仍然重视不够。事故不断发生，未能有效防止。五二年内发生的一般事故统计是一一二次，其中物料损失事故次数，占总次数的百分之五三点五七；机械事故次数次之，占总数的百分之廿五。全年发生的人身事故总计一五六四件，其中轻伤计一五五八件，重伤三件，死亡三件，情况甚为严重。根据事故发生的原因来统计，在一般事故中由于操作技术者，占总数的百分之四一点九七；由于劳动态度者，占总数的百分之一八点七五；由于设备不良者，占总次数的百分之一二点五。人身事故中发生的原因，由于安全教育不够者占一四九件，由于操作环境恶劣者占一九件，由于防护不周者占一八件。由于操作技术和安全教育不够而发生的事故，说明我们对工人的安全教育做的太差。由于设备不良、操作环境恶劣和防护不周所造成的事故，说明我们对安全设备还没有很好的主意。今后如何保证安全生产，由减少事故到消灭事故，是全体职工严重斗争任务。

中共黄石市委

大冶钢厂贯彻执行苏联专家建议工作的报告

1953 年 8 月 3 日

（一）

苏联专家朱也夫和热处理专家捷克加洛夫，于 5 月 27 日、6 月 2 日先后到达大冶钢厂，在实际工作的 30 多天中，共做了 20 多次的报告，提出建议 24 项和一般建议 161 条，并亲自指导电炉炼钢、锻造、热处理进行了示范操作，解决了大冶钢厂在生产技术、技术管理以及生产管理等方面长期存在而不能解决的问题。在专家亲自帮助和全体干部与群众积极努力之下，有 80％以上的建议是已经执行或正在积极准备执行。这对本厂生产改革有着极其重要的意义。

首先，在专家的建议和亲自帮助下，重点实行了周作业计划和周末会议制度，为在全厂实行周作业计划打下了基础。一月以来，收到了一定效果。在产品计划上，由过去的非计划产品约占 70％减少到约占 40％～24％，电炉车间 6 月份非计划产品 10 炉，7 月份减至 7 炉，按期完成订货计划，开始转变过去严重的待料停工和彼此不相衔接的现象。周末会议上通过厂领导及时了解各车间的生产情况和存在的问题，并予以解决；同时，也督促各车间干部摸清楚车间生产情况，研究生产存在的问题，正如朱也夫指出的："周末会议可以随时发现生产中的问题与解决问题，可以教育干部与教育厂的指挥人员。"另一方面，使职工群众了解了计划的重要性，树立了计划观念。

其次，帮助我们找到和解决了生产上的关键性问题。我厂特殊钢系统自 52 年 12 月正式开始生产以来，电炉炼钢方面，某些钢种（如 10A、45A、38×M10A 等）严重存在着机械性能不合格，以致交不出订货的问题；热处理方面，由于炉子不好，退火时间长达 148 小时，平均也在 80 小时以上，以致产量很低，完不成任务；锻造方面，更是特殊钢系统中最薄弱的环节，汽锤能力大，加热炉跟不上，以致生产任务完不成，还影响轧钢机的生产。这些问题都是长久存在而未得解决的。在朱也夫专家亲自指导下，熔炼了

16 炉各种优质钢,提高的工人的操作技术,解决了机器性能不合格的问题。同时围绕着提高质量的问题上,提出一系列的建议,如干燥原材料,控制氧化和精炼时间,以不氧化法熔炼高级合金钢,45A 加铬,严格执行冷弯、热锻试验等,并提出热修钢包方法,改进涂料,使用放射形底盘,严格掌握浇注速度,做好冲压等建议。执行专家建议的结果,质量上有显著的改进,机械性能不合格的废品,由 5 月份的 13.2% 减到 6 月份的 6.4%。捷克加洛夫专家在锻造方面提出高温装炉流水作业的重要计划和从中间向两头锻等先进方法,并亲自指导组织了两次试验,最低可提高 20%,根据最近这一次试验,产量可提高一倍到一倍半。在热处理方面,专家亲自指导修改退火炉,把过去温度不均(上下相差达 200 ℃)、升温很慢(每小时仅 30~40 ℃)、退火时间长(两段退火在 100 小时左右)的不合理的炉子,经过三次试验成功,改成效率很高的退火炉,还提出了勤加少加的先进加煤烧火方法,现在退火一炉钢材只需 30 多小时,比过去生产效率提高 2~3 倍。退火钢材的质量也比过去提高很多,废品率由 5 月份的 0.47% 降至 6 月份的 0.15%。轧钢车间在执行了少装快烧法以后,也受到明显的效果,过去氧化铁皮厚度 1.5~3 m/m,现在最厚 1.95 m/m。碳素工具钢 Y10A 过去加热需 3 小时,现在只需 90 分钟,在连续加热炉实行了钢与钢之间夹方铁后,钢锭受热温度由过去每个钢锭本身相差 100 ℃ 到现在最多差 50 ℃左右,解热温度均匀,因而机械设备也不致损坏。

再次,在技术管理上,初步建了各种制度,加强和推动了技术监督工作,专家建议要彻底贯彻操作规程,并亲自帮助修改了操作规程,加强技术监督工作,必须做到严格按技术操作规程检查每一工序的每一操作,执行结果,使工人群众开始树立了必须遵守操作规程的观念,与开始掌握了比较正确的操作,随便违反操作规程的行为减少了,提高了技术水平,保证了产品质量,电炉由上两周违反操作规程 61 次降到上周的 18 次,锻造由 21 次降到 9 次,热处理由 4 次降到 1 次。出现了严格遵守操作规程的典型小组,如电炉车间庞德金小组,过去违反操作规程的现象很严重,而执行专家建议近两周以来,完全消灭了违反操作规程的现象。在电炉方面,专家还有实行严格的配料制度,订立钢锭表面品级以进行表面检查,锋钢在 24 小时内即应装入退火炉进行退火,进行钢锭退火和修整工作后送锻造等 26 条建议,同时热烈实行□炼检查,即每炉钢(尤其是新钢种)先送一根去锻造,热处理、检验,得出结果后其余钢锭才送锻造,这样避免了一炉钢经过一系列的加工后而发现是一炉废品的毛病。还建议 3 吨炉利用炉顶装料、快速修炉、锋钢实行上注等方法。在热处理方面,提出了中间检验和研究酸洗液浓度等建议。执行效果,据初步计算,仅可以算出价值的 7 项建议每年就可以为国家创造纯利润 65.6 亿。其实专家全部建议执行后的价值是无法估计的。

最后,由于专家亲自下车间,在炉子和汽锤跟前指导工友操作,从补炉、装料到出钢,从加热炉到锻造完毕,工作时常在 10 小时以上,有时连饭也不吃,这种热情无私的帮助,使职工大为感动,有的工友说:"苏联专家这样热情帮助我们,我们自己还能不好好干活吗?"因此使职工受了一次具体的国际主义教育,提高了职工的政治觉悟。

但另一方面,执行专家建议尚存在着有不平衡、不深入、不巩固的状态。从执行建议本身看,现实性的建议执行的好,预见性的建议则准备得差,技术操作方面做的较好,而技术、生产管理方面做的较差。从车间之间看,轧钢车间能依靠群众、发动群众去执行专家建议,有计划的将专家建议及时交给群众阅办,使大家从思想上认识其作用与效果,最后被群众所掌握,并使执行专家建议与发动群众提合理化建议相结合,领导干部以认真负责的精神,积极组织技术人员帮助群众克服困难进行试验,以具体成果教育群众,使其能认识专家建议的先进性。由于他们始终贯彻了领导与群众相结合的方法,因而执行专家建议最好。其次是热处理,该车间由于新工人多,技术水平不高,开始亦执行的不好,但当执行专家建议降低了退火时间、提高了产量以后,事实教育了领导,教育了群众,生产情绪提高,并积极想法克服困难来贯彻专家的建议,电炉由于过去管理不善,技术人员职责范围不清,劳动组织分工不好,加上某些干部与生产组长的个人主义、保守思想与经验主义,如于家猛同志,对专家耍态度,大家配合不好;甚至有些建议本来已行之有效的而后来又改变了,如由放射形底盘又改用方底盘。因此,专家建议在电炉车间贯彻得比较不够顺利。从四个车间来说,以锻造贯彻专家建议最差。在领导干部中存在着"吃现成饭"的等待思想,遇到困难不主动想办法加以克服,而是抱着消极等待的态度,缺乏信心,工作方法一般化。因此,专家主要建议如高温装炉、快速加料、流水作业法,就没有得到贯彻,直到最近厂部进行具体帮助,党委加强了政治工作,车间负责同志才积极起来进行试验得到实现。成绩很好,如能巩固这一成绩前进,该车间将有一个飞跃的进步。从工人群众方面来看,一般的认为一定要执行专家建议,但建议的内容是啥,为啥要坚决执行,尚缺深入的教育与了解,因此违反操作规程与违反专家建议的行为不断发生,尤其是组织机构混乱,岗位责任制没有很好建立,缺乏有组织的去经常检查监督专家建议的贯彻执行。

(二)

在执行专家建议工作上暴露了厂的领导上存在有严重缺点:

首先,是厂级领导思想上,对执行专家建议的繁重性认识不足,对干部、群众中存在的严重保守思想、经验主义估计不够。如部分干部缺乏主动积极创造的精神去执行专家建议,而是消极等待、"吃现成饭"的情绪,技术工人中存在的"专家建议不适合实际情况"、"试试看、慢慢来"等不相信专家建议的保守思想与经验主义。技术人员中好高骛远、脱离当前生产情况的"想学新板眼"以及不愿负责与不敢负责的情绪。工人群众中重数量不重质量,怕增加劳动强度、怕减低产量的思想顾虑等等,均缺乏系统深入的了解与研究,缺乏抓住具体实例,及时进行分析批判,划清思想界限,以教育干部、群众。没有有领导地深入地发动群众,开展群众性的学习先进克服保守的批评与自我批评,对违反专家建议的行为,单纯地采取领导当面严厉批评的方法。因而从全厂范围讲,就缺乏有规模的强有力的深入的政治工作,解决各种思想障碍,以保证专家建议的执行。

其次,领导不深入,存在有一般化的官僚主义作风。表现在没有根据本厂实际情况去具体研究,分别主次缓急,提出具体计划有步骤地去贯彻,因而形成车间每条都执行，每条都执行不好，及缺乏具体的帮助车间，具体研究解决如何组织劳动力明确具体分工等等系列组织工作，因而造成忙乱、被动，大家都负责，大家都不负责，或者是今天执行明天不执行，这班执行那班不执行的现象。同时，领导不深入，缺乏具体检查，不能及时了解情况、发现问题。如执行专家熔炼试验建议时，6月13号正式开会研究决定要有重点的进行熔炼试验，6月16号由生产科已排入作业计划内，但到七月十四号才发现根本未动；又如执行放射形底盘建议时，在6月18号以前三吨炉已改用方底盘21次，车间不报告，厂的领导根本没有发现，到18号专家亲自发现表示很不满意时，领导才开始注意起来，并当面给电炉车间领导干部以严肃批评，但19号以后，1.5吨炉又改用方底盘7次，厂的领导仍未发现，对先进车间经验缺乏研究总结，不能及时总结群众之经验去教育群众，总结先进去提高落后，存在有自生自灭自流现象。

领导上的缺点是造成执行苏联专家建议的严重不平衡、不深入的基本原因，吸取过去教训，迅速地克服这些缺点就成为继续贯彻执行苏联专家建议的重要关键。

（三）

十月以前全厂中心任务是实行计划管理，我们必须要以继续贯彻专家建议推广先进经验，去推动与提高计划管理工作，同时通过实行计划管理去巩固专家建议，以保证国家生产建设任务完成。因此，我们计划组织各部门力量，根据各车间实际情况，首先对专家建议区别主次，提出技术组织措施计划，结合作业计划与操作规程有步骤地组织贯彻实现。

以上报告是否有当，请指示。

大冶钢厂

华中钢铁公司为了适应新任务必须改组机构及当前急需解决的几个问题的报告

1954 年 7 月 15 日

新厂址经苏联设计组建议，中央批准，确定在武昌青山背后地区建设，并改原华中钢铁公司大冶钢铁厂名称为武汉钢铁公司。按将来发展年产300万吨钢的厂址布局,现按合同规定年产150万吨钢的规模进行设计。

为了适应新的任务的需要,当前几个迫切需要解决的问题如下:

一、公司的组织机构

现在的机构不能担负现在的任务,必须改组。如何改组呢?

新的机构必须根据以下几个原则进行改组:

1. 便于武汉大厂筹备工作的进行。

2. 便于在大冶练兵练将,按期完成扩建任务,不削弱大冶施工的领导。

3. 保持两个摊子的统一领导。

4. 职责清楚,各负专责。

另外应注意本公司的发展前途,在施工中要分甲乙两方进行工作,将来变为两个公司,一个管理钢铁厂的生产,一个变为施工的托拉斯。

根据以上原则,改组机构有三个方案:

第一个方案:公司设在大冶,进行公司所领导的各单位的综合工作,对上负责,对下领导,在汉口设立一个武汉钢铁厂的筹备机构。这个方案的好处,是武汉的机构没有琐事缠绕,可专责进行筹备工作,大冶方面的人员可以不多抽调。缺点是总负责人在汉口,现在的司令员脱离参谋部的缺点仍不能克服。大冶方面无法综合武汉筹备工作,如总负责人去大冶,又不利大厂筹备与武汉建设的结合与不利大厂各方面的长远准备。

第二个方案:公司设在汉口,综合全盘工作。在大冶设一工程公司,工程公司下设各专业公司,专责领导大冶扩建工程,对武汉公司负责。这个方案的优点是:公司在汉口总揽各单位的领导,对上级负责,总负责人可在汉口,按组织系统上说是比大冶负综合领导顺妥。大冶方面可免去琐事缠绕,专责扩建施工。缺点是这样改组势必由大冶方面抽出综合业务的机构移到汉口,这就削弱了大冶的力量,影响施工。许多干部集中在汉口,除审核大冶各项报告外,不能直接接触具体业务,很可能把汉口形成忙于启呈转核的文牍里,也钻研不好业务。

第三个方案:由现在到明年年底或者到后年的第二季度,在这个短促的过渡时期,成立两个公司。在大冶的称华钢公司,在汉口的称武汉钢铁公司,分别对上负责。武汉钢铁公司领导设计、地质勘探、矿务、各公司及各矿山。生产处取消,加强矿务公司领导。大冶钢厂归中央钢铁局直接领导或归华钢公司领导,另设几个精干的职能处,负责筹备工作的进行,将来在施工中作甲方工作,以后转为管理生产。在大冶方面领导各工程公司专责进行扩建,由现在的职能处中抽出少数熟悉业务的干部加强武汉钢铁公司的业务工作,也不致于削弱大冶扩建的领导。到大冶扩建任务完成,全部人马逐渐调归武汉钢铁公司,专作乙方施工,那时华中钢铁公司的名义取消。保证统一领导的方法是:由总经理兼任两个公司的经理,在两个公司各设若干副经理,分掌各业务部门。这个方案的优点是工作范围清楚,互不牵扯,责任明确,便于武汉钢铁厂的筹备,也便于大冶扩建工程的进行,也便于锻炼干部,也不破坏统一领导。缺点是钢铁局今后要对武汉、华钢与大冶厂三个单位分别进行领导,在钢铁局方面增加许多手续麻烦。另外可能在部分干部思想上产生分家的念头。

以上三个方案,各有优缺点,请研究决定。

二、经理们分工

过去由于人手不齐,分工不专责,对工作进展有很大影响。现在经理已不少,应迅速进行分工,各负专责这个问题应早决定。分工意见是否由李经理、袁经理兼两个公司的经理,各掌握一个公司。卜盛光经理、李一平经理、王厂经理为武汉钢铁公司副经理,徐林汉经理、赵前经理、芦盛亮经理为华钢公司副经理,韩宁夫经理去苏联学习,魏伯经理出国或到鞍钢学习生产。高芸生经理专搞大冶钢厂,可以不兼副经理名义。

三、施工力量的确定

1. 希望把海南岛国防筑路部队约万人调给武汉钢铁公司,以便进行明年的平基工程。

2. 中南工程局承包武汉钢铁公司住宅区的建筑。

3. 公司以第一工程公司为基础,要求中南调拨一批机电安装技术工人(500—700人),要求钢铁局由东北调给一部分基建力量,再委托各厂矿代培训一部分工人,组织起来进行附属企业建筑与各矿山的施工。

四、生产管理干部的调配

干部情况:基建按编制需行政干部7 063人,现有4 271人,在3年内可培提447人,尚缺普干28人可以自己培训解决,尚缺科级干部86人,希中南局调配。

生产管理干部按编制需要3 080人,基建可以转来39人(处级以上),尚缺3 014人,处级63人,科级565人,加上基建缺科级干部86人,共缺651人,一般干部2 327人。希望中南局能在今年给调配。

技术干部在基建方面,需要4 036人,现有1 420人,尚缺2 616人,望中南解决一部分。生产方面需要技干3 920人,希望中央解决。

五、房子问题

在汉口明年虽能建筑一部分住宅,远赶不上施工职工的需要,今明两年无法维持,目前由两广调来干部,由于无房子,虽分配工作,还不能上班工作。希望在大区撤销时能给公司一部分房子。

需要情况:设计公司需占一座大楼,公司成立起机构亦需很大的一所楼。明年的专家,可能达到40位左右,如由武汉市统一招待,则可不需另外拨房子了。住宿现在是住在28个旅社内,还有新调来的大批干部的家属,也得逐渐迁来,也需很大一部分房子(需要具体数字另报)。

华中钢铁公司

张松龄:我在大冶工作的回忆①

1986年10月

(一) 我去大冶华中钢铁(有限)公司原委

我原是本溪煤铁公司的总经理。当解放军快进驻本溪时,资源委员会的孙越崎命令所有由关内到东北的人员撤退到北平听候调遣。我不得不

---

① 本文选自1986年10月《黄石文史资料》第9辑。

安排好本溪当地人员作领导，并留田润生暂代我留在本溪使之不乱。当时本溪电厂已恢复发电，煤矿生产正常，摆脱了停产、贫困状态，一跃而为在东北的电、煤的供给者，收入富裕，员工安心。我大约在1948年6月到达北平，孙越崎已亲自到华南、华中调查厂矿的情况回到北平了，正设法安插自东北撤回的这一批技术人员。他对我说，湖北有个大冶铁矿，还有一座铁厂，已被破坏的高炉及机修厂。楼房、宿舍能立刻容纳许多人，这是汉冶萍公司仅存的一部分。鞍山钢铁公司及本溪煤铁公司的撤回人员，统统可安插在那里，让我去搞建设。他说总经理郭克悌（东北电力局局长）住在上海（郭以大冶是个设备不全没生产之厂未就，而去台湾了）。我为代经理在厂搞建设，另派邱玉池为协理，刘刚原任华中钢铁有限公司筹备处主任也改为协理。邱玉池是电炉炼钢专家，抚顺钢厂兼本溪煤铁公司钢厂的厂长。当时，资源委员会钢铁处处长严冶之（汉冶萍的老工程师）跟我说，鞍山钢铁公司的负责人士如靳树梁、邵象革等已随解放军去安东（现丹东），现有一批厂长级、处长级的技术人员及其他人员，如李帮华、李培、冯汉杰、何荫春、宗俊章、戴义德等无人带领，希望我去大冶团结他们工作，勿使走散，这是当时国内的精英啊！语极坦率。更因为大冶是老汉冶萍公司经营多年的，虽已破坏，但尚有矿山、铁道、机修等设备，暂时建设一小型钢铁厂，有较好的条件，以后再逐步扩大是有前途的，遂决定去大冶。

（二）我在华中钢铁（有限）公司的工作办法

1. 资源委员会在大冶的华中钢铁（有限）公司早已成立一个公司筹备处，它的主管是刘刚。日寇投降时，他从日寇手中接管这个企业。当时的接收委员会有李博侯（已去台湾）。搞了三年建设，进展缓慢，没有生产，人言啧啧，多所指责。

2. 1948年，东北鞍山钢铁公司撤回许多人员调到大冶华中钢铁（有限）公司，这些人对我是生疏而不相识的。尚有由本溪煤铁公司撤退的人员与原来在华钢筹备处的人员都汇集在一起，确实复杂，人事成分、性格尚不摸底。当时我的想法：厂须新建，局势逐日紧张，厂内人多而杂，工作量不大，容易闹事。鉴于以前的教训，这个厂应赶快建设以便投产而图自己的生存,否则依赖当时腐败已极的反动政府维持职工工资生活是困难的。闹人事纠纷势必延误建厂工作,所以我决定原人一个不动,免生纠纷。又估计到时局趋势,大冶的解放不会太迟,原来的人一个不动,将来移交给共产党领导。乃将鞍钢及本溪新来的技术人员插入各部门,特别是新建的炼钢、炼铁及轧钢厂内;事务人员安插于各处室,如此人事纠纷没有借口。公司秘书长朱贤裔也照旧不动。总务处长邓章贤未动,各厂负责人对他不满,要求更换,乃调他去汉口办事处而以田润生代之。

(三)公司组织及负责人员

总经理:张松龄

协理:邱玉池、刘刚

炼铁厂厂长:刘刚(兼)　章光安

炼钢厂厂长:李帮华　副厂长:冯汉杰

轧制厂厂长:李培　副厂长:载义德

机修厂厂长:何荫春　副厂长:宗俊章

电厂(划归电力公司由资源委员会电力处管)负责人:黄文治

公司秘书长:朱贤裔

经理室秘书:王恒弼

会计处处长:李家麟

总务处处长:邓章贤　田润生

运输处处长:×××

供销处:李××　汤元农

试验室化验主任:张长生

物理试验主任:夏宗绮

矿物处:丁子培

技术科:夏从焜　巴堃龄　王吉枢

汉口办事处处长:舒××　杨维厚

组织机构仍照资源委员会规定没有变动。

（四）建厂经费及员工生活费的筹措

华钢经费是由南京资委会拨给的，拨款时间、数目都不能肯定。当时市面流通的伪钞，随时贬值，物价亦随时高涨，人民生活日益艰苦，人心惶恐不安，建厂工作进行缓慢。约在1948年8月我到南京找孙越崎催他拨款，他一时拿不出，让我到上海找刘美南处长，将本溪在沪存的钢材卖出换钱来用。而刘说一时卖不出去，多方借口延缓。我等不了，就返回大冶。到后来汇款时物价又已涨了，我极为不满。后因资委会孙越崎、钱昌照、吴兆宏等将大冶在江边积存的铁矿石卖给美国商人，货款以美元付给，因此南京资委会得到美元。约在1948年9月我急到上海找孙越崎，孙不在，乃与吴学蔺机械处长赴南京见孙越崎。因伪钞跌值太甚又太快，要求给美钞支票，孙同意给了三万元拜嘱赶快建设炼钢与轧钢等厂。我们公司买粮食及需用品以美钞兑换率计算。那时美钞价格稳定，职工就不致吃亏，人心较安，工程进度亦快。这样维持几个月，到人民解放军百万雄师要渡江的时候，大冶局势已极为紧张。约在1949年3、4月间，我急去南京向孙越崎要大冶矿砂货款用作三个月周转经建费，美钞支票十万元。孙问我走不走，我说决定与大冶职工在一起不走了。孙把支票拿给我，我问他哪里去，他说去广州。我即道别去沪转回汉口。当时汉口、大冶市场更加恶化了，伪钞无人要，购粮及一切日用品须用银币，人心惶惶。要买银元须用黄金，而黄金在汉口是买不到的。美钞支票已不灵了。因此乃决定用美钞到广州或香港买黄金，四人一组买好后由本人带回汉口，公司另派人在汉口市面用以换得银元，由公司的汽轮将银元运至大冶厂内。这样所得银元足够维持三四个月之需。同时派人购买粮食用品储存备用，工资也发给银元。因此全公司二千多职工心情安定，建厂工程照旧加快进行。至解放军代表来厂接管，保险库内存有银元三万余元，移交中南工业部了。这是我在华中钢铁（有限）公司经建费筹措情况。以后待"三反"运动时对买黄金事颇引人注目，乃将各位买黄金人员名单公布，审查无一舞弊者。因我先派会计处长李家麟为第一批带领人员去广州办理此事，摸清广州、香港买卖黄金的手续等实际情况，以便对后者的审查记账，并多派技术人员参加，互相监督。

（五）大冶的解放

约在 1949 年 5 月，人民解放军大举渡江。大冶快要解放之时，首要的问题是如何使人员安全及工厂完整地移交给党和人民，因此考虑到以下几项措施：

1. 怕人们惊恐乱跑。用经建费准备好了粮米油盐用品及三个月的硬币使用，人心已安定下来。

2. 怕公司警卫队携枪外逃。在隔江时闻炮声紧张局势下，炼钢厂长李帮华、总务处长田润生及老工人李楚清找我报告消息说警卫队靠不住，有人有带枪跑掉的企图，倘若先抢后跑，关系全厂员工生活问题太大了。李说警卫队内有两派，一派是江西人，一派是四川人，可以派人说服四川人不要跑，离厂做土匪无好下场就不会一齐跑。田润生说有一个四川人张贡三，张答应愿去。以后警卫队未跑，大家放了心。

3. 大冶依山靠水，厂地狭窄，怕作战。厂外军事动向殊不摸底。此时工程师张省已挺身而出，说驻黄石港的国民党驻军团长系他的安徽同乡，可以做思想工作。该团长深明大义率部起义，请解放军渡江，万众欢腾。第一个到厂的解放军五营长，我领他巡视厂区一周，他很高兴，嘱咐照旧工作并派一人驻厂。后他与解放军一起前进追击国民党去了。

4. 怕国民党败军及坏人进行放火抢劫。由于员工警惕，日夜执勤，夜间败军穿厂而过急于逃走未敢抢劫。

5. 对汉口办事处处长杨维厚的指示。当时汉口已被包围，情况未悉。我对杨维厚说，大冶石灰窑离汉口九十公里是个沿江小镇，消息闭塞，你在汉口有何情况或机关召集开会等用电报、电话报告厂里。另派工程师张佩璜去帮助杨维厚，如邮电中断可带口信回厂，如汉口作战可去武昌暂避。幸汉口和平解放，都安然无事。

以上是华中（有限）公司解放前夕情况，结果是全厂二千余人未跑未乱，照常工作，保全了全厂设备、建筑及当时中国钢铁业的精英，在中国共产党领导下，为建设新中国做出各自杰出贡献。

刘刚：华中钢铁公司建厂基地的选择及汉冶萍公司档案的转移①

1986 年 10 月

一、华中钢铁公司建厂基地的选择

抗日战争期间，1942 年底陈立夫、翁文灏在重庆主持召集全国工业计划会议，讨论战后工业建设计划。被邀请到会的是各行各业的专家和教授以及企业管理人员。当时我也是被邀参加的一员。在讨论中各种不同意见争论比较激烈。有的主张先发展重工业，论点是苏联十月革命以后，优先发展重工业，使国家很快得到强盛。有的主张先发展轻工业，理由是轻工业容易积累资金，可为发展重工业创造条件。也有人主张先发展农业，因为我国是一个农业国，没有农业提供粮食和原材料的支援，工业是不易发展的。三种意见争论不休，但大多数人的意见趋向于优先发展重工业。

1943 年下半年又召集了第二次全国工业计划会议，这次会议我没有参加。由于主持会议的翁文灏当时是经济部长兼资源委员会主任委员，他又是著名的地质专家，所以虽然开了两次工业计划会议，但是最后确定战后工业建设方向，完全是由他掌握着大权。关于钢铁工业方面，在两次全国工业计划会议以后，资源委员会翁文灏主任委员曾分别召集了钢铁工业有关人员研讨了战后钢铁工业基地问题。当时认为东北鞍山、本溪、抚顺等地，日本人在那里经营多年，有了相当基础，战后只需整理设备恢复生产就可以了。华北地区，可在龙烟铁厂（即现在石景山首钢基地）基础上进行修复与扩建工程。长江流域必须建设新厂。厂基问题当时考虑有三处可供选，即：(1)1937 年资源委员会筹建湖南湘潭中央钢铁厂基地。但该地区煤、铁资源不够丰富，尤其是湘潭煤矿地质极差（有流层），开采十分困难，交通也不如长江沿岸，因而不适宜于建设大钢厂。(2)马鞍山基地。1930 年，陈公博、胡庶华、胡博渊等人，曾请美国公司作过初步建厂设计，并把计划带到欧美另请专家鉴定。这个基地位于长江下游，有相当数量的

---

① 本文选自 1986 年 10 月《黄石文史资料》第 9 辑。

赤铁矿资源,并可利用淮南和山东煤矿。水陆交通极为方便,而且靠近上海的商业市场,是一个良好的基地。但由于离海岸线较近,当时认为国防不够安全。(3)大冶铁厂基地。这里可利用原汉冶萍公司煤铁矿资源,距离东、南海岸线均在 1 000 公里左右,国防安全比较好,交通方便,附近也有武汉工商业市场。虽然牵涉到汉冶萍公司资产问题,但在抗战期间,已将汉阳钢厂设备迁川。由于汉冶萍公司向日本借款,数额已超过公司资产,而且盛宣怀家族有与日本人历史关系问题,抗战胜利以后,将汉冶萍公司资产由政府接管自不成问题。于是翁文灏先生就决定,战后新建大钢厂设在大冶。

1944 年春,抗战接近胜利,资源委员会为战后振兴工业预作准备,选派了技术人员一百多人去美国进行工厂实习。接着又派遣专家教授约 30 余人赴美考察工业,并在纽约和华盛顿两地设立办事处,负责办理联系工厂实习和有关考察事宜。在考察人员中,现在我能记忆的有:陈良甫(企业管理及主持纽约办事处)、王守克(物理及主持华盛顿办事处)、恽震(电力)、程义法(采矿)、孙极(企业管理)、时昭韩(化工)、吴兆洪(资源委员会秘书)、杜殿英(资源委员会工业处长)、叶沮沛(电冶)、包国宝(化工)、周茂柏(造船)、杨钟键(考古)、华罗庚(数学)、杨廷宝(建筑)、胡伟同(采矿)、王之玺(炼钢)、刘刚(炼钢)、阮鸿(有色冶金)、刘晋钰(电力)、黄伟(专业记不起)、郑友葵(专业记不起)、丘玉池(炼钢)、潘某某(无线电)、戚某某(专业记不起)、翁心梓(专业记不起)……新建华中钢铁厂的设计,是由程义法、刘刚、丘玉池负责与麦基公司接洽及提供资料。1945 年上半年资源委员会副主任委员钱昌照亲自赴美与美国政府商谈了五亿美元的工业建设贷款,其中包括华中钢铁厂的建厂经费。

二、汉冶萍公司档案的转移

抗日战争胜利以后,1945 年 9 月由经济部湘鄂赣区特派员李景潞接收汉冶萍公司资产后,1946 年 2 月将大冶铁厂、铁山矿场、汉阳钢厂房地产及日本人留下来的采矿设备、器材,交给资源委员会在大冶成立的厂矿保管处,并由保管处彻底清查保管起来。1946 年 7 月华中钢铁公司筹备处成立后,保管处即行结束。当时筹备处只看管了这一部分资产,全部汉冶萍公司资产,乃由经济部资源委员会掌管清理,并由政府命令盛宣怀家族将存在上海的汉冶萍公司档案全部移交资源委员会。听说盛家当时还企图抗拒不交,但因盛家有过去与日本的一些历史关系问题,终于不得不屈从政府的命令办理移交。这些档案经移交后仍存放在上海。由于解放战争节节胜利,南京政府朝不保夕,准备迁移,约在 1949 年 4 月底,资源委员会才将档案全部由上海运到石灰窑。但石灰窑驻有国民党军队,对岸江北解放军也很活跃,随时有渡江作战的可能。为了安全起见,又把该项档案运往汉口办事处保存。在这之前,资源委员会也有电给华中钢铁公司,令在变动期间,须对档案及厂矿机器设备妥为保管,准备移交。员工须严守岗位,不得擅自离开。这就是汉冶萍公司档案转移的一些过程。

刘刚:华中钢铁有限公司的筹建[①]
1986 年 10 月

一、去大冶以前的筹备工作

抗日战争期间,1944 年 4 月资源委员会为了准备战后建设,选派了一批经理、厂长、专家及大学教授赴美考察工业。我是其中被派遣的一员。在考察期间,钢铁工业方面以程义法、我和丘玉池三人与美国麦基公司联系,由该公司负责总体设计。1945 年春,资源委员会副主任钱昌照到美国,与美国政府商洽借款 5 亿美元,作为战后工业之用,其中包括大冶钢厂的建设资金。在这期间,加拿大商人曾向资源委员会兜售第二次世界大战期间,加拿大为修理战船兴建于其北部西的纳地区的一座年产 30 万吨钢材的钢铁厂作为大冶钢厂的设备,并声言全部设备以废钢价格出售。资源委员会纽约办事处派我及周茂柏(机械工业考察员)二人到西的纳厂就地调查设备情况。调查结果,我们认为设备比较陈旧,因而取消了这个谈判,乃主张购买美国最新式的设备来建设大冶钢厂。1945 年底,日本无条件

---

① 本文选自 1986 年 10 月《黄石文史资料》第 9 辑。

投降后,我回到了重庆。鉴于美国贷款迟迟不能落实,1946年初资源委员会打算拆迁日本钢厂设备来建设大冶钢厂,当时拟定拆迁的对象是广烟和八幡两个钢厂。因此,资源委员会派我和周茂柏二人去日本察看设备。当我们从重庆飞抵上海以后,驻日美海军司令麦克阿瑟即来电,要我们暂时终止前往,等他们布置就绪后再去。在这个时候,国民党政府经济部驻汉口特派员李景潞已接收了汉冶萍公司,并派了朱若萍、李卓、魏桂丛及赵某等数人在大冶看管日本留下来的器材设备(当时全部日本工作人员还留在大冶)。以25公里铁路接起来的铁山与石灰窑是个广大范围,而且在抗日战争结束不久,社会秩序尚呈混乱状态,地方还有散兵游勇,坏人乘机出来肆行盗窃(这种盗风,后来竟达到坏人与散兵勾结一起企图抢劫,深夜武装袭击看管铁山的厂警)。在这种情况下,以朱若萍等数人看管实难胜任,因而李景潞特派员急电资源委员会,要我急速去大冶协助保管。

二、到大冶以后的筹备工作

1946年1月,我到大冶组织了保管处,7月成立了华中钢铁公司筹备处。由资源委员会程义法任筹备处主任,我为副主任。后因程义法迟迟不到大冶就职,由我代主任负责一切筹备事宜。筹备处组织人员,主任以下是:汪显任冶炼组长,赵寿康任采矿组长,李详亨任机修组长,王杰任运输组长,李家麟任财务组长,张德勋任材料组长,邓章贤任总务代组长,朱贤裔任秘书,钟舒余任汉口办事处秘书。1946年夏,丘玉池从美国回来,陪同麦基公司专家三人到大冶勘测建厂地基,调查煤铁资源及搜集有关建厂资料。专家们在大冶进行工作约一个月左右,回到美国后不久完成了初步设计,并将设计及全厂布置图寄交资源委员会,准备进一步作详细设计并订购设备。当时计划的钢厂主要冶炼设备是:1 000 m³高炉两座,150吨平炉四座,高白式的炼焦炉,轧钢包括连续式的中、薄板轧机一套,冷轧薄板机一套,型钢及钢轮轧机,无缝钢管轧机及线材轧机等。资源方面,铁矿以大冶铁山为主,湖南、鄂西、海南岛、马鞍山等处铁矿为后备。煤矿以萍乡煤矿为主,平顶山、淮南等地煤矿为后备。1946年下半年至1947年上半年期间,筹备处进行的工作主要是:钻探厂基地的地质情况,物理勘测及钻探铁山矿藏,整顿机修车间,修理运矿机车车辆,清点日本人移交下来的铁山及石灰窑地区的器材,以及开始从铁山运输废石到石灰窑厂地填基。由于美国贷款及从日本拆迁设备的希望越来越渺茫,经当时资源委员会主任翁文灏批准,暂时改变建厂步伐,先在麦基公司设计的全厂布置图上翻砂车间部位建设小规模的钢铁厂。这样一方面可以用生产来维持员工开支,另一方面将来兴建大厂时将这个小钢厂改为翻砂车间。因此,筹备处决定利用铁山鼓风机及其他器材自己设计和建造 60 m^3 高炉。另外派冶炼组长汪显去重庆拆迁资渝钢铁厂的 14 吋轧钢机,包括 1 000 匹马力蒸汽机及 1.5 吨贝氏炉,从日本也运来一部 10 米立式车床。在这个时间,资源委员会电业处派了黄文治来大冶成立武昌电力公司,并将大冶厂内 3 000 kW 发电设备划归他管理进行发电。到 1947 年下半年,由于财政困难,资源委员会发给筹备处的经费越来越少,以致建成的小高炉也无法投入生产。1948 年下半年开始设计小平炉(15 吨)准备建立炼钢车间。

三、正式成立华中钢铁有限公司后的工作

1948 年 8 月,筹备处正式改为华中钢铁有限公司。由张松龄任经理,负全部行政工作;我和丘玉池任协理,负责技术工作。除筹备处原有工作人员,公司新设立四个处。即总务处由郑伯楚任处长,秘书处由王恒弼任处长,财务处由李家麟任处长,业务处由杨维厚任处长。在成立公司的同时,调进在东北解放时由鞍钢和本溪进关的一批技术管理人员约一百人左右(解放后这些人员又大部分调回鞍钢)。自公司成立到 1949 年 5 月 15 日石灰窑解放九个多月的时间里,工程技术方面建起了小平炉车间,业务方面办理了运出江边存放的铁矿约 20 万吨,由资源委员会售给日本。售矿所得外汇一部分,由资源委员会拨给华中钢铁公司作为维持经费。另外由青岛拆运来的 1 000 匹马力烧油的锅炉一座。

四、解放后的筹备工作

1949 年 5 月,大冶解放,华中钢铁公司进入军管时期。开始由王厂主持军管,后由高芸生任总经理。这时我被委任为总工程师。1950 年下半年已建成的高炉和平炉先后投入生产。炼铁由章光安工程师负责,炼钢由冯汉杰工程师负责。在这个时间,也从大连运进来一些设备及调进了一些人员。1951年初,我和高芸生总经理出差来北京,由重工业部钢铁工业管理局副局长陆达组织大冶设计组,准备继续筹建大冶大型新钢厂。我被抽调到钢铁局担任总工程师,打算在麦基公司初步设计的基础上开始进行详细设计。当时除我以外,华中钢铁公司还另派夏以焜、顾传忻、易大元三人参加。设计组的人员中,我除总负责主持设计外,兼任炼铁、炼钢设计。夏以焜及易大元任机械设计及制图,顾传忻任炼焦设计,史通任轧钢设计,刘纯炎任动力设计,钟香崇任耐火材料设计,张桂斌任铁合金设计。1951年底,苏联专家来我国援助建设,认为大冶厂基太小,改在武昌青山另建新厂(即武钢),将大冶厂改为特殊钢厂。从此,原拟在大冶建立大型钢厂的计划遂告终结。

附　录

附录一
汉冶萍公司事业纪要^①

章制(摘要)

第一章　宗旨

第一节　谨遵颁行商律,定名为"汉冶萍煤铁厂矿有限公司",呈部注册,奏给关防,永资信守。

第二节　本公司以采矿、炼铁、开煤三大端,为中国制造永杜漏卮之根基,所办营业如左:

甲　开采铁矿、煤矿及化炼钢铁炉内所需各矿质,如锰、镁、矽、铝等类;

乙　烧炼焦炭、火砖、细棉土;

丙　化炼钢铁;

丁　制造轨料、各项机器;

戊　凡营运煤焦、钢铁一切之事,如购地、筑码头、建栈房、设轮船、造支路等事。

第二章　股本

第六节　凡附本公司股份者,无论官商士庶,当守本公司呈部核定之章程。

---

①　本文系公司组织编写,由庞钟璘总纂,时间约在 1924 年 3 月。原文之"目次"略。

第七节　凡附本公司股份者,无论官商士庶,均认为股东一律看待,其应得各项利益,亦无等差。

第八节　本公司专集华股自办,不收外国人股份。

第九节　本公司合老股、新股,共招股份银元二千万元,分作四十万股,每股银元五十元。

第十节　本公司最先创始股本银元三百万元,为头等优先股。

第十一节　本公司加收推广股本银元七百万元,为二等优先股。

第十二节　本公司额定股本二千万元,除头等、二等优先股,合共一千万元外,续收股本银元一千万元,是为普通股。

第十三节　本公司不论优先、普通,长年官息八厘,均于次年三月发给。

第十四节　除官息及各项开支外,结算尚有赢余,是为红利,作三十成开派,以二成提作公积,四成提作办事出力人酬劳,一成五为最先创始头等优先股三百万之报酬,一成五为推广加股二等优先股七百万之报酬,其余二十一成,不论优先、普通,按股均派。

第十五节　头、二等优先股报酬,自有红利之年起,派至第十五年为限,限满以后,即将特别报酬取销,所有红利,照二十四成,按股均派。

第十六节　普通股年息、红利与头、二等优先股同,惟头、二等优先股所得十五年之报酬,普通股不得一体分享。

附说:如将来公司推广于额定股二千万元以外,再行续招新股,则此次所集普通股,届时亦应照优待之例,在红利内公议另提若干成,作为报酬。

第二十一节　股票遇有抵押,因而纠葛者,本公司惟票载及册载姓名之人是认,受抵押者亦惟票载姓名之人是问。

第二十二节　凡有转买股票之人,来公司报明姓名、籍贯,请注册过户、换给新股票者,其所执旧股票上,必须有让出人署名签字,本公司方可照换股票。

第二十三节　凡遗失股票息单,应由遗失人将号数先登上海、汉口各报,须三份以上,详细声明,满一个月,邀同妥保,向本公司声请,方准换给。

第三章　股东会

第二十五节　本公司股东会,分定期会与临时会两种。

第二十七节　股东定期大会一年一次,在每年三月发给利息之前。

第二十八节　临时会须有紧要事件,或由本公司已集股份之二以上之股东说明事由,请求开会。

第三十一节　股东会开会时,由股东临时公举议长一人,议决后即销除议长之名。

第三十二节　股东会有集股本四分之一以上并股东人数十分之一以上到会者,均议决事件。

第三十三节　到会之股东,如不满前节两项之定数,其会议事件不得为决议。惟本公司可将会议之意,告知各股东,限一月之内,再集第二次股东会;至第二次开会时,不论到会股东及股本之多寡,得议决之。

第三十四节　凡一股以上之股东到会时,均有发议及选举他股东为董事、查帐人之权。

第三十五节　本公司以五十股为一议决权,余准五十之数递加,惟一人至多不得过二十五议决权。

第三十六节　有议决权之股东,因有事故不能到会,可发表意见,先期函知本公司,其应有之议决权数与到会同。

第三十七节　有不满五十股之股东,得联合其股数至满五十,即有一议决权,可委托有议决权之他股东,其委托书亦须会议前一日缴本公司。

第三十八节　有议决权之股东,而并受他股东之委托,合计亦不得逾二十五议决权。

第三十九节　股东会以议决权过半数者为议决。如可否同数,议长决之，然议长自己之议决权如故。

第四十节　股东会有未能议决事件，议长得延长会期，以三日为限。

第五章　董事、查帐人

第四十六、七节　本公司原有汉厂董事八人，萍矿董事十一人。注册之后，应公举权理董事九人，查帐二人，先将老公司帐目会查清楚签字，即行会议，续招新股。

第四十九节　续招新股一千五百万元，全行足数，即由新旧股东公举董事十一人、查帐二人。

第五十一节　董事限有本公司股份五百股以上，查帐人亦限一百股以上，均于股东中选举之。

第五十七节　董事、查帐人不能兼任，并不得兼本公司之职员。

第五十八节　董事任期二年，查帐人一年，任满仍可续举。

第五十九节　董事任满续举时，用抽签法预留前任董事四人。

第九章　会计

第八十二节　本公司帐目，自光绪二十二年四月接办之日起，截至光绪三十三年十二月止，每月有月总分存汉厂、萍矿；每年终有总结，存于总公司。三十四年以后，每年终一总结，所有汉冶萍三处及各埠所置产业、所订营业及存欠、各项合同、契据，均存总公司，悉归查帐人查核，董事会经管。

光绪三十四年三月

说明：本章制共十章八十八节。民国二年五月股东大会，以时代改革，多不适用，即提议修改。嗣因股东中有主张先交审查者，有主张登报征求意见者，有主张开会公同讨论者，纷无定见，以致迄未修正。兹摘录原章之切要者三十六节，惟第十二节之股本股额，第四十九节之董事、查帐人，第八十二节之会计情形，均略有变更矣。

沿　革

十九世纪,东西洋各国,对于钢铁事业,以其关系军国,皆认为发展国力之必要。南皮张公之洞有鉴于此,于光绪十六年间,总督两广任内,承醇亲王筑造铁路之议,条陈在粤创办铁厂,自制路轨,以塞漏卮。迨机炉向外洋订定,公调督两湖,适芦汉干路之议起,乃奏请将机件改运鄂省,并奏拨部款及湖北、江南等处官款银共五百数十万两。择定厂基于汉阳大别山之麓,以其襟江带河,交通便利也。武进盛公宣怀,壮年即有志矿业,曾于光绪二年间,率同英矿师,勘获大冶铁山,只以时机未至,徒然藏富于地。至是遂交送张公,以资采炼。张公续又勘得兴国锰矿,李士墩、马鞍山煤矿,机缘凑合,宝藏咸兴。自光绪十七年经营起,至二十一年六月,始具规模,开炉鼓铸。顾铁石则佳矣,尚须合于化铁之焦煤,方能冶炼如法。自开之马鞍山煤,磺重不合化炼,初则购诸英、比等国,以价值过昂,搀用湖南宝庆白煤,火力不足,铁液凝结炉底,几致偾事。旋改用开平焦炭,亦嫌费重运迟,每至停工待料。兼之事非素习,人乏专门,工师匠目,悉聘自外洋,资用浩繁,支持困苦。至光绪二十二年,甫经一稔,而已心力交瘁矣。

大冶铁矿,既为盛公勘获,就鄂设厂炼铁造轨之议,又发端于盛公,至是张公乃谋诸盛公,奏归接办。仿照电报、轮船两局成例,招集商股,官督商办。名汉厂曰总厂,设总办一人,驻厂办事。区银钱、制造、收发为三股,每股设员董二人。铁山、煤矿,均以一员一董分任其事,互相钤制,并隶于总厂。复于厂中设立总稽核处,设办事处于上海,以督办遥领之。

其时铁路未兴,国人不知钢铁之为用,方以张公铸成大错,引为鉴戒。指摘不遑,何来附股?幸盛公于其所办之轮、电两局及银行、纺织公司各华商,均有感情,陆续凑集银二百万两,作为创始股份,以立基础。一面又请矿师勘得狮子山、得道湾等处铁山。其与狮子山毗连之象鼻山,并经张公先由官家收买,订明将来添炉需用,可归商采。第冶炼原料,既如上述之困难,是非寻获佳煤矿,不能立足。于是分派委员,带同洋矿师,沿长江上下,暨江、皖、楚西各境,搜求殆遍。始于光绪二十四年觅得江西萍乡煤矿,苗脉丰富,合于化铁之用,但土法采挖,浅尝辄止,乃奏请仿照西法,购办机器,运萍大举。盛公喜出望外,谓有天助,于是竭其精力,毕注于煤铁事业。惟因创造之时,机炉与原料未能考求吻合,以至制出钢轨,不合准绳,而零星钢件,则又称精品。怀疑者久之,乃于光绪三十年,奏派李公维格出洋考察炼钢新法,一面遴选学生,分赴欧美,学习专门。李公由美而欧,周咨博访,费时八月,始知炼钢有酸法、碱法之别。碱法能去铁中之磷,酸法则否,大冶铁石含磷独重,旧时用酸法炼贝色麻,适为背道而驰。零件之称精品,盖原有一碱法马丁小炉也。积年疑团,一朝冰释,乃决议废弃贝色麻酸法,悉改马丁碱法之炉,即订购各种新式机炉回国,从事改良。三十一年,建设新钢厂,并策画第三、第四大化铁炉之建筑。三十四年,新厂落成,铁路亦渐兴,国人始知钢铁之利用,遂于是年并合厂矿,遵照商律股份有限公司之例,呈请农工商部注册,名曰汉冶萍煤铁厂矿有限公司。改办事处为总公司,设置办事员,取消员董分任制,冶、萍两处,均改设总办,与汉厂鼎峙而三,以符名实。名义既正,始有大批股份接入,乃于沪、汉各设商务银钱专员,额定股本银洋二千万元,又奏请援照东西洋各国加入公股,上下相维,以固根本。宣统元年,开第一届股东大会,设立董事会,由股东投票选举查帐董事二人、权理董事九人,改督办为总理,添设协理以辅助之。一应重要事件,均于董会集议,取决多数。惟体察根本问题,非谋扩充出货,不足以资挽救,爰拟就大冶产铁处所,添设新厂,专供炼铁,以辅汉厂之不足。此事当盛公接办时,即有将来扩充,必须就大冶添造生铁炉数座,方能大举获利之宣言。计划正熟,铁路国有之政策亦定,钢轨可望畅销,股东及办事人举欣欣然额手称庆,抱无穷之希望矣。

武汉起义,厂矿适当其冲,工作全停,炉座毁坏,材料损失,不可胜数。溯自宣统三年八月停炉后,直至民国元年阳历十一月,勉将第一、第二两炉次第修复开炼,时盛公养疴东瀛,股东会另举赵公凤昌为董事长,改总公司为总事务所,取消总协理,另聘总经理、经理主持办事,敦请张公謇为总经理,李公维格、叶公景葵为经理。日本方面,则以债权之关系,在东京请求盛公合办,盛公以事关重大,姑订草约,声明须俟股东大会通过,方生效力。董事会方面,则筹有甲、乙两策,甲主收归国有,乙主继续维持。泊开大会,一致反对合办,赞成国有。旋赵公因病辞职,张总经理始终未到公司,国有之策,议无结果,乃复主张商办,推举盛公复任总理。盛公以总协理名称,业于民元取消,应执行立法议事制度,今以董事兼任总理,既违前案,且以议事人侵及办事之权,更于法定不合,乃推为董事会长。又组织股东联合研究会,以沟通股东情愫,该会以公司厂矿处处与地方交涉,非得政府实力辅助,断不能收指臂之功,因提出官商合办问题,经政府派员一再讨论,未能解决。时李经理久病,叶经理不到,乃以商务所长王勋兼代经理,扩充股额为三千万元,改汉冶萍三处总办为坐办。并以各股东所执股票,年代、股额、总协理等名称迭经变更,另印新股票,换给执守,以昭核实。公司原状,渐见回复,而遣派外洋之留学生,亦次毕业归国,由是再作大冶新厂之筹备,经李公维格勘定厂基于袁家湖地方,其地背山面江,利便与汉厂埒。一面委员赴英美订购机炉先从考察入手,一面委员圈购地亩。正进行间,盛公肺病增剧,坚请辞职,乃举孙公宝琦为会长,而以盛公副之。旋盛公出缺,推李公经方为副会长,驻会办事;并因原额董事九人,查帐二人,在如此大公司中,实嫌太少,扩举董事至十一人,查帐四人,改查帐董事为监察人,聘任夏公偕复、盛公恩颐为总、副经理。于时厂矿承兵燹之后,诸务废弛,百端待理,而欧洲战事方烈。夏、盛二公洞烛机先,一面规划扩充,依据成案,向农商部请领象鼻山及鄂城灵乡等处矿照;一面先后东渡,与日本制铁所协议生铁加价,及减少交额。复周历各厂矿实地调查,知除汉厂外,均须加以整饬,盖汉厂先经改组,设立厂长,秩序井然。冶、萍两处,向以事工分冶,非涉侵越,即形放弃,乃将旧时坐办,一律改为矿长,另设矿师、工程师以为之辅,盖以明于矿学者冶矿,以富有经验者长矿。庶权不相侵,而责有专属。旧设武汉萍乡运销局,运销兼营,流弊滋多,所有轮驳,各分畛域,调度不灵,遂致运输疲滞,害及出产,特于汉阳改设运输所,遴置所长,以一事权。原有之汉阳、岳州、长沙、株州各局、栈悉属之。又鉴于中外各大公司簿记,概从复式,本公司尚沿旧习,多不适用,乃于民国六年,遴委簿记专员,设立改良簿记筹备处,费时两稔,始获告成,八年一月,实行新式簿记,以会计为独立。又值欧战,钢铁价值奇涨,获利至九百余万,各办事机关精神至此为之一振。惜乎象鼻山等处矿照,与农商部、鄂省再四磋商,未能就绪;大冶新厂,本可早成,乃所向外洋订购之机炉,以及各厂矿扩充添备之机器,均因战事,禁止出口,以至工程稽延,不能适如预算。所谓获有形之利益,受无形之损失,故于十年、十一年、十二年三年中,遂积亏至七百余万。十三年归并大冶铁厂矿,名曰大冶厂矿。是冬,股东会改选董事,李副会长、夏总经理辞职,推傅公宗耀为副会长,盛副经理代总经理,添请潘公灏芬为襄理。于是筹商借款,计划各厂矿扩充添备未完之工程,积极进行。此本公司开办迄今沿革之大概情形也。

组织(统系表附)

周典,六官分职,各率其属,惟其责有专归,故能事无不举。伊古以来,无论行何政策,办何事业,欲其进行之顺利,必须有适当之组织,不则紊乱复杂,有推诿而无责任,有形式而无精神,欲收功效,盖亦难矣。本公司之组织如列表:

汉冶萍煤铁厂矿公司统系表

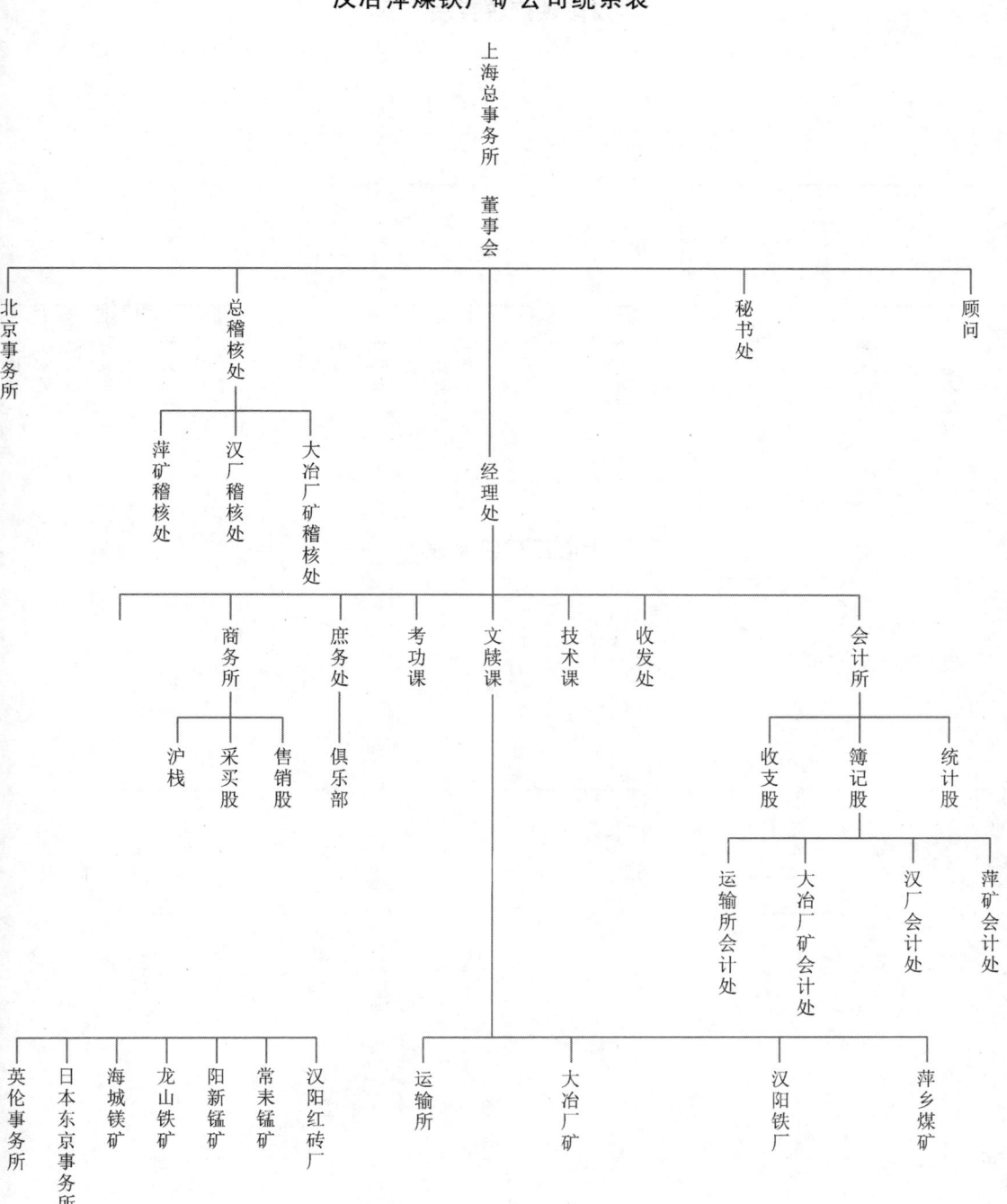

汉阳铁厂统系表

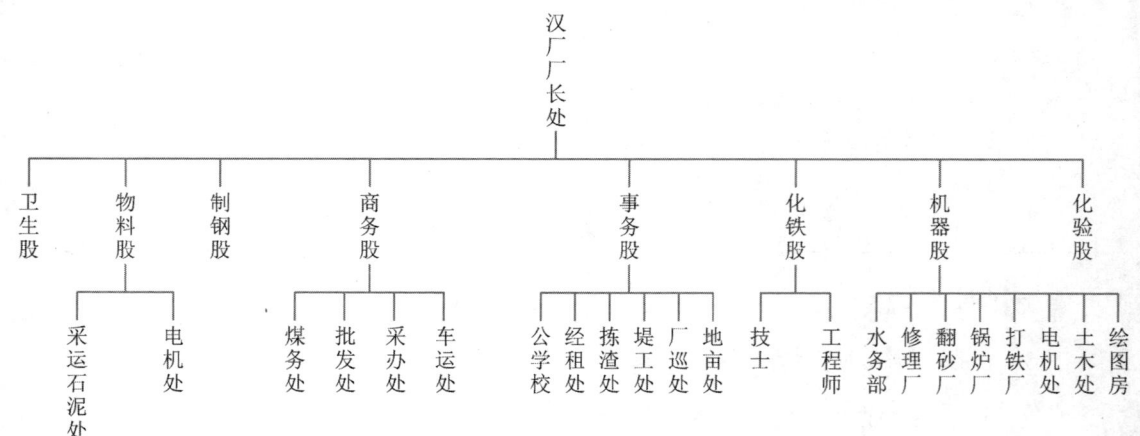

大冶厂矿统系表

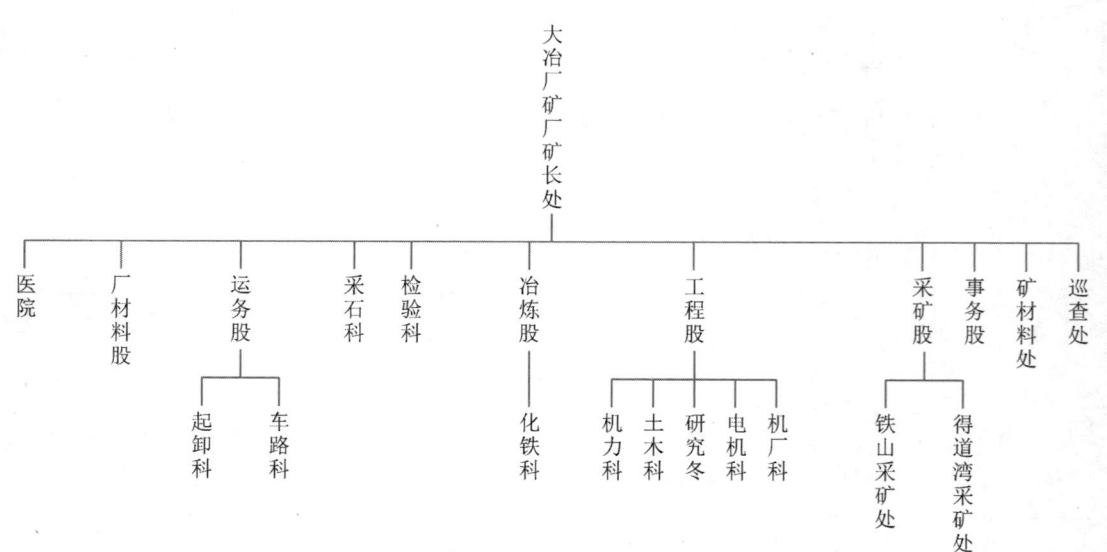

萍乡煤矿统系表

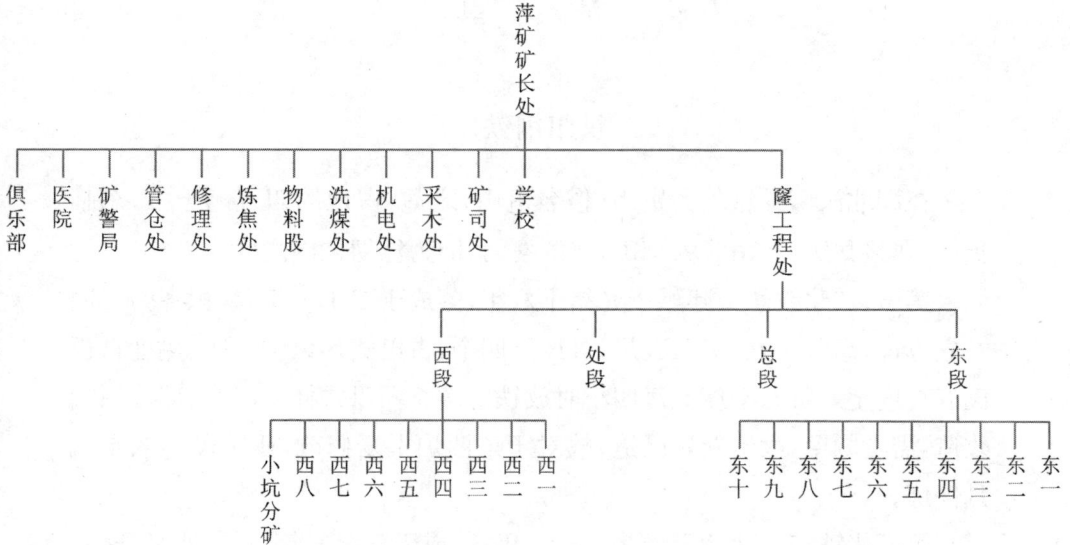

运输所统系表

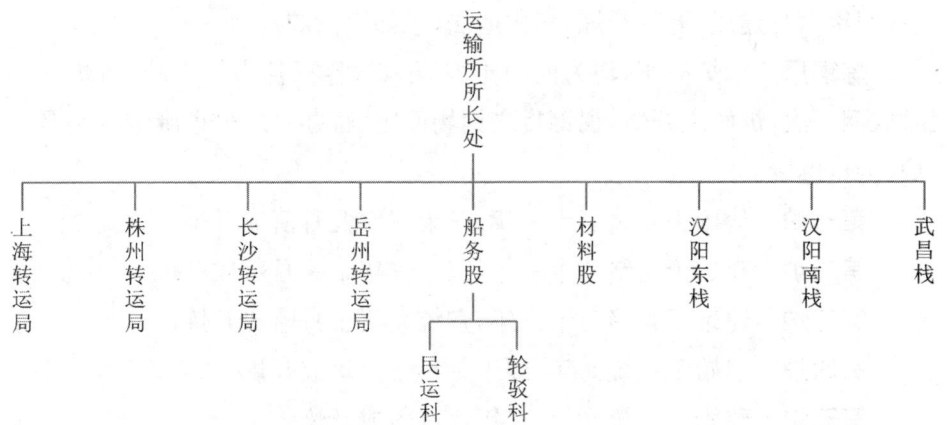

建　　置

汉阳钢铁厂

在湖北汉阳县城外大别山(俗名龟山)之麓,占地约四万七千方,东临长江,西接兵工厂,南背大别山,北滨襄河,旧为洼塘榛棘之区。

第一、二化铁炉　建始于光绪十八年,落成于二十一年,容积各为二四八立方尺,高各一八.一二五尺,进风门四个,古巴式热风炉八座,热度自摄氏五百度至六百八十度。每四小时放铁一次。嗣以式样太旧,大部分须加改造,需费颇巨,大冶新炉已造,故对于该两炉不复修改,业于民国八年九月停炼。

第三化铁炉　建始于光绪三十一年,落成于宣统二年三月,四月开炼,系采用法国式。容积为四七七.五尺,高二〇.四五〇尺,进风门八个,清灰炉三座,热度自摄氏七百五十度至八百五十度,最高热度约至千八百度,除焦炭生热外,兼用热风使之生热,每__小时放铁一次。

第四化铁炉　该炉地脚,先于造三号炉时同时筑成,民国二年,开始建造,四年六月建成,七月开炼,容积造法,悉如第三炉。

炼钢厂　钢炉七座,均为西门士、马丁式,容积各为三十吨,每炉八小时放钢一次,炉座之开炼,视钢货之销场而定,官办时之贝色麻炉及小马丁炉,全行拆废。

第一炉　建始于光绪三十一年,三十三年九月落成开炼。

第二炉　建始于光绪三十一年,三十三年十一月落成开炼。

第三炉　建始于光绪三十三年,宣统元年正月落成开炼。

第四炉　建始于宣统元年,即于是年十月落成开炼。

第五炉　建始于宣统元年,二年八月落成开炼。

第六炉　建始于宣统二年,三年三月落成开炼。

第七炉　建始于民国四年,六年四月落成开炼。

调和铁汁炉　建始于光绪三十一年，三十四年八月落成，容积一百五十吨。

钢厂、铁厂附属建筑

煤汽炉十八座

电力打风机两座

打钢样汽锤两座

上料电车一部

铁路吊车三部

水力机三座

五十吨挂梁电力起重车两架

三十五吨挂梁电力起重车一架

烘钢厂

钢条厂

轧钢厂

锅炉厂

电机厂

打铁厂

钩钉厂

小铁货厂

翻砂厂

车辘厂

土木厂

木模厂

修理厂

水池

渣砖厂

洋砖厂

大冶铁厂、铁矿

冶厂 在湖北大冶县距城约六十里之袁家湖地方,占地约七华方里八,面江背山。

第一化铁炉 建始于民国六年,十一年六月落成开炼,系采用美国式,容积为二一五〇〇立方尺,高九〇英尺,进风门十二个,清灰炉三座,洗煤汽炉两座,热风炉三座,热度平均摄氏六百五十度,每放铁一次,约三四小时。开炼以后,仅出铁一千余吨,炉盖忽断,屡修屡坏,历时既久,而下部铁质凝结,甫及一月,即行停炼,现方修理工竣。

第二化铁炉 建始于民国六年,十二年四月落成开炼,式样容积,悉如第一炉,开炼迄今,尚称顺利。

说明: 两炉观成,须经五六年者,一则因欧战,外洋订购各种重要机件,不能如期运到;一则因热风炉、打风机、清灰机、出铁场、抽水厂、天桥、矿栈、生电等机、一时并举,实不容易。

冶　矿

在大冶县城外,起自石灰窑,至得铁两山,周围约二百方里。唐代永兴①年间,已设有冶铁场,宋代继续行之,颇著成绩,迄今犹有遗迹可寻。光绪元二年间,盛公率同英矿师郭士敦勘获,至二十一年,始行开采。据技师赖伦氏测估,孕量约有二万七千三百万吨,如仅浮面采取,年计一百万吨,可供百年之用。是处距汉口下水八十里,九江上水七十里,矿山距江岸约六十余里,水陆交通处曰黄石港。

萍乡煤矿

在江西萍乡县东南距城十四里之安源镇,占地约五百〇四方里三七三亩,初由商人设厂,土法采售。光绪十八年,张公开办汉厂,始派员设局收

---

① 　原文如此。似为"永昌"之误。

买;盛公接办后,令厂商就近设炉,试炼焦炭,改为官商分办。二十八年,始将井厂一律收归矿局,乃勘定窿脉于现在之安源地方,改用机器开采。据赖伦氏测报,年采百万吨,可继续五百余年。其他未经实测之地,孕藏不可胜数。惟查萍煤苗脉,系由安源而小坑,而紫家冲,而黄家源,而庞家冲,而高坑,愈进则脉愈厚,质愈净,山峦重叠,机矿出煤,必用车运,势不能翻山越岭,以通轨道,只得由安源山腹,开挖隧道,以取直径。惟是安源至小坑一路,全系石壁,施工不易,自程功以迄收效,历时八九年之久,支费数十万之钜,始获凿通石巷二千七百余法尺(每尺合工部营造尺三尺一寸七分),直井一百七十余法尺,为出煤总路。

煤井　直井二、横井一。直井(甲)深一百七十余法尺,径四十五法尺;(乙)深一百一十法尺,径四十法尺,与横井相距二十五法尺。横井名曰总平巷,长二千六百法尺,高三法尺半,宽四法尺半。甲井距井口下六十法尺,开第一层横巷,距第一层横巷下五十法尺,又开第二层横巷,第三层亦如之。计有上平巷、东平巷、西平巷三处。现下煤层,约可区为二部,一向东延长二里,南北倾斜二十五度,用二竖坑采之,是为安源矿区;一向北延长十七里,西方倾斜十度至十五度,用总平巷采之,是为小坑矿区。各平巷采取之煤,以东平巷为总出路,直井采取之煤,以西平巷为总出路。

洗煤机两座　大者专洗总平巷出煤,每小时约洗七十吨;小者由马鞍山移来,专洗直井出煤,每小时约洗二十吨。上下煤栈,各六百间。

洋焦炉(即名科别炉)　二百六十二格,每格高约一法尺八五,长约十法尺,前宽六法寸至八法寸,后宽五法寸至七法寸,分为五处,每格容煤末十四车,每车八百启罗,出焦以七折计,约五吨有奇;炼焦时间,须四十八小时,或六十小时,热度须至三千四百度以上,开炉依炉位之双单数而轮开之,例如今日开单数,明日即开双数,共有推焦机四部。

土焦炉　二百二十四座,每座长八丈至十六丈,宽八尺,深二尺二寸,相距各四尺左右。每座容煤末二十八吨至二十九吨,出焦以六八折计,约十九吨有奇。炼焦时间,须分晴雨,晴约六十四小时,又加以出焦升火淬水,共须七十二小时;雨则无定,每炉轮转约六天,同时并可烧砖。

附属矿厂

常耒锰矿

在湖南常宁、耒阳二县,面积约六方里,分甲、乙、丙、丁四厂。

甲厂　设耒阳城,矿区沿耒河,采地以石头坳、麻拐石、纱帽岭、太平围等山为主。

乙厂　设常宁荫田,矿区在茭河东西两岸,采地以老虎鏊、申家坳、泉塘尾、虎形山等为主。

丙厂　设常宁阳隔洲,矿区在茭河东岸,采地自茭源市对河之凤形山起,至衡头对河蛇形山止,南北三十里,与乙厂采地成一线。

丁厂　设常宁柏坊,矿区在湘河东岸,采地以大皂、矮岭、田尾、刘家山、井山等为主。

查锰矿地质,与他种矿质不同,并无深远苗脉,断续厚薄无定,姑就目前推测,约尚有十余万吨。是矿开始于光绪三十四年,完全土法露天开采。总局设衡阳县衡阳江东岸,另设转运处于耒河口。矿砂采出后,用脚夫挑至河边收砂处,由小船运送转运处,然后再雇用二十吨以上之大船,直运汉埠,每船给以免税运单一纸,每吨运费四千文,先付七成,驶经岳阳、城陵矶,须赴本局特许之萍煤稽查处挂号调查,抵汉至本局收发处交清后,补领三成运脚。

阳新(即兴国州)银山锰矿

在湖北阳新县,周围约一方里二百九十六亩强。宋代中叶,银山产铅铁时,东坡居士由黄州矿铁使调赴筠州,曾游此,题"铁壁"二字于石。元代于此采银。明万历间,诏派中官杜茂复开兴国银场,矿尽山崩,寻废,遗迹宛在。光绪十六年,张公筹办汉厂,派员勘获,设局开采;民国光复停办,五年重开,十一年又停,十三年复开。全山共设十五六厂。采砂主要地点凡七,曰观音桥,曰螺丝湾,曰叶家坟,曰圣旨牌,曰上山头,曰笔架山,曰卢家岩。现已发现之范围,长约四千尺,宽约一百尺,深可预测者,约五十尺,估计至少尚有七八万吨。纯用土法露天开采,设总局于银山,设转运处于双港、富池口。

矿砂采出后，用脚夫挑运下山，堆存铁路、码头，分水陆两路运送。由山至双港为陆运，计程八里，归铁路装运。由双港至大冶二百十里，至汉阳四百八十里，为水运。双港通县城有一湖，每年夏秋水涨，与流入大江之富水沟通，可用五六十吨之民船直接双港受载，运往冶汉；冬春水涸，则用自备矿船，由双驳载至县，再装大船，或趁水涨时，由双驳至富池口堆存，以备随时装运。

汉阳红砖厂

坐落琴断口，距汉厂约二十华里，为原有之旧厂，于宣统年间购进，专供汉厂之用。民国以来，汉厂工程减少，用数无多，外销亦复有限，出租于明锠裕公司，年收租金七千元。

海城镁矿

在奉天海城县东乡杨家甸及麻耳屿中间，面积约二千余亩。民国八年一月，呈准农商部给照开采，尚未进行。

龙山铁矿

在安徽当涂县西南，距城十里许，面积约二百八十一亩，矿区系在山脊。查县志，龙山为当涂八景之一，毕卓之墓在其下，面积甚大，地方以保存古迹为词，力争公有，嗣经一再交涉，始判定矿区以内地亩，划归官有。民国十年三月，呈准领照，五月开工，历经测探，脉络断续，并无开采价值，十一年一月，即行停止。

图说①

产　品

汉厂生铁（分马丁、翻砂两种）

第一、二炉，每炉每日出铁，夏季以九十吨计，冬季以一百二十吨计，统

---

①　此处有张之洞、盛宣怀等相片若干帧，略。

扯日出一百吨左右,每年以十一个月计,约共六万吨。

第三、四炉,每炉每日出铁,夏季以二百四十吨计,冬季以二百八十吨计,统扯日出二百三十吨至二百五十吨,每年以十一个月计,约共十六万余吨。

钢炉(大小)七座,每日出钢,统扯二百六十吨,每年以十一个月计,约共七八万吨。

钢件种类:

钢轨 每一昼夜约制三百条,每条长约二十尺,重约二十五磅。

钢板、垫板、夹板、槽钢、方钢、圆钢、扁钢、角钢、钢枕、钩钉、螺丝、羊眼、鱼尾板、鱼鳞板、工字钢、八角钢、丁字钢、竹节钢。

以上各种出货,视需要而炼,无定数。

大冶厂矿

冶厂生铁

一号炉 开炼不久,又时有停顿,自开炉迄今,仅炼一千余吨。

二号炉 每日平均扯计,约出三百三十五六吨,如焦炭充足,可出四百吨以上。

冶矿铁砂(分甲乙两等)

甲等 含铁百分之六十五以上。

乙等 含铁百分之六十二至六十五。

每日出砂八百三十二三吨,年共三十万余吨。

白石 每日可出九十余吨,年约三万余吨。

哆啰石 每日可出九吨余,年约三千余吨。

萍乡煤焦

生煤 含灰一百分之十一分以内,毫无磺质,每日统扯二千二三百吨,年约七十余万吨。

焦炭 分洋焦、土焦两种。土焦炉所出火砖附。

洋焦 每日统扯三百余吨,年约十万吨。

土焦 每日统扯二百四五十吨,年约八万吨。

火砖　　每年约可烧一千五百余吨。

附属矿厂产品

常耒锰砂　　此项矿砂为炼铁所必要,每炼生铁一炉,约须加锰十分之一,则炼出之铁方坚结而有光彩。出数以天时、农事为标准,春夏多雨利于运,秋冬多晴利于采,全年统扯约在一万吨左右。

阳新锰砂　　出数每日自十吨至三十吨不等,全年统扯,约在七千吨左右。

汉阳红砖　　此项红砖,专供汉厂工程之用。出数之多寡,视工程之繁简为衡。

海城镁砂　　此项矿砂,专供炼钢之用。民国八年曾试采一千余吨,运往汉厂提炼,成份极优,嗣因汉厂停止炼钢,亦遂停采。

龙山铁砂　　试探窿口五处,未曾出砂。

出数比较表

本公司各厂矿成立后先不一,兹统断自光绪三十四年第一届起,所有出数,概以吨为单位,不满吨者不列。大冶新厂,甫经开炼,无可比较。

汉厂钢铁

钢铁	届别	年别	出数	百十万千百十吨
钢铁	第一届	光绪三十四年	又	二二六二五 六六四〇九
又又	第二届	宣统元年	又	三八六六六 七四四〇四
又又	第三届	宣统二年	又	五〇一一二 一一九三九五
又又	第四届	宣统三年	又	三八六四〇 九三三三六
又又	第五届	民国元年	又	三三二一 七六八七

钢铁	届别	年别	出数	百十万千百十吨
又 又	第六届	民国二年	又	四二六三六 六七五一二
又 又	第七届	民国三年	又	五一二五二 一三〇八四六
又 又	第八届	民国四年	又	四八三六九 一三六五三一
又 又	第九届	民国五年	又	四五〇四四 一四六六二六
又 又	第十届	民国六年	又	四二六五三 一四九九二九
又 又	第十一届	民国七年	又	二六九九六 一三九一五二
又 又	第十二届	民国八年	又	四八五〇 一六六〇九六
又 又	第十三届	民国九年	又	三八七六〇 一二四九四七
又 又	第十四届	民国十年	又	四六三〇三 一二四三六〇
又 又	第十五届	民国十一年	又	一八五 一四八五二五
又 又	第十六届	民国十二年	又	无 七三七五二

冶矿铁砂　白石　哆啰石

铁砂	届别	年别	出数	百十万千百十吨
又	第一届	光绪三十四年	又	二六五六五九
又	第二届	宣统元年	又	三一六三五八
又	第三届	宣统二年	又	三八五九〇〇

续表

铁砂	届别	年别	出数	百十万千百十吨
又	第四届	宣统三年	又	四四一八一二
又	第五届	民国元年	又	二四〇六四六
又	第六届	民国二年	又	四八五八六五
又	第七届	民国三年	又	五四九六四五
又	第八届	民国四年	又	六二二一九七
又	第九届	民国五年	又	六二八八三一
又	第十届	民国六年	又	六三三八六五
又	第十一届	民国七年	又	六八四七五五
又	第十二届	民国八年	又	七五一四四二
又	第十三届	民国九年	又	八二四四九〇
又	第十四届	民国十年	又	三八四二八四
又	第十五届	民国十一年	又	三四六七一二
又	第十六届	民国十二年	又	四八六六四一

白石哆啰石	届别	年别	出数	万千百十吨
白石哆啰石	第一届	光绪三十四年	又	三一六四九二二三四
又又	第二届	宣统元年	又	四九一二七二八六九
又又	第三届	宣统二年	又	五七七二七五〇四八
又又	第四届	宣统三年	又	七二五六七七一六八
又又	第五届	民国元年	又	停采
又又	第六届	民国二年	又	六六七七三二七五〇
又又	第七届	民国三年	又	五六六八三四七一二

白石哆啰石	届别	年别	出数	万千百十吨
又 又	第八届	民国四年	又	六八九四二 六四六五
又 又	第九届	民国五年	又	六三五二八 七六〇〇
又 又	第十届	民国六年	又	七七五四六 一四六二〇
又 又	第十一届	民国七年	又	四五五五三 一〇三二四
又 又	第十二届	民国八年	又	六〇五〇九 四〇四五
又 又	第十三届	民国九年	又	停采由采石 处开采灰石 一八〇二
又 又	第十四届	民国十年	又	又又 一二四七九
又 又	第十五届	民国十一年	又	又又 一〇七三
又 又	第十六届	民国十二年	又	又又 无

萍矿煤焦

煤焦	届别	年别	出数	百十万千百十吨
煤 焦	第一届	光绪三十四年	又	七〇二四四七 一〇五二八一
又 又	第二届	宣统元年	又	一〇一七八四三 一一八一三四
又 又	第三届	宣统二年	又	三三二九一四 二一五七六五

续表

煤焦	届别	年别	出数	百十万千百十吨
又 又	第四届	宣统三年	又	一一一五六一四 一六六〇六一
又 又	第五届	民国元年	又	二四三九二三 二九八三四
又 又	第六届	民国二年	又	六九三四一一 一七六八二四
又 又	第七届	民国三年	又	六八七九五六 一九四四一三
又 又	第八届	民国四年	又	九二七四六三 二四九一六四
又 又	第九届	民国五年	又	九九二四九四 二六六四一八
又 又	第十届	民国六年	又	九四六〇八〇 二三九七九七
又 又	第十一届	民国七年	又	六九四四三三 二一六〇一二
又 又	第十二届	民国八年	又	七九四九九九 二四九〇一五
又 又	第十三届	民国九年	又	八〇六三三一 二四四九一九
又 又	第十四届	民国十年	又	七七二九七一 二〇六〇八七
又 又	第十五届	民国十一年	又	八二七八七〇 二五四九七三
又 又	第十六届	民国十二年	又	六六六七三九 二〇八九一八

常耒锰砂(民元以前,因案卷散失,无从稽考)

锰砂	届别	年别	出数	百十万千百十吨
又	第五届	民国元年	又	一〇六二
又	第六届	民国二年	又	四九五七
又	第七届	民国三年	又	七四三八
又	第八届	民国四年	又	一六七五
又	第九届	民国五年	又	六八九七
又	第十届	民国六年	又	一三一四一
又	第十一届	民国七年	又	一三七四九
又	第十二届	民国八年	又	一四五二
又	第十三届	民国九年	又	一一九五四
又	第十四届	民国十年	又	一二一三三
又	第十五届	民国十一年	又	六六八四
又	第十六届	民国十二年	又	三九六九

阳新锰砂(民五以前,时办时停,无以考核)

锰砂	届别	年别	出数	百十万千百十吨
又	第九届	民国五年三月至十二月	又	八〇五八
又	第十届	民国六年	又	一〇一九三
又	第十一届	民国七年	又	三五五九
又	第十二届	民国八年	又	三六八六
又	第十三届	民国九年	又	四三八三
又	第十四届	民国十年	又	三二二一
又	第十五届	民国十一年二月止	又	九八三

设　　备

　　商业之有设备,譬如人之有四体也。四体具备,则动作咸宜,指挥若定;偶有缺乏,则人百步我五十步,事事落人后著矣。本公司创业垂四十年,几经布置,始有今日,非敢谓达于完善,亦聊以见历来办事人之苦心云尔。

上海总事务所

统辖厂矿,执行对内对外一切事务。

董事会 监督行政用人及监查银钱帐目,设正副会长各一人,董事九人,监察四人,下设二处及中日各顾问。

秘书处 专管本会一应文牍、机要事件,设主稿一人,帮稿、管卷等若干人。

总稽核处 总核银钱费用、汇兑及出货、售货、材料、工程、各项帐目表册,设处长一人,处员若干人。

下设三分处:

汉厂稽核处

大冶厂矿稽核处

萍矿稽核处

高等顾问一人,顾问若干人。

日本工程顾问一人、襄办一人。

日本会计顾问一人、襄办一人。

经理处 总理行政用人,负有为公司谋划利益发展及改良事业进行之全责,并执行董事会议决各事件。设总、副经理各一人。

下设三课二处二所:

文牍课 专管本处一切文书、机要事件,设课长一人,课员若干人。

技术课 专管工程建筑计划图样暨鉴定原料制品,并关于调查研究理化及养成技师等事,设课长一人,课员若干人。

考功课 考核职员勤惰、休假、功过及奖惩等事;设课长一人,课员若干人。

收发处 专管往来公牍、承转事件,设总收发员一人。

庶务处 专管工程修理、设置、卫生、杂用及使役人等,并凡不属于各课各所事宜悉隶之。设庶务员一人。

会计所　总管银钱收支、股票产业；设所长一人，预算书记等员若干人。

下设三股四处：

簿记股　核造帐目，保管单据簿册等件，设股长一人，股员若干人。

统计股　专管制造表册，设股长一人，股员若干人。

收支股　专管股票、支票汇兑现款及凡关于银钱出入，暨保管资产契据等件，设股长一人，股员若干人。

汉厂会计处

冶厂矿会计处

萍矿会计处

运输所会计处（汉厂会计处兼）

商务所　总管物料、产品及商业交易等事，设所长一人。

下设二股一栈：

采买股　专管购买机料及一应用品，设股长一人，股员若干人。

销售股　专管销售钢铁、煤焦及各种制品，设股长一人，股员若干人。

浦东栈　存储钢铁、煤焦及各项材料，设栈长一人，司事若干人。

北京事务所

秉承会长、经理，接洽中央承转一切事件。设所长一人，所员若干人。

日本东京事务所

专管东方商业，及监交制铁所生铁铁砂等事。设所长一人，中日所员各若干人。

英伦事务所

专管购买机料及调查欧美商业状况。设英员一人。

汉阳运输所

运输一项，至关重要，如车船之分配，航线之规定，沿途之稽查，船户之奖惩，稍有疏忽，即于营业受莫大之影响。是用将沿革情形及经过事实，说明如下：

　　本公司初接官局,并未专设运输机关。光绪二十四年,萍矿开办,始在汉阳设萍矿转运局。其时铁路未兴,运道异常艰阻,由萍运煤焦至汉,由汉运机器至萍,节节盘驳,自萍河至渌口,计程三百余里,系属溪流,河道浅窄,且有坝一百余座,仅能行驶小船,名为倒划,装载无多,行驶迟滞。夏秋农民蓄水灌田,常有封坝之事,船只即不能行;又遇天旱,河水断流,亦不能行。船出渌口,达湘江,亦多浅滩,必须过洞庭湖,至城陵矶,入扬子江,乃可畅行无阻。初办时,并无轮驳,专恃民船,湘潭县之窑湾地方,亦设转运局一处,专司过载之事。因萍河系用小船,至湘潭再过船转汉,惟水道绵长,船户盗卖甚多,除于醴陵设稽查局于光绪二十六年,又在长江设稽查局(后改转运局,仍兼稽查)。二十七年,复在岳州设稽查局,与湘汉等局分段稽查,并鼓励船户,订回赏章程,分萍汉、潭汉为两线,定若干日往返一次,能不误此期限,赏钱若干;行驶愈速,赏钱愈多。此项办法,当时行之甚效。数年后,因别有窒碍,已早取消,现惟存溢短之赔偿章程。又因冬令洞庭以上水浅滩多,不能畅运,特在城陵矶购地七十余亩,设立堆栈,并设转运局,于每年大水时期,缩短路线,将煤焦赶运上栈;秋冬水小,再驳赴汉厂。其初萍矿开办,本议定矿路并举,不意粤汉干路,兴工稽迟,难以就用,不得已于上游自筑运煤铁路,一面赶办轮驳,其铁路先由安源矿山筑成十四里至宋家坊水口,续又展设至湘东醴陵。复于光绪三十年,修抵株洲,至是始避免萍河最艰难之水道,裁撤湘潭转运局及醴陵稽查局,改设株洲转运局,所有民船轮驳,均在株受载。先是兴造轮驳之议起,曾虑株洲至洞庭湖,浅滩甚多,秋冬水涸,不能畅行,故于所造深水拖轮外,另先造成浅水拖轮多艘,与深水轮分段行驶;一面招徕民船赶运,与轮驳并行不悖。惟是秋冬之时,湘江浅滩,水只一二英尺,浅水轮驳及民船,亦难驶过,故每年秋冬时,必须于中途办理过载,另招倒划小船,专驶浅滩。至深水处,再过入轮驳,转载赴汉。民国五年,粤汉路株长段通车,其时株洲存货山积,遂与该路订短期运煤合约,由株洲运煤至长沙上十五里之豹子岭,计程二十七英里,藉避免长沙以上之最浅滩数处,约每日运煤焦三四百吨,故于该岭曾设转运局。民国六年,又于湘阴县属之虞公庙,租地设立堆栈一处。八年湘鄂路通车,即与订立长期运煤合约,由株萍、粤汉两路联运,每日运六百吨,自安源直达武昌。至是萍矿所产,强半归铁路载运,仅有少数煤焦,由株装船运汉。水运情形一变,遂先后裁撤豹子岭、虞公庙局栈,并将株、长、岳等局酌量收缩。

曩者初设转运局,系在汉阳新矶头,不过专办转运,嗣因萍矿矿产数较旺,除供汉厂外,另在武汉筹销,由转运局兼理销务,乃将转运改名运销。宣统元年,因销路畅旺,为便于华洋销户接洽起见,将局移设汉口一码头。民国三年,又因归宝丰公司包销,复撤回汉阳,即今所租汉厂兴仁里房屋。查汉厂化铁,除焦炭外,所需矿砂、白石,由大冶供给,其运务由厂自办,初不经转运局,除官局移交之楚富、楚强两拖轮外,该厂又购造拖轮、钢驳、木驳等十余艘,专运矿石之用。

宣统年间,公司为筹统一运务起见,曾定议设一机关,汉萍轮驳,悉归管理;甫经实行,即遭辛亥兵燹,受创甚巨,事后因种种事故,仍复萍汉分办。民国六年,始改组运输所,将两处轮驳归并,运输业务,至此始告统一。

从前萍焦只供汉厂,十二年大冶新厂开炉,又须兼顾,故于是年起,又有由武昌分运煤焦赴冶之事;销售日本生铁,本归制铁所派船到汉装运,自冶厂出铁后,售铁较多,大水期内,不能运竣,乃于江水退落时,在芜湖设栈,将生铁用轮驳远芜,再装日轮出口,因此又有芜湖转运之事。

一、车船之分配　萍矿煤焦,现与粤汉路所订合约,每日由安源径运六百吨至武昌,余由株萍路运株,再由株装驳船或民船运汉。

一、航线之规定　为会计上便于核计盈亏起见,将航路分为汉冶、汉湘两线。隶于汉冶者,为楚富、楚强、汉兴、汉顺、汉发、汉利、萍丰、萍达八拖轮,及汉字、萍字钢驳三十一艘;隶于汉湘者,为萍福、萍寿、萍通、萍富、萍强、萍安、萍顺、萍元、萍亨、萍利、萍贞、萍发、萍兴十三拖轮,及木驳一百四十四艘。第自粤汉路湘鄂线通车后,萍煤可由车路直达武昌,汉湘线运务为之一变。年来出数锐减,轮驳供过于求,故萍福、萍寿等大拖轮,均赴冶拖运矣。

一、沿途之稽查　株、长、岳、汉均有专员常川分段兜查。惟由株至汉,路长约有千里,乃分为四段:株洲至湘潭,归株局;湘潭至芦林潭,归长局;芦林潭至宝塔洲,归岳局;宝塔洲至汉阳,归本所。其湘潭、芦林潭、岳阳等处,因为泊船紧要处所,又另派专员,并设稽查划往来梭巡,凡稽查之处,于运船过境,必挂号通报日期。若遇风险,随时驰救,有照护之义务,不仅以弭盗卖为职责也。

一、船户之奖惩　民船由株到汉交卸,短焦一吨,罚钱二十二千文;短煤一吨,罚十八千文。如有盈溢,每焦一吨,奖钱十一千文;煤一吨,九千文;其运长、运岳者,如此递减。如有盗卖,除照章罚赔外,分别轻重,送官惩治。

所长处　总管钢铁煤焦运送、分屯等事,设所长一人,中西文牍、庶务等若干人。

下设二股六局栈一处:

船务股　专管轮驳修理、分运等事,设工师一人、监修若干人。

下设二科:

轮驳科　设科长一人,科员若干人。

民运科　设科长一人,科员若干人。

材料股　专管材料收发,设主任一人,司事若干人。

长沙局　专管湘省官厂购用煤焦及该处之外销,设局长一人,司事若干人。

岳州城陵矶局栈　专堆煤焦,容积约二十万吨。设局长一人,司事若干人。

株洲郭家邃局栈　专堆煤焦,容积约八万吨。设局长一人,司事若干人。

汉阳南岸嘴东栈　专堆煤焦,容积约五千吨。设主任一人,司磅一人。

武昌复兴洲(俗名鲇鱼套)堆栈　专堆煤焦,容积约三万吨。设主任一人,司事若干人。

湘潭杨梅洲分栈　容积约五万吨,现出租于木商,堆放木料。

上海转运处　设处长一人,库员若干人。

上海浦东栈

铁路

汉阳厂　回环厂内外,达江边码头,计程四十三华里。建始于官办时代,光绪三十三年扩充之,计:火车十五辆,钓车八辆,平车一百辆,斗车三十辆,钢轨平车三十辆,砂车十二辆,水车四辆。

大冶厂矿

冶厂　起石堡,讫西塞山,计程四十五华里,建始于民国六年,计:车头九辆,大小矿车一百辆,水车六辆,渣滓车三辆,吊车三辆,焦炭车十四辆,装灰车四辆。

冶矿　起铁山,讫石堡,计程七十二华里。分设四站:曰石堡,曰下陆,曰铜鼓地,曰铁山。建始于官办时代,带售客票。计:车头七辆,大矿车六十五辆,小矿车七十辆,花车一辆,客车五辆。日开次数,规定多则十次,少则二次,每次附带客车二辆。

萍乡矿　起安源,讫宋家坊,计程十四华里,系属矿造;由宋家坊衔接至株洲,计程一百六十六华里,为官造。光绪二十八年,将安源至宋家坊一节,归并于官,共为一百八十华里,名曰株萍铁路,分设九站:曰安源,曰萍乡,曰峡山口,曰老关,曰醴陵,曰板杉铺,曰姚家坝,曰白关铺,曰株洲,直辖于交通部。

阳新矿　起银山,讫双港,计程八华里。建始于光绪三十三年,宣统二年工竣,民国光夏被毁,五年规复。

轮驳

拖轮二十三艘:

楚富、楚强、汉顺、汉兴、汉发、汉利、萍福、萍寿、萍通、萍达、萍丰、萍富、萍强、萍安、萍顺、萍元、萍亨、萍利、萍贞、萍发、萍兴、运利、祥临。

楚富、楚强两艘,系官办时置造,其余商办后陆续添置,原共二十四艘,尚有汉通一船,已售去,实计如上数。

货轮一艘:

汉萍(此船来往沪汉)。

钢驳三十一艘：

汉字七艘，萍字二十四艘。

木驳一百四十四艘。

查钢驳原有三十七艘，木驳原有二百十二艘。历年遭风沉没及年久朽烂拆卸，或改趸船，又辛亥兵燹被毁，计共损失七十四艘，现实计如上数。

码头

汉阳厂

一码头　光绪二十四年建筑，有趸船一艘。

二码头　民国七年建筑，有趸船一艘。

三码头　民国四年建筑，有起矿电机一座。

四码头　民国四年建筑，趸船一艘，现借给冶厂。

中码头　光绪十七年建筑，有马力房及斜坡。

以上各码头，均滨临大江。中码头之位置，在一、二码头之间。

大冶厂矿

冶厂：

煤焦码头　民国六年建筑。

生铁码头　民国六年建筑。

俱乐部码头　民国六年建筑。

以上各码头，均滨临大江，有铁趸船一艘，跳趸船四艘，水泥趸船四艘，木趸船二艘。

冶矿：

东矿码头　光绪二十五年建筑。

老汉矿码头　光绪十九年建筑。

新汉矿码头　光绪三十四年建筑。

运输所

汉阳码头　面临大江，宣统元年建筑。

武昌码头　面临大江，光绪二十八年建筑。

株洲码头　共十二处，即以一至十二名之。光绪三十年开始建筑。

岳州码头　共四处，即以一、二、三、四名之。光绪二十九年及三十三年建筑。

学校

汉厂　名曰铁厂公学，创办于光绪年间，但时开时停。民国三年起，分为男女两校，男名铁厂小学，女名端化女学；十年，又合并为铁厂两等小学，十一年，始更今名。其课程悉遵教育部订颁小学章程，并参以新学制。学生无定额，现计一百八十名。全年经费约三千元。自开办迄今，毕业者一百三十八人，有在本厂实习者，有升入他校者。

萍矿　名曰萍矿两等小学，分初高两等，初等四班，高等三班。民国元年成立，额定学生二百四十名。初等每名每年纳费四元，高等六元，每八十名中，如有极贫子弟，得免费二十名。其课程教本，悉遵部定新学制，教授时期，初等一学年二学年，每周二十八小时，余皆三十三小时；高等各班，均三十四小时。全年经费，约七千元。自开办迄今，毕业者，初等一百七十一人，高等一百十四人。

巡警

汉厂　名曰巡警处。民国以前，组织不甚完备。民国元年，重新招练成立，设处长一人、巡察一人、稽察二人、巡长三人、消防一人、书记一人、巡探五人、巡目六人、巡士一百二十九人、备补十五人、火[伙]夫九人。全年饷需约洋二万元。

大冶厂矿

冶厂　名曰厂巡处。民国六年组织成立，设处长一人、巡查三人、稽查二人、书记一人、探目一人、探士三人、消防目一人、巡目六人、巡记三人、巡士一百二十人、听事五人、火夫九人、清道夫六人、灯夫一人。全年饷需约洋一万八千八百余元。

冶矿　名曰矿巡处。民国二年八月试办，始设石堡、下陆、得道湾、铁山四区。六年，将下陆归并石堡，仅有三区。十三年厂矿合并，统归厂巡处管辖，名曰巡查处；三区改名曰分驻所，设巡查三人、书记一人、稽查一人、巡目五人、一等巡士六人、二等巡士十一人、三等巡士二十人、四等巡士十一人、火夫六人、清道夫二人。全年饷需约洋六千七百余元。

萍矿　名曰矿警局。光绪三十二年招练成立，设局长一人、勤务长一人、司法课长一人、文牍一人、支应一人，分东西南北四区又两队。每区设区长一人，每队设队长一人、排长三人、司务长一人，警官、警佐共二十一人，长警目兵共四百人，长夫七十六人。全年饷需约洋六万元。

医院

汉厂　专治同人及工役等内外伤科各证，设办公室二，候诊室、化验室、配药室、消毒室、割症房、换药房各一。病房分特等、优等、普通三种，特等房一、优等房四、普通大病房二、隔离室一，医员一人，副医员四人。全年经费约需洋□元。全院事务，统归卫生股股长管理。

大冶厂矿

冶厂　专治员司、工人内外伤科各证，外来病人，亦为疗治。设员司诊治室、工人诊治室各一，各种药品及割症器具全备。主任一人，助手、药剂师、中医各一人，看护四人。全年经费约需洋＿元。

冶矿　无医院，设伤科一人，日医一人，全年薪水、药料等费约需洋＿元。

萍矿　专治员司、工人等内外伤科各证，诊察室、疗养室、割症房及爱克司光镜等全备。西医二人、助手六人、司事四人。全年经费约需洋一万四千元。

俱乐部

上海总事务所　设于英租界极司非而路十一号，置有洋房一所，内如弹子房、音乐室、阅报室、大餐间、浴室等等具备，每年同人团拜，即会集于此。前会长盛公祠，即建于其右。

汉厂　设于厂之北总门外，滨临襄河，建筑已久，但未经设备，本年始由本厂及运输所同人，假该部房屋之半，捐资组织公余社，置有图书室、游艺室、儿童部及会客厅等。

大冶厂矿

冶厂　设于厂之西总门前，仅有弹子房、击球场、阅报室数处，另有大餐间及楼房数楹，专为招待宾客之用。

冶矿　未设。

萍矿　原有公寓一所，并船式客厅一座，建于直井之后山凹。前年因石壁倾斜，防其倒压，乃将旧料移设于医院后面之山半，仅有客厅两小栋，另有西式弹子房一所及上下楼房四楹，专备中外来宾住宿招待之用。

安源半边街，置有洋房一所，另为工人之一部。

营　业

本公司营业，范围既广，历年又久，难以毕举。兹就十年、十一年、十二年近三年度各货销数列左：

国内销售（自用者不列）

承造各铁路钢轨桥梁

钢轨	年度	销数	百十万千百十吨
又	十年	又	八二〇〇
又	十一年	又	一四二四〇
又	十二年	又	无
桥梁			
又	十年	又	一八〇
又	十一年	又	二〇五
又	十二年	又	无

汉阳兵工厂购用钢料、煤焦

钢料	年度	销数	百十万千百十吨
又	十年	又	二四〇
又	十一年	又	一〇〇
又	十二年	又	无
煤			
又	十年	又	无

续表

钢料	年度	销数	百十万千百十吨
又	十一年	又	四三
又	十二年	又	无
焦			
又	十年	又	无
又	十一年	又	二九三二
又	十二年	又	三一九九

市　销

生铁	年度	销数	百十万千百十吨
又	十年	又	一二一九一
又	十一年	又	二六九五八
又	十二年	又	二〇六一二
马丁铁			
又	十年	又	无
又	十一年	又	五〇五
又	十二年	又	九九五
钢货			
又	十年	又	二二五三七
又	十一年	又	九〇八〇
又	十二年	又	二二四三
煤			
又	十年	又	五八七一八
又	十一年	又	六五二四五
又	十二年	又	五一八一五

焦	年度	销数	百十万千百十吨
焦	十年	又	一六八三七
又	十一年	又	二二〇七四

续表

焦	年度	销数	百十万千百十吨
又	十二年	又	一九〇一〇
矿石			
又	十年	又	一〇〇
又	十一年	又	无
又	十二年	又	无
哆啰石	十二年	又	二〇

国外销售

生铁	销地	年度	销数	百十万千百十吨
又	日本	十年	又	二一〇〇
	美国	又	又	二六二五
	南洋	又	又	一五三九
又	日本	十一年	又	四九〇七
	香港	又	又	六三〇
又	日本	十二年	又	四七三六五
	美国	又	又	二一五〇
	香港	又	又	二六五
马丁铁				
又	日本	十年	又	六三三〇〇
	美国	又	又	三四〇
又	日本	十一年	又	一一六三四五
又	日本	十二年	又	六三七九〇
钢货	销地	年度	销数	百十万千百十吨
又	香港	十年	又	一〇
又	日本	十一年	又	二八二五
又	日本	十二年	又	四二八〇

续表

矿石	销地	年度	销数	百十万千百十吨
矿石	日本	十年	又	.二四九九〇〇
又	日本	十一年	又	二七八一〇〇
又	日本	十二年	又	三〇三六五〇

营业盈亏表

届别	盈数	元	亏数	元
第一届				
第二届	同	一五四〇〇.五三		
第三届	同	六四一五一.七一		
第四届			同	二三〇一五〇〇.八五
第五届			同	二八七二〇七五.五二
第六届			同	一五三八三八九.八二
第七届			同	一〇〇九六七.九七
第八届			同	三八八一〇五.九三
第九届	同	一八七八四九六.八三		
第十届	同	二八〇一八七二.二〇		
第十一届	同	三七七九九〇四.四七		
第十二届	同	二九一八四六三.六三		
第十三届			同	一二七九五八八.四四
第十四届			同	五一一八三五.〇三
第十五届			同	三六六六八七六.三六
第十六届			同	二九五二六〇九.八六

经　济

股本

额定银洋二千万元,每股五十元。盛公接办时,创始股份银二百万两,合作洋三百万元;注册时,又加认二百万元,共成五百万元,作为一万股,是为创始老股。另添招新股一千五百万元,分为优先、普通二种。民国二年五月股东大会,以扩张事业及筹还重利债项之目的,议决推广股额至二千万元,惟核至现时止,共只收到股款一千七百余万元。

创始老股　五百万元。

优先股　五百万元。

普通股

官股　一百七十四万元。

说明:

(一)盛公办理京汉铁路时,奏拨部款用余银九十一万六千五百三十两二钱七分八厘七毫。

(二)萍矿附入铁路公司股份银十五万两,又附入尾款规银三千八百九十七两。

(三)萍矿入股后,铁路公司应派息股银九万两。

三共合计库平银一百十六万两,核作洋元如上数,此项官股,即在普通股之内。

利息

自收到股银之日起算,优先、普通,一律发给官利八厘,余利作三十成分派,公积酬劳六成,老股优先一成半(十五年为止),新股优先一成半(十五年为止),优先、普通,均匀得二十一成。

股　息

届别	洋例银	百十万千百十两钱分厘
第一届	同	三九八四六九〇三六

续表

届别	洋例银	百十万千百十两钱分厘
第二届	同	六〇〇四四〇九九三
第三届	同	六八四三七一四〇元
第四届	同	四四五七〇五三六一
第五届	同	二七四四九五八三四
第六届	同	八〇六二一五一八九
第七届	同	八八三六四一一八一
第八届	同	九四〇〇〇六四二四
第九届	同	七三九四六九〇二七
第十届	同	一二七五六九五一四四
第十一届	同	一四一四三四八七六六
第十二届	洋	一八〇四〇〇六.九五元
第十三届	无	
第十四届	无	
第十五届	无	
第十六届	无	

债 息

届别	洋例银	百十万千百十两钱分厘
第一届	同	九一一七七九二〇二
第二届	同	八七二六六五九二九
第三届	同	八四八七〇三三〇五
第四届	同	一十七〇一四〇〇三八
第五届	同	一十七六六〇四一一二
第六届	同	一五六九八〇三六九二

届别	洋例银	百十万千百十两钱分厘
第七届	同	一〇三二四〇六二六一
第八届	同	一六四三八四八二〇一
第九届	同	一五九二五八六六三
第十届	同	一八五一〇二七六五一
第十一届	同	一九六四七二八〇六六
第十二届	洋	一七一〇七六七.五八元
第十三届	同	一六八八八十一.三八元
第十四届	同	二三六六九〇八.三七元
第十五届	同	二七一二一五六.八元
第十六届	同	二十七三八二〇.五三元

铁捐

每出生铁一吨提捐银一两。

说明:此项铁捐,根据于汉厂开办时,张公奏请拨借各款:(一)部款二百万两;(一)湖北枪炮局经费一百数十万两;(一)江南筹防局五十万两;(一)两淮盐票商捐五十万两;(一)湖北盐粮道库四十万两;(一)湖北织布局三十四万余两;(一)鄂省盐课厘金三十万两。七共银五百数十万两。盛公接办时,奏明出铁一吨,捐银一两,还清上项官本之后,仍按吨永远提银一两,以作报效,地税均纳在内,并无其它捐款。

国内借款(附清表)

总数

洋例银一百三十八万七千一百四十九两一钱二分。

规元十一万八千七百六十七两二钱四分。

内债表

何处借来	银别	债款数目	周息	还过若干	现欠若干	还款期限	说明
前邮传部	洋例银元	二百万两	六厘	一百七十八万二千八百五十两八钱八分	二十一万七千一百四十九两一钱二分		此项债款还期以经济关系时有展限等事
前四川铁路		一百七十二万两	无	九十八万两	七十四万两	民国八年九月起至十二月止按月还三万两，九年一月起按月还两万两至还清止	
前户部银行		五万两	无		五万两		
湖北官钱局		六十六万两	无	二十八万两	三十八万两	民国九年八月起按月还一万两至还清止	
交通银行	规元	二十三万一千七百五十两	无	十一万二千九百八十二两七钱六分	十一万八千七百六十七两二钱四分	民国十年十二月起至十二年二月按月还一万五千四百五十两	

国外借款（附清表①）

总数

日金三千三百〇八万四千八百九十五元三十八钱。

规元二百五十万两。

---

① 国外借款清表略。

各户欠款

户名	洋	百十万千百十元角分
三井洋行	同	九八八七〇九六二
株萍路局	同	八一二九四一三一
谢蘅牕	同	三七六五三五九八
扬子公司	同	一八五八〇三五六
大仓橘三郎	同	三五七九四三七
王康三	同	一一二六七六
总数	同	二三二〇九一一六〇

物料损耗及无著旧帐

钢料存货损耗洋三百五十四万五千七百十元三角。

说明:查钢料存货,结至民国十年底止,沪汉共存四万八千四十吨五二八五,计货本洋七百十四万八千七百四十九元九角四分,平均扯算,每吨存本合洋一百四十八元八角有奇。此项存价,系照民国八年以来实在成本作价转帐,在八九年间,钢货市价尚好,原不为高。自九年起,市价日见跌落,至十一年而尤甚,每吨不过八十元左右。前项存价,似未免过高。若以十一年市价为标准,再除水脚等费,则该项存本,应每吨不得高过七十五元。照此合算,所值不过洋三百六十万三千三十九元六角四分。较之原价,应损耗如上数。

各厂矿存料损耗洋九十八万九千二百七十一元五角八分。

说明:查各厂矿所存各料,历年既久,亏耗自所难免,有因质地轻脆破碎而缺少者,有因锈烂侵蚀而不堪使用者,有因流质而走漏者,皆未出帐,遂致积少成多,而原因中之尤要者,则为欧战时间,购进之物料及制钢原料,当时购价,皆贵达极点,现今市价跌落,此项损失尤巨。前年派员彻查,将各种实在点见物料,照可以转售之价,重行核算,较之原价,其损耗:汉厂应须洋七十五万八百十五元四角六分,冶矿应须洋二十万五千四百三十五元八角,萍矿应须洋三万三千二十元三角二分。三共应损耗如上数。

无著旧帐洋五十一万四千一百八十二元二角二分。

说明:查前萍矿武汉运销局暨华洋批发处,自辛亥以迄癸丑,所售煤价,及各项宕欠,积至洋例银约四十万两。迭次派人设法清理,以事隔多年,单据无存,且经兵燹,无法追究。曾于十一届帐内盈余项下,提存洋例银五十五万两,合洋七十六万六千三百五十二元二角五分,以备抵扣此项无著旧帐,今将该帐分别清算,计洋五十万一百五十五元五角一分,又汉厂帐内有辛亥年止旧欠洋一万四千二十六元七角一分,亦属无法追究。两共合计如上数。

以上三项,共计洋五百四万九千一百六十四元一角,在帐面上虽存有此数,而实际已经损失。查商人通例第二十七条所载"动产、不动产、债权及其余财产,时价高于原价时,须记其原价;价格不明者,则记其估计之价;其不能索取之债权应削除之"等语,是以即于积余项下,并各相当准备金项下支销,以符经济实在状况。

辛亥军兴损失

(细帐曾刊布《调查历史》)

机关	规元	百十万千百十两钱分厘
上海总事务所及商务所并所负之股本债款各息金	同	二五六二二九八六八〇
汉阳钢铁厂	同	六四一八二〇九一四
大冶铁矿	同	九六三二二四八四
萍乡煤矿	同	一四八〇六一七九二
武昌铁矿	同	一〇三〇〇〇〇
常耒、阳新锰矿	同	六三八六〇〇〇〇
马鞍山、幕府山煤矿	同	三二九六〇〇〇〇
汉阳砖厂	同	一〇三〇〇〇〇
武汉运销局及上下游分销处	同	一八一三九三六三五
轮驳处	同	六九四四六八四〇
总数	同	三七二四八〇四三四五

会计制度

本公司帐目　向用旧式簿记,每年结帐,由厂矿各计盈亏,报告公司,汇编帐略。自民国八年第十二届起,改单式簿记为复式簿记,并改用洋本位。将原有资产,作为公司所有,而分投于各厂矿所,其负债亦由公司担负。各厂矿之产品,则照前两年平均作价,售与公司,交由商务所销售,盈亏即为公司之盈亏。其产品定价,与实在成本差数,虽为厂矿盈亏,仍归公司结算。统计帐目之列表凡三:一曰财产目录,所以表示公司之资产;一曰损益计算书,所以表示收入与支出之结果;一曰贷借对照表,综结盈余,则转入此类,而于全公司之经济状况,可以一览无遗。此后凡关于会计事宜,统照所采新制度办理。

成本　成本之轻重,视各项之资料、人工及出货之多寡为衡,未能固定。兹就近数年酌中扯算如左:

种类	吨数	洋	百十元角分
翻砂铁	每吨	同	五〇〇〇
马丁铁	同	同	五〇〇〇
钢锭	同	同	一〇〇〇〇
钢坯	同	同	一一二〇〇
钢轨 角钢 槽钢	同	同	一四三〇〇
钢板	同	同	三〇〇〇〇
元钢 方钢 扁钢	同	同	一九〇〇〇
锅钉 钩钉	同	同	三三五〇〇
矿石	同	同	三五〇
白石	同	同	二五〇
哆啰石	同	同	三四〇
灰砖	同	同	一三八〇〇
统煤	同	同	五〇〇
焦煤	同	同	一二〇〇
机炉焦	同	同	一四五〇
土炉焦	同	同	一三五〇
池焦	同	同	五五〇
高坑焦	同	同	一一〇

续表

种类	吨数	洋	百十元角分
锰砂	同	同	一二二〇
渣砖	每块	同	一〇

折旧

此为会计制度之必要,折旧年增,则原值年减,夫然始有准确之计算,不致有价值犹是货物已非之况。兹列其数如左:

机关	资产原价洋	元	折旧洋	元
上海总事务所	无		同	一六五六三点一〇
汉厂	同	一九一五六二三七点七四	同	三〇〇二三八〇点八二
冶厂	同	一一六一九六六二点二五	同	一六四九三五点八六
冶矿	同	八七四六五八二点一四	同	一二四九四一二点〇八
采石处	同	三二〇一九点七六	同	一〇四八四点五八
萍矿	同	一〇九五七一五九点〇〇	同	二三〇〇一六五点六八
运输所	同	三〇四四七二二点四八	同	七五四三五七点七七
浦东码头及栈房	同	三四六四一八点六三	无	
其他固定资产	同	二四〇二六点九一	无	
总数	同	五三九二六八二八点九一	折旧洋	七四九八二九九点八九

预算

经云:凡事预则立,不预则废。营业之道,首重预算,必有精密之计核,乃能顺利其进行。惟本公司范围既广,变更亦多,每以时局之纠纷,辄受莫大之影响,致使预算失所依据,未能准确。兹姑举最近之十二年度预算数以例其余。

民国十二年度预算:

董事会	洋	百十万千百十元角分
董事室	同	六〇九六〇〇〇

续表

董事会	洋	百十万千百十元角分
秘书处	同	七五〇〇〇〇
总稽核处	同	九六六〇〇〇
北京事务所	同	二一八〇〇〇〇
总数	同	九九九二〇〇〇

经理处	洋	百十万千百十元角分
经理室	同	四〇二四〇〇〇
文牍课	同	八五二〇〇〇
技术课	同	二三四八〇〇〇
考功课	同	二九〇〇〇〇
顾问室	同	六五二〇〇〇〇
总务费	同	一〇〇四六六四六
会计所	同	三九九三二〇〇
商务所	同	二三四八二〇〇
沪栈	同	三五八八五九四
日本东京事务所	同	三二四〇〇〇〇
英国伦敦事务所	同	一四二一一〇〇
总数	同	三八六七一七四〇

汉阳钢铁厂

化铁股项下	洋	百十万千百十元角分
管理费	同	二三〇二一七三八
工费	同	三五三三五六六八
原料费	同	七五三九七九〇〇
材料费	同	三〇四二〇〇〇〇
燃料费	同	二三一〇九三〇〇
修理费	同	二二五〇〇〇〇
吨税	同	一四三六四九三五

制钢股项下	洋	百十万千百十元角分
薪水	同	一九八四六八〇
工食	同	二〇八三二〇〇
燃料费	同	一四一六〇〇
杂料费	同	三二五〇〇〇
总数	同	四一六四二四〇二一

大冶铁厂	洋	百十万千百十元角分
管理费	同	二〇一〇四四七二
工费	同	三二六七六六〇〇
原料费	同	三四三二八二〇〇
材料费	同	三六九八三一〇〇
燃料费	同	二〇三八六七四〇〇
吨税	同	一四三八二〇〇〇
备件及新工作	同	一〇〇〇〇〇〇〇
采石处	同	七二一四〇〇〇 内须除支出经费洋 三万八千二百五十元
炼焦处	同	四三二〇〇〇
总数	同	三五九九八七七七二

大冶铁矿	洋	百十万千百十元角分
管理费	同	一四〇二〇〇六八
采矿费	同	二四九一〇三七六
运输费	同	二二九五〇一六八
特别工作费	同	四四一一五三〇
总数	同	六六二九二一四二

萍乡煤矿	洋	百十万千百十元角分
管理费	同	三九六九〇一〇〇
采炭费	同	一六九六四〇四〇〇
洗炭费	同	一一一八二六〇〇
炼焦费	同	一三七九六四〇〇
电机处费	同	六九三八六〇〇
修理处费	同	一五四六五八〇〇
窿工扩充费	同	一〇〇〇〇〇〇〇
制造费	同	二八三三四三〇〇
高坑分矿	同	五〇〇〇〇〇〇〇
总数	同	三〇〇〇四八二〇〇

常耒锰矿	洋	九七三〇六二七 内须除支出经费洋八万二千七百二十二元
阳新锰矿	洋	三六〇〇九六

汉阳运输所	洋	百十万千百十元角分
管理费	同	一九三一〇一四七
煤焦矿石运费	同	一六五九〇一九一二
汉平轮船费	同	一〇八二六一一六
总数	同	一九六〇三七八七五

决算

预之进言为决,有预算以作之范,须有决算以树之的,庶几斟酌损益,归于至当,不致有太过不及之弊。兹举十二年度之决算列左:

民国十二年度决算:

董事会	洋	百十万千百十元角分
董事	同	五七六四六六五
秘书处	同	九〇七六〇七

续表

董事会	洋	百十万千百十元角分
总稽核处	同	一〇四三八八〇
北京事务所	同	二三四六二八三
总数	同	一〇〇六二四三五

经理处	洋	百十万千百十元角分
经理室	同	二九四九四四二
文牍课	同	一一五三〇八九
技术课	同	二五一五六六
考功课	同	二五一五六六
顾问室	同	八六六二五五四
总务费	同	八四二一五一六
会计所	同	三八三〇六四六
商务所	同	二三三四九〇一
沪栈	同	五六一六〇五八
日本东京事务所	同	四〇二一四三三
英国伦敦事务所	同	一二七〇四〇〇
总数	同	一三二四二七九二

汉阳钢铁厂

管理费项下	洋	百十万千百十元角分
厂长处	同	一六二七五八六
会计处	同	一七六〇五四六
稽核处	同	七二〇六五六
事务股	同	三四七〇一五九
商务股	同	七九九四六九
材料股	同	二六九八八〇三
卫生股	同	九一三二七八
杂项	同	九六八八〇九四

续表

管理费项下	洋	百十万千百十元角分
利息	同	三六五四〇九二一
化验股	同	一七一一八四一 收回代价洋一万一百六十七元六角四分
车务处	同	一六三一五〇二一 收回代价洋十二万五千七百四十一元六角
化铁股	同	四一一七八〇二八八 内有全厂公摊管理洋二十四万二千三百九十七元二角一分
炼钢厂	同	三〇一五七九一
钢坯厂	同	三九七〇八一五
钢材厂	同	四三二七九四
钢板厂	同	八一一八五二
钢条厂	同	二三八二四六
钩钉厂	同	五六七一〇九
灰砖厂	同	四六八三一七三
机器股	同	六八三九七二七三 收回代价洋七十万九千三百八十九元八角三分
渣砖厂	同	四四六四七五〇
石泥处	同	八四四二五六
总数	同	五七五五一二七二一
净数	同	四六六七四三〇九三

大冶铁厂

管理费项下	洋	百十万千百十元角分
厂长处	同	七九五二九〇
稽核处	同	二八二一八三
会计处	同	七一六六六六
事务股	同	三四三〇九〇
材料股	同	二〇九七三六九

续表

管理费项下	洋	百十万千百十元角分
厂巡处	同	二〇九四六八五
卫生处	同	一〇九一二七七
杂项	同	三五一〇五八八三
利息	同	三二三八三八一八
折旧	同	三三〇三三三九

化铁科项下	洋	百十万千百十元角分
原料	同	二六五六〇〇〇五一
工食	同	六五三三三四一八
管理费	同	四七八〇六七六五 内有公摊全厂管理费洋四十六万六千二百三十六元
制造费	同	二九九一七一四五
担负费	同	四九八七三四〇〇
总数	同	三九九七三〇七七九

大冶铁矿

总务费项下	洋	百十万千百十元角分
矿长处	同	一四七七五二九
稽核处	同	三四六七五五
会计处	同	五五〇九三三
材料股	同	六六三五五二
事务股	同	四六四二一八
管磅处	同	二一〇四五七
矿巡处	同	一〇二七八三三
医院	同	二九六四二四
轮渡	同	一一〇六四六三
杂项	同	三四一七二一一

采矿费项下	洋	百十万千百十元角分
管理费	同	二二七三四六七
采矿费	同	四五〇五三八六六

车务费项下	洋	百十万千百十元角分
管理费	同	一三〇九一二〇
行车费	同	七七〇七八二九
起卸费	同	四七二七五三五
维持费	同	五七四三二五三
杂项	同	一三四〇九〇八八

财务费项下	洋	百十万千百十元角分
利息	同	六九九四四九六四
总数	同	一五九七三〇四九六

萍乡煤矿

总务费项下	洋	百十万千百十元角分
矿长处	同	一八八〇二六三
会计处	同	一七三一五六四
稽核处	同	四一九三一六
材料处	同	一五四〇三七四
管仓处	同	四〇七一〇一
采木所	同	九八六〇五五
警务处	同	五九四十〇〇〇
医院	同	一六九一四八九
杂项	同	一二六五四六九一

采矿费项下	洋	百十万千百十元角分
管理费	同	二八七六二〇四四
采矿费	同	二一三七九三三一九

续表

采矿费项下	洋	百十万千百十元角分
洗煤费	同	三四〇七五〇七八
炼焦费	同	三二三一一八〇六三
财务费项下	同	
利息	同	七一二〇五二〇七
总数	同	六九八二〇五五六四

常耒锰矿　洋　四八三九八.二〇元

阳新锰矿　洋　三〇〇五.二四元

汉阳运输所

营业收入	洋	百十万千百十元角分
沪汉线	同	九〇三六〇四六
湘汉线	同	二四七二〇一六八
冶汉线	同	二九三三四五七八
民运	同	一九〇七〇四八〇
车运	同	七九三六七七二〇
杂项	同	一七二三四八九
总数	同	一六三二五二四八一
营业支出	洋	百十万千百十元角分
管理费项下		
所长处	同	一三三五九九〇
会计处	同	九七〇二四一
船务股	同	一三三五五二一
材料股	同	一八〇八五八
杂项	同	二六六〇五八二
营业费	同	一七九四一七一一三
分局及堆栈	同	九二六七五九八
财务费	同	一五二一九二二
总数	同	一九六六八九八二五
收支共数	同	三五九九四二三〇六

投资

共同管理者

日本九州制钢厂　在日本国福冈县八幡市地方,股本日金五百万圆,中日各半。

说明:本公司以汉冶两厂六炉齐开,岁出生铁核计在四十余万吨之数,除汉厂炼钢及应交日本制铁所并中外销场外,尚有盈余,必须筹一可恃之销路,以浚利源。盛公在日本时,考查日厂炼钢,本轻利厚,原有相机合办钢厂之议,适日商安川敬一郎欲在九州筹设钢厂,经与商定,专办炼钢,购我生铁,以为原料,双方有利。本公司股本日金二百五十万圆,即由安川借给,订定周息七厘,还期自钢厂开始日起,以五年为限,即在所交生铁价内每吨提日金十五圆,并钢厂应分余利之一半,以充抵还之用。

鄱乐煤矿有限公司　在江西省鄱阳县属东乡之洞源岭老窑头、公孙岭、大吉张家洪门口、炉田岭、瑞象峰、罗汉冲等六区;乐平县属西乡之鸣山、社令桥、底脑等三区;又鄱阳境内已测未领之矿区七八区,壤地相错,距九江水程约四五十里,距大冶约七里。股本共洋六百万元,公司占三分之二,计洋四百万元,谢商等占三分之一,计洋二百万元。

说明:此矿原为甬商谢天锡等所创办,面积约共九万三千九百余亩,据矿师测报,年采六十万吨,可供二十年之用,并验得合于炼焦炼钢烧汽之用,本公司预算,汉冶两厂六炉齐开,萍煤不敷供应,爰于民国八年经董事会议决,与谢商等合办,换给新股票,另立公司,定名为鄱乐煤矿有限公司,即于是年四月组织成立,呈部注册。设董事会于上海,设总事务所于洪门口,并于九江、饶州两处,各设转运。不意设备甫具规模,七月间因湘乱影响,土匪乘机肇衅,总事务所及机料,毁劫无余,不得已于十年夏,先就鸣山一部施工。十一年五月,达到煤层,正期出货,赣东忽又发生战事,工程又复中辍,幸机料均获保全,乃于十三年夏,复从事开采,现在日可出煤三百吨,正在设法竭力进行,冀达大槽。至鄱阳方面,损失过巨,重谋建设一时实不容易云。

仅作股东者

龙烟铁矿公司　该公司原名龙关铁矿公司,在直隶省龙关县之庞家堡、辛窑等处,嗣又于宣化县属之烟筒山寻获铁矿,乃改今名。官商合办,额定股本银洋五百万元,各占半数,本公司计附股份＿分之＿,洋＿万元。

说明:民国八年,该公司出砂后,以此项铁砂,究竟有无制炼之价值,尚属疑问,其时铁价正贵,而建炉设厂尚在计划之中,乃商借汉厂第四号新化铁炉试炼,焦炭则取自河南安阳县属之六河沟煤矿,灰石锰砂则由汉厂供给,试炼四阅月,共炼成铣铁二万吨之谱,成绩甚佳。据测报孕量在五千万吨以上。

扬子机器制造公司　该公司在汉口谌家矶地方,离汉镇约二十余里,股本共洋□万元,纯系商办。本公司附股五万元。

说明:该公司专造钢铁熟货零件,颇为获利。生铁向购诸本公司,欧战事起,铁价飞涨,该公司乃自造化铁炉,购买象鼻山官矿铁砂,焦炭购诸六河沟。迨炉告成,欧战终局,铁价一落千丈,且炼出之铁,性质硬涩,不合翻砂之用,屡次改良,成本增重,所欠焦价,无法抵偿,乃于民国十二年,将全厂出租与六河沟煤矿公司,议明出铁一吨,提回炉费二元。

用人(聘用客卿附,选派出洋学生附)

凡事得人而理,五臣治虞,十乱兴周,皆得人之效也。本公司地跨三省,工达两万,事业之大,范围之广,为中国所仅有。四十年前,汉冶两处,均为荆榛丛莽之区,萍乡虽有土户开挖,仅不过供民间炊爨之日用。今则烟囱矗立,插入云头,煤巷连绵,深及地腹,电车汽车之纷驰,轮船驳船之挽运,曾几何时,一变为钢铁煤焦生利之名场,执中华实业之牛耳。回溯当初创业艰难,与夫逐渐改良扩充,孤诣苦心,讵容泯灭。用敢列举,以昭来兹。

张之洞　字香涛,一字孝达,晚号抱冰,直隶南皮人,清一甲进士。历官两广、两湖总督,太子太保,军机大臣,大学士,谥文襄,创办汉厂、冶矿,宏才伟略,当代一人。

蔡锡勇 字毅若,福建龙溪人,总理衙门同文馆毕业生,历官出使美秘等国随员,汉黄德道江汉关监督。张公奏派总办汉厂,选择厂址,规划炉基,订购机器,雇用洋匠,一切建设,皆其指挥。

盛宣怀 字杏荪,一字幼勖,补楼、愚斋、止叟,皆晚号也。江苏武进人。历官登莱青道东海关、津海关监督,改京堂,太子少保,邮传部尚书,国务大臣。招商接办汉冶厂矿,勘获萍矿,成立公司,困厄于其中者二十年,半生心血,消耗殆尽。临终前数日,董事会开会,犹手书议案,殷殷以会事相讨论,惜欧战发达,公已不及见矣。

郑官应 字陶斋,一字待鹤山人,广东香山人,清候选道。盛公委充汉厂总办,时厂中洋匠,多藐视华人,而洋总管德培,自称为洋总办,尤桀骜恣肆,难于驾驭。公条陈厂矿事宜四十八条,如考验生铁之色泽,规定铁轨之重轻,研究煤焦之良窳,杜绝运输之偷漏,以及熟铁炉节省用煤法,炼焦炉提取副产品,选派高材生并通晓洋文华匠,赴外洋留学,实地练习,洋洋数千言,皆能见其远大,施诸事实,为盛公所采纳。惜任事年余,以水土不服,辞差。

李维格 字一琴,江苏吴县人,清工科进士,候选郎中。总办汉厂十余年,添造化铁炉,出洋考察炼钢新法,改良炼钢,建设钢厂,并计划大冶新厂之建筑。襄助盛公,竭忠尽智,今日汉冶两厂之规模,半为其心精所结造。

张赞宸 字韶甄,江苏武进人,湖北候补道,初充汉厂提调,旋寻获萍矿,即专办矿事,创议大举,购办机器,规划窿井,修造铁路,设置轮驳。经之营之,无间昕夕,卒致积劳成疾,以身殉矿。盛公尝曰,君与一琴,为吾左右手。其卒也,盛公哭之,痛挽之曰失吾臂助,纪实也。其于工人,视若子弟,教养兼施,宽严互用,故人人得其心腹,终其身无工潮之发生。殁后张公祠之建,所以念其劳,亦以顺众情也。

卢洪昶 字鸿沧,浙江鄞县人,候选道,帮同张公开办萍矿,任劳任怨,知无不言,言无不行。又复规划运道,推筹销路,于武汉上下游分设运销局,添置轮驳,设立码头,严稽查,定奖罚,运输成立,此其骅骝。

客卿

吕柏　比国人，汉厂化铁炉工程师，在厂十余年，办事忠实，为华洋工程师之冠。

赖伦　德国人，萍矿总矿师，襄助张公，同心协力，克底于成，厥功最伟。或谓大槽在紫家冲，后来凿通石槨，縻费縻工，皆当时误勘窿脉之咎。不知紫家冲山势钦奇，无运道可通，不得不就平坦通运之安源地方，煤脉外现之处，先为开挖，非见不及此，实具有苦衷也。

大岛道太郎　日本人，本公司工程顾问，兼冶厂总工程师，一切建筑，皆其经营，厂工甫竣，遽尔病殁，尽瘁厂事，中外惜之。

选派出洋学生

吴健　字任之，江苏上海县人，光绪三十年赴英留学，三十四年回国，历充汉阳钢铁厂、大冶铁厂厂长，现供职总公司。

郭承恩　字伯良，广东潮阳县人，宣统二年赴英留学，民国四年回国，前充大冶铁厂工程股股长，现供职总公司。

杨卓　字云岩，江苏上海县人，宣统元年赴美留学，民国三年回国，现充汉阳钢铁厂制钢股副股长，兼钢铁处主任。

朱福仪　字志鹏，浙江嘉兴县人，宣统二年赴美留学，民国三年回国，现充汉阳钢铁厂电机处主任。

金岳祐　字湘生，浙江诸暨县人，民国元年赴德留学，四年回国，现充萍乡煤矿正矿师。

赵昌选　字伯华，湖北武昌县人，民国七年赴美留学，十一年回国。现充汉阳钢铁厂化铁股工程师。

卢成章　光绪三十三年赴英留学，民国元年回国，现离公司。

陈宏经　宣统元年赴美留学，民国三年回国，现离公司。

考　工

国有六职，工居其一。周礼考工，列为专记，可见古之重视工业矣。欧化东渐,机学昌明,工人之技艺日益进,知识日益高,气焰亦日益涨,而驾驭遂日益难。本公司工人逾两万,不特关于厂矿工业,并于地方生计治安,均有连带之关系,兹录为管理、待遇两门,藉作工界之考镜云尔。

管理

汉厂　全厂约六千人,分领工、工头、匠目、工匠、长工、小工、长夫等名称,统以领工或工头管领之。各部分于工程有直接关系之员司,俱有管理之职权。工人分班到工,须在所属部公事室牌箱处悬挂名牌,逾时即关锁,迟到者有罚;并设有查工处,除结算工食外,日夜更番专查各处名牌,及清点人数,以督促其工作。当民国十一年工潮澎涨时,本厂受其影响,亦曾组织工会,未几京汉路工会被封,本厂亦随之解散矣。

冶厂　全厂约一千三百人。分工头、工匠、长工、小工等名称,统以监工及工头指挥之。工人按时到工,各以所佩号牌,悬入名牌匣内,悬毕即行锁闭,以杜迟到等弊。

冶矿　全矿均用包工法,分采矿、运土、运石及运矿上船四项,工人无定数,统以包工头管领之。

萍矿　全矿约八千三四百人。计分六处:曰窿工程处,约六千人;曰修理处,约五百人;曰电机处,约一百八十余人;曰洗煤处,约三百八十余人;曰炼焦处,分机炉、土炉两项,土炉约九百人,机炉约三百余人;窿工程处,分采矿、支柱、搬运三项,统以监工、工头管领之。工人分班到工,有日工,有日夜工,有特别工。每班工作时间:十二小时、十小时、八小时不等。包工不在此例。

常耒矿　全矿约八百人,每一厂约二百余人,除工头直接管领外,每厂各有主任监工,以督察之。

阳新矿　工人无定数,均系附近农民,农忙则去,农闲则来,以全年使用之统计,每日平均为三四十人,每一山厂,由一夫头承包管领之,而以监工督察其上。其充夫头者,须有切实保人,并书立承包字据。

待遇

汉厂　月辛工头自十元至百元不等,工匠约二十元左右,长工约九元,小工不及二角,平均每日每工不过六角之谱。领工、工头、匠目、工匠工资,半月一发;长工十日,小工五日。此外化铁股有批费,制钢股有吨费,出货较多,辛工之外,尚有此项奖励。所筑兴仁里、怀德里、辅德里等房屋,专为工人而设,取租极廉。又另设寄宿舍数处,又于厂内设饭厅,平价供给。至因公受伤者,送医院医治,工资照给,或并供住院伙食;病殁者,按其工作年限,及平时成绩,酌予恤金。贫极者,酌施棺殓,有子弟者,除送公学读书外,并得收充艺徒,五年毕业,在学习期间,并给予津贴。又设有协济会,如有亲丧大故及天灾等事,得周其急。至于升降赏罚,则视技艺之精粗,工作之勤惰为衡。

冶厂　辛工:工头自四角五分至三元二角不等,工匠自四角五分至一元一角不等,长工自二角七分至四角五分不等,小工二角七分以上,均以日计算。如有特别工作,须延长时刻,或非短促时间可以告成,而限其竣事者,均酌量加工。在大星期(两星期为一大星期)及新年休假到工者,均作双工算;其有擅离工作,或故意延宕及早退、迟到者,均罚扣工资;如屡戒不悛或暴殄公物,或犯偷窃,立即开除。如有事故,或请病假,须觅到替工,方准给假离工。住屋医药,均由厂供给。因公受伤者,除送医院医治外,照常给予工资;成残疾者,予以相当之抚养;毙命者,酌给恤金,并施棺殓,葬于厂立之义冢。

冶矿　包工价:采矿每方车三百八十丈,运土自七百文至一千文,运石自一千四百文至二千余文;东矿上船,每车原为一千七百四十文,民国八年,加三百六十文,十一年,又加二百文,现计每车二千三百文;汉矿上船,每车一千五百四十文。

萍矿　工资:窿工程处,每日自二角七分至五角不等;采矿用包箱法,每箱为一工,石质增多一分者,减资一成,轻少一分者,加资一成;凿石用包尺法,每方自六元至三十元不等,视石之硬度、难易而定;修理处自一角五分至二元四角不等;电机处分大工、小工,大工自一元至一元五角;小工自三角一分至三角六分不等;洗煤处自一角五分至三元八角不等;炼焦处机炉、土炉两项,平均每工三角四分。又设有寄宿舍,分东西南北四大区,每区可容六百人,每一宿舍自十二人至二十四人,床位分左右两旁,共筑三层,中置饭桌,每日三餐。舍外旷场,备有浴池两所,并设照相室,专备工人摄影,所有姓名、籍贯、号数,悉影入像内。又设立取具保结处,宿舍分昼夜两班,交换居住,各有一定地位,不许紊乱,门首悬有工头名牌,秩序井然。采矿夫之头面,均有套帽,肩背负有酸素瓶,周围有皮管通入空气,使其呼吸灵通,并有救命机及救火具等之种种设备。因公受伤者,送医院医治,病殁酌给抚恤。

常耒矿 采矿用包工制,采砂一吨,给工头价钱四千八百文,土石工重大者,酌给贴费;工头雇工,通常每工约三百文。其因公受伤或死亡,由局查明,酌予抚恤。

阳新矿 采矿用包工制,分矿砂、土石及临时雇工三项。矿砂以吨计,每吨给价钱六百文;土石以方论,视土质之松硬,路途之远近,以定价格之高下,每方约七百文至二千文。每人每日,约可做砂一吨至三四吨,挑土三分之一至一方,如临时雇用,每工须八百文,其工资归工头每月向局结算领取,所用炸药、铁器等,均由局发给。除招来之外路矿工外,概不为备住宿。因公受伤者,酌给医药费,伤重致死者,例给抚恤钱六十千文。

产　业

本公司于厂矿各处,除厂基、矿山、路轨占用,及各货厂、办公室、员司、工人各住宿舍外,另置有地皮,并附置房屋出租,为公司财产之一,特纪列如下:

地皮

汉厂

汉阳　大别山南麓地及莲花湖等处地,共汉方一万零八百十余方。

高公湖地　汉方三千九百八十余方。

琴断口红砖厂　汉方七千六百三十余方。

汉口

堡垣　汉方三千七百二十余方。

万家庙　汉方一千二百三十余方。

宗关下首　汉亩二百八十五亩零。

黄鹤洲　汉方三千六百方（萍矿拟作堆栈由厂暂管）。

冶矿

畸零余地　一千一百五十七亩零，均租予佃户耕种。

房屋

汉厂

兴仁里一百十八间。

辅德里四十二间。

修德里二十间。

怀德里十间。

白鳝庙八间。

二码头五间。

高公桥五栋。

邻德里七栋。

敦化堂后三栋。

月湖口铺面住宅四栋。

高公桥铺面二栋。

川主宫铺面一栋。

兴仁里洋房五间。

琴台洋房五栋。

闸口洋房三栋。

兵工厂洋房三栋。

大昌里土库房屋五十五栋。

四码头土库房屋四栋。

高公湖土库房屋三栋。

段家桥土库房屋三间。

濂溪祠土库房屋一栋。

里仁巷土库房屋一栋。

大巷口土库房屋一栋。

兴隆巷土库房屋一栋。

以上各房屋皆出租与员司、工匠及外人住用。

冶厂　市房四十幢。

以上市房皆出租与商家开设店铺。

冶矿

西式平房一所,坐落石灰窑。

以上房屋租予驻冶近海社员办公。

西式上下楼房两幢,坐落石灰窑。

平房一所及余地,同。

以上房屋、余地,供给日本制铁所驻冶日员办公。

萍矿

平房、楼房二百二十六处,大小共一千数百间。

以上房屋皆出租与员司、工人住用。

综　　论

公司状况及经过事实,既备载之矣。而其困难之主因,厥有两端:公司股本,额定二千万元,又议加招至三千万,而实收仅一千七百余万,厂矿扩充,资产增高,因而负有巨额之内外债款,每年应付利息,约须二百数十万,是公司之营业,不啻专为债权者作嫁,此其一;制铁成本之最重者,厥为焦煤,欲轻焦煤之成本,须仿照东西洋各国增设副产炉,本公司设备尚未完全,使制铁可有之产生物,未能利用,以致成本不能轻减,此又其一。

况公司与日本订立之借款交铁契约,绵亘有三十八年之久,若不通盘筹划,其将何以应付?瞻望前途,不寒而栗。虽然,千钧之重,弗任一发之悬,九仞之山,端赖一篑之助,远览西国,近瞩东邦,如德之克虏伯,比之郭克尔,美之钢铁大王,其初俱皆历尽艰险。即日本之制铁所,全属官本,不须计利,亦复几经困难,始有今日。本公司为中国空前未有之伟业,千辛万苦,仅乃有此,所以盛公订定章制第一章,即声明此项采矿炼铁,虽属商办,仍关国际,故请国家保护之力,尤宜加厚。民国四年五月股东大会,又郑重声明,商力衰竭,非济以国家之劲力,力见蹉跌云云。盛公盖见之远,虑之深矣。今者煤铁为富强基础,已为世界所公认,此后公司责任,内则为股东、职员,外则为政府、国民,政府国民苟能以爱国家者爱公司,股东职员以爱身家者爱公司,化去成见,举以众擎,有不为公司前途发莫大之荣光者,吾未之信也。

附录二
汉冶萍公司机构人物简表

说明:本表机构顺序依据1922年3月汉冶萍公司职员薪水总册排列;所录人物以任职先后为序,其中有人在不同时段任同一职务,比如盛宣怀,或在不同时段任不同职务;原件未录股东联合会、特别股东大会,特补充于后;经理处下设机构为编者所加。

董事会

会长:盛宣怀 赵凤昌 王存善 盛宣怀 孙宝琦

副会长:盛宣怀 李经方 傅宗耀

总稽核处

处长:顾润章 赵兴昌(代理) 盛善怀 吴焕荣 林光裕

副处长:盛善怀 庞钟璘 吴焕荣

经理处

总经理(总理):盛宣怀 王 勋(代经理) 于焌年(代经理) 赵椿年 李维格 王 勋(兼代经理) 夏偕复 盛恩颐

副经理(协理、襄理):李维格 叶景葵 盛恩颐 潘灏芬 赵兴昌 李光启

秘书处

秘书长:包希蔺

文牍课(文书课)

课长:包希蔺 金世和 汪仁溥(代课长) 杨熊祥

技术课

课长:杨华燕 周厚坤 吴 健

调查课

　　课长:宋子文(调查课裁撤后宋子文改为西文总秘书)

翻译课

　　课长:陈　洪　宋家杰

考功课(考绩课、人事课)

　　课长:李景昌　沈庆圻　孙宝琛　盛渤颐

材料课

　　课长:席德炯

事务课

　　课长:舒修泰

会计所(1913 年 4 月之前称收支所)

　　所长:项藻馨　于焌年　金忠讚(兼代所长)　赵兴昌(兼代所长)　徐新六　凌善昭　赵兴昌　孙河环(代所长、所长)　沈庆圻(代所长)费相善(兼代所长、所长)

　　副所长:金忠讚　赵兴昌　费敏士(兼副所长、副所长)

商务所

　　所长:王　勋　陈荫明(兼代所长)　倪锡纯(兼代所长、所长)费相善(兼代所长)　盛恩颐(兼所长)

　　副所长:陈荫明

汉阳分销处(1922 年裁撤)

　　处长:辛耀庠

沪栈(总管、买办、栈长)

　　亚曼纳(英国)　王文柏(代总管)

　　买办:钟集成

　　正栈长:荣永铭　王文柏　杨惠韶　沈厚生

长沙分销局(又称长沙运销局,1918 年 11 月归属商务所,1928 年 2 月改归运输所,1929 年 1 月改为长沙通讯,1932 年 1 月裁撤)

　　局长:谢基璠　刘廷震

运输所(1928年11月改名驻汉转运处)

所长:潘国英　王文柏　盛　铭

主任:吴永祐(代主任)　冯启祥

株洲转运局(1918年11月归属运输所,1931年7月裁撤)

卢洪昶

局长:李长勋　胡希曾

豹子岭分运局(1918年11月归属运输所,1920年5月裁撤)

局长:高　荫

虞公庙堆栈(1918年11月归属运输所,1920年6月裁撤)

管理兼煤焦总账:郭栋梁

岳州转运局(1918年11月归属运输所,1931年7月裁撤,设保管处)

局长:杨恩第

保管主任:笪世英

上海转运局(1918年5月商务所船务股改运输所上海转运处,1925年12月裁撤)

潘国英

处长:王文柏

汉平轮船(1919年11月归属运输所,1927年裁撤)

船主兼大副:罗求是

驻京事务所(1916年10月设立,1928年2月改名为驻京通讯处,1929年8月裁撤)

所长:王晋孙　王颐孙

驻京通讯员:王颐孙

汉阳钢铁厂

厂长(总管、总办、坐办):德　培(总管)　郑官应　盛春颐　张赞宸　李维格　吴　健　卢成章(代坐办)　赵时骧(兼代厂长、厂长)　黄金涛(兼代厂长)　韩鸿藻(兼摄厂长)

副厂长(会办、协理):赵渭清(会办)　严恩棫

总工程师:吴　健

大冶铁矿

矿长(总办、坐办):林　佐　李增荣　解茂承　张世祁　宗德福
王锡绶　刘维庆　黄锡赓　徐增祚　季厚堃　王宠祐　吕文涛(代矿长)
杨华燕

副矿长(会办、协办):杨自超(协办)　盛渤颐(副矿长)

工程师:黄锡赓

大冶钢铁厂

厂　长:李维格　吴　健　季厚堃(代厂长)

副厂长:吴　健　黄锡赓　郭承恩(代副厂长)

总工程师:吴　健

大冶厂矿(大冶铁矿、铁厂于1924年3月合并)

厂矿长:季厚堃　盛渤颐　赵时骧　翁德銮(代厂矿长)　汪志翔

萍乡煤矿

矿长(总办、坐办):张赞宸　林志熙　李寿铨　黄锡赓　舒修泰(兼代
矿长)　马载飏(代矿长)　雷炳焜　凌善永(兼矿长、矿长)

副矿长(会办):莫　熺　李寿铨　薛宜琳　舒修泰

总矿司:黄锡赓

正矿师、总工程矿师:金岳祐　仇瑞龙

常耒锰矿

坐办(局长):陶德光　曾纪龢　杨超骃　卜彦伟　张鹏一　欧阳煦
金忠亮　魏允济　严　濂　严　时

阳新锰矿(1922年裁撤,留保管员;1924年1月复开;1925年12月因
冶厂停炉又裁撤,至1931年1月结束,设保管员)

坐办(主任):王良沛　奚　达　皮名振

武昌铁矿(1926年1月裁撤)

坐办:桑×　王善夫　戴　怡

当涂铁矿(振冶铁矿工程处)

矿师:周开基

总工程师:周厚坤

总务员:丁应午

矿司:席德炯

永和煤矿(1928 年 7 月裁撤)

矿长:周厚坤　蓝成玉　舒修泰　魏允治(代理矿长、矿长)

东京事务所(1925 年 6 月移至大阪,改名大阪事务所,1926 年 8 月裁撤)

所长:孙天孙　吴焕荣(代所长)　叶绪耕

股东联合会

会长:傅宗耀　李经方

特别股东大会

会长:赵凤昌